Norbert Gronau
Enterprise Resource Planning

D1730851

Norbert Gronau

Enterprise Resource Planning

Architektur, Funktionen und
Management von ERP-Systemen

3. Auflage

DE GRUYTER
OLDENBOURG

Univ.-Prof. Dr.-Ing. habil. Norbert Gronau
Lehrstuhl für Wirtschaftsinformatik und Electronic Government
Universität Potsdam
August-Bebel-Str. 89
14482 Potsdam
norbert.gronau@wi.uni-potsdam.de

ISBN   978-3-486-75574-9

Bibliografische Information der Deutschen Nationalbibliothek
Die Deutsche Nationalbibliothek verzeichnet diese Publikation in der Deutschen Nationalbiblio-
grafie; detaillierte bibliografische Daten sind im Internet über http://dnb.dnb.de abrufbar.

Library of Congress Cataloging-in-Publication Data
A CIP catalog record for this book has been applied for at the Library of Congress.

© 2014 Oldenbourg Wissenschaftsverlag GmbH
Rosenheimer Straße 143, 81671 München, Deutschland
www.degruyter.com
Ein Unternehmen von De Gruyter

Lektorat: Dr. Gerhard Pappert
Herstellung: Tina Bonertz
Grafik: Irina Apetrei

Gedruckt in Deutschland
Dieses Papier ist alterungsbeständig nach DIN/ISO 9706.

Vorwort

Dauerte es von der ersten zur zweiten Auflage noch fünf Jahre, so ist jetzt schon nach drei Jahren eine Neuauflage dieses Buches erforderlich geworden.

Dabei wurde der Inhalt der Vorauflage gründlich überarbeitet. So wurden zahlreiche Hinweise von Lesern ebenso berücksichtigt wie neue Fachliteratur. Insgesamt sind in der vorliegenden Ausgabe über 1500 Änderungen gegenüber der zweiten Ausgabe vorgenommen worden. Auf einige davon möchte ich hier besonders hinweisen:

An einigen Stellen wurde das Werk etwas gestrafft, um den Umfang nicht ausufern zu lassen. So liegt zur ERP-Auswahl inzwischen mein „Handbuch der ERP-Auswahl" (Berlin 2012) vor.

Einige Teile wurden komplett neu geschrieben, in anderen wesentliche Informationen ergänzt.

Schließlich wurden Informationen zu aktuellen Anwendungssystemen, die häufig mit ERP-Systemen gekoppelt werden, zusätzlich in die Darstellung mit aufgenommen. So enthält diese Auflage erstmals Ausführungen zu Manufacturing Execution Systemen und zu Business Analytics als Weiterführung von Business Intelligence.

Dieses Werk wird, obwohl es sich gleichermaßen an Praktiker, Wissenschaftler und Studierende richtet, insbesondere von der letztgenannten Zielgruppe intensiv genutzt. Daher sind nunmehr auch eine ganze Reihe didaktischer Verbesserungen vorgenommen worden, etwa Kapiteleinführungen sowie die grafische Hervorhebung wesentlicher Definitionen.

Mein Dank gebührt Anne-Kathrin Leo und Benedict Bender, die aktualisierte Marktübersichten erstellt haben. Weiter ist es mir ein Bedürfnis, de Verlag für sein zunächst sanftes, dann aber immer nachhaltigeres Drängen auf die Neuauflage zu danken, die nun vor Ihnen liegt.

Für alle verbleibenden Fehler und Irrtümer übernehme ich selbstverständlich die Verantwortung.

Zum Buch wurde eine Webseite eingerichtet, auf der Korrekturen angegeben sind, Foliensätze für die Lehre heruntergeladen werden können und weiteres Material zum Buch zur Verfügung gestellt werden soll. Bitte besuchen Sie www.erp-buch.de

Potsdam, Frühjahr 2014
Norbert Gronau

Aus dem Vorwort zur 2. Auflage

Fünf Jahre nach dem Erscheinen der ersten Auflage dieses Buches ist eine Neuauflage aus mehreren Gründen überfällig. Zum einen sind nun keine Exemplare der ersten Ausgabe mehr lieferbar, zum anderen haben sich Märkte und Technologien von ERP-Systemen in den letzten Jahren erheblich verändert.

Auf den ERP-Markt sind neue Anbieter gekommen, die bereits beachtliche Installationserfolge verzeichnen konnten. Früher selbständige Anbieter wurden aufgekauft und deren Produkte werden nun unter anderem Namen weitervertrieben. Auch einige Insolvenzen mit dem Verlust der Weiterentwicklung der jeweiligen Systeme sind zu verzeichnen.

Mindestens ebenso turbulent verläuft die Entwicklung der bei ERP-Systemen eingesetzten Technologien. Cloud Computing, vor fünf Jahren nur in Ansätzen und für ausgewählte Funktionen denkbar, wird als Betriebskonzept inzwischen ernster genommen.

Neue Systemarchitekturen, die den immer vielfältigeren Anforderungen an die Veränderungsfähigkeit des ERP-Systems gerecht werden sollen, haben erste Tests auf Praxisreife erfolgreich bewältigt. Für Unternehmen aller Größen und Branchen sind ERP-Systeme nach wie vor unverzichtbar. Die Praxiserfahrungen des von mir geleiteten Centers for Enterprise Research (www.erp-research.de) an der Universität Potsdam zeigen, dass ERP-Systeme eine wirksame Waffe im Wettbewerb darstellen, falsch oder ineffizient eingesetzte ERP-Systeme jedoch die Leistungsfähigkeit des Unternehmens erheblich beeinträchtigen können. Dieses Buch weist an geeigneter Stelle auf Probleme und Lösungsansätze hin.

Um dem großen Informationsbedarf gerecht zu werden, wurde das Buch umfassend überarbeitet, aktualisiert und erweitert. Ein Kapitel über den Betrieb von ERP-Systemen wurde hinzugefügt, ein Glossar ergänzt. Viele Praxiserfahrungen aus Forschungs- und Beratungsprojekten sind in dieses Buch eingeflossen.

Wer über die mehrjährigen Aktualisierungszyklen dieses Buches hinaus auf dem Laufenden bleiben will, dem soll die von mir herausgegebene Zeitschrift „ERP Management" (www.erp-management.de) empfohlen sein.

Ein Dank gebührt Frau Liane Haak, die in der ersten Auflage wesentliche Teile zum Kapitel Finanzbuchhaltung beigetragen hat.

Zu guter Letzt bleibt der Hinweis, dass für alle Unzulänglichkeiten, Mängel und Fehler in diesem Buch allein der Autor verantwortlich ist.

Potsdam
Norbert Gronau

Aus dem Vorwort zur 1. Auflage

In Unternehmen und Organisationen aller Art und Größe spielen sogenannte betriebswirtschaftliche Anwendungssysteme heute für die Bewältigung der Aufgaben eine entscheidende Rolle. Unter dem Begriff ERP-Systeme oder Enterprise-Resource-Planning-Systeme findet sich am internationalen und deutschsprachigen Softwaremarkt eine nahezu unüberschaubare Anzahl von Systemen und begleitenden Dienstleistungen.

Ohne den Anspruch auf Vollständigkeit zu erheben, hat dieses Buch es sich zur Aufgabe gemacht, die Vielzahl von in ERP-Systemen angebotenen Funktionen weitestgehend anbieterneutral darzustellen und eine Hilfestellung für die Auswahl und den betrieblichen Einsatz von ERP-Systemen zu geben. Dabei sollen folgende Zielgruppen angesprochen werden:

- Wissenschaftler finden in diesem Werk eine zusammenfassende lösungsneutrale Darstellung der wichtigsten Funktionen von ERP-Systemen und der ihnen überlagerten Informationssysteme, insbesondere des Supply Chain Management, das zur Optimierung von Liefernetzwerken stets auf den von ERP-Systemen zur Verfügung gestellten Daten aufsetzt.
- Anwender in den Unternehmen finden in diesem Band eine Darstellung der Funktionalität, aber auch der Rahmenbedingungen für die Auswahl und den betrieblichen Einsatz dieser Systeme.
- Studierende schließlich finden in diesem Buch eine leicht verständliche lösungsneutrale Darstellung, die auch ohne unmittelbar verfügbare Installation eines ERP-Systems über den Umfang der durch ein ERP-System angebotenen Funktionen informiert.

Aufbau des Buches

Das vorliegende Buch gliedert sich in fünf Teile. Im 1. Teil werden der Begriff der ERP-Standardsoftware erläutert und Beispiele für marktübliche ERP-Systeme und deren Systemarchitekturen vorgestellt. Teil 2 dieses Buches widmet sich der Planung und Steuerung operativer Ressourcen. Dazu gehören insbesondere das zur Leistungserstellung benötigte Material, die notwendigen Ressourcen in der Fertigung sowie die durch den Vertrieb zu erlangenden Aufträge. Der 3. Teil beschreibt die Planung und Steuerung strategischer Ressourcen. Diese entfalten eine längere Bindungswirkung für das Unternehmen und können nicht nur durch Mengen- und Kostenbezüge gesteuert werden. Dies trifft für die Ressourcen Mitarbeiter, Finanzen und Informationen zu. Im Mittelpunkt von Teil 4 des Buches steht die Planung und Steuerung zwischenbetrieblicher Ressourcen. Hier stehen das Konzept und die informationstechnische Realisierung von Supply Chain Management sowie das Customer Relationship Management, also die Verwaltung und Gestaltung der Kundenbeziehungen, im Vordergrund der Betrachtung. Teil 5 schließlich befasst sich mit dem notwendigen Informationsmanagement für ERP-Systeme. Hier sind insbesondere Fragen der Auswahl und Einführung solcher Systeme zu beantworten.

Herrn Prof. Dr. Karl Kurbel danke ich für zahlreiche Anmerkungen, die zu einer besseren Lesbarkeit und zu einem präziseren Ausdruck geführt haben. Letztendlich geht auch das Erscheinen dieses Buches vorrangig auf seine Initiative zurück.

Abschließend sei ein noch offenbar notwendiges Wort zur neuen Rechtschreibung gestattet: In diesem Buch wird an einigen unvermeidbaren Stellen die neue Rechtschreibung verwendet, insbesondere, wenn es um geänderte Schreibweisen von Worten wie Prozess oder Potenzial geht. Den teilweise willkürlichen und bedeutungsverzerrenden Regelwerken im Bereich der extremen Getrenntschreibung wird jedoch nicht gefolgt. Kommata werden dort gesetzt, wo es die Lesbarkeit eines Textes erfordert. Leserinnen und Leser mögen mir diese Eigenmächtigkeit verzeihen.

Potsdam, im Sommer 2004

Norbert Gronau

Inhaltsverzeichnis

Teil 1: Enterprise Resource Planning – Begriff, Systeme und Architekturen

Teil 1 führt terminologisch und technisch in ERP-Systeme ein.

1. Enterprise Resource Planning

Das Kapitel erläutert den Begriff des ERP-Systems und beschreibt Integration als konstitutives Element eines ERP-Systems, bevor auf den Markt für ERP-Systeme eingegangen wird.

2. Systemarchitekturen von ERP-Systemen

Basierend auf der Darstellung der Funktionsweise von Client-Server-Systemen werden Realisierungsvarianten von ERP-Architekturen sowie Trends der Entwicklung beschrieben.

1 Enterprise Resource Planning

In diesem Kapitel werden die begrifflichen Grundlagen von ERP-Systemen erläutert. Anschließend wird auf den Markt für Standardsoftware in diesem Bereich eingegangen. Typische Beispielarchitekturen für ERP-Systeme werden am Schluss dieses Kapitels vorgestellt.

1.1 Der Begriff des ERP-Systems

ERP-Systeme können definiert werden nach ihrem Funktionsumfang, aufgrund der integrierten Datenhaltung oder unter Zuhilfenahme des Begriffs Ressource. Unter dem Begriff Ressource, der zur Begriffsbildung von Enterprise-Resource-Planning-Systemen beigetragen hat, werden natürliche oder gesellschaftliche Quellen der Grundlagen der Reproduktion verstanden, z.B. Bodenschätze. In einer weiteren Begriffsdeutung wird das Wort Ressource mit der Bedeutung Kraft, Quelle, Hilfsmittel, Hilfsquelle versehen. Aus dem Französischen stammend bedeutet das Wort Hilfs- oder Geldmittel, Reserve. Der Begriff Enterprise Resource Planning hat sich aus dem ursprünglichen Planungskonzept für Stücklistenauflösung, Material Requirement Planning (MRP) entwickelt, das dann zu Manufacturing Resource Planning (MRP II) erweitert wurde (vgl. Luczak 2005, S. 59).

Im Zuge der kommerziellen Nutzung der Datenverarbeitung wurden die ersten Funktionen von PPS-Systemen entwickelt (vgl. Merkel 1986, S. 35). Zunächst wurde in der Materialwirtschaft die mengenorientierte Materialbedarfsplanung auf den Rechner übertragen. Die englische Bezeichnung für dieses Verfahren ist Material Requirement Planning (MRP).

> **Material Requirement Planning ...**
> geht von einem vorgegebenen Produktionsprogramm aus. Durch Stücklistenauflösung mit gleichzeitiger Berücksichtigung von Beständen werden die Nettobedarfe in der sog. Abgleichsrechnung periodengenau ermittelt und auf den zur Herstellung erforderlichen Produktionsanlagen eingelastet (vgl. Lackes 2013).

Im Mittelpunkt dieses MRP-Konzeptes standen einerseits schnelle Verfahren zur Auflösung von Stücklistenstrukturen (graphenorientiert, matrizenorientiert) und andererseits Methoden zur stochastischen Primärbedarfsermittlung (vgl. Gronau 1992, S. 160). Bei der Weiterentwicklung dieses MRP-Konzeptes wurden weitere Funktionen integriert:

- Beschaffung (Einkauf),
- Zeitwirtschaft als Erweiterung der mengenorientierten Materialwirtschaft,
- Planung und Steuerung der Fertigung einschließlich der Werkstattorientierung.

Der Übergang von der Materialbedarfsplanung zur Termin- und Kapazitätsplanung führte zur Erweiterung des MRP-Konzeptes zu MRP II (vgl. Wight 1984, zit. nach Kurbel 2003, S. 110). Die Abkürzung hieß nun Manufacturing Resource Planning.

Manufacturing Resource Planning …
stellt für den Ausgleich zwischen Kapazitätsangebot und -bedarf dem Planer Informationen
bereit, mit denen Erweiterungen des Kapazitätsangebots oder Änderungen des Absatzprogramms in die Planung einbezogen werden können. MRP II beinhaltet außerdem die sog.
Geschäftsplanung, mit der z.B. Umsatzziele oder Deckungsbeiträge in die Primärbedarfs-
planung einbezogen werden können (vgl. Lackes 2013).

In Analogie zur Begriffserweiterung von MRP zu MRP 2 in den 80er Jahren definierte die
Gartner Group im Jahr 2000 den Begriff „ERP II", um die ihrer Ansicht nach anstehende Ablösung bzw. Überarbeitung der vorhandenen ERP-Systeme kenntlich zu machen. In Abb. 1-1
ist dargestellt, was die konzeptionelle Erweiterung von ERP zu ERP II nach Ansicht von
Gartner ausmacht.

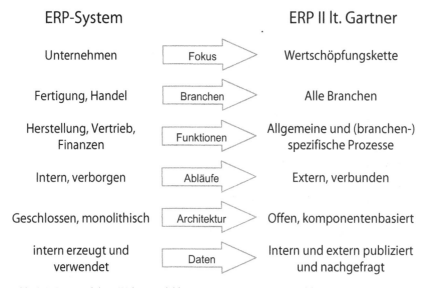

Abb. 1-1: Prognostizierte Weiterentwicklung von ERP zu ERP II (Bond 2000)

Allerdings sind die Vorhersagen über einen Siegeszug der ERP-II-Systeme bisher nicht ein-
getroffen. Auch die Rolle der ERP-Systeme hat sich nicht geändert, lediglich ihre Offenheit
und Interoperabilität sind größer geworden, ohne dass sich am Markt dafür eine neue Bezeichnung durchgesetzt hätte.

Ein ERP-System …
umfasst somit die Verwaltung aller zur Durchführung der Geschäftsprozesse notwendigen
Informationen über die Ressourcen Material, Personal, Kapazitäten (Maschinen, Handar-
beitsplätze etc.), Finanzen und Information. In Abgrenzung zu speziellen Anwendungssystemen, etwa für die Fertigung, sollte ein ERP-System die Verwaltung von mindestens drei
der oben genannten Ressourcen integrieren.

Ein Enterprise-Resource-Planning-System deckt somit Funktionen aus mehreren Unternehmensbereichen ab (vgl. Abts 2002, S. 58). Insbesondere im deutschen Sprachraum werden auch die Bezeichnungen Betriebliche Anwendungssoftware (vgl. Hansen 2001, S. 35) oder Anwendungssystem (vgl. Mertens 2000, S. 1, Stahlknecht 2002, S. 208) verwendet. Diese Begriffe konnten sich jedoch bei Anbietern und Anwendern nicht durchsetzen. Es wird daher in diesem Buch auch weiterhin von ERP-Systemen gesprochen. Im internationalen Sprachgebrauch wird häufig von Enterprise Systems gesprochen, wenn ERP-Systeme gemeint sind. Allerdings wird auch international der Begriff ERP verwendet (vgl. das ausgezeichnete Buch „Enterprise Resource Planning" von Mary Sumner 2005).

Wesentliches Merkmal von ERP-Systemen ist die Integration verschiedener Funktionen, Aufgaben und Daten in ein Informationssystem. Als minimaler Integrationsumfang ist eine gemeinsame Datenhaltung anzusehen.

Betriebliche Anwendungssoftware lässt sich in die in Abb. 1-2 gezeigten Kategorien gliedern (nach Abts 2002, S. 59 und Nickelson 2001, S. 329). Dort sind Funktionen und Aufgaben von ERP-Systemen gegenübergestellt. ERP-Systeme integrieren einzelne Mengen von Anwendungsfunktionen, die von einem einzelnen Anbieter zur Verfügung gestellt werden und auf einer einzigen Datenbank aufbauen (vgl. McNurlin 2001, S. 291). Zudem wird eine organisatorische Integration über die Software erreicht, indem Geschäftsprozesse über Abteilungsgrenzen hinaus durch das ERP-System abgebildet werden.

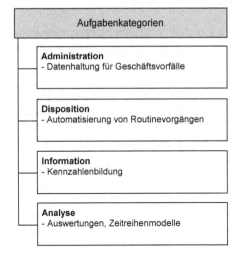
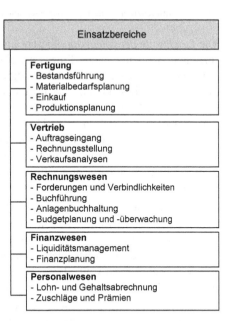

Abb.1-2: Funktionen und Aufgaben von ERP-Systemen

1.2   Der Begriff der Integration

Weil der Begriff der Integration wesentlich bestimmend für ERP-Systeme ist, werden die verschiedenen Formen der Integration betrieblicher Anwendungssysteme im Folgenden kurz umrissen. Mertens (vgl. Mertens 2007, S. 2) unterscheidet unter anderem nach der Reichweite, der Richtung und dem Gegenstand der Integration (Abb. 1-3).

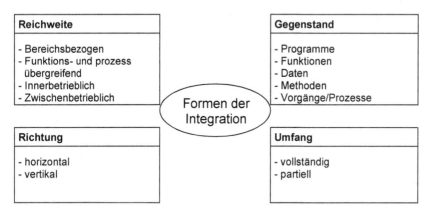

Abb. 1-3: Differenzierungsmerkmale der Integration (in Anlehnung an Mertens 2007, S. 2)

Die *Reichweite der Integration* beschreibt, in wieweit innerhalb eines abgegrenzten organisatorischen Bereiches, eines Prozesses, eines gesamten Unternehmens oder zwischen Unternehmen, also über die Unternehmensgrenze hinaus, integriert wird. Ein Fertigungsauftrag beispielsweise besteht u.a. aus Informationen über Material, Lohn und Fertigungskapazitäten. Das ERP-System kann daraus kaufmännische Angaben wie beispielsweise den Deckungsbeitrag, der sich erzielen lässt, wenn das durch diesen Fertigungsauftrag hergestellte Produkt verkauft wird, berechnen. In den Anfängen der betrieblichen Datenverarbeitung wurden diese Informationen in getrennten Informationssystemen verwaltet und teilweise manuell verarbeitet. Je mehr dieser Informationssysteme auf der Basis der gemeinsamen Datenhaltung zusammengeführt werden, umso höher ist die Integrationsreichweite.

Unternehmensübergreifend können ERP-Systeme zwischenbetrieblich integriert werden, indem Zulieferern der Zugriff auf die eigene Software ermöglicht wird oder indem eine weitergehende Integration durch das Supply Chain Management erfolgt, das in Kapitel 8 genauer beschrieben wird. Auch bei Internetanbietern (E-Business/E-Commerce) findet sich eine höhere Integrationsreichweite als bei klassischen, ausschließlich auf das Unternehmen bezogenen betrieblichen Informationssystemen (vgl. Gronau 2001a, S. 39).

Bei der *Richtung der Integration* beschreibt eine horizontale Integration die Abbildung von abteilungs- bzw. funktionsübergreifenden Abläufen in einem betrieblichen Anwendungssystem (Abb. 1-4). Eine vertikale Integration findet statt, wenn neben Datenhaltung und Administration bzw. Disposition auch analytische Aufgaben wahrgenommen werden. Dann werden mehrere der in Abb. 1-4 gezeigten Funktionen in einem betrieblichen Anwendungssystem zusammengefasst.

Der *Gegenstand der Integration* kann Daten, Funktionen, Vorgänge, Methoden und Programme umfassen. Bei der Datenintegration, die wie oben erwähnt ein konstitutives Merkmal für ERP-Systeme darstellt, werden Datenbestände logisch zusammengeführt. Bei der Funktionsintegration werden Aufgaben in einem gemeinsamen Informationssystem durchgeführt und aufeinander abgestimmt, so dass die Ergebnisse einer Aufgabe von der folgenden Aufgabe weiterverarbeitet werden können. Bei der Prozess- bzw. Vorgangsintegration werden mehrere dieser Aufgaben zu einem Prozess zusammengeführt, der typischerweise eine Wertschöpfung bringt und der eine Kunden-/Lieferantenbeziehung (intern oder extern) ausdrückt.

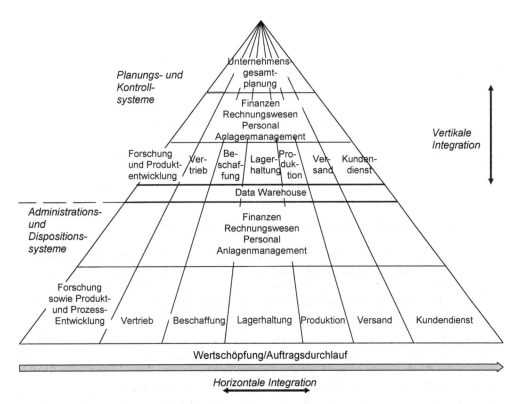

Abb. 1-4: Horizontale und vertikale Integration betrieblicher Anwendungssysteme (vgl. Mertens 2007, S. 6)

Bei der *Methodenintegration* werden unterschiedliche Methoden, etwa bei der Bewertung von Materialbeständen am Lager, aufeinander abgestimmt verwendet. Bei der Programmintegration werden schließlich unterschiedliche Programme aufeinander abgestimmt. Hierzu gehört auch die Integration von Benutzungsschnittstellen, Medien und Geräten (vgl. Mertens 2000, S. 2 f.).

Der *Umfang der Integration* beschreibt schließlich den Integrationsgrad. Dieser gibt an, wie viele betriebliche Funktionen in einem betrieblichen Anwendungssystem vereinigt werden. Typische Ausprägungen des Integrationsumfanges umfassen Integrationsinseln in den Bereichen Finanz- und Rechnungswesen, Produktion und Logistik sowie Personalwesen. In vielen Unternehmen lassen sich ERP-Systeme mit dem Schwerpunkt auf einem dieser Funktionsbereiche finden. Sind diese Integrationsinseln in einem einzigen ERP-System zusammengefasst, wird von einem voll integrierten ERP-System gesprochen.

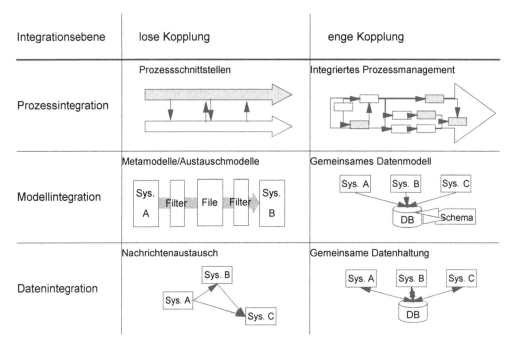

Abb 1-5: Arten der Integration zwischen Anwendungssystemen (nach Hahn 1998)

Eine andere Einteilung verwendet Hahn, der nach Integrationsebenen einerseits und nach der Kopplungsbeziehung andererseits differenziert (vgl. Hahn 1998, S. 7 u. 23). Danach wird zwischen Daten-, Modell- und Prozessintegration unterschieden (Abb. 1-5). Je nach der Kopplungsbeziehung werden zur Herstellung der Integration unterschiedliche Ansätze verwendet.

Die enge Integration birgt allerdings auch Nachteile. So erhöht sich die Komplexität des ERP-Systems erheblich. Nur noch wenige Experten, die zumeist als Berater tätig sind, sind in der Lage, Veränderungen am System vorzunehmen und deren Auswirkungen zu überblicken. In der Praxis kommt es daher häufig vor, dass bei sich ändernden Geschäftsprozessen das ERP-System nicht oder nur dürftig angepasst wird; eine Quelle potenzieller Fehler und unnötigen Zusatzaufwands.

Aus der Praxis
In diese Situation geriet ein namhaftes Luftfahrtunternehmen, nachdem keiner der internen Mitarbeiter mehr verfügbar war, die an der Einführung des ERP-Systems beteiligt war. Im Ergebnis führte dies zu wenigen und stark verzögerten Anpassungen und zu erhöhten Kosten für das Unternehmen, z.B. durch erhöhten Ersatzteilaufwand. Die Teileklassifikation war bei der Einführung unsystematisch vorgenommen worden und gestattete keine Identifikation von Artikeln, die zu ausgemusterten Flugzeugen gehörten. So wurden diese Teile weiter dispositiv betreut, obwohl für diese kein Bedarf mehr bestand.

1.3 Der Aufbau eines ERP-Systems

ERP-Systeme besitzen heute unabhängig von ihrer konkreten Ausprägung einen mehrere Ebenen umfassenden Aufbau (Abb. 1-6).

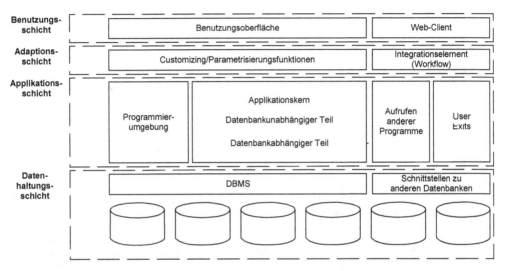

Abb. 1-6: Aufbau eines ERP-Systems

Zunächst bestehen sie aufgrund ihres konstitutiven Merkmals aus einzelnen Datenbeständen, die über ein Datenbankmanagementsystem (typischerweise von IBM, Microsoft, Oracle oder ein Open-Source-System) zugänglich gemacht werden. Auf dieser Datenhaltungsschicht befinden sich in der Regel auch Schnittstellen, die den Zugriff zu anderen Datenbanken gestatten. Dazu gehören auch Datenbanken anderer Informationssysteme.

Die Applikationsschicht besteht aus einem datenbankabhängigen Teil, der für die Applikation einen Zugriff auf die durch das Datenbankmanagementsystem verwalteten Daten gestattet und einem datenbankunabhängigen Teil, der die Daten an den Applikationskern weiterreicht. Die Trennung in einen datenbankabhängigen und einen datenbankunabhängigen Teil des Applikationskernes wird vorgenommen, um auf Optimierungsroutinen der einzelnen Datenbankmanagementsysteme individuell eingehen zu können, da die verabschiedeten Standards wie z.B. SQL 92 nicht immer eine ausreichende Leistungsoptimierung gestatten.

Zur Applikationsschicht gehört typischerweise eine Programmierumgebung, in der mit der zu dem ERP-System ausgelieferten Programmiersprache Anwendungen ergänzt oder erweitert werden können. Mit dem ERP-System wird eine Middleware ausgeliefert. Diese gestattet den Aufruf anderer Programme über Remote Procedure Call (RPC) oder die Integration von in anderen Programmiersprachen geschriebenen Programmbausteinen über so genannte User Exits. Eine Adaptionsschicht gestattet die Anpassung der Funktionalität des genutzten Ausschnittes des Datenmodells von ERP-Systemen an die jeweils abgebildeten betrieblichen Prozesse und Datenstrukturen. Dies wird als Customizing bezeichnet. Je nach Umfang und Reichweite des ERP-Systems können diese Customizing-Funktionen außerordentlich ausgeprägt sein.

Um Prozesse, die unterschiedliche Informationssysteme nutzen, in einem einheitlichen rechnerunterstützten Modell abbilden zu können, werden als Integrationselemente häufig Workflow-Management-Systeme verwendet. Rudimentäre Funktionen von Workflow-Management-Systemen wie Weiterleitungs- und Benachrichtigungsmechanismen, Vertretungsregelungen oder Aufruf von Programmmasken sind typischerweise ebenfalls in ERP-Systemen enthalten, teilweise auch frei konfigurierbar.

Die oberste Schicht des ERP-Systems bildet die Benutzungsoberfläche, die heute typischerweise auch als Web-Client ausgeprägt sein kann. Beim Web-Client ist zur Bedienung des ERP-Systems statt einer Client-Installation lediglich die Installation eines Web-Browsers erforderlich. Andererseits kann dadurch die Funktionalität gegenüber der Standard-Benutzungsoberfläche des ERP-Systems eingeschränkt sein.

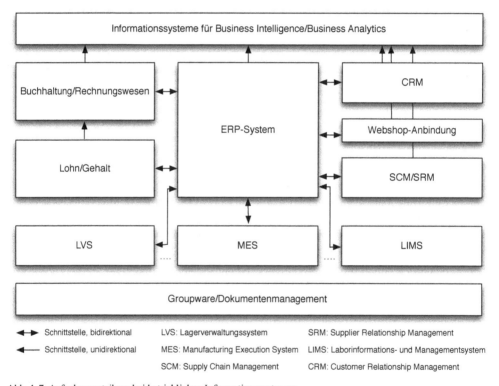

Abb. 1-7: Aufgabenverteilung bei betrieblichen Informationssystemen

Die Aufgabenverteilung zwischen den im Unternehmen eingesetzten betrieblichen Informationssystemen zeigt Abb. 1-7. Das ERP-System bildet dabei das Rückgrat der betrieblichen Informationsverarbeitung. Es enthält Stammdaten zu allen wichtigen Ressourcen und verzeichnet den Wertefluss sowie die Veränderungen der Bestände. ERP-Systeme existieren in ener Vielzahl von Konfigurationen, so dass die einzelnen Komponenten in Abb. 1-7 je nach Anbieter und Anwendungsfall entweder separate Produkte auch anderer Anbieter sein können oder aber im ERP-System integrierte Funktionen. Daher ist ein Teil der Module stark branchenspezifisch ausgeprägt. So gibt es Laborinformationssysteme nur in der Prozessindustrie, während eine Webshop-Anbindung überwiegend für den Onlinehandel benötigt wird. MES schließlich finden sich ausschließlich in produzierenden Unternehmen.

Dem ERP-System unterlagert sind Systeme der Bürokommunikation (z.B. Groupware, Office-Lösungen) und Dokumentenmanagement- bzw. Archivierungssysteme (vgl. Abts 2002, S. 151). Diese Systeme können ebenfalls Schnittstellen zum ERP-System aufweisen, etwa für die Übernahme einer Kundenanschrift in die Textverarbeitung oder für die Archivierung einer Eingangsrechnung nach erfolgter Verbuchung.

1.4 Vorteile durch ERP-Systeme

Durch Einsatz eines ERP-Systems und die damit verbundene Integrationswirkung werden in der Regel erhebliche Nutzenvorteile erzielt. Tab. 1-1 zeigt einen Überblick über Vorteile von ERP-Systemen in einzelnen Unternehmensbereichen (vgl. Sumner 2005, S. 5).

Tab. 1-1: Vorteile durch den Einsatz eines ERP-Systems (vgl. Sumner 2005, S. 5)

	vor ERP-Einsatz	Mit ERP-Einsatz
Durchlaufzeit	Kostenintensive Engpässe (z.B. Personal)	Zeit- und Kostenersparnis in Geschäftsprozessen
Auftragsbearbeitung	Bearbeitung durch mehrere Stellen benötigt Daten an mehreren Stellen (Kunden, Produkte, Aufträge)	Schnellere Bearbeitung durch gemeinsame Daten reduziert Zeitbedarf und Aufwand für mehrfache Aktualisierung
Finanzielle Situation	Steigende Kosten durch Überbestände und zu hohe Außenstände	Verbesserung der operativen Leistung durch Bestandskontrolle und automatisches Mahnwesen
Geschäftsprozesse	Verbreitung fragmentierter Abläufe mit Mehrfachaufwand	Neugestaltung basierend auf „Best Practice"-Prozessen
Produktivität	Fehlende Fähigkeit, schnell gegenüber Kunden und Lieferanten reagieren zu können	Verbesserungen beim Liquiditätsmanagement und Kundenservice
Supply Chain Management	Fehlende Integration	Verbindungen zu Lieferanten und Kunden
E-Business	Web-Schnittstellen als isolierte Systeme bzw. Einzelkomponenten	Web-Schnittstellen sind das Front-End des ERP-Systems
Information	Keine effiziente Beobachtung und Steuerung der Ressourcen des Unternehmens	Bereichsübergreifender Zugang zu den gleichen Daten zur Planung und Steuerung
Kommunikation	Keine effiziente Kommunikation mit Kunden und Lieferanten	Ermöglicht die Kommunikation des Unternehmens mit Kunden und Lieferanten

Nicht immer werden ERP-Systeme eingeführt oder abgelöst, um betriebswirtschaftliche Nutzenpotenziale zu heben. Insbesondere nach Fusionen und Firmenübernahmen erzwingen die Standards des übernehmenden Unternehmens einen Wechsel des ERP-Systems. In diesen Fällen wird der lokal zu erzielende Nutzen der globalen IT-Governance untergeordnet.

Der betriebswirtschaftliche Nutzen eines ERP-Systems lässt sich mit Hilfe einer Return-on-Investment-Analyse (RoI-Analyse) berechnen (vgl. Gronau 2012, S. 125).

Verlust von Wettbewerbsvorteilen

Nur im Einzelfall und bezogen auf das einsetzende Unternehmen ist die Frage zu entscheiden, ob der Einsatz einer Standardsoftware die Wettbewerbsfähigkeit eines Unternehmens fördert oder beeinträchtigt.

Diese Frage muss individuell vor dem Hintergrund der IT-Architektur und der Wettbewerbssituation jedes Unternehmens entschieden werden. So waren früher die im Handel eingesetzten Anwendungssysteme häufig Individualentwicklungen, da angesichts der geringen Gewinnspannen in dieser Branche nur durch eine besonders effiziente Informationsverarbeitung Wettbewerbsvorteile erlangt werden konnten (vgl. Gronau 2001, S. 24).

Andererseits gleicht der Ersatz einer heterogenen Landschaft von DV-Systemen durch ein integriertes ERP-System durchaus bisher vorhandene Wettbewerbsnachteile (wegen zu hoher Kosten der betrieblichen Informationsverarbeitung) aus. Allgemein kann die Beurteilung des Risikos „Wettbewerbsfähigkeit" nur durch Bewertung der vorhandenen Wettbewerbsvorteile eines Unternehmens und des Einflusses von Standardsoftware auf diese Wettbewerbssituation erfolgen. Einen Überblick über Chancen und Risiken des Einsatzes von Standardsoftware gibt Abb. 1-8 (vgl. Potthof 1998, S. 55).

Weitere wesentliche Vorteile von ERP-Systemen werden in einer Automatisierung von Abläufen und in einer Standardisierung von Prozessen gesehen. Schertler nennt als Argumente für den Einsatz der Standardisierung (vgl. Schertler 1985, S. 58 f.):

- Standardisierung erhöht die Produktivität. Somit besteht die Möglichkeit einer Rationalisierung der Aktivitäten. Die vorhandenen Sachmittel können ökonomisch eingesetzt werden, die Zahl der Arbeitsstationen und Transportwege minimiert werden.
- Standardisierung erleichtert die Koordination, weil Doppelbearbeitungen vermieden werden können. Die zu bearbeitenden Objekte und ihre Bereitstellung können geplant werden. Durch die Festlegung klarer Kompetenzen wird das organisatorische Konfliktpotential reduziert und ein lückenloses Ineinandergreifen der Verrichtungshandlungen gewährleistet.
- Standardisierung entlastet die Führungskräfte, weil die Steuerung der Prozesse in einem gewissen Sinne automatisiert wird. Die Leitungsprozesse der Führungskräfte können zeitlich gestrafft werden, das Setzen von Schwerpunkten wird möglich.
- Schließlich erhöht Standardisierung die Stabilität des organisatorischen Systems, da die einzelnen Aktivitätsfolgen von den beteiligten Personen weitgehend unabhängig werden.

Allerdings sind auch Nachteile einer zu starken Standardisierung erkennbar. Ein Gefahrenpotential durch zu geringe Verhaltensvarietät stellt die Verminderung der Anpassungsfähigkeit an nicht vorhergeplante Einflüsse dar. Diese geringe Flexibilität führt zu hohen Umstellungskosten, es kommt zu einem Verlust an Initiative und Bereitschaft, neue Wege der Problemlösung zu gehen, neue Innovationen zu tätigen. Es kommt zu einer starken Betonung formaler Elemente der Organisation, was bis zur Bürokratisierung führen kann. Mitarbeiter haben Motivations- und Identifikationsprobleme durch die mangelnde Gelegenheit zum selbständigen Entscheiden und Handeln. Schließlich behindert die Fremdbestimmung des Verhaltens der Mitarbeiter die Entwicklung eines höheren Reifegrades der Organisationsmitglieder.

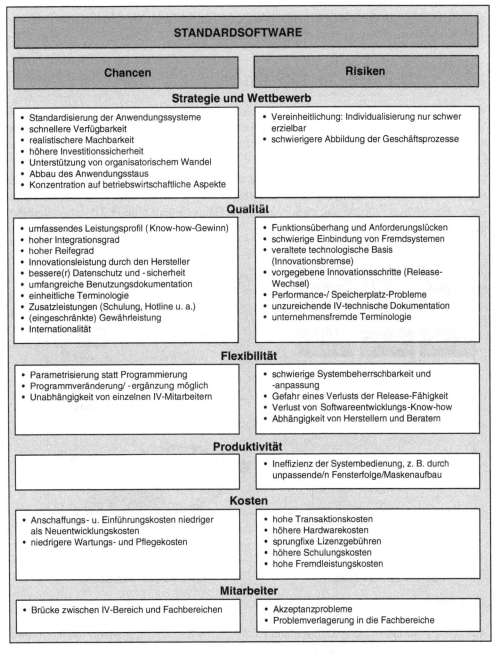

STANDARDSOFTWARE

Chancen	Risiken

Strategie und Wettbewerb

Chancen	Risiken
• Standardisierung der Anwendungssysteme • schnellere Verfügbarkeit • realistischere Machbarkeit • höhere Investitionssicherheit • Unterstützung von organisatorischem Wandel • Abbau des Anwendungsstaus • Konzentration auf betriebswirtschaftliche Aspekte	• Vereinheitlichung: Individualisierung nur schwer erzielbar • schwierigere Abbildung der Geschäftsprozesse

Qualität

Chancen	Risiken
• umfassendes Leistungsprofil (Know-how-Gewinn) • hoher Integrationsgrad • hoher Reifegrad • Innovationsleistung durch den Hersteller • bessere(r) Datenschutz und -sicherheit • umfangreiche Benutzungsdokumentation • einheitliche Terminologie • Zusatzleistungen (Schulung, Hotline u. a.) • (eingeschränkte) Gewährleistung • Internationalität	• Funktionsüberhang und Anforderungslücken • schwierige Einbindung von Fremdsystemen • veraltete technologische Basis (Innovationsbremse) • vorgegebene Innovationsschritte (Release-Wechsel) • Performance-/ Speicherplatz-Probleme • unzureichende IV-technische Dokumentation • unternehmensfremde Terminologie

Flexibilität

Chancen	Risiken
• Parametrisierung statt Programmierung • Programmveränderung/ -ergänzung möglich • Unabhängigkeit von einzelnen IV-Mitarbeitern	• schwierige Systembeherrschbarkeit und -anpassung • Gefahr eines Verlusts der Release-Fähigkeit • Verlust von Softwareentwicklungs-Know-how • Abhängigkeit von Herstellern und Beratern

Produktivität

Chancen	Risiken
	• Ineffizienz der Systembedienung, z. B. durch unpassende/n Fensterfolge/Maskenaufbau

Kosten

Chancen	Risiken
• Anschaffungs- u. Einführungskosten niedriger als Neuentwicklungskosten • niedrigere Wartungs- und Pflegekosten	• hohe Transaktionskosten • höhere Hardwarekosten • sprungfixe Lizenzgebühren • höhere Schulungskosten • hohe Fremdleistungskosten

Mitarbeiter

Chancen	Risiken
• Brücke zwischen IV-Bereich und Fachbereichen	• Akzeptanzprobleme • Problemverlagerung in die Fachbereiche

Abb. 1-8: Argumentenbilanz zum Einsatz von Standardsoftware (vgl. Potthof 1998, S. 55)

McNurlin und Sprague weisen darauf hin, dass die in einem ERP-System abgebildeten Abläufe ein Modell des Geschäftes darstellen, das von den Annahmen des Softwareherstellers über dieses Geschäft bestimmt wird (vgl. McNurlin 2001, S. 292). Differiert diese Annahme zu weit vom Verständnis des ERP anwendenden Unternehmens über dessen Geschäft, wird die ERP-Systemeinführung nicht erfolgreich sein.

1.5   Der Markt für ERP-Systeme

Weil ERP-Systeme einen sehr breiten Funktionsumfang aufweisen müssen und weil eine Vielzahl von Anbietern für ERP-Systeme existiert, ist der Markt für diese Systeme sehr unübersichtlich. Marktführer in einem Segment sind in anderen Bereichen des ERP-Marktes häufig fast gar nicht vertreten.

Der Markt für ERP-Systeme (Abb. 1-9) lässt sich einteilen nach dem Funktionsumfang der angebotenen Systeme, nach dem Grad der Spezialisierung der Anbieter auf bestimmte Branchen oder nach der Größe und dem regionalen Tätigkeitsgebiet der ERP-Anwenderunternehmen.

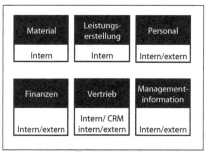

nach Funktionsumfang

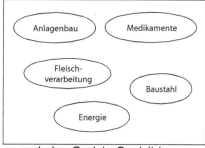

nach dem Grad der Spezialisierung

nach der Zahl der Nutzer

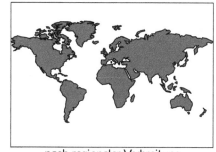

nach regionaler Verbreitung

Abb. 1-9: Differenzierungsmerkmale für den ERP-Markt

Auf dem ERP-Markt sind in Deutschland ca. 600 Anbieter aktiv. Der Markt ist durch starke Konzentrationsbewegungen bei gleichzeitigem Neueintritt von Anbietern zu kennzeichnen. So hat der in den USA beheimatete Anbieter infor in den letzten Jahren etwa 30 früher selbständige ERP-Anbieter aufgekauft und bietet nun die meisten dieser Lösungen weiterhin an.

Als Beispiel für die Vielfältigkeit des ERP-Marktes im deutschsprachigen Raum zeigt Tab. 1-2 einige Charakteristika von Anbietern sowie deren überwiegendes Tätigkeitsgebiet (überarbeitet nach Konradin 2009).

Tab. 1-2: Auswahl von ERP-Anbietern auf dem deutschsprachigen Markt (vgl. Konradin 2009)

Unter-nehmen	ERP-System(e)	Sitz	Umsatz 2008*)	Mitarbei-ter *)	Kunden *)	Konzern-lösung	Abdeckung
ABAS	ABAS ERP	D	60 Mio €	600	2.100		Cross-Industry
Asseco	APplus	PL	16,3 Mio €	146	1.230		Cross-Industry
Bison Group	Bison Process	CH	38,9 Mio €	340	400		Branchen
Comarch	Comarch ERP	PL	59,4 Mio €	410 Mio €	4.000		Cross-Industry
CSB System	CSB-System	D	55 Mio €	520	1.600		Branchen
Epicor	Epicor 9	USA	369 Mio €	2.800	20.000		Branchen
IFS	IFS Applications	SE	182 Mio €	2.627	2.000	X	Cross-Industry
Infor	Infor LN, Infor COM, Infor M3	USA	1,57 Mrd €	9.000	70.000	X	Cross-Industry
Microsoft	Navision, Axapta, Solomon, Great Plains	USA	43,15 Mrd €	91.000	280.000		Cross-Industry
Oracle	Applications, One-World, Peoplesoft	USA	15,1 Mrd. €	84.000	300.000	X	Cross-Industry
Ordat	FOSS	D	12,8 Mio €	140	270		Branchen
Oxaion	oxaion business solution	D	15,4 Mio €	120	340		Cross-Industry
proAlpha	proAlpha	D	45,7 Mio €	414 Mio €	1.500		Cross-Industry
PSI-Konzern	PSIpenta	D	150 Mio €	159	500		Branchen
QAD	Enterprise Applications	USA	187 Mio €	k.A	6.100		Branchen
Sage	X3, Office Line, Bäurer trade	GB	1,7 Mrd €	14.500	5,8 Mio	X	Cross-Industry
SAP	ERP, Business One, Business by Design	D	11,57 Mrd €	51.500	k.A.	X	Cross-Industry

*) Gesamtunternehmen

Alle Systeme in Tab. 1-2 werden in mehreren Sprachen mit landesspezifischen Versionen eingesetzt. Cross-Industry-Lösungen sind in mehreren Branchen gleichzeitig einsetzbar, während der Funktionsumfang anderer Produkte auf einzelne Branchen konzentriert ist.

Der Funktionsumfang von ERP-Systemen beinhaltet typischerweise die Verwaltung von Material, Finanzen und Personal sowie die Abbildung der Geschäftsprozesse in Vertrieb, Leistungserstellung und teilweise Service.

Dabei weisen einige Systeme eine integrierte Finanzbuchhaltung auf, andere hingegen koppeln ihr System mit einer externen Finanzbuchhaltung. Durch Angleichung der Bedienoberflächen und abgestimmte Schnittstellen zur Übergabe von Buchungssätzen und Kontoinformationen sind diese alternativen Ansätze fast als gleichwertig zu integrierten Lösungen zu betrachten.

Teilweise wird auch die Personalverwaltung in ein eigenes Personalverwaltungssystem ausgelagert. Nähere Informationen dazu sind in Kapitel 6 zu finden.

Ähnlich wie bei der Buchhaltung können auch Funktionen zur Verwaltung von Kundenbeziehungen entweder integriert sein oder als externes CRM-System über Schnittstellen angebunden werden (vgl. Kapitel 9 über CRM).

Im Folgenden werden einige ausgewählte Marktsegmente betrachtet: der Markt für Konzernlösungen, für spezialisierte Anbieter, für sehr kleine Unternehmen sowie für Open-Source-Systeme.

1.5.1   ERP-Konzernlösungen

Als Konzern wird ein Zusammenschluss von mehreren abhängigen Unternehmen unter einheitlicher Leitung eines unabhängigen Unternehmens bezeichnet. Ein Gewinnabführungs- und Beherrschungsvertrag regelt die Macht und Gewinnverteilung. Konzerne haben zwischen 1.000 und 400.000 Mitarbeiter.

Konzernlösungen …
sind ERP-Systeme mit sehr umfassenden Funktionen in den Bereichen Buchhaltung, Rechnungswesen und Controlling. Wesentliches Ziel des Managements ist die Steuerung des Konzerns durch finanzielle Kennzahlen, welche die Leistungsfähigkeit der einzelnen Unternehmen ausdrücken.

Alle Konzerne setzen ERP-Software ein, teilweise auch Kombinationen von ERP-Systemen der zusammengeschlossenen Unternehmen mit zusätzlicher, selbst erstellter Berichtssoftware.

Im Bereich der Konzern-ERP-Systeme stehen nach diversen Konzentrationsrunden nur noch drei größere Anbieter im Wettbewerb miteinander. Es handelt sich um die SAP AG aus Deutschland sowie die Anbieter Infor und ORACLE (jeweils USA). Abb. 1-10 zeigt den Funktionsumfang von SAP ERP, dem weltweit marktführenden Konzern-ERP-System.

Infor vermarktet als Konzernlösung das ursprünglich von den niederländischen Softwareunternehmern Jan und Paul Baan entwickelte Infor LN. Oracle hat nach dem Kauf von Peoplesoft und J.D.Edwards mehrere ERP-Systeme im Angebot. Häufig wird Enterprise One von J.D.Edwards vermarktet, daneben die hauseigene E-Business-Suite. Für die rein finanzielle Konsolidierung kann auch CODA von UNIT4 verwendet werden.

Konzerne haben häufig mehrere Installationen von ERP-Systemen im Einsatz. Eine Aufgabe besteht in der weltweiten Harmonisierung dieser Systemlandschaften, um den Betriebs- und Wartungsaufwand zu reduzieren (vgl. Schmidt 2009).

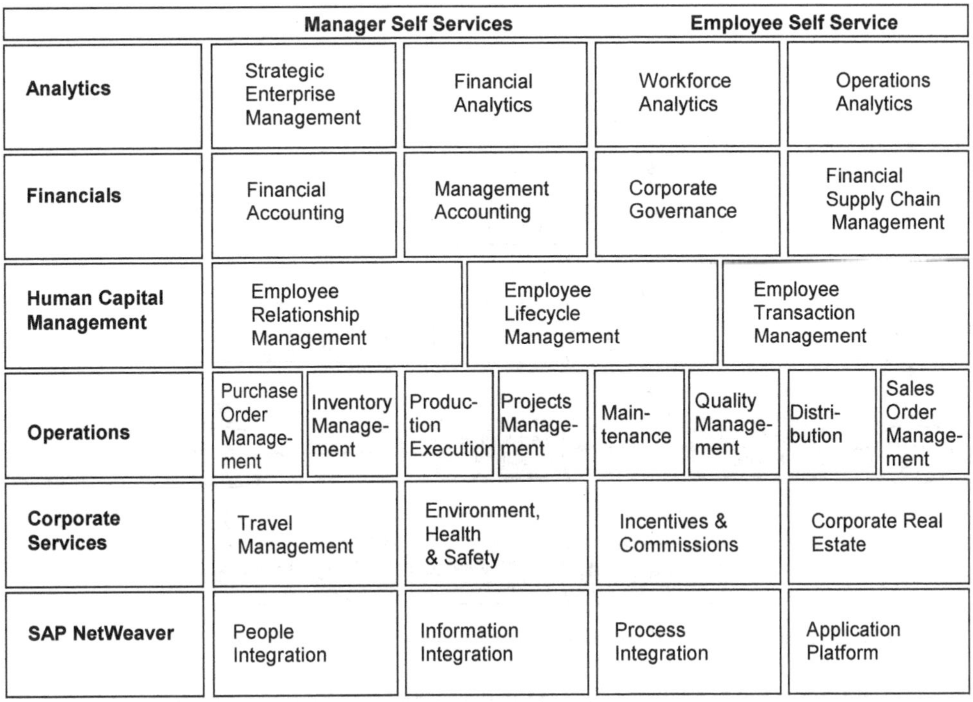

	Manager Self Services		Employee Self Service	
Analytics	Strategic Enterprise Management	Financial Analytics	Workforce Analytics	Operations Analytics
Financials	Financial Accounting	Management Accounting	Corporate Governance	Financial Supply Chain Management
Human Capital Management	Employee Relationship Management		Employee Lifecycle Management	Employee Transaction Management
Operations	Purchase Order Management / Inventory Management / Production Execution / Projects Management		Maintenance / Quality Management / Distribution	Sales Order Management
Corporate Services	Travel Management	Environment, Health & Safety	Incentives & Commissions	Corporate Real Estate
SAP NetWeaver	People Integration	Information Integration	Process Integration	Application Platform

Abb. 1-10: Funktionsumfang von SAP mySAP ERP (Quelle: SAP AG)

1.5.2 Der Markt für spezialisierte Anbieter

Um einen Eindruck von der Vielfältigkeit und Breite des Marktes für spezialisierte Anbieter zu geben, werden im folgenden einige ERP-Systeme, die sich erfolgreich auf spezielle Branchen konzentriert haben, vorgestellt.

Anlagenbau und Einzelfertigung

Die ams.Solution AG entwickelt und vertreibt das ERP-System ams.erp. Die Funktionalität des Systems konzentriert sich auf die Belange der Einzel-, Auftrags- und Variantenfertiger. Während in der klassischen Serienfertigung vor dem Beginn der Fertigung alle Zeichnungen, Stücklisten und Arbeitspläne erstellt werden müssen, so ist bei dieser Fertigungsart die Stückliste erst vollständig erarbeitet, wenn die Anlage oder Maschine beim Kunden in Betrieb gegangen ist. Bis zu diesem Zeitpunkt können sich noch Änderungen ergeben, die in die Fertigungsunterlagen eingearbeitet werden müssen. Die so genannten „wachsenden Stücklisten" müssen jederzeit erweitert oder geändert werden können, ohne vorher Artikel angelegt zu haben und ohne auf „Dummy-Artikel" zurückgreifen zu müssen.

Das System bietet u.a. eine integrierte Angebotskalkulation und hohe Prozesstransparenz (wann wird welches Bauteil geliefert bzw. fertiggestellt?). Ein weiteres Differenzierungsmerkmal besteht in der Beherrschung der Fremdfertigung. Bei kleinen Losgrößen ist es nicht sinnvoll, alle erforderlichen Technologien im eigenen Unternehmen verfügbar zu haben. Daher werden diese Fertigungsaufgaben (ganze Teile oder auch einzelne Bearbeitungsschritte) fremdvergeben (vgl. Müller 2005, S. 12). Abb. 1-11 zeigt, welche Varianten der Fremdfertigung existieren.

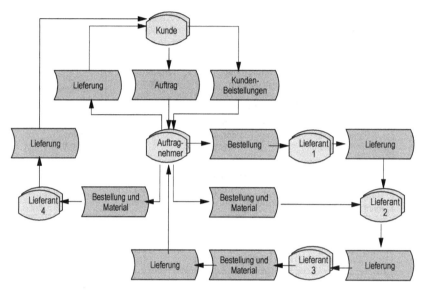

Abb. 1-11: Material und Informationsflüsse bei der Fremdfertigung (vgl. Müller 2005, S. 12)

Häufig wird bei einer Fremdvergabe eine ganze Kette von Lieferanten angesprochen. Dies bedeutet, dass ein fremdvergebener Arbeitsgang nach seiner Fertigstellung direkt an den Folgelieferanten zu transportieren ist, welcher den nächsten Arbeitsschritt durchführt. Ebenso kommt es vor, dass der mit der Fremdvergabe betraute Fremdfertiger das Bauteil beziehungsweise die Baugruppe direkt an den Endkunden liefert. Die Abwicklung solch komplexer Vergabevorgänge erfordert ein Lieferkettenmanagement, welches durch die eingesetzte ERP-Software bezüglich der Auswirkungen auf Kosten und Termine vollständig abgebildet werden muss.

Unternehmen der Prozessindustrie
ERP-Systeme für die Prozessindustrie müssen eine Vielzahl von Standards erfüllen (vgl. auch im folgenden Nettersheim 2008, S. 45ff.). Sie agieren in einer Wertschöpfungskette, an deren Ende die Gesundheit des Menschen steht: Chemische Rohstoffe und Essenzen, Kosmetika, Lebens- und Nahrungsergänzungsmittel, medizinische Wirkstoffe und Arzneimittel wirken direkt, Tierfutter oder Farben und Lacke indirekt auf die menschliche Gesundheit.

Für viele dieser Standards existieren gesetzliche Regelungen wie etwa in der Pharma-Branche das Arzneimittelgesetz (AMG) und auf internationaler Ebene die 21 Code of Federal Regulations (CFR) sowie die Good Automated Manufacturing Practice (GAMP).

Ebenfalls in Richtung dieser hohen Anforderungen entwickelt sich das Qualitätsniveau für Nahrungs- und Genussmittel. Neben der Lebensmittelhygieneverordnung mit HACCP-Konzept (Hazard Analysis and Critical Control Point System) sind im europäischen Raum die EU-Verordnungen 178/2002 zur lückenlosen Nachverfolgung von Warenströmen und 1935/2004 zur Rückverfolgung von Materialien und Gegenständen mit Lebensmittelkontakt zu nennen.

Das seit 2009 gültige EU-Chemikalienrecht (REACH, Registration, Evaluation and Authorisation of Chemicals) erfordert Prozesse – etwa im Bereich Rückverfolgbarkeit –, die ein ERP-System für die Prozessindustrie abdecken sollte.

Die Herstellung von Lebensmitteln, in ähnlicher Form aber auch von Pharmazeutika und Chemischen Produkten, geht von natürlichen Rohstoffen aus, die entweder angebaut (z.B. Pflanzen) bzw. gezüchtet (z.B. Vieh) werden oder auch ohne Eingriff des Menschen entstehen (z.B. Erdöl, Mineralien). Ihr Produktionsprozess ist überwiegend ein Entstehungsprozess, der nur zum Teil technisch bedingt ist. Darüber hinaus entstehen diese Erzeugnisse in einer „verbundenen Produktion" (z.B. Henne und Ei) oder als „verbundenes Produkt" aus Haupt- und Nebenprodukten (z.B. Getreide und Stroh) (vgl. auch im folgenden Weidenhaun 2003, S. 36ff.).

Im Unterschied zur diskreten Fertigung ist der Produktionsprozess in der Nahrungsmittel- und Prozessfertigung geteilt: Er besteht aus einem den Rohstoff separierenden Teil – z.B. durch Trennung, Spaltung, Extraktion etc. – und einem aggregierenden Teil, der die diversen gewonnenen Komponenten zusammen mit Zusatzstoffen nach Vorgabe der Rezeptur zu einem neuen Produkt mischt. Diese Produktionsprozesse erbringen oft zwangsläufig anfallende Produkte, die in ihrer Art, Güte und Zusammensetzung sehr unterschiedlich sind. Die Mengen- und Qualitäts-Verhältnisse werden bestimmt von naturgesetzlichen oder verfahrenstechnischen Bedingungen. Sie unterliegen starken stochastischen Schwankungen, die im Produktionsprozess eine regelmäßige Ermittlung der jeweiligen Qualität und Zusammensetzung erfordern.

Als Beispiel für den Funktionsumfang einer ERP-Lösung für die Prozessindustrie sei hier das Produkt GUS OS der GUS Group aus Köln genannt (Abb.1-12).

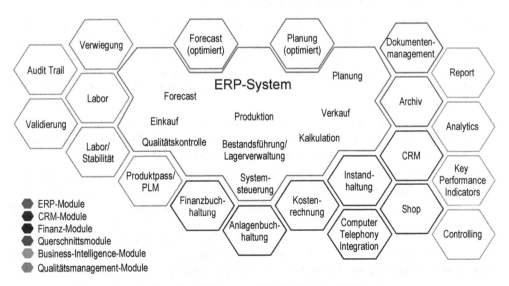

Abb. 1-12: Funktionsumfang des Branchen-ERP-Systems GUS-OS (Quelle: GUS Group)

Stadtwerke

Nach der oben gegebenen ressourcenorientieren ERP-Definition müssen zumindest drei Ressourcen in einem integrierten System verwaltet werden, damit von einem ERP-System gesprochen werden kann. Dieser Definition folgend kann z.B. das System ENER:GY der Wilken GmbH aus Ulm als ERP-System bezeichnet werden, da die Ressourcen Personal, Material und Finanzen im System verwaltet und die Geschäftsprozesse der Energiegewinnung, -lieferung und -abrechnung bei Lieferanten und Kunden abgebildet werden. Abb. 1-13 zeigt den groben Funktionsumfang von ENER:GY.

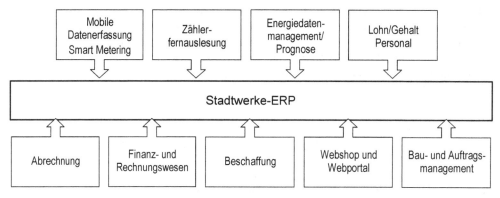

Abb. 1-13: Funktionsumfang eines ERP-Systems für Stadtwerke (Quelle: Wilken)

1.5.3   ERP-Systeme für kleine Unternehmen

Ein spezielles Marktsegment umfasst ERP-Systeme für sehr kleine Unternehmen bzw. für Einzelpersonen wie Freiberufler oder Gewerbetreibende. Dieser Markt wird auch als SOHO (Small Office and Home Office)-Markt bezeichnet.

Der Einzelunternehmer muss seine Warenbestände (Ressource Material) organisieren, Eingangsrechnungen verbuchen und Ausgangsrechnungen erstellen (Ressource Finanzen) sowie Auswertungen seines Geschäftsbetriebs z.B. für steuerliche Zwecke erstellen (Ressource Information). Wenn er überhaupt über angestelltes Personal verfügt, so wird dieses in der Regel zur Leistungserstellung eingesetzt; über IT-Personal verfügt der Einzelunternehmer in der Regel nicht.

Ein Beispiel für ein SOHO-ERP-System ist die mehrfach prämierte Cloudlösung Scopevisio (Abb. 1-14), die zu monatlichen Nutzungspreisen ab 9,90 EUR je Benutzer mit Modulen für Buchhaltung, Vertrieb, Abrechnung und Finanzen angeboten wird.

Funktionsumfang und Integrationsgrad solcher Lösungen sind jedoch nicht mit größeren ERP-Systemen zu vergleichen. Beim SOHO-ERP-System „Lexware Financial Office" besteht z.B. keine Verknüpfung zwischen der Adresse eines Kunden in der Auftragsbearbeitung und der Adresse desselben Kunden in der Buchführung, selbst wenn Kundennummer und Buchungskontonummer übereinstimmen. So müssen bei Adressänderungen beide Adressen nachgepflegt werden, was bei größeren ERP-Systemen undenkbar wäre. Dennoch nutzen laut Herstellerangaben eine Million Anwender derartige Systeme.

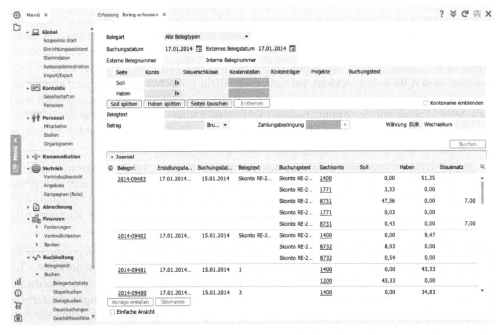

Abb. 1-14: Buchungsmaske von Scopevisio

1.5.4   Open Source ERP-Systeme

Neben die zahlreichen Anbieter kommerzieller ERP-Produkte ist in den letzten Jahren, ausgelöst durch den großen Erfolg des Open-Source-Betriebssystems Linux, auch etwas Bewegung in die Zahl offener Anwendungssysteme gekommen. Tabelle 1-3 zeigt einige derzeit verfügbare Open-Source-ERP-Systeme mit außerordentlich unterschiedlichem Einsatzgebiet, unterschiedlicher Lizensierungsart und unterschiedlichem Geschäftsmodell (vgl. Baumann 2008, S. 74 ff.).

Tab. 1-3: Auswahl von Open-Source-ERP-Systemen

Produkt	Quelle
ADempiere	http://www.adempiere.com
Apache OFBiz	http://ofbiz.apache.org/
AVErp	http://www.synerpy.de/
Compiere	http://www.compiere.com/
ERP5	http://www.erp5.com/
Openbravo	http://www.openbravo.com/
OpenERP (vormals TinyERP)	http://www.opcnerp.com/
Opentaps	http://www.opentabs.org
OpenZ	http://www.openz.de/
SQL-Ledger	http://www.sql-ledger.de
WebERP	http://www.weberp.org

Kennzeichnend für Open-Source-Systeme ist die Zugänglichkeit des Quelltextes, der typischerweise für Weiterentwicklung und Fehlerkorrektur offengelegt wird und um den herum sich eine Gemeinschaft von Softwareentwicklern bildet, die neue Versionen und Fehlerkorrekturen für dieses System zur Verfügung stellt. In einzelnen Fällen stellen Anbieter auch Systeme, deren Weiterentwicklung sie nicht mehr allein verantworten wollen, auf eine Open-Source-Lizensierung um, damit die Pflege des Systems auf eine breitere Basis gestellt wird. Teilweise ist auch nur der Applikationsteil von Open-Source-Systemen quelloffen, während kommerzielle Datenbanken genutzt werden müssen, um das System zum Laufen zu bringen (so etwa bei Compière, wo die Datenbank Oracle genutzt werden muss).

Insgesamt haben Open-Source-ERP-Systeme derzeit nur einen geringen Verbreitungsgrad. Während ihre technologische Basis häufig modern ist, da wenig Altlasten von jahrzehntealten Implementierungen mitgenommen werden müssen, so ist die Funktionalität doch häufig sehr viel beschränkter als bei spezialisierten Branchen ERP-Systemen kommerzieller Anbieter.

Auch wird gelegentlich der Effekt der Ersparnis bei Open-Source-ERP-Systemen überschätzt. Es entfallen typischerweise zwar die Lizenzkosten aufgrund des quelloffenen Charakters der Software; allerdings bleiben sämtliche übrige Kosten für Schulung, Hardware, Customizing und Prozessveränderungen unverändert bzw. es kommen noch zusätzliche Aufwendungen für notwendige funktionale Anpassungen des Systems hinzu, wenn die Spezifika des Unternehmens dies erfordern.

Zudem ist nicht bei allen quelloffenen ERP-Systemen sichergestellt, dass ein Support-Vertrag abgeschlossen werden kann; für einige Systeme wie etwa AVErp stehen jedoch entsprechende Anbieter zur Verfügung. Nicht zuletzt gehen einige kommerzielle Anbieter auch dazu über, für Teilbereiche ihres Software-Stacks Open-Source-Systeme zu verwenden, etwa für Applikationsserver (Jboss oder Tomcat), um die Lizenzkosten für ihre Kunden zu verringern.

Auch bei den Entwicklungsumgebungen setzt sich bei vielen Anbietern, die Java als Entwicklungssprache verwenden, die quelloffene Entwicklungsplattform Eclipse (gesponsert und gefördert von IBM) durch. Insofern wird die Open-Source-Bewegung im allgemeinen für ERP-Systeme auch in Zukunft eine wichtige Rolle spielen, während die reine Anwendung quelloffener ERP-Systeme sich weiterhin auf unspezifische Nischenmärkte beschränken wird.

2 Systemarchitekturen von ERP-Systemen

Die klassische Architektur von ERP-Systemen ist die eines Client-Server-Systems. Diese wird in daher zuerst erläutert. Anschließend wird auf die Integration mit dem Internet (E-Business, E-Commerce) eingegangen, bevor Aspekte der Anbindung weiterer betrieblicher Anwendungssysteme diskutiert werden. Abschließend werden einige Beispiele für Systemarchitekturen von ERP-Systemen vorgestellt. Den Ausblick bilden Ausführungen zu den zukünftig wichtigen Eigenschaften von ERP-Systemen, die unter dem Begriff Wandlungsfähigkeit zusammengefasst werden.

2.1 Funktionsweise des Client/Server-Computing

Client-Server-Computing ermöglicht es, Funktionen, die sich sonst auf einem Rechner befinden (grafische Benutzungsschnittstelle, Datenverwaltung, Prozesssteuerung, Systemsoftware etc.), über ein Netzwerk auf verschiedene Computer aufzuteilen. Die Klassifizierung eines Verarbeitungssystems als Client oder Server erfolgt anhand der Funktion, die von dem an einem Verarbeitungsprozess beteiligten Rechner übernommen wird. Der Rechner, der Anforderungen stellt, wird als Client bezeichnet; das System, das diese Anforderungen ausführt und die Ergebnisse zurücksendet, wird als Server definiert (vgl. auch im Folgenden Gronau 1999, S. 29f.).

Typischerweise werden als Clients intelligente Arbeitsplatzsysteme wie PCs oder Workstations eingesetzt, die in einem lokalen Netz zusammengeschaltet sind. Ein Client kann so eine Verbindung zu anderen Clients bzw. zu mehreren Servern unterhalten. Im Client-Server-Modell werden Anwendungen unter Nutzung spezieller Mechanismen (Pipes, Remote Procedure Calls) auf mehrere Verarbeitungssysteme verteilt, ohne dass die logische Einheit der Kette Eingabe – Verarbeitung – Ausgabe unterbrochen wird.

An der Bearbeitung einer Geschäftstransaktion sind mindestens zwei Computerprozesse (Client und Server) beteiligt, die unterschiedliche Aufgaben wahrnehmen (Abb. 2-1). Die Kommunikation zwischen Client und Server basiert auf Transaktionen, wobei der Client die Transaktionen generiert und dem Server zur Verarbeitung überstellt. Jedes Programm kann grundsätzlich in drei Teile untergliedert werden: Die *Präsentationslogik* bildet die Schnittstelle zwischen dem Benutzer und dem Anwendungssystem. Sie übernimmt die Steuerung des Dialogs, die Umsetzung der Steuerzeichen sowie die Tastatur- und Maus-Handhabung. Die *Applikationslogik* stellt den Algorithmus des Programms dar. Hier werden die vom Bildschirm oder der Datenbank eingelesenen Daten verarbeitet. Die Aufgabe der *Datenbanklogik* ist es schließlich, Manipulationen an den gespeicherten Daten vorzunehmen, die in einem Datenbanksystem verwaltet werden.

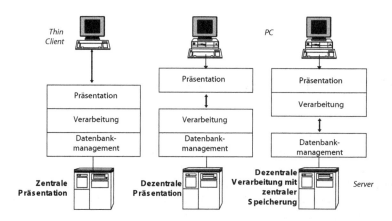

Abb. 2-1: Mögliche Aufgabenverteilung zwischen Client und Server

In einer traditionellen Anwendung werden diese Teile innerhalb eines Programms codiert. Das Client-/Server-Modell ermöglicht hingegen eine Aufteilung der Programme, so dass die Teile und ihre Segmente, wenn nötig, auf verschiedenen Systemen ablaufen können. Daraus ergeben sich folgende grundsätzliche Formen der Verteilung:

Verteilte Präsentation
Die Präsentationslogik befindet sich ganz oder teilweise auf dem Client-Rechner. Alle anderen Programmteile werden auf dem Server angesiedelt. Ein Beispiel für diese Form der Verteilung ist das X-Windows-System, das den Zugriff auf beliebige Rechner über eine grafische Oberfläche ermöglicht.

Verteilte Verarbeitung
Die Präsentationslogik sowie Teile oder die gesamte Applikationslogik werden auf dem Client-Rechner ausgeführt, die restlichen Aufgaben übernimmt der Server. Typische Anwendungsbeispiele sind lokale PC-Netze. Bei Datenbankanwendungen kommuniziert die Applikationslogik des Client mit der Datenbanklogik auf dem Server.

Verteilte Datenhaltung
Die Datenbanklogik befindet sich ganz oder teilweise auf dem Server. Alle übrigen Aufgaben übernimmt der Client. Diese Aufgabenverteilung wird bei verteilten Datenbanken und in netzweiten Dateisystemen angewandt.

2.2   Prinzipielle Realisierungsvarianten von ERP-Architekturen

Neuere ERP-Systeme basieren zumeist auf einer Java-Architektur oder wurden mit Hilfe der von Microsoft zur Verfügung gestellten .NET-Architektur (sprich: Dotnet). entwickelt. In den folgenden beiden Abschnitten werden diese beiden Architekturen kurz vorgestellt.

2.2.1   Java-basierende ERP-Architekturen

Viele ERP-Anbieter verwenden heute zumindest für Teile ihres ERP-Systems die Architektur Java Enterprise Edition oder Java EE (vgl. u. a. Trcek 2000, S. 56 ff.). Diese Architektur definiert ein Modell für die Entwicklung und Installation von wiederverwendbaren in Java geschriebenen Serverkomponenten. Damit wird es möglich, Transaktionen, Persistenz, Verteilung auf unterschiedliche Rechnernetze und Sicherheitsanforderungen zu erfüllen, also alle wesentlichen Anforderungen, die an moderne Businessapplikationen gestellt werden.

Eine Komponente, genannt Bean, kapselt einen gewissen Teil der Geschäftslogik und muss über die Architektur des Anwendungssystems als Ganzes nichts wissen. Damit wird es dem Entwickler möglich, sich ausschließlich auf die zu realisierende Geschäftslogik zu konzentrieren.

Die Architektur von Enterprise Java Beans besteht aus Beans, Containern und Server. Eine Enterprise Bean ist eine Komponente, die Geschäftslogik repräsentiert. Sie bietet Dienste über ein Interface an. Der Server sorgt für den Transport dieser Dienste zum Client und der Container stellt die Ablaufumgebung, also die Infrastruktur des Beans, sicher.

Bei den Beans kann zwischen Session-Beans, die genau einem Klienten oder einer anderen Bean zugeordnet werden, und Entity-Beans unterschieden werden. Letztere entsprechen den Datenbankobjekten üblicher Terminologie. Die Container als Ablaufumgebung sichern das Transaktionsmanagement und sorgen bei Beans, bei denen das erforderlich ist, für die Persistenz. Dabei muss dann eine Abbildung vom Objektmodell in Java zum relationalen Modell der Datenbank vorgenommen werden.

Container kümmern sich auch um die Performance des Systems, indem teilweise ein Cashing von relevanten Informationen stattfindet. Der Server besteht aus den Containern, den Beans und bestimmten Diensten.

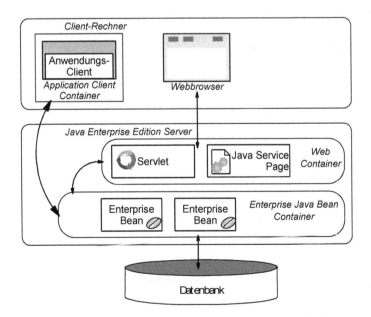

Abb. 2-2: Prinzipielle Architektur von Java-Anwendungen

Um die Beans in einem Server ablauffähig zum machen, erfolgt ein sogenanntes Deployment. Damit wird spezifiziert, wie der Container das Bean zu behandeln hat. Das umfasst die Abbildung des Beans auf die Datenbankobjekte und Tabellen, welche Methoden ablaufen müssen und welche Anforderungen an die Transaktionen zu stellen sind.

Vorteile der Java-basierten Architektur sind insbesondere, dass alle wesentlichen Anforderungen einer unternehmensweiten Anwendungssoftware erfüllt werden können. Sicherer Datenbankzugriff und Transaktionen können gewährleistet werden, die Verbindung zwischen Server und Client kann verschlüsselt werden und es existieren Dienste zum Auffinden benötigter Komponenten.

Die Programme, die mit Enterprise Java Beans entwickelt werden, können im Netz verteilt werden und somit auf verschiedenen Servern ablaufen, was der Performance des Gesamtsystems grundsätzlich zuträglich ist. Die Anwendungsfunktionalität wird von der Systemfunktionalität (Infrastruktur) getrennt, so dass Spezialisten beide Bereiche unabhängig voneinander bearbeiten können (vgl. Abb. 2-2). Angestrebt wird auch eine Wiederverwendung der entwickelten Komponenten in anderen Zusammenhängen. Schließlich basieren Enterprise Java Beans auf offenen Standards; somit ist eine gewisse Interoperabilität gegeben, die die Anpassung des ERP-Systems an wechselnde Anforderungen erleichtern könnte.

2.2.2   .NET-basierte ERP-Systeme

Ähnlich wie der quelloffene und allgemein verfügbare Standard Enterprise Java Beans, basierend auf der Java Enterprise-Architektur (Java EE), so bietet auch der Softwareanbieter Microsoft einen Architekturansatz für die Realisierung von ERP-Systemen an, die sogenannte .NET- oder Dotnet-basierte Architektur. Der grundsätzliche Aufbau der .NET-Architektur ist in Abb. 2-3 dargestellt. ERP-Systeme wie AP+ von Asseco oder NVenta der Nissen&Velten GmbH verwenden beispielsweise die Architektur von .NET.

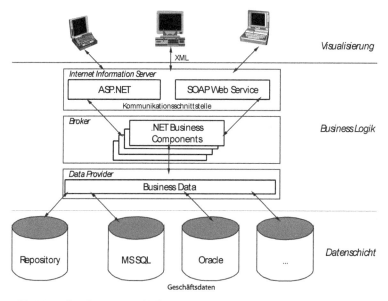

Abb. 2-3: Aufbau der .NET-Architektur

Basierend auf einer Data-Provider genannten Schnittstelle für Datenbanken werden die Businesskomponenten angesprochen, die typischerweise in C#, einer von Microsoft zur Verfügung gestellten Sprache, entwickelt wurden. Über den Internet-Information-Server werden dann sogenannte Active-Server-Pages (ASP) generiert und zur Kommunikation mit anderen Systemen, basierend auf dem Protokoll SOAP, Schnittstellen für Webservices zur Verfügung gestellt. Die eigentliche Kommunikation zu den Endgeräten erfolgt dann durch den Austausch von XML-Dateien.

Da das gesamte .NET-Konzept von einem einzigen Anbieter zur Verfügung gestellt wird, wird eine hohe Durchgängigkeit über alle Bereiche der Architektur erreicht. Das Java-Konzept ist etwas reifer, allerdings lassen sich mit beiden Konzepten hervorragend funktionierende ERP-Systeme realisieren. Aktuelle Probleme liegen eher in der Standardisierung der ausgetauschten XML-Daten, auch eine Koexistenz von Java und .NET ist durchaus möglich, wenn etwa im Backend-Bereich .NET verwendet wird und im Frontbereich Java, um eine schnellere Anpassung an unterschiedliche Oberflächen und Clients zu erreichen.

2.3 ERP-Integrationsansätze

In diesem Abschnitt wird zunächst die Integration mit anderen Anwendungssystemen im Unternehmen (Enterprise Application Integration – EAI) und danach die Integration mit Internet-Anwendungen beschrieben. Beide stellen heute wesentliche Integrationsanforderungen für ERP-Systeme dar.

2.3.1 Innerbetriebliche Integrationsarchitekturen – EAI

Häufig sind ERP-Systeme nicht die einzigen Informationssysteme im Unternehmen und häufig gibt es in verschiedenen Bereichen des Unternehmens (Filialen, Werke, Auslandsstandorte) unterschiedliche ERP-Systeme oder zumindest unterschiedliche Mandanten/Instanzen. Daher entstand die Notwendigkeit, Daten zwischen den verschiedenen Informationssystemen auszutauschen. Über die Entwicklung individueller Schnittstellen hinaus bestand mit wachsendem Datenvolumen und mit wachsender Zahl der Schnittstellen die Anforderung, nicht nur den Datenaustausch allein, sondern auch die darüber liegenden, den Datenaustausch verursachenden Geschäftsprozesse in den Informationssystemen angemessen abzubilden.

Während auf Datenebene noch ausreichend ist, ein gemeinsam verwendbares Datenmodell zu definieren, so muss auf der Ebene der Geschäftsobjekte schon bekannt sein, was mit dem Begriff „Auftrag" gemeint ist – ein Kunden-, Vertriebs- oder Fertigungsauftrag?

Werden verschiedene Geschäftsprozesse schließlich in einem gemeinsamen Workflowmanagementsystem integriert, müssen die Prozessbeschreibungen gemeinsam nutzbar sein, etwa wenn diese in BPMN erstellt wurden.

Ein wesentlicher Treiber für die Entwicklung sogenannter Enterprise Applikation Integration-Produkte (EAI) war die zunehmende Verbreitung von Supply Chain Management, die Integration von Webanwendungen und die zunehmende Standardisierung von Daten und Objekten (vgl. Van der Hay 2000, Schönherr 2005). Integration zwischen Anwendungssystemen kann dabei auf verschiedenen Ebenen stattfinden, so auf der Datenebene, auf der Objektebene oder auf der Prozessebene (Abb. 2-4). Alle in Abb. 2-4 dargestellten Integrationsarchitekturen sind mögliche Ausprägungen von Enterprise Application Integration. Je nach Anfor-

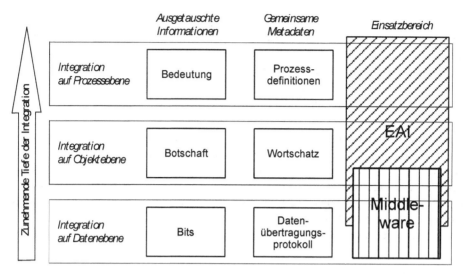

Abb. 2-4: Integrationsebenen zwischen Anwendungssystemen (vgl. Schönherr 2005, S. 26)

derung wird zumeist eine der dargestellten Architekturen als unternehmensweiter Standard ausgewählt.

Die Einsatzbereiche von EAI und der sogenannten Middleware unterscheiden sich deutlich, weil EAI auch anstrebt, eine höhere Integrationstiefe bis in die Prozessebene zu erreichen, während Middleware sich häufig technisch im wesentlichen auf die Integration auf der Datenebene konzentriert. Als Integrationsarchitekturansätze werden im wesentlichen die Konzepte „Punkte zu Punkt", „Hub and Spoke" und SOA (Serviceorientierte Architekturen) unterschieden (Abb. 2-5).

Bei herkömmlichen Punkt-zu-Punkt-Ansätzen werden Schnittstellen jeweils zwischen den Anwendungssystemen, die diese erfordern, individuell und dezentral entwickelt. SOA greift den dezentralen Ansatz der Punkt-zu-Punkt-Schnittstellen auf, stellt im Gegensatz dazu aber Schnittstellen zur Verfügung, die auf Standards basieren und im Backend-System neutrale gekapselte Services (Funktionen) anbieten, die verteilt prozessorientiert eingesetzt werden können und somit in verschiedenen Anwendungszusammenhängen wiederverwendet werden können (vgl. Schönherr 2005, S. 27).

Abb. 2-5: Prinzip von Integrationsarchitekturen (vgl. Schönherr 2005, S. 27)

Eine Möglichkeit SOA zu realisieren, ist die Nutzung von Web Services, allerdings muss hier stark auf die Vermeidung von Implementierungsrisiken und starke Methoden geachtet werden. Hub-and-Spoke-Architekturen basieren auf Middleware-Konzepten. Sie sollen große Anteile systemübergreifenden Datenverkehrs abwickeln. Dabei werden über Adapter sogenannte Spokes, Nachrichtendokumente (Messages) an einen zentralen Hub gesendet und dort für die Zielsysteme umgeformt und nach definierten Regeln an diese weitergeleitet.

Daneben existieren Busarchitekturen, die auf dem Publish and Subscribe-Ansatz basieren. Ein Sender (Publisher) verteilt über den Bus Nachrichten an definierte Empfänger (Subscriber), die an die Zielsysteme weitergegeben werden. Diese Architektur wird vor allem für einfache Szenarien wie Datenabgleich oder Reporting gewählt (vgl. Born/Diercks 2003).

Beide Ansätze, sowohl die Hub and Spoke-Systeme als auch die Bus-Architekturen basieren auf Messaging, also auf Nachrichtenaustausch. Dieser wird nach formalen Regeln modelliert; es erfolgt ein syntaktisches und semantisches Mapping, die Reihenfolge der Abarbeitung wird bestimmt und Ausfall- und Fehlerregeln werden durch Skriptsprachen oder graphische Oberflächen definiert (vgl. Kaib 2002).

Tab. 2-1: Auswahl marktverfügbarer EAI-Produkte (vgl. Schönherr 2005, S. 29)

Anbieter	Produkt	Kontakt
Bea Systems	eLink, Tuxedo, WebLogic	www.beasys.com
IBM	WebSphere (u.a. MQ-Produktfamillie, CrossWorlds)	www.ibm.com
Inubit	Inubit IS	www.inubit.com
Microsoft	BizTalk	www.microsoft.com
NEON	iWave	www.neonsys.com
SAP	Netweaver	www.sap.com
Seebeyond	E*Gate, e*Xchange	www.seebeyond.com
Seeburger	Business IS	www.seeburger.com
Sun	Sun One IS	www.sun.com
TIBCO	Active Enterprise	www.tibco.com
Vitria	BusinessWare	www.vitria.com
WebMethods	WebMethods	www.webmethods.com

Tabelle 2-1 zeigt einige der über 200 am Markt befindlichen EAI-Produkte (vgl. Schönherr 2005, S. 29).

2.3.2 Integration von Internetanwendungen

Electronic Commerce (E-Commerce) kann in verschiedene Typen differenziert werden (Abb. 2-6). Führt ein Unternehmen Bereiche oder Abteilungen innerhalb des Unternehmens als eigenständige Einheiten, zwischen denen Leistungen zu Verrechnungspreisen ausgetauscht und elektronische Netzwerke zur Koordination und Abrechnung benutzt werden, so kann man dies als Intra-Business bezeichnen. Der Geschäftsverkehr zwischen Unternehmen wird als Business-to-Business (B2B) Electronic Commerce bezeichnet, während der Geschäftsverkehr zwischen Unternehmen und Endkunden als Business-to-Customer (B2C) Electronic Commerce bezeichnet wird.

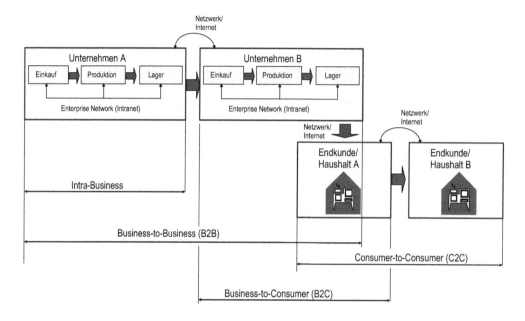

Abb. 2-6: Typisierung des Electronic Commerce (nach Alard 2000)

Daneben ist etwa durch Auktionsplätze im Internet oder Kleinanzeigenmärkte auch ein Customer-to-Customer Electronic Commerce ohne Einschaltung von Unternehmen als Lieferant oder Kunde denkbar. Andere Einteilungen fokussieren auf der hauptsächlich genutzten Funktionalität und differenzieren z.B. nach E-Procurement auf der Beschaffungsseite und E-Sales auf der Vertriebs- bzw. Distributionsseite.

Der Nutzung des World Wide Web als wichtigstem Dienst des Internets kann ein Phasenmodell zugrundegelegt werden (Abb. 2-7, vgl. Gronau 2001a). Dabei werden in Phase 1 der WWW-Nutzung durch ein Unternehmen typischerweise Dokumente für Recherche und Lesezwecke im Internet zur Verfügung gestellt. Auf eine zeitliche Kontrolle dieser Dokumente, deren Inhalt meist statisch ist, wird zunächst verzichtet.

In einer Weiterentwicklung dieser Phase werden Content-Management-Systeme eingesetzt, die die Integration dynamischer, also erst zur Laufzeit der Anfrage generierte Inhalte erlauben, eine redaktionelle Pflege des WWW-Angebotes gestatten und darüber hinaus Bearbeitungs- und Genehmigungsabläufe in Form sog. Workflows abbilden.

Als dritte Phase kann die Einbeziehung von Transaktionen angesehen werden, bei der es Kunden, Interessenten oder Partnern ermöglicht wird, über interaktive Seiten des WWW-Angebotes Anfragen oder Bestellungen aufzugeben. Je nach Umfang der Transaktion kann auch eine Bestellbestätigung, eine Statusüberprüfung oder eine Zahlung über entsprechende Zahlungssysteme erfolgen. Dazu sind jedoch bereits Zugriffe auf betriebliche Administrations-

und Dispositionssysteme erforderlich. Diese Funktionen werden teilweise durch eigenständige Web-Shops wahrgenommen, die auf diese Entwicklungsstand von der übrigen Informa-
tionssystem-Architektur des Unternehmens getrennt betrieben werden und über Datenaus-
tauschmechanismen mit dieser verbunden sind.

Als vierte Phase der WWW-Nutzung gilt die Integration, bei der bisher getrennte Informationssysteme innerhalb des Unternehmens, zusätzlich auch zwischen den Unternehmen miteinander verbunden werden. Ergebnis dieser Integration sind Systeme zur Unterstützung z.B.
des Supply Chain Management oder die Bildung individueller Angebotsplattformen, bei der
Kunden oder Marktpartner individuell zugeschnittene Angebote für dieses Unternehmen erhalten und wahrnehmen können. Zur Phase der Integration der WWW-Nutzung gehört auch
die von vielen Unternehmen beabsichtigte Automatisierung der Beschaffung von C-Teilen,
d.h. Teilen mit geringem Wert, aber großer Bestellhäufigkeit und Menge.

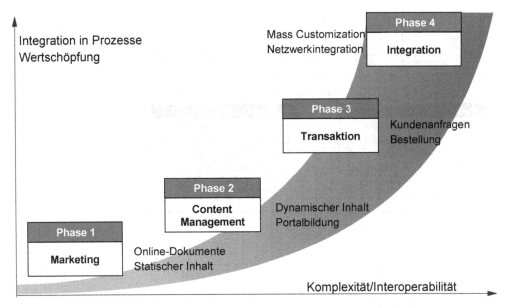

Abb. 2-7: Phasen der Internet-Nutzung

ERP-Systeme können unterschiedlichen Phasen der WWW-Nutzung zugeordnet werden
(Abb. 2-7). Dem Phasenmodell entsprechend können ERP-Systeme in der ersten Phase über
Web-Browser bedient werden. Die Bedienung über einen Web-Browser stellt heute eine
grundlegende Voraussetzung für ein ERP-System dar, um organisatorische Flexibilität zu
gewährleisten. Dabei sind solche Systeme zu bevorzugen, die ohne Drittprodukte-Einsatz
auskommen, da ansonsten erst das Drittprodukt am Benutzerarbeitsplatz installiert werden
muß und dies typischerweise Flexibilität der Einrichtung und Schnelligkeit des Zugangs zum
ERP-System behindern.

Als Austauschmechanismen zur Kommunikation mit anderen ERP-Systemen bzw. mit Shop-
Systemen anderer Anbieter wird überwiegend XML eingesetzt, ebenso das seit etwa 15 Jahren verwendete Edifact-Format.

2.4 Ausgewählte Systemarchitekturen

In den folgenden Abschnitten werden die Systemarchitekturen der weit verbreiteten Konzern-ERP-Systeme SAP ERP und Oracle Applications vorgestellt. Um zu verdeutlichen, wie zukünftige ERP-Architekturen aussehen, werden allerdings zuerst zwei Beispiele für kleinere ERP-Systeme mit geringerer Verbreitung, aber moderner Architektur, vorgestellt. Es handelt sich dabei um die SO:Business-Software der godesys AG aus Mainz und das System Bison process der Bison Solutions aus der Schweiz.

Beide Systeme greifen aktuelle Technologien auf und kommen dabei zu durchaus unterschiedlichen Lösungen. Vorgestellt werden jeweils die Architekturen sowie die von den Anbietern zur Verfügung gestellten Integrationsansätze.

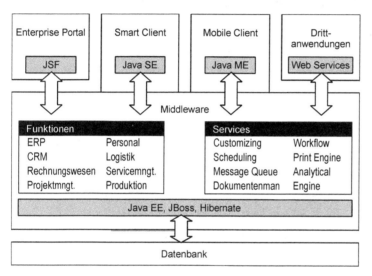

Abb. 2-8: Systemarchitektur von SO:Business (Qelle: Godesys AG)

2.4.1 SO:Business

Das ERP-System basiert auf einem als Open-Business-Framework charakterisierten Ansatz (Abb. 2-8). Der wesentliche Kern der Lösung enthält eine Zusammenstellung von Softwaretechnologien, die auf Open-Source-Lizensierung basieren (Eclipse Entwicklungsumgebung, Apache Webserver, TomCat Applikationsserver, Hybernate Überführung der Objekte in relationale Datenbanken, JBoss-Applikationsserver und Liferay als Portal).

Damit soll den Kunden der Aufbau einer herstellerunabhängigen serviceorientierten Integrationsarchitektur ermöglicht werden. Es können sowohl die Produkte des Anbieters selbst oder auch andere Produkte im Bereich ERP und CRM verwendet werden. Alle Prozesskomponenten der godesys-Applikation können in Form von Portlets dargestellt werden. Portlets sind Java-Programme, deren Aufgabe die Anzeige von Inhalten aus verschiedenen Quellen und deren Personalisierung ist. Mit Portlets erfolgt die Darstellung von serverseitigen Anwendungen in einem Portal. Dabei werden Services und Funktionen rollenbasiert individuell auf die Bedürfnisse des jeweiligen Nutzers dargestellt.

Zur Integration von Daten aus Fremdsystemen steht ein Business Connector zur Verfügung, der das Auslesen definierter Informationen in festgelegten Formaten, wie z. B. XML, EDI oder ASCII ermöglicht. Eingehende Daten werden dynamisch in Prozesstabellen abgelegt und zur Abarbeitung automatisch bereitgestellt. Damit ist es z.B. möglich, Aufträge aus Kundenbestellungen vollautomatisch auf Plausibilität zu prüfen und dann anzulegen.

Eine Master-Slave-Replikation dient der Zentralisierung von Unternehmensdaten, mit denen es möglich ist, externe Datenbestände aus Geschäftsstellen, Laptops oder mobilen Endgeräten mit dem Datenbestand einer Zentrale abzugleichen.

Alle Portlets der Business-Lösung von godesys nutzen den JSR 168 Standard und können zur herstellerübergreifenden Kommunikation genutzt werden. Damit wird beispielsweise die Anlage einer Adresse bei gleichzeitiger Anzeige des Standortes über das Portlet von GoogleMaps ermöglicht. Ebenso steht ein Eventmanager zur Verfügung, der Informationen und Nachrichten nach festgelegten Regeln an autorisierte Nutzerkreise verteilt.

2.4.2 Architektur von Bison Process

Das ERP-System Bison Process (früher Greenax) basiert auf dem Softwareentwicklungs-framework von Bison Solutions, einem Unternehmen, das in der Vergangenheit für ca. 350 Kunden individuelle Business Applikationen entwickelt hat. Genutzt wird die Java EE-Architektur. Die Realisierung der Bison Process-Architektur ist in Abb. 2-9 dargestellt.

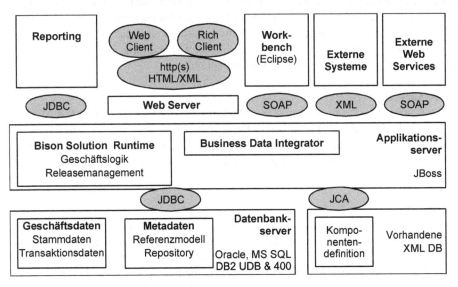

Abb. 2-9: Architektur von Bison Process (Quelle: Bison Solutions AG)

Die eigentliche Geschäftslogik ist dabei in der Bison-Solution Runtime enthalten. Ein Business Data Integrator ermöglicht den Datenaustausch zwischen verschiedenen Applikationen. Die Datenbank enthält neben den Business-Geschäftsdaten auch die notwendigen Metadaten, die das Datenmodell der Anwendung darstellen. Ein Zugriff auf den Applikationsserver erfolgt ausschließlich über Internettechnologien wie HTTP oder HTTPS. Ebenso steht ein Berichtsgeneratorwerkzeug zur Verfügung. Wahlweise kann ein Rich Client, der in Java ge-

schrieben wurde, oder ein Web-Client verwendet werden. Zur Anpassung des Software-
systems an unternehmensindividuelle Anforderungen steht eine Greenax-Workbench auf der
Basis von Eclipse zur Verfügung. Auch mobile Geräte können über XML adressiert werden,
ebenso wie ein Programm-zu-Programm-Austausch über das Webserviceprotokoll SOAP erfolgen kann (vgl. Wiese 2009, S. 62/63).

Zur Integration von Informationen aus anderen Systemen stellt Bison Process einen Business
Data Integrator zur Verfügung, der eine sehr mächtige Funktionalität aufweist. Dabei werden
Geschäftsobjekte wie Kundendaten, Aufträge und Lieferantennotizen in eine allgemein gül-
tige Form umgewandelt, das standardisierte Business-Dokument. Damit existiert eine sau-
bere einheitliche Grundlage für die Umwandlung der Daten in beliebige Zielformate.
Konnektoren gestatten den Zugang zu Datenbanken und Dateisystemen, während Adaptoren
Quell- und Zielsysteme ansprechen können. Damit wird erreicht, dass auch bei steigender
Anzahl der vernetzten Systeme die Anzahl der Schnittstellen überschaubar bleibt. Alle Adaptoren können mit einem Webservice-Interface ausgestattet werden. Für Anwendungen von
ERP-Systemen im Handel bietet das den Vorteil, dass Informationen online ausgetauscht
werden können und dadurch die Reaktionsfähigkeit gegenüber einem einmal am Tag erfol-
genden Datenabgleich deutlich gesteigert werden kann.

2.4.3   Die Systemarchitektur von SAP. ERP

Das weltweit in größeren Unternehmen weit verbreitete ERP-System SAP.ERP der SAP AG
(früher R/3, jetzt auch als ECC 6.0 – Enterprise Core Component) bezeichnet) lässt sich in
verschiedenen Ausbaustufen den jeweiligen Hardwareressourcen anpassen. Dabei wird analog zum oben vorgestellten Client-Server-Modell eine Unterteilung in Datenbank-Server,
Anwendungs-Server und Präsentations-Server vorgenommen.

Datenbank-Server
Auf diesem zentralen Rechner, der selbst eine Mehrprozessor- oder Cluster-Architektur aufweisen kann, befindet sich die Datenbank. Die Software verwaltet die Datenbestände und
stellt alle Programme zur Verfügung, die von den Anwendungs-Servern heruntergeladen
werden. Eine Nutzung verteilter Datenbanken ist nicht möglich und nach Aussage von SAP
auch nicht geplant.

Anwendungs-Server
Die Verarbeitung der Anwendungsprogramme läuft auf dem Anwendungs-Server. Hier werden Daten aufbereitet, formatiert sowie die Eingabedaten geprüft und vorbearbeitet. Der Anwendungs-Server kommuniziert lediglich mit dem Datenbank-Server, um Daten zu lesen
oder wenn Änderungen in der zentralen Datenbank vorgenommen werden. In der Regel ist
der Anwendungs-Server einer großen Benutzergruppe (z.B. einer Abteilung) zugeordnet oder
er stellt seine volle Rechnerleistung für mächtige Anwendungsfunktionen ausschließlich einem Benutzer zur Verfügung. Anwendungsserver können in einer Organisation verteilt aufgestellt werden. Geschäftsprozesse können auch über mehrere Anwendungsserver hinweg
gesteuert werden.

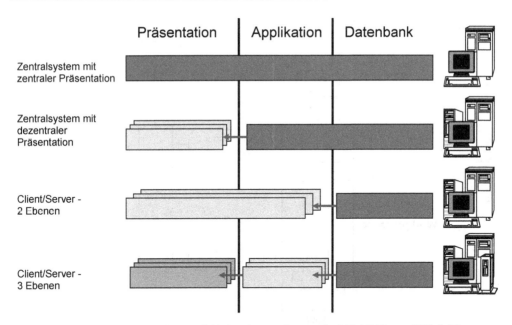

Abb. 2-10: Client-Server-Konfigurationsmöglichkeiten des ERP-Systems der SAP AG (Gronau 1999, S. 31)

Präsentations-Server

Auf dem Präsentations-Server, in der Regel auf PCs oder Workstations, laufen die Programme, deren einzige Aufgabe die Präsentation der Anwendung ist. Sie gestalten die Benutzungsoberfläche für die Eingabedaten und geben die Ausgabedaten an die Anwendungs-Server weiter. Vier verschiedene Konfigurationen lassen sich unterscheiden (siehe Abb. 2-10). In der ersten Konfiguration übernimmt eine leistungsfähige Workstation die Verwaltung der Datenbank, die Applikationen und die Präsentation. Dies wird als Zentralsystem mit zentraler Präsentation bezeichnet. Die angeschlossenen Rechner dienen lediglich als Präsentationsterminals.

Wird die Präsentationsfunktion von externen Rechnern (z.B. Windows-Desktops) übernommen, nennt SAP die Konfiguration Zentralsystem mit dezentraler Präsentation. Bei ausreichend leistungsfähigen Desktopsystemen können auch die Applikationen ausgelagert werden. Durch diese zweistufige Konfiguration wird der Datenbank-Server entlastet.

Schließlich können in Gestalt einer mehrstufigen Konfiguration für Datenbank, Applikation und Präsentation jeweils Server eingesetzt werden. Durch Einrichtung von Applikations-Servern für verschiedene Arbeitsbereiche, wie z.B. Vertrieb, Finanzbuchhaltung oder Absatz wird eine gleichmäßigere Systemauslastung erreicht. Einen Überblick über die Systemarchitektur des ERP-Systems von SAP gibt Abb. 2-11. Die einzelnen Bestandteile der Systemarchitektur werden im folgenden erläutert.

Die in der Realität vorkommenden betriebswirtschaftlichen Geschäftsvorfälle inklusive der dazu notwendigen Datenflüsse werden im R/3-System durch Transaktionen abgebildet.

Eine Transaktion besteht aus mindestens zwei Hauptschritten, dem interaktiven Dialog und der anschließenden Speicherung der neuen oder veränderten Daten in der Datenbank. Der interaktive Teil der Arbeit vollzieht sich durch Eingabemasken sowie Dialoge, den sogenannten Dialogschritten. Während der Bearbeitung der interaktiven Phase können die benötigten

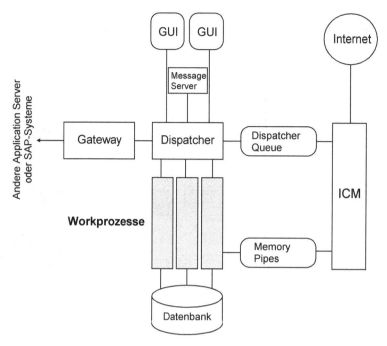

Abb. 2-11: Architektur des SAP ERP-Systems (vgl. Rau 2002, S. 15)

Daten zwar aus der Datenbank geladen und verändert, aus Gründen der Konsistenzsicherung jedoch nicht in die Datenbank zurückgeschrieben werden. Der Datensatz existiert folglich für die Dauer der Dialoge nur für diese eine Transaktion. Erst in einem der darauffolgenden Hauptschritte wird dann die Datenbank aktualisiert, indem der Datensatz zurückgeschrieben wird, sobald es die Auslastung der Datenbank zulässt.

Während der gesamten Laufzeit der Transaktion wird eine Sperre aktiviert, welche den Zugriff anderer Anwender auf die benutzten Daten verhindert, um so die Datenkonsistenz sicherzustellen. Die Abarbeitung der Dialogschritte ist in Abb. 2-12 dargestellt.

Steuerung der Applikationen durch Work-Prozesse

Alle Operationen, die von den Anwendungsprogrammen unter R/3 angefordert werden, werden in Form von sogenannten Work-Prozessen durchgeführt. Sie führen die zuvor vom Anwender bearbeiteten Dialogschritte durch. Das gesamte R/3 Laufzeitsystem besteht aus Work-Prozessen, welche parallel ablaufen. Ein Work-Prozess besteht aus einem ABAP/4-Prozessor, einem Dialog-Interpreter, einer Datenbankschnittstelle sowie einen Task-Handler.

Der ABAP/4-Prozessor verarbeitet den in ABAP/4 erstellten Applikationscode, der Dialog-Interpreter sorgt für die Auswertung der Dialogschritte. Die Datenbankschnittstelle wird für den Datenaustausch mit der Datenbank benötigt. Die Aktivitäten dieser drei Elemente eines Work-Prozesses werden von einem sogenannten Task-Handler koordiniert.

Der Informationsaustausch zwischen den SAPGUIs (SAP Graphical User Interface – also der grafischen Benutzungsoberfläche, die der Anwender verwendet) und den Work-Prozessen wird von einem als Dispatcher bezeichneten Programm verwaltet. Er gibt Bildschirme und Daten von den Präsentationsdiensten an die zuständigen Work-Prozesse weiter. Ferner sorgt

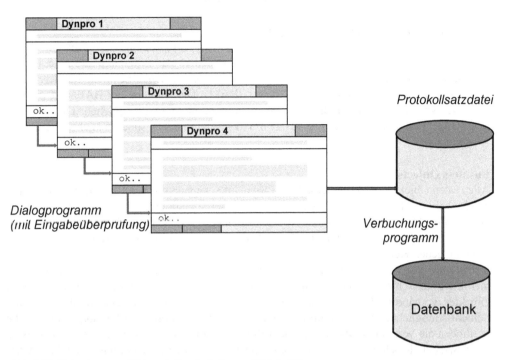

Abb. 2-12: Verbuchung von Dialogschritten (vgl. Gronau 1999, S. 33)

der Dispatcher für die ausgeglichene Verteilung der Transaktionen auf die Work-Prozesse, für die Pufferverwaltung im Hauptspeicher sowie für die Organisation der Kommunikationsprozesse.

Schnittstellenkonzept von R/3
Als Schnittstellen für den Datenaustausch zwischen R/3-Applikationen und Anwendungen von Fremdsystemen werden EDI und Electronic Mail sowie die von SAP angebotene Schnittstellenspezifikation Business API (BAPI) eingesetzt. Als höherer Kommunikationsdienst wird – als asynchrones oder synchrones Protokoll – der Remote Function Call (RFC) verwendet. Durch RFC werden die SAP-Funktionen auch für externe Programme nutzbar. Als Kommunikationspartner kommen R/3-, R/2- und externe Anwendungen infrage (vgl. Buck-Emden 1995, S. 98).

Auf einer tieferen Schicht des Verbindungsprotokolls wird das Warteschlangeninterface Q-API für die asynchrone Kommunikation und CPI-C für die synchrone Kommunikation zwischen Programmen benutzt. Neben diesen Schnittstellen ist die R/3-Basis für die Verteilung von Druckaufträgen an verschiedene Drucker in einem Netzwerk zuständig. Beim Datenaustausch zwischen Präsentations-Servern und Anwendungs-Servern wird das SAP-Präsentationsprotokoll verwendet. Zwischen Datenbank-Servern und Applikations-Servern erfolgt der Zugriff auf die Datenbank mittels Remote-SQL. Diese SAP-Protokolle setzen im LAN auf das TCP/IP-Protokoll auf.

Bei der synchronen Kommunikation interagieren die Kommunikationspartner zeitgleich, während bei asynchroner Kommunikation die Informationen in einer Warteschlange zwischengespeichert und ggf. später beantwortet werden.

Integration in heterogene Anwendungsumgebungen

Um den Zugriff auf SAP-Daten und Funktionen durch Fremdprogramme realisieren zu können, ist in R/3 das Konzept der Business Objects realisiert. Als Programmbausteine, die die
tatsächliche Kommunikation zwischen R/3 und Fremdsystem übernehmen, fungieren sog.
Business Application Programming Interfaces (BAPI). Die Aufgabe der BAPIs ist es, Ent-
wicklern den Zugriff auf bereits bestehende Programmteile zu ermöglichen. Die Zugriffs-
möglichkeit besteht dabei nicht nur aus dem SAP-System heraus, sondern auch von externen
Anwendungen.

Business Objects

Alle realen Objekte werden innerhalb von SAP auf sogenannte Business Objects (Geschäftsobjekte) abgebildet. Somit können alle Daten und Geschäftsprozesse in Objektform repräsentiert werden. Dabei werden vier Schichten unterschieden. Die innerste Schicht eines Business
Objekt umfasst die zu dem Objekt gehörenden Daten. Da nur ein Business Objekt selbst auf
seinen eigenen Kern zugreifen kann, können die von einem Business Objekt gehaltenen Informationen nur von dem Objekt selbst verändert werden. Die zweite Schicht trägt den Namen Integritätsschicht. In dieser Schicht ist die komplette betriebswirtschaftliche Logik eines
Objektes vorhanden. Eine Geschäftsregel trägt dabei den Namen Constraint. Die dritte
Schicht ermöglicht den Zugriff auf diese Geschäftsregeln in Form von Methoden. Da nur die
Methoden die Verbindung zwischen einem Business Objekt und dem System herstellen, wird
diese Schicht als Schnittstellenschicht bezeichnet. Auf dieser Ebene befinden sich die BAPIs.

Die vierte Schicht nimmt eine Sonderrolle ein. Da ein Zugriff auf ein Business Objekt nicht
nur aus dem SAP-System heraus erfolgen kann, werden Definitionen für die Zugriffe von
außerhalb benötigt. Diese sind in der Zugriffsschicht abgelegt. Da es sehr komplex wäre, für
jedes Business Objekt sämtliche Zugriffstypen neu zu deklarieren, wird die Zugriffsschicht
nur einmal pro SAP-System definiert. Sämtliche Zugriffsweisen lassen sich in objektorientierte und nicht-objektorientierte kategorisieren.

Eine BAPI als Methode eines Business Objects ist durch mehrere Eigenschaften definiert.
Durch eine exakte Klassendefinition wird vorgegeben, welche Daten ein BAPI-Aufruf direkt
verändern kann. Alle anderen Daten im SAP-System können durch BAPI-Aufrufe nicht ma-
nipuliert werden. Des Weiteren gehört zu einer BAPI eine Schnittstellendefinition. Dazu gehören Importparameter, Exportparameter und Import-/Exportparameter. Importparameter
sind Daten, welche als Wert an die BAPI übergeben werden. Exportparameter sind Daten,
welche von der aufgerufenen BAPI an das aufrufende Objekt als Daten zurückgegeben werden. Eine Sonderrolle nehmen die Import-/Exportparameter ein. Dabei handelt es sich um
reine Referenzen. Wenn nur eine Referenz übergeben wird, kann die BAPI direkt Attribute,
Variablen, Datenfiles oder Tabellen aus dem Data Dictionary verändern.

Zu einer BAPI gehört immer ein Funktionsbaustein. Da die Entwicklung des SAP-Systems
nicht von Anfang an objektorientiert gewesen ist, wird hier die Brücke zwischen alter und
neuer Methodik geschlagen. Ein Funktionsbaustein ist eine Funktion, die von einem Programm oder einem Programmteil aufgerufen werden kann. Dabei wird von der Funktion kein
Bildschirmdialog an die aufrufende Anwendung zurückgegeben.

Damit im SAP-System jederzeit bekannt ist, welche Methoden und Funktionen im System
existieren, gibt es zwei Verzeichnisse, in denen funktionsfähige BAPIs eingetragen sind. Der
Funktionsbaustein, der der BAPI zugrunde liegt, besitzt einen Eintrag im Function Builder.

Dies ist das Verzeichnis aller Funktionsbausteine mit den dazugehörigen Schnittstellendefinitionen.

Der zweite Eintrag einer BAPI erfolgt im Business Object Repository. Das Business Object Repository (BOR) ist das Verzeichnis aller Business-Objects. Innerhalb des BOR ist eine BAPI exakt einem Business-Objekt als Methode zugeordnet. Im Rahmen der Schnittstellendefinition sind die notwendigen Parameter definiert, damit die Methode korrekt aufgerufen werden kann.

Anwendungsmöglichkeiten einer BAPI
Bei der Anwendung einer BAPI im SAP-System wird einem aufrufendem Programm eine zusätzliche Funktionalität zur Verfügung gestellt. Da ein BAPI-Aufruf nicht zu einem Bildschirmdialog führt, können BAPI im entfernten Sinne als eine Erweiterung der Programmiersprache gesehen werden. Bedingt durch die vorgegebene Schnittstellendefinition wird eine hohe Stabilität bei Releasewechseln erreicht. Die Weiterentwicklung einer BAPI führt nicht zu der Notwendigkeit, alle Programme zu modifizieren, welche diese BAPI benutzen, da ihre Funktionalität gekapselt ist.

Zu einer BAPI gehört immer ein RFC-fähiger Funktionsbaustein. Die Abkürzung RFC steht für *Remote Function Call*. Der RFC-Mechanismus wird verwendet, sobald mit dem Aufruf die Grenze des SAP-Systems überschritten wird. Der RFC-Mechanismus übernimmt sämtliche Anpassungen an das zu verwendende Netzwerkprotokoll. Sollte es zu Störungen der Verbindung kommen, werden diese so lange automatisch behandelt, bis es gemäß dem verwendeten Protokoll zu einem nicht mehr kompensierbaren Fehler kommt.

Allerdings können durch den RFC-Mechanismus nicht alle Funktionen des SAP-System nach außen hin zur Verfügung gestellt werden. Es können keine Import-/Exportparameter übergeben werden. Aus technischer Sicht wäre es zwar möglich, Referenzen aus dem System heraus zu übergeben, allerdings würde die Datenkonsistenz dann von einem externen System abhängig sein. Aus diesem Grund wird die Übergabe von Referenzen nicht unterstützt. Der RFC-Mechanismus ermöglicht den Zugriff auf der Funktionsebene. Besitzt eine externe Anwendung eine objektorientierte Schnittstelle zum SAP-System, so kann auch extern direkt auf BAPIs zurückgegriffen werden. Das aufrufende System muss selbst nicht objektorientiert sein, es genügt, wenn die Schnittstelle diese Eigenschaft besitzt (z.B. ActiveX). Andere Anwendungsbeispiele besitzen eine durchgehende, objektorientierte Struktur (z.B. Java).

Integration von Anwendungen für das Internet
Ausgehend von Erfahrungen mit früheren Internet-Anwendungen (realisiert über den sog. Internet Transaction Server (vgl. Peroz 1998, S. 159ff., Gronau 1999, S. 41)) wurde mit dem aktuellen Web Application Server ein neuer Weg beschritten, der frühere Defizite beheben soll (vgl. Rau 2002, S. 14). So erweitert nunmehr der Internet Communication Manager den SAP Kernel. Der ICM verarbeitet Anforderungen unterschiedlicher Standard-Internet-Protokolle (wie HTTP, HTTPS, SMTP, NNTP) nunmehr direkt und ist auch in der Lage, entsprechende Anfragen in das Internet abzusetzen. Falls eine eintreffende HTTP-Anforderung im SAP-System von einem Workprozess verarbeitet werden soll, erfolgt der Datenaustausch über speicherbasierte Kommunikationsobjekte (bezeichnet als Memory Pipes). Die Entwicklung seitenbasierter Anwendungen, wie sie für das WWW typisch ist, wird durch einen HTTP-Handler realisiert, der sogenannte Business Server Pages bearbeiten kann. Business Server Pages sind eine SAP-spezifische Ausprägung von seitenorientierten Web-Anwendun-

gen; andere Anwendungen basieren auf Java Server Pages (JSP, Sun) oder Active Server Pages (ASP, Microsoft).

Um dem zunehmenden Integrationsdruck im Hinblick auf andere unternehmensweit genutzte Anwendungen gerecht zu werden, hat die SAP AG eine als *NetWeaver* bezeichnete Integrationsarchitektur entwickelt (Abb. 2-13).

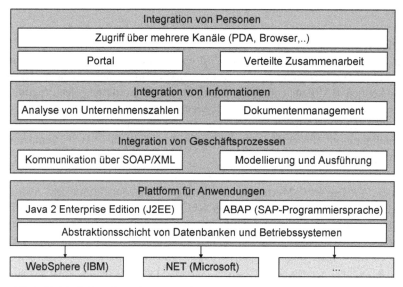

Abb. 2-13: Prinzipdarstellung einer Integrationsarchitektur (Quelle: SAP AG)

Darunter werden eine Vielzahl von Integrationsansätzen und Plattformen zur Verfügung gestellt. Unter der Überschrift *People Integration* verbirgt sich im Wesentlichen ein Portal, mit dem es möglich wird, Benutzern individualisiert und rollenbasiert einen Zugriff auf SAP-Anwendungen aber auch über weitere Informationen, wie z. B. aus dem Dokumentenmanagement, zu ermöglichen.

Der Bereich *Information Integration* enthält im Wesentlichen den Zugang zu den Business Intelligence-Werkzeugen von SAP, die unter dem Markennamen SAP Business Intelligence vermarktet werden. Dazu gehört ein Data Warehouse, das einen integrierten und konsistenten Blick auf Unternehmensdaten bereitstellen soll sowie Werkzeuge, mit denen Daten aus internen oder externen Quellen analysiert werden können (vgl. Vorndorn 2006, S. 200 ff.).

Für die Verwaltung von unstrukturierten Dokumenten und die Möglichkeit, in diesen Dokumenten zu suchen, wählte SAP den Begriff *Knowledge Management*. Der Begriff wurde sicherlich aus Marketinggründen gewählt, nicht weil er inhaltlich zutreffend wäre. Einen Zugang zu personenbezogenem Wissen besteht an dieser Stelle nicht. Allerdings können auch die für die Dokumente und deren Erstellung erforderlichen Experten identifiziert werden. Die SAP-eigene Suchmaschine namens TREX ermöglicht eine Suche in den Volltexten von unstrukturierten Dokumenten mit einer an Google erinnernden Ausgabe.

Unter der Bezeichnung *Prozessintegration* wird die Komponente Exchange Infrastructure (SAP XI) verstanden, die ein zentrales Schnittstellenverzeichnis bereithält, um eine XML-basierte Kommunikation zwischen Anwendungssystemen unterschiedlicher Herkunft und unterschiedlicher Hersteller zu ermöglichen. Zum Auslieferungsumfang gehört auch eine Work-flow-Komponente mit der Bezeichnung Business Process Engine (BPE).

Zur Verknüpfung von Applikationen untereinander steht die sogenannte *Applikationsplatt-form* zur Verfügung, mit der es möglich wird, auf der Java-Enterprise-Architektur-ba-sierende Anwendungssysteme anzuschließen und die individuelle Weiterentwicklung des SAP-Systems mit der proprietären Programmiersprache ABAP fortzusetzen. Ebenfalls zur Applikationsplattform gehört eine Abstraktionsschicht, die es ermöglicht, Datenbankzugriffe von den oberen Ebenen des NetWeaver Frameworks datenbank- und betriebssystemunab-hängig zu gestalten. Entsprechende Adapter nehmen dann die Umsetzung der Abfrage in da-tenbank- und betriebssystemspezifische Befehle vor.

2.4.4   Die Systemarchitektur von Oracle Applications

Die Systemarchitektur des ERP-Systems von Oracle, einem der führenden Anbieter von Da-tenbankmanagementsystemen, folgt einem mehrstufigen Aufbau (Abb. 2-14).

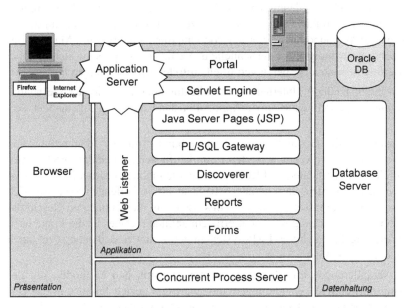

Abb. 2-14: Systemarchitektur von Oracle Applications

Die drei von der Client-Server-Architektur her bekannten Schichten Präsentation (hier Brow-ser), Applikation (hier Application Server) und Datenhaltung (Data Server) sind in Abb. 2-14 erkennbar. Der Web Listener übernimmt dabei die Aufgabe, die eingehenden Anfragen von der Präsentationsschicht in für die Applikationsschicht verständliche Befehle umzusetzen. Der Concurrent Manager stellt Mechanismen zur Verfügung, die einen Mehrbenutzerbetrieb ermöglichen. Der Applikationsserver selbst ist in Form einer Mehrschichtenarchitektur auf-gebaut.

Basierend auf der Entwicklungsumgebung Forms von Oracle, die die Programmlogik ent-hält, können mit der Schicht Reports Berichte und andere Ausgaben (Belege) erzeugt werden. Der Discoverer stellt Such- und Analysefunktionen im Datenbestand des ERP-Systems zur Verfügung.

Der PL/SQL-Gateway (Programming Language/Structured Query Language) erlaubt die Integration zusätzlichen Programmcodes, der nicht vom Hersteller mit ausgeliefert wird, sondern vom Anwenderunternehmen individuell erstellt wird. Dieser Programmcode könnte z.B. eine zusätzliche Dispositionsfunktion enthalten, die benötigt, aber im Standardlieferumfang nicht enthalten ist. Technisch basiert der Applikationsserver auf der Erzeugung von Java Server Pages, die über eine Servlet Engine in ein Portal eingebunden werden. Die Java Service Pages stellen dabei eine seitenorientierte Dialogart zur Verfügung. Aufgabe der Servlet Engine ist es, diese Seiten für die Anzeige in unterschiedlichen Browsern umzuformen und dabei zu den zu übermittelnden Daten Layoutinformationen hinzuzufügen sowie Benutzereingaben in diese Seiten entgegenzunehmen.

2.5   ERP-Architekturen der Zukunft: Wandlungsfähigkeit

Infolge des permanenten und beschleunigten Wandels stellt sich für Unternehmen immer wieder die Frage nach der Stabilität ihrer Geschäftsprozesse. Die teilweise sehr kurzfristig notwendige Reaktion auf Veränderungen erfordert von Unternehmen ein hohes Maß an Flexibilität und Reaktionsgeschwindigkeit. Eine schnelle und effiziente Anpassung sichert dabei den Unternehmenserfolg insbesondere bei unvermittelt auftretenden Änderungen im Umfeld.

Daher wird eine wandlungsfähige Unternehmensarchitektur angestrebt, in der Geschäftsprozesse, Informationssystemarchitektur sowie Applikationslandschaft eng miteinander verknüpft werden.

Die häufige Reorganisation der Geschäftsprozesse ist verbunden mit der Abstimmung und Ablösung der sie begleitenden Anwendungssysteme, am häufigsten bezogen auf ERP-Systeme wegen der zahlreichen Stammdaten und Kernprozesse, die in ihnen bearbeitet werden. In der Praxis kann beobachtet werden, dass gerade ERP-Systeme im laufenden Systembetrieb meist eine nur ungenügende Anpassungsfähigkeit aufweisen, d.h. die veränderten Geschäftsprozesse lassen sich nur unvollständig und nicht effizient abbilden. Daher ist die Frage nach der langfristigen Wandlungsfähigkeit von ERP-Systemen von zentraler Bedeutung (vgl. auch im folgenden Gronau 2007, S. 45ff)

Zukunftsbezogene Veränderungen erfordern eine neue Systematik und Methodik, mit der mittel- bis langfristig notwendige Veränderungen antizipiert und gezielt Impulse in das Unternehmen gegeben werden können. Diese Ausrichtung verfolgt das Konzept der Wandlungsfähigkeit (vgl. Andresen 2005).

Im Kontext des Unternehmens bezeichnet Wandlungsfähigkeit die Forderung nach wirtschaftlichem Handeln der Akteure unter stetig wechselnden und unvorhersehbaren Rahmenbedingungen (vgl. Goldman 1995).

Wandlungsfähigkeit ...
stellt unter systemtheoretischem Blickwinkel die Fähigkeit eines Systems dar, sich selbst effizient und schnell an veränderte Anforderungen anpassen zu können (vgl. Gronau 2005).

Der in diesem Abschnitt vorgestellte Methodenansatz zur Entwicklung wandlungsfähiger Auftragsabwicklungssysteme basieren grundlegend auf Kriterien, die Wandlungsfähigkeit anzeigen oder ermöglichen.

2.5.1 Kriterien der Wandlungsfähigkeit

Zwei entscheidende Dimensionen konnten klassifiziert werden, um die Wandlungsfähigkeit von Anwendungssystemen für Unternehmensorganisationen abzubilden (vgl. Andresen 2005a). Einerseits umfasst Wandlungsfähigkeit eine technische (systembasierte) Ausprägung, die das immanente Potential eines Anwendungssystems anzeigt, sich wandlungsfähig zu verhalten. Die zweite Dimension wird durch die unternehmensindividuelle Ausprägung bestimmt, die angibt, wie wandlungsfähig die konkrete unternehmensindividuelle Informationssystemarchitektur ist.

Für die Ermittlung der systembasierten Ausprägung konnten Indikatoren aus dem Forschungsbereich der Fabrikplanung herangezogen und teilweise überführt werden. Des Weiteren lieferte die Betrachtung von Informationssystemen unter dem Aspekt der Autopoiesis nach Maturana und Varela weitere Hinweise auf Kriterien (vgl. Gronau 2006, S. 221).

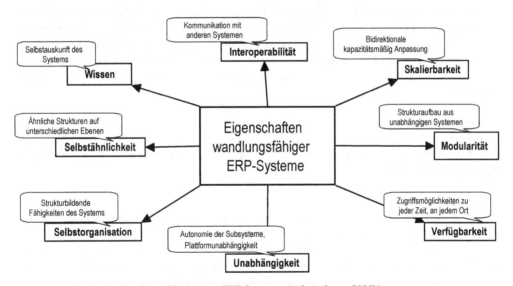

Abb. 2-15: Kriterien der Wandlungsfähigkeit von ERP-Systemen (vgl. Andresen 2006b)

Aus der Fabrikplanung konnten die Indikatoren Skalierbarkeit, Modularität, Mobilität und Interoperabilität transferiert und kontextbezogen neu interpretiert werden, um Wandlungsfähigkeit von Anwendungssystemen zu beschreiben. So teilt sich der Indikator Mobilität bspw. in Unabhängigkeit und Verfügbarkeit auf. Die Betrachtung autopoietischer Systeme fügt die Indikatoren der Selbstorganisation und Selbstähnlichkeit hinzu.

Skalierbarkeit
Unter der Skalierbarkeit einer Informationssystemarchitektur ist dessen kapazitätsmäßige Gestaltung zu verstehen (vgl. Wall 1996). Dieser Indikator fordert eine effiziente Anpassung

sowohl nach oben als auch nach unten an veränderte Mengen von zu verarbeitenden Informationen. Dies kann sowohl durch die Software als auch durch die Hardwarearchitektur erreicht werden. Durch das automatische Hinzufügen und Entfernen von Ressourcen wie beispielsweise Speicher- oder Rechnerleistung wird ein reibungsloser Systembetrieb sichergestellt. Eine Anwendung muss so konzipiert sein, dass sie bei steigenden Anforderungen gleichmäßig mitwachsen kann. Ein Beispiel stellt die von einem ERP-Systemhersteller entwickelte gleitende Nutzbarkeit von organisatorischen Gliederungsebenen für die Kostenrechnung dar. Das System stellt stets so viele Ebenen zur Verfügung, wie benötigt werden (vgl. Gümbel 2004).

Modularität
Modularität bzw. Modularisierung bedeutet allgemein die Strukturierung eines Systems in kleine, teilautonome und übersichtliche Subsysteme (vgl. Picot 2003). Diese Subsysteme stellen die sog. Module dar. Ein Modul besteht aus einem Modulrumpf und einer Modulschnittstelle. Letzteres beinhaltet eine Spezifikation über die Leistung und die Eigenschaften, die für sein Umfeld von Bedeutung sind. Der Modulrumpf implementiert die in der Schnittstelle spezifizierte Definition über das Modul (vgl. Andresen 2005). Somit können einzelne Module aufwandsarm entfernt, durch andere ersetzt oder einem anderen System hinzugefügt werden. Damit stellt die Modularität eine Möglichkeit zur effizienten Kombination, Wiederverwendung und der schnellen Änderung von informationstechnischen Anwendungen dar. Modularität fordert ein Überdenken des klassischen Client-Server-Paradigmas angesichts der kaum noch bewältigbaren Komplexität heutiger Standard-Anwendungssysteme. Eine mögliche Lösung stellen Peer-to-Peer-Systeme (vgl. Hahn 2003) oder serviceorientierte Architekturen dar.

Verfügbarkeit
Das Kriterium der Verfügbarkeit steht für den räumlich und zeitlich unbegrenzten Zugriff auf die Anwendung. Das System muss mit jedem Medium, von jedem Ort und zu jeder Zeit erreichbar und nutzbar sein.

Unabhängigkeit
Ein System muss unabhängig von anderen Systemen agieren können. Das bedeutet zum einen, dass es keine Abhängigkeiten oder Restriktionen seitens des Betriebssystems oder der Hardware geben darf (Plattformunabhängigkeit), zum anderen bedeutet es aber auch, dass ein Ausfall eines Systems keine Auswirkungen auf andere Systeme haben darf. Diese Forderung impliziert bereits notwendige Backupstrategien und Redundanzen in wichtigen Subsystemen.

Interoperabilität
Interoperabilität bezeichnet die Fähigkeit von Anwendungen, miteinander zusammenzuarbeiten. Unabhängig von der verwendeten Hardware, den eingesetzten Betriebssystemen, der verwendeten Netzwerktechnologie und der Realisierung einer Anwendung kann eine Kooperation zwischen diesen Anwendungen erfolgen. Interoperabilität erlaubt den einfachen Zugang zu verschiedenen (auch raumbezogenen) Daten- und Verarbeitungsressourcen innerhalb eines Arbeitsablaufs bzw. die einfache Verknüpfung unterschiedlicher Informationssysteme. Durch die Anforderung der Kooperation mehrerer Anwendungssysteme zur Abbildung der

Geschäftsprozesse wird der Interoperabilität zwischen den Informationssystemen eine zentrale Rolle zugeschrieben.

Für die Kooperation zwischen Unternehmen bedeutet die Interoperabilität eine erhöhte Kommunikations- und Kooperationsfähigkeit. Das stellt einen wesentlichen Schritt zur Verbesserung der Kommunikation, Interaktion und Transaktion zwischen Unternehmen dar.

Dieser Indikator bezieht sich auf die Fähigkeit von Systemelementen, ein hohes Maß an Kompatibilität zur Verfügung zu stellen. Beispiele dafür sind ERP-Systeme, die in hohem Maße auf Standards setzen. Das wesentliche Ziel der Standardisierung im IT-Bereich besteht darin, den Aufwand für die Entwicklung von Konnektoren und Funktionen bzw. Prozessen zu minimieren. Somit können Systemelemente besser miteinander verbunden werden und die Integrationsfähigkeit von einzubindenden Elementen wird gesteigert.

Die Einhaltung von Standards zur Planung, Entwicklung und Nutzung von Informationssystemarchitekturen gewährleistet eine bessere inner- und zwischenbetriebliche Integrationsfähigkeit zwischen unterschiedlichen Informationssystemen, eine geringere Fehleranfälligkeit durch stärker verbreitetes Know-how zum Gebrauch der Standards und zur schnelleren Realisierung der Lösung (vgl. Quantz 2003).

Selbstorganisation

Selbstorganisation (Autopoiesis) bezeichnet die Fähigkeit eines Systems durch selbstregulierende und -lenkende Mechanismen die Systemstruktur aus den Prozessen ihrer eigenen Leistung heraus zu bestimmen, um den langfristigen Systembestand zu gewährleisten. Die Systemelemente bzw. Subsysteme erzeugen dabei ihre eigene Ordnung, indem sie Informationen über ihre Umwelt und ihre Wechselwirkung mit der Umwelt aufnehmen, diese zu einem Modell verdichten und in der realen Welt gemäß diesem Schema handeln (vgl. Gell-Mann 1998).

Da autopoietische Systeme ständig mit der Umwelt in Wechselwirkung stehen, verändern sich ihre internen Schemata bei einer Modifikation der Umwelt. Die aus dem System resultierende Struktur bzw. Ordnung weist durch das Prinzip der Selbstorganisation eine hohe Leistungsfähigkeit auf (vgl. Schreyögg 2003). Diese effizienten adaptiven und zugleich autonomen Systeme sind beispielsweise in der Natur (z.B. Ökosysteme) zu finden.

Die Anforderungen der Selbstorganisation von ERP-Systemen werden erfüllt, wenn sie in der Lage sind, ihre innere Struktur bzw. Architektur ganz oder teilweise selbst zu bestimmen. Ein Beispiel für ein autopoietisches System stellt das Internet dar, dessen Struktur sich allein durch die Zahl der angeschlossenen Server bestimmt. Ausgehend von wenigen Standards (vgl. Neutralität) werden nahezu alle Aufgaben des Internet dezentral ausgeführt. Realisierte Vorstufen der Selbstorganisation sind Selbstdiagnose, Selbstheilung und Selbstkonfiguration (vgl. Gronau 2007).

Selbstähnlichkeit

Der Unterschied zwischen Ähnlichkeit und Selbstähnlichkeit besteht darin, dass die Ähnlichkeit als Gleichheit im Sinne geeignet gewählter Abstraktion keine Aussage zum Verhalten bei Vergröberung oder Verfeinerung des Betrachtungsausschnittes macht. Die Selbstähnlichkeit hingegen ist eine Eigenschaft, durch Zusammenlegen oder Aufteilen im Wesentlichen immer wieder gleiche Muster auf einer anderen Größenskala zu erhalten. Dies wird als Skaleninvarianz bezeichnet. Selbstähnliche und selbstorganisierende Elemente führen zu einem autopoietischen Systemverhalten, das sich positiv auf die Wandlungsfähigkeit von ERP-Systemen auswirkt (vgl. Gronau 2006).

Die Selbstähnlichkeit ist ein Phänomen, das vielen natürlichen Objekten (Wolken, Pflanzen, Gebirge etc.) eigen ist. In verschiedenen Größenmaßstäben zeigen sich immer dieselben Grundstrukturen. Selbstähnliche Systeme ermöglichen unterschiedlich tiefe Modellierungen, ohne dass ein Modellierungsergebnis auf einer höheren Ebene aufgegeben werden muss und erleichtern so die Modellierung. In der Organisation wird diese Eigenschaft z.B. bei der Bildung von Produktionsfraktalen (vgl. Warnecke 1993) genutzt.

Als Beispiel für die Vorteile von Selbstähnlichkeit kann die leichtere Erlernbarkeit der Bedienung von Anwendungssystemen genannt werden, die auf unterschiedlichen Ebenen und Plattformen basieren, dennoch aber eine immer wiederkehrende Bedienphilosophie aufweisen.

Wissen

Wissen erleichtert die Anpassungsfähigkeit. Jedes Element der Informationssystemarchitektur kann über Wissen verfügen. Bei den menschlichen Elementen handelt es sich um – teilweise personengebundenes – Prozess- und Fachwissen, während die technischen Komponenten des Systems z.B. über Selbstbeschreibungsfähigkeiten verfügen können. Eine Schnittstelle kann damit auf Wunsch Auskunft geben, in welchen Formaten sie Datenübergaben erwartet.

2.5.2   Ermittlung der Wandlungsfähigkeit

Während der (zehn oder mehr Jahre umfassenden) Betriebsdauer eines ERP-Systems steigt die Diskrepanz zwischen organisatorisch notwendiger und tatsächlicher Abbildung von Geschäftsprozessen im ERP-System. Erst wenn die Nachteile der mangelnden Abbildung von Geschäftsprozessen außerordentlich schwer wiegen, kommt es in der Regel zum kompletten Austausch des verwendeten ERP-Systems. Diese Entscheidung ist insbesondere verbunden mit hohen Investitionen, einer langen Implementierungsphase und hohem Reorganisationsaufwand bis zur Anwendung des neuen Systems.

Die Untersuchung der Wandlungsfähigkeit von ERP-Systemen basiert auf einem speziellen Architekturmodell (Abb. 2-16). Das Modell definiert in Form von Schichten einzelne Betrachtungsbereiche, deren technologische Realisierung mit Hilfe der im vorigen Abschnitt vorgestellten (technischen) Kriterien bewertet werden kann.

Grundlegende Schicht dabei ist die Datenhaltungsschicht, in der die Datenbanken und das dazugehörige Datenbankmanagementsystem zusammengefasst sind. Darauf aufbauend folgt die Applikationsschicht, die die Funktionen der Anwendung beinhaltet. Die Schnittstelle zum Anwender wird als Präsentationsschicht bezeichnet. Das Architekturmodell für wandlungsfähige ERP-Systeme erweitert das etablierte 3-Schichten Modell um eine Kontrollschicht, mit der die Modellierung der Geschäftsprozesse dargestellt werden. Deren Modellierung ist mit den Elementen der anderen Schichten verbunden, etwa Daten und Funktionen. Werden an der Modellierung innerhalb der Kontrollschicht Veränderungen vorgenommen, werden diese in die anderen Elemente übertragen. Unterhalb der Datenschicht befindet sich eine Infrastrukturschicht, da diese auch den Anforderungen der Wandlungsfähigkeit genügen muss. Vertikal durch alle anderen Schichten zieht sich eine Adaptionsschicht, die die wandlungs-

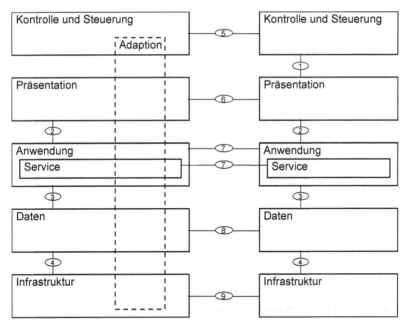

Abb. 2-16: Architekturmodell für wandlungsfähige ERP-Systeme

fähigen Elemente jeder Schicht enthält. Der Adaptionsschicht werden die in typischen ERP-Systemen vorhandenen Customizing-Einstellungen zugeordnet. Die ggf. gesondert zu untersuchenden Schnittstellen zwischen den einzelnen Schichten sind mit den Ziffern 1–9 bezeichnet.

Im vorigen Abschnitt wurden die Eigenschaften wandlungsfähiger ERP-Systeme beschrieben. Darauf basiert ein Vorgehensmodell (Abb. 2-17), das es ermöglicht, die Wandlungsfähigkeit in Form einer verdichteten Kennzahl zu ermitteln.

Für die Ermittlung der technischen Wandlungsfähigkeit wird dabei das eigentliche Anwendungssystem, dessen Architektur und Funktionen betrachtet. Unter Verwendung eines Fragenkatalogs wird jede gefundene Schicht im System auf das Erfüllen der Kriterien untersucht und punktbasiert bewertet. Es wird also die Güte der Adaptionsschicht in jeder einzelnen Schicht des Referenzmodells mit Hilfe dieses Fragenkatalogs abgefragt. So wird beispielsweise die Skalierbarkeit auf der Datenschicht u.a. durch die Frage „Kann sich die Datenbankgröße automatisch anpassen?" erhoben.

Jedes Element der Beurteilung besitzt ein Gewicht, um nach Wichtigkeit differenzieren zu können. Zur Berechnung der Gewichte wird der Analytische Hierarchie Prozess (AHP) von Saaty verwendet (vgl. Saaty 2001). Dabei werden die Elemente einer Ebene gegeneinander im paarweisen Vergleich gewichtet. Aus der daraus entstehenden Matrix wird der Eigenvektor berechnet, der die Gewichte der einzelnen Elemente einer Ebene darstellt.

Bei der Ermittlung der geschäftsspezifischen Wandlungsfähigkeit wird gemessen, wie das System Veränderungen im Geschäftsprozess umsetzt bzw. ob es möglich ist, die Konfiguration des Systems zur Laufzeit zu ändern. Die geschäftsspezifische Wandlungsfähigkeit wird mit Hilfe von branchenspezifischen Änderungsszenarien ermittelt. Dabei werden sogenannte Reorganisationstypen herangezogen. Für jeden Reorganisationstyp existieren Fragen, die auf

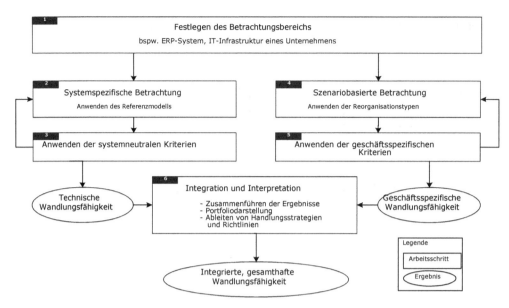

Abb. 2-17: Vorgehensmodell zur Ermittlung der Wandlungsfähigkeit

einer mehrstufigen Skala beantwortet werden. Jede unternehmensspezifische Veränderung kann einem oder mehreren Reorganisationstypen zugeordnet werden, insofern können alle Veränderungen über vier Grundtypen abgebildet werden (vgl. Gronau 2006, S. 230ff.).

Der erste Reorganisationsansatz erfasst die *segmentierenden* Umstrukturierungsansätze, d.h. die Zuordnung oder Aufspaltung der Aufgabenbearbeitung zu einzelnen, autonomen Untersystemen.

Der zweite Reorganisationsansatz restrukturiert die *Prozesse*. Dabei wird die Abarbeitung der Geschäftsprozesse entlang der Wertschöpfungskette ausgerichtet bzw. an diese angepasst.

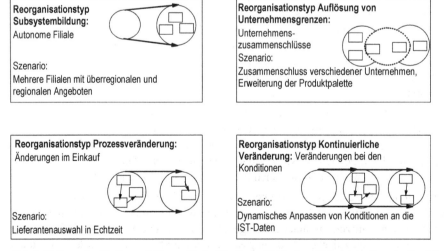

Abb. 2-18: Szenarien für die geschäftsspezifische Wandlungsfähigkeit am Beispiel der Branche Handel

Die *kontinuierliche Reorganisation* als dritter Reorganisationsansatz betrachtet das Unternehmen im Zeitablauf und umfasst sowohl die Bildung von Subsystemen als auch die Ausrichtung der Prozesse an der Wertschöpfungskette.

Der vierte Ansatz beinhaltet die *Auflösung von Systemgrenzen*, bei dem sich die Wertschöpfungskette z.B. über die Unternehmensgrenzen hinaus ausweitet und somit eine Zusammenarbeit mit anderen Systemen erforderlich wird (vgl. Gronau 2006, S. 161ff.)

Auswertung der Ergebnisse
Die erreichten Werte für die technische und die geschäftsspezifische Wandlungsfähigkeit werden in einem Portfolio (Abb. 2-19) gegenübergestellt.

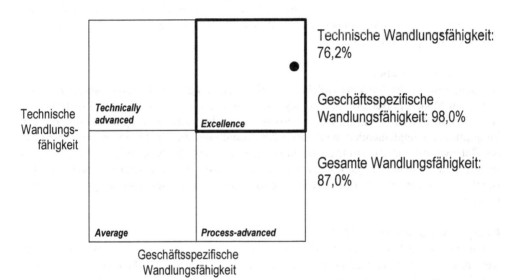

Abb. 2-19: Beispielportfolio zur Wandlungsfähigkeit

Befinden sich die Systeme im 1. Quadranten „*Average*", ist die Ausprägung beider Dimensionen als gering einzustufen.

Der 2. Quadrant „*technical-advanced*" beschreibt ein auf technischer Ebene sehr wandlungsfähiges System, dem jedoch eine geringe Anpassungsfähigkeit bei Änderungen von Geschäftsprozessen gegenübersteht. Ein Grund dafür kann in einer limitierten Ausprägung der Kontrollschicht bestehen.

Der Quadrant „*Process-advanced*" ist typisch für die Betrachtung spezieller oder standardisierter Geschäftsprozesse, die hervorragend im System abgebildet werden können, ohne dass das System selbst eine wandlungsfähige technische Architektur aufweist.

Der Bereich „*Excellence*" steht für eine gleichermaßen hohe Ausprägung beider Dimensionen und repräsentiert den Idealbereich für Unternehmen, deren Prozesse sehr dynamisch verlaufen. Hier sind Systeme eingeordnet, die eine hohe Wandlungsfähigkeit in beiden Dimensionen aufweisen.

Die Ermittlung der Wandlungsfähigkeit eines Anwendungssystems kann zur Entscheidungshilfe bei Auswahlentscheidungen herangezogen werden. Ebenso dient diese als Benchmark für verschiedene ERP-Systeme. Sie gibt aber auch Auskunft über Entwicklungsmöglichkeiten des Anbieters. Mit Hilfe des Fragenkatalogs und der Betrachtung der Reorganisationstypen können Schwachstellen aufgedeckt werden, die als Ansatzpunkte für die Weiterentwicklung des Systems dienen können.

2.5.3 Erhöhung der Wandlungsfähigkeit

Bei der Ermittlung der Wandlungsfähigkeit der ERP-Systeme wurden sowohl die Schichten des Architekturmodells als auch die Wandlungsfähigkeitskriterien auf jeder Schicht untersucht. Die identifizierten Schwachstellen können mit gezielten softwaretechnischen Maßnahmen geschlossen werden. Im Folgenden werden beispielhaft Umsetzungsmöglichkeiten bzw. Empfehlungen zum Erhöhen der Wandlungsfähigkeit vorgestellt, die einen hohen Einfluss auf das Ergebnis haben.

Model-View-Controller
Bei dem Aufbau der Systemarchitektur ist die Dreiteilung Model-View-Controller (MVC) oder auch Modell-Präsentation-Steuerung (MPS) durchgehend, d.h. in jeder Schicht des Architekturmodells, anzuwenden. Dabei wird unterschieden nach der Programmlogik, die vom Programmierer implementiert wird, nach der Gestaltung, die ein Designer übernimmt und der Datenverwaltung, die ein Datenbankexperte konzipiert. Das Modell ist sehr flexibel, Änderungen und Erweiterungen können vorgenommen werden, da diese Aufteilung der Übersichtlichkeit dient und somit die Komplexität nicht ins Unermessliche steigern lässt (vgl. Shaw 1996).

Komponentenbasierte Architektur
Der Aufbau einer komponentenbasierten Architektur hat insbesondere die Wiederverwendbarkeit, die bessere Wartbarkeit und eine damit einhergehende Modularisierung zum Ziel. Dabei werden einzelne Softwarekomponenten definiert, die über eine Middlewareplattform miteinander verbunden werden. Vorteilhaft dabei ist die Möglichkeit des verteilten Arbeitens.

Eine Komponente ist ein weitestgehend unabhängiger und wiederverwendbarer Teil eines Systems, der ein eigenständiges, gekapseltes Teilproblem löst. Die Komponente kann im Verhältnis zu prozeduralen oder funktionalen Implementierungen leicht gepflegt und gewartet werden und bietet eine einsetzbare Funktionalität. Sie besitzt wohldefinierte Schnittstellen, über die die Kommunikation stattfindet. Eine Komponente kann als wiederverwendbarer Baustein eines Systems aufgefasst werden (vgl. Mann 2002). Bestehende ältere Architekturansätze, die für eine solche Umsetzung entwickelt wurden, sind das plattformunabhängige CORBA oder das von Microsoft entwickelte DCOM.

Komponentenorientierte Softwareentwicklung unterstützt die Paradigmen der Wandlungsfähigkeit durch die starke Modularität und Interoperabilität der einzelnen Module. Software, die durch komponentenorientierte Softwareentwicklung entstanden ist, weist durch die Aufspaltung der Funktionalität und die Schnittstellendefinition einen hohen Grad an Modularität, Unabhängigkeit und Skalierbarkeit auf. Interoperabilität wird auf mehreren Ebenen erreicht. Zum einen bilden die Konnektoren (Verbindungen zwischen den einzelnen Komponenten) die Grundlage für ein Zusammenarbeiten der einzelnen Komponenten. Die Komponenten sind durch ihren Aufbau in ein Import- und Exportinterface bereits mit wohldefinierten Schnittstellen ausgestattet.

Das Kriterium der Selbstähnlichkeit wird durch den standardisierten Aufbau jeder Komponente in Import, Body, Export gewährleistet, der sich auch auf niedrigeren Detaillierungsstufen wiederfindet.

Serviceorientierte Architektur

Ein Ansatz der Softwareentwicklung, der zur höheren Automatisierung, Wiederverwendung und Modularisierung führt, ist die serviceorientierte Architektur (vgl. Erl 2005). Daher enthält die Referenzarchitektur für wandlungsfähige ERP-Systeme eine Serviceschicht, um deren Beitrag auf die Wandlungsfähigkeit ermitteln zu können (vgl. Andresen 2006a). In einer serviceorientierten Architektur implementiert nicht mehr jedes Modul eines Informationssystems alle benötigten Funktionen, sondern benutzt bereits bestehende Funktionen anderer Module. Voraussetzungen dafür sind der Aufbau der Funktionen als Services, die Anmeldung der zur Verfügung stehenden Services in einem Repository oder Verzeichnisdienst und eine gemeinsame Sprache (Protokoll) für alle Systeme zur Nutzung der Services. Der Aufruf einer Funktion wird als Anfrage über das Protokoll an den Verzeichnisdienst verstanden, der wiederum den entsprechenden Service heraussucht und ihn mit den gewünschten Parametern aufruft. Je nach Service wird das Ergebnis an die anfragende Stelle zurückgegeben.

Eine bereits vielfach erprobte serviceorientierte Architektur stellen Web Services dar, deren Services mit der Web Service Description Language (WSDL) beschrieben, bei einem UDDI-Verzeichnis angemeldet und mittels SOAP abgefragt werden (vgl. Dostal 2005).

Der Vorteil einer serviceorientierten Architektur besteht in der Kapselung der Funktionen als Services. Die Verbindung über einen Verzeichnisdienst ermöglicht das Finden und Nutzen von Diensten, unabhängig von deren Ort und softwaretechnischer Umsetzung. Lediglich die Beschreibung der Services muss bekannt und einheitlich sein. Durch die Ortsunabhängigkeit ist ein verteiltes Rechnen möglich. Rechenintensive Prozesse können auf anderen Systemen ausgeführt werden und liefern dem anfragenden System lediglich das Ergebnis.

Die durch diesen Aufbau entstehende Modularisierung erhöht die Wartbarkeit und hilft die Komplexität zu beherrschen. Treten Fehlfunktionen auf, so muss nur der entsprechende Service modifiziert werden. Bei Anforderungsänderung ist es durch einfache Mittel möglich, die neuen Services einzubinden und durch die Anmeldung im Verzeichnisdienst nutzbar zu machen. Über eine serviceorientiere Architektur können andere Systeme unternehmensübergreifend oder auch andere Module eines Unternehmens miteinander kommunizieren. Eine unternehmensweite Applikationsintegration ist möglich (vgl. Sneed 2005).

Nachteilig ist der hohe Aufwand zur Überführung von Legacy-Systemen in eine serviceorientierte Architektur. Die Schwierigkeit bei der Überführung liegt nicht im Fehlen von Konzepten, sondern vielmehr im Erkennen und Trennen der einzelnen Codefragmente. Der historisch gewachsene Quellcode bestehender Systeme kann nicht ohne weiteres aufgespaltet werden. Das Identifizieren von Funktionen oder Komponenten ist häufig nicht möglich.

Sind die Funktionen allerdings erkannt, können diese beispielsweise durch Wrapping in eine serviceorientierte Architektur überführt und weiterverwendet werden (vgl. Sneed 2006).

Kontrollschicht

Die Kontrollschicht dient der Geschäftsprozesssteuerung. Dazu gehört sowohl die Modellierung der Geschäftsprozesse, als auch die Manipulation dieser und das Anstoßen der Funktion im System. Die Modellierung der Geschäftsprozesse muss dafür systemseitig integriert sein, um auch die Prozesse entsprechend ansprechen oder erzeugen zu können.

Es existieren bereits einige Modellierungssprachen, die diesem Anspruch gerecht werden. Die Business Process Modelling Initiative (vgl. BPMI 2009) hat eine Reihe von Spezifikationen für den gesamten Modellierungsprozess entwickelt. Seit ihrem Zusammenschluss mit der OMG wird auch der Model-driven Architecture (MDA)-Ansatz in diese Initiative integriert (vgl. BPOM 2009). Dadurch ist es möglich, über die Beschreibungssprache BPMN (Business Process Modelling Notation) die Prozesse zu modellieren.

Die Business Process Execution Language der OASIS-Initiative (vgl. BPEL 2009) benutzt XML-Technologien zur Beschreibung der Geschäftsprozesse. Die einzelnen Elemente besitzen eine Semantik, die mit entsprechendem Quellcode hinterlegt ist. Aufrufe, der einzelnen Funktionen untereinander werden im Modell entsprechend spezifiziert und der Quellcode entsprechend generiert. Durch das XML-Format eignet sich die Sprache besonders zur Erzeugung von serviceorientierten Architekturen mit Webservices. Die entsprechende Erweiterung dazu ist WS-BPEL.

Präsentationsschicht

Zur Realisierung der Benutzungsoberfläche, die auf der Präsentationsschicht im Architekturmodell angesiedelt ist, bietet das Java-basierte Webframework Java Server Faces (JSF) geeignete Möglichkeiten, den Prinzipien der Wandlungsfähigkeit Rechenschaft zu tragen. Hier wurde das oben beschriebene MVC-Pattern umgesetzt, mit dessen Hilfe es möglich ist, die Oberfläche einer Anwendung unabhängig von deren Funktionsumsetzung zu gestalten. Der Controller dient dabei als Verbindungsglied zwischen der Präsentation und der Geschäftslogik. Der Aufbau der darunter liegenden Geschäftslogik (komponentenbasiert, serviceorientiert etc.) ist für den View unerheblich. Somit erfordern Änderungen in der Darstellung nicht zwangsläufig Anpassungen der Geschäftslogik.

Neben der Modularisierung wird auch die Selbstähnlichkeit auf der Präsentationsschicht durch den Einsatz von JSF gefördert, da die View-Darstellung auf denselben Bibliotheken basieren und die entsprechenden Eigenschaften vererbt werden.

Infrastrukturschicht

Die bekannten und vielseitig eingesetzten Client/Server-Architekturen zeichnen sich zwar den Vorteil die Kohärenz der Daten und der leichteren Wartbarkeit aus, besitzen aber Nachteile aufgrund nur bedingter Skalierbarkeit ihrer Konzentration auf einen einzigen Punkt (auch bezeichnet als single point of failure). Der Server ist damit die zentrale Schwachstelle des Systems; tritt hier ein Fehler auf, ist das gesamte System arbeitsunfähig.

Zum Aufbau einer möglichst wandlungsfähigen Infrastruktur kann ein SuperP2P-Netzwerk genutzt werden. Durch das Vorhandensein mehrerer Server im Netzwerk und der dynamischen Zuweisung eines P2P-Servers ist diese Architektur für verteiltes und dennoch ausfallsicheres Arbeiten geeignet. Der Ausfall eines Servers zieht lediglich den Ausfall der daran angeschlossenen Klienten nach sich, andere Instanzen können aber ohne Zeitverzögerung weiterarbeiten. Fällt der P2P-Server aus, so wird dynamisch ein anderer im Netzwerk vorhandener Server zum P2P-Server heraufgestuft und übernimmt dessen Aufgabe. Dieser P2P-Server kann zudem auch die Rolle eines Gridmaster erhalten, was den Aufbau einer Grid-Architektur stark vereinfacht. Die Grid-Architektur entspricht der infrastrukturellen Umsetzung einer serviceorientierten Architektur.

Teil 2: Planung und Steuerung operativer Ressourcen

In diesem Teil des Buches wird beschrieben, welche Informationen über operative Ressourcen in ERP-Systemen abgebildet werden und welche Funktionen zur Verfügung gestellt werden.

3. Materialwirtschaft

Dieses Kapitel beschreibt die Aufgaben der Materialwirtschaft, den Beitrag der Materialwirtschaft zum Qualitätsmanagement sowie eingesetzte Subsysteme wie etwa Lagerverwaltungssysteme.

4. Vertrieb

Die wesentlichen Geschäftsvorfälle des Vertriebs, die in ERP-Systemen abgebildet werden, werden erläutert.

5. Produktionsmanagement

Insbesondere für Industrieunternehmen ist die Abbildung der Ressourcen der Fertigung außerordentlich bedeutsam. Es wird auf die Serienfertigung und auf die Einmal- und Auftragsfertigung eingegangen.

3 Materialwirtschaft

In diesem Kapitel wird eine Kernfunktion von ERP-Systemen vorgestellt. Unabhängig von Branche und Unternehmensgröße benötigt jedes Unternehmen Informationen über das eingesetzte Material (auch Artikel genannt). In diesem Kapitel werden zunächst die zur Abbildung der Materialpositionen notwendigen Datenstrukturen vorgestellt, bevor auf wesentliche Funktionen einer rechnergestützten Materialwirtschaft eingegangen wird. Abschließend wird in diesem Kapitel auf wesentliche Schnittstellen zu anderen Informationssystemen eingegangen.

Die Bestandsführung ist die Basis für die Planung (vgl. Luczak 1999, S. 159). Daher wird in diesem Buch zunächst auf die Materialwirtschaft und anschließend auf den Vertrieb und die Produktionsplanung und -steuerung eingegangen. Abb. 3-1 zeigt zunächst die beschaffungslogistische Prozesskette, die den Zusammenhang zwischen der Materialwirtschaft und der Fertigung herstellt.

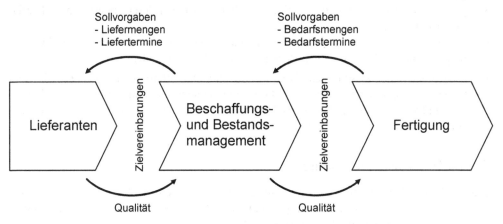

Abb. 3-1: Beschaffungslogistische Prozesskette (nach Gläßner 1993, S. 315)

3.1 Überblick über die Materialwirtschaft

Aufgabe der Materialwirtschaft ist die Versorgung eines Unternehmens mit benötigten Materialien. Dabei hat die Bereitstellung in richtiger Qualität, in richtiger Menge, am richtigen Ort und zur richtigen Zeit zu erfolgen. Zum *Material im weiteren Sinne* gehören Roh-, Hilfs- und Betriebsstoffe, Einkaufsartikel und Bezugsteile, halbfertige Erzeugnisse (Baugruppen und Einzelteile), Fertigerzeugnisse und Ersatzteile sowie Dienstleistungen, die fremdbeschafft werden (vgl. Bloech 2004, S. 177).

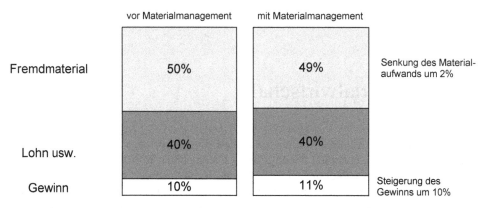

Abb. 3-2: Auswirkungen verringerten Materialaufwands auf den Gewinn

Die Materialwirtschaft wird in die Teilbereiche Materialdisposition, Lagerhaltung und Transport gegliedert. Insbesondere die beiden ersten Aufgabenbereiche eignen sich für den Einsatz von ERP-Systemen.

Zu den Zielen der Materialwirtschaft gehören (vgl. u.a. Grupp 1997, S. 23):

- verringerte Dispositions- und Beschaffungskosten,
- geringe Kapitalbindung durch niedrige Lagerbestände,
- gute Kapazitätsauslastung der Fertigungsstellen oder Lager durch abgestimmte Materialbereitstellungen,
- verbessertes Beschaffungsmarketing im Sinne einer langfristigen Sicherung einer Versorgung durch Pflege von guten Beziehungen zu den Lieferanten.

Die Bedeutung einer sorgfältigen Organisation und Durchführung der Materialwirtschaft zeigt Abb. 3-2. Bei einer in vielen Produktionsunternehmen vorhandenen Kostenstruktur (in der Abb. links) führt eine Senkung des Materialaufwands um 2% bereits zu einer Gewinnsteigerung von 10% (vgl. Scheer 1997, S. 414).

3.1.1 Organisationsstrukturen

Ziel der Materialwirtschaft ist es, die Vorgänge abzudecken, die zur Materialbedarfsplanung, Materialbeschaffung, Bestandsführung, Rechnungsprüfung und Materialbewertung notwendig sind. Um die in der Realität komplexen Unternehmensstrukturen abbilden zu können, sind detaillierte und ausgefeilte Organisationsstrukturen im ERP-System erforderlich. Eine große Auswahl von Organisationseinheiten, denen das Material zugeordnet werden kann, dient dazu, den rechtlichen und organisatorischen Aufbau eines Unternehmens aus unterschiedlichen Sichtweisen darzustellen.

So sind innerhalb der Materialwirtschaft andere Organisationseinheiten von Bedeutung als z.B. im Vertrieb oder in der Buchhaltung. Durch die Verknüpfung der Organisationseinheiten untereinander werden die verschiedenen Unternehmensbereiche zusammengeführt und der Aufbau des Gesamtunternehmens dargestellt.

Abb. 3-3 stellt beispielhaft für das Konzern-ERP-System SAP ERP die Organisationsebenen des Moduls MM (Material Management) dar (vgl. Gronau 1999, S. 55).

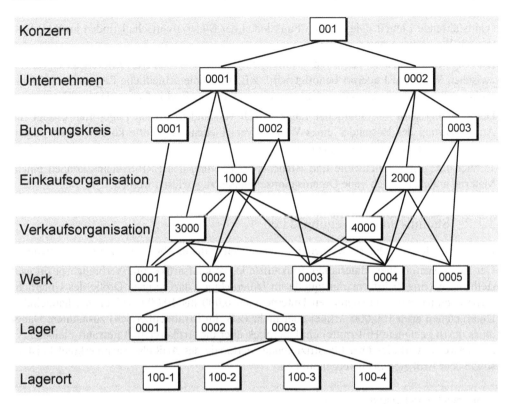

Abb. 3-3: Organisationsstrukturen der Materialwirtschaft in SAP ERP (vgl. Gronau 1999, S. 55)

Übergeordnetes Element aller Organisationseinheiten ist der *Mandant*. Er entspricht z.B. einem Konzern mit mehreren Tochterfirmen. Unterhalb des Mandanten können dann die einzelnen Unternehmen des Konzerns adressiert werden.

Der *Buchungskreis* ist der zweite wesentliche Ordnungsbegriff neben dem Mandanten. Es ist die Ebene, auf der rechtlich selbständige Gesellschaften definiert werden. So können zu einem Unternehmen mehrere rechtlich selbständige GmbH-Gesellschaften gehören, die sowohl einzeln als auch konsolidiert betrachtet werden.

Die *Einkaufsorganisation* ist eine organisatorische Einheit, die Materialien oder Dienstleistungen für ein oder mehrere Werke beschafft und allgemeine Einkaufskonditionen mit den Lieferanten aushandelt. Juristisch ist sie einem Buchungskreis zugeordnet. Eine Einkaufsorganisation kann mehrere Werke versorgen, und ein Werk kann von mehreren Einkaufsorganisationen versorgt werden.

Eine *Verkaufsorganisation* betrachtet das Material aus der Sicht des Vertriebs. Ihre Angabe ist erforderlich, wenn Verkaufsmaterial ergänzend zu Unternehmen und Buchungskreis verschiedenen für den Vertrieb zuständigen Organisationseinheiten zugerechnet werden soll.

Ein *Werk* ist eine Produktionsstätte oder auch einfach die Zusammenfassung räumlich nahe zusammenhängender Orte mit Materialbestand, den sogenannten Lagerorten. Das Werk ist ein zentrales Organisationselement der Materialwirtschaft. Es ist die disponierende und bestandsführende Einheit. Die meisten Funktionen der Materialwirtschaft finden im SAP-System auf Werksebene statt.

Die Organisationsebene *Lager* ist erforderlich, wenn eine weitere Differenzierungsebene zwischen Werk und Lagerort benötigt wird, z.B. weil unterschiedliche Lagerarten (Gefahrgutlager, Freilager, Konsignationslager) in einem Werk unterschieden werden.

Der *Lagerort* wird als räumlicher Lagerbereich verstanden. In den Lagerorten erfolgt die Aufbewahrung des Bestandes eines Werkes. Verschiedene Lagerorte können einem Lager, diese wiederum einem Werk zugeordnet werden.

Je nach Integrationsreichweite und Branchenorientierung des ERP-Systems können einem Material unterschiedlich viele Organisationseinheiten zugewiesen werden.

3.1.2   Stamm- und Bewegungsdaten

Die Grunddaten der Materialwirtschaft gliedern sich in die in Abb. 3-4 gezeigten Bereiche.

Der Artikelstamm über Materialien, Einkaufsteile, Verkaufsartikel und Verbrauchspositionen stellt die wichtigste Informationsquelle im Unternehmen dar. Je nach Größe des Unternehmens kommen bei produzierenden Unternehmen 6.000 bis 10.000 Artikel, bei handelnden Unternehmen auch 150.000 Artikel oder mehr (z.B. im Ersatzteilbereich) zusammen. Daher muss durch geeignete Hilfsmittel ein Überblick über die Artikelvielfalt gewahrt bleiben. Typischerweise wird dies über klassifizierende Merkmale des Artikels (Sachmerkmal-Leisten) sowie über Artikelgruppen vorgenommen.

Sachmerkmal-Leisten …
stellen die Zusammenfassung der Schlüssel einer Gruppe ähnlicher Gegenstände (oder Objekte) dar. Die Schlüssel beschreiben Eigenschaften eines Gegenstandes wie Abmessungen, Werkstoffe, Leistungsgrößen o.ä. In Deutschland sind die Sachmerkmal-Leisten in der DIN 4000 definiert.

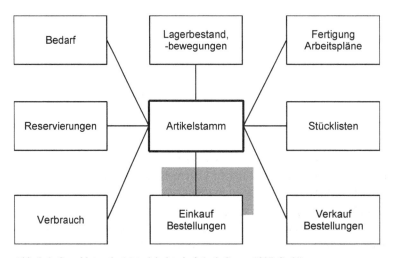

Abb. 3-4: Grunddaten der Materialwirtschaft (vgl. Grupp 1997, S. 64)

Klassifizierung mit Sachmerkmal-Leisten

Die in einem Unternehmen verwendeten Materialien können eine kaum zu überschauende Größenordnung annehmen. Durch Klassifizierung lässt sich die Teilevielfalt reduzieren und die Materialsuche vereinfachen. Materialien können über Merkmale und Schlagworte gesucht werden. Dabei kann ein Klassenkonzept verwendet werden, bei dem zum Beispiel ein Konstrukteur über Klassen und Subklassen bzw. deren Merkmale zu einer Gruppe von Materialien kommt, von denen eine der Ausprägungen oft das gesuchte Material mit den gewünschten Eigenschaften ist. Klassensuche und Merkmalsselektion helfen, ähnliche Teile aufzufinden und verringern Teilevielfalt und Materialredundanzen.

Zu den Stammdaten des Artikels gehören neben der Artikelnummer, einer oder mehreren Bezeichnungen, Angaben über Abmessungen, Gewichte und bei Eigenfertigungsteilen häufig auch Zeichnungsnummern und kundenspezifische Artikelnummern (z. B. die Artikelnr., unter der der Kunde des betrachteten Unternehmens den Artikel vertreibt).

Zum Artikelstamm werden Bestände in den verschiedenen Lagern, in denen sich der Artikel befinden kann, geführt. Diese aktuellen Bestandsauskünfte sind erforderlich, um erkennen zu können, auf welche Vorräte unmittelbar zugegriffen werden kann, wenn es sich um Materialien handelt, die in der Fertigung weiterbearbeitet werden bzw. die verkauft werden können.

Zu den Aufgaben der Materialwirtschaft gehört daher auch die sorgfältige Aufzeichnung und Analyse der Bestandsveränderungen, um daraus Rückschlüsse über den Bedarf bzw. über den Verbrauch des Artikels ziehen zu können. Der Bedarf für den Artikel errechnet sich zum einen aus Kundenbestellungen bzw. aus der abgeleiteten Bedarfsrechnung, wenn der Artikel in Baugruppen oder Endprodukten auftaucht, die von Kunden bestellt wurden oder vom Vertrieb in eine Absatzprognose aufgenommen wurden. Bereits vorliegende, aber noch nicht ausgeführte Bestellungen von Kunden und vorgenommene Auftragseinlastungen in der eigenen Fertigung, die einen entsprechenden Materialbedarf auslösen, werden als Reservierungen gekennzeichnet. Damit wird deutlich, dass die reservierte Menge, obwohl sie noch im Lager vorhanden ist, nicht mehr für neue Verkäufe oder neue Fertigungsaufträge verwendet werden kann.

Aus der Praxis

Ein Kabelhersteller beklagte Fehler in der Fertigungsdisposition seines ERP-Systems und bat um externe Beratung. Bei Gegenüberstellung typischer Produktionsmengen je Artikel und täglichem Bedarf aufgrund von Kundenaufträgen zeigte sich, dass ein Sicherheitsbestand von ca. 2,5x des durchschnittlichen Tagesverbrauchs ausreichend ist. Der tatsächliche durchschnittliche Lagerbestand war jedoch um den Faktor 10 höher! Dieser Zusammenhang zwischen Bestell- und Fertigungsmenge war dem Hersteller bisher entgangen, weil er auf der Basis von Vertriebsprognosen einplante und nicht auf der Basis von Kundenaufträgen. Zudem fehlte im ERP-System der Vergleich von Produktionsmenge und abgerufener Menge.

Bei Artikeln mit geringem Einzelwert und hohen Bedarfsmengen wird häufig darauf verzichtet, diesen Bedarf für jeden einzelnen Auftrag zu berechnen. Statt dessen wird lediglich der periodenbezogene Verbrauch dieses Artikels im Nachhinein ermittelt, teilweise auch nicht auf der Basis einzelner Stückzahlen, sondern auf der Basis größerer Gebinde (z. B. ein Paket mit 1.000 Schrauben).

Bedarfsrechnung und Verbrauchsprognose sind daher auch zwei wesentliche Verfahren der Ermittlung von Nachbestellmengen, wenn bestimmte Bestände unterschritten sind (Meldebestand, Sicherheitsbestand etc.). Diese Verfahren werden im Folgenden genauer erläutert.

Ebenso greift der Einkauf auf den Artikelstamm zu, wenn Nachschub für Artikel, die alsbald auslaufen oder deren Bestand unter eine kritische Grenze sinkt, beschafft werden müssen. Dazu sind dann auch beispielsweise Einkaufspreis und Lieferanteninformationen im Artikelstamm hinterlegt.

Der Verkauf nutzt den Artikelstamm, dann allerdings mit Verkaufspreisen ergänzt, um diese in kundenspezifische Angebote oder Auftragsbestätigungen zu übernehmen.

Stücklisten enthalten Verzeichnisse von Artikeln und Baugruppen, die benötigt werden, um Endprodukte zu montieren und verkaufen zu können. Auf diese wichtige Strukturierungsform von Produkten und deren Abbildung in ERP-Systemen wird im Folgenden noch genauer eingegangen.

Schließlich wird bei den Arbeitsplänen der Fertigung, die darstellen, welche einzelnen Schritte zur Produktion eines Bauteils oder zum Zusammenbau einer Baugruppe erforderlich sind, auch angegeben, welche Artikel bzw. Materialien verwendet werden, um diese Arbeitsschritte durchführen zu können.

Artikelstammdaten kommt somit eine elementare Bedeutung für die effiziente Abbildung der Geschäftsprozesse im ERP-System zu. Besondere Bedeutung kommt dabei der Nummerierung und Klassifizierung von Artikeln zu. Hier machen Unternehmen aus Unkenntnis, oder weil sie falsch beraten wurden, häufig Fehler. Zu den wesentlichen Fehlern gehört, Artikelnummern nicht neutral und ohne Bezug zu den Artikelmerkmalen aufzubauen, sondern wesentliche Eigenschaften der Artikel in den Artikelnummern abzubilden.

Nummernsysteme in der Praxis

Schon nach wenigen Jahren zeigen diese so genannten klassifizierenden Nummerierungssysteme erhebliche Mängel, da typischerweise nicht alle in der Praxis auftretenden Kombinationen bedacht werden können und u. U. sowohl Informationen doppelt enthalten sind (etwa weil zusätzlich zur Artikelnummer, die eine Artikelgruppe enthält, noch eine extra Artikelgruppennummer im Artikelstamm geführt wird) oder weil die verwendeten Teile der Artikelnummer, die für die Klassifikation genutzt werden, zu klein gewählt wurden. So reicht es nicht aus, etwa nur zehn mögliche Produktgruppen vorzusehen (z. B. die erste Stelle der Artikelnummern 0–9), wenn das Unternehmen sich in Richtung von 15–20 Produktgruppen weiterentwickelt. Daher ist von jeder Form klassifizierender Artikelnummern strikt abzuraten.

Ein weiterer Fehler, der auch gemacht wird, ist, die Artikelnummer bei Fertigungsteilen mit der Zeichnungsnummer gleichzusetzen. Zeichnungsnummern unterliegen Änderungshistorien und müssen keineswegs immer eindeutig einem Artikel zuordbar sein. So kann es unter der selben Artikelnummer verschiedene Zeichnungsnummern geben, wenn dieser Artikel an verschiedene Kunden ausgeliefert wird. Andererseits können auch verschiedene Artikel unter verschiedenen Nummern, aber auf einer Zeichnung basieren, etwa wenn verschiedene Größen in der selben Zeichnung abgebildet sind. Daher sollten Zeichnungsnummern nicht identisch mit Artikelnummern geführt werden.

Die sinnvollste Möglichkeit, die im ERP-System auch stets zur Verfügung steht, ist, Artikelnummern einfach hochzuzählen (bei Neuanlage eines Artikels wird einfach die nächste freie Nummer in einem gegebenen Nummernraum verwendet) und die Artikelnummer ausschließlich zur Identifikation in allen internen Prozessen zu verwenden. Alle klassifizierenden Merkmale einer Artikelnummer können in weiteren Artikelmerkmalen (so genannte Sachmerkmale) mitgeführt werden. Die meisten ERP-Systeme ermöglichen eine Gruppierung der Artikel nach wichtigen differenzierenden Merkmalen.

3.1.3   Stücklisten

Stücklisten beschreiben, aus welchen Komponenten ein Erzeugnis (Produkt) besteht. Sie sind die Grundlage für die Produktionsplanung und -steuerung, die Materialdisposition und Kalkulation, werden aber auch für die Beschaffung und Bestandsführung verwendet. Zu den Grundformen von Stücklisten gehören die Mengenübersichtsstückliste, die Strukturstückliste und die Baukastenstückliste (vgl. Gronau 1999, S. 61). Abb. 3-5 zeigt einen Artikel, der weiter unten in verschiedenen Stücklistenarten dargestellt wird.

Die *Mengenübersichtsstückliste* gibt alle Bestandteile eines Erzeugnisses mit den jeweils eingehenden Gesamtmengen an. Ob Teile zu unterschiedlichen Baugruppen gehören oder mehrfach verwendet werden, ist aus der Mengenübersichtsstückliste nicht zu erkennen. Diese Stückliste enthält Einzelteile und Zukaufteile. Sie wird in der Materialdisposition eingesetzt, vor allem bei einfachen Fertigungs- oder Montagestrukturen. Ebenso kann sie bei Kalkulationen verwendet werden, wenn zu jedem Einzelteil ein Einkaufs- oder Herstellpreis verfügbar ist.

Die *Strukturstückliste* bildet die Erzeugnisstruktur eines Produktes hierarchisch ab. Sie enthält Einzelteile und Baugruppen und gibt die in die jeweiligen Strukturen eingehenden Mengen an. Sie entsteht in der Konstruktion und dient ggf. auch zur Terminplanung, weil zum Zusammenbau des fertigen Artikels zunächst die Baugruppen hergestellt oder beschafft werden müssen.

Zeichnung

Schemadarstellung

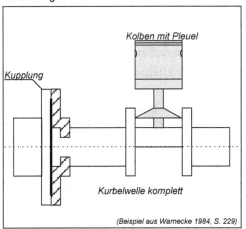
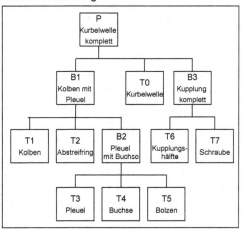

Abb. 3-5: Beispielartikel und Teilehierarchie

Strukturstückliste

	Identnr.	Bezeichnung	Anzahl
	512399	**Kurbelwelle komplett**	
T0	053099	Kurbelwelle	1
B1	041099	Kolben mit Pleuel	4
T1	032099	● Kolben	4
T2	010899	● Abstreifring	12
B2	071599	● Pleuel mit Buchse	4
T3	015599	● Pleuel	4
T4	008899	● Buchse	8
T5	002299	● Bolzen	8
B3	002599	Kupplung komplett	1
T6	017099	● Kupplungshälfte	2
T7	008090	● Schraube	2

Mengenübersichtsstückliste

	Identnr.	Bezeichnung	Anzahl
	512399	**Kurbelwelle komplett**	
T0	053099	Kurbelwelle	1
B1	041099	Kolben mit Pleuel	4
T1	032099	Kolben	4
T2	010899	Abstreifring	12
B2	071599	Pleuel mit Buchse	4
T3	015599	Pleuel	4
T4	008899	Buchse	8
T5	002299	Bolzen	8
B3	002599	Kupplung komplett	1
T6	017099	Kupplungshälfte	2
T7	008090	Schraube	2

Baukastenstücklisten

	Identnr.	Bezeichnung	Anzahl
	512399	**Kurbelwelle komplett**	
T0	053099	Kurbelwelle	1
B1	041099	Kolben mit Pleuel	4
B3	002599	Kupplung komplett	1

	Identnr.	Bezeichnung	Anzahl
B3	**002599**	**Kupplung komplett**	1
T6	017099	Kupplungshälfte	2
T7	008090	Schraube	2

	Identnr.	Bezeichnung	Anzahl
	041099	**Kolben mit Pleuel**	
T1	032099	Kolben	1
T2	010899	Abstreifring	4
B2	071599	Pleuel mit Buchse	1

	Identnr.	Bezeichnung	Anzahl
B2	**071599**	**Pleuel mit Buchse**	4
T3	015599	Pleuel	4
T4	008899	Buchse	8
T5	002299	Bolzen	8

Abb. 3-6: Beispiele für unterschiedliche Stücklistenarten

Die *Baukastenstückliste* enthält je Baugruppe nur die Teile und Baugruppen, die ihr jeweils direkt untergeordnet sind. Damit kann also nur eine Hierarchieebene abgebildet werden, was eine Speicherung dieser Stückliste in den Datenstrukturen eines ERP-Systems zulässt. Baukastenstücklisten werden insbesondere dort verwendet, wo Erzeugnisse nach dem Baukastenprinzip gefertigt werden.

Als Mischform einer Stückliste kann die *Baukastenstrukturstückliste* bezeichnet werden, die die Erzeugnisstruktur auf Baugruppenebene angibt aber nicht alle Baugruppen vollständig auflöst. Diese Stückliste vereinigt die Vorteile der Strukturstückliste und der Baukastenstückliste und eignet sich besonders für die Disposition von Baugruppen.

Als Sonderformen lassen sich die Variantenstückliste, die Gleichteile- und die Plus-Minus-Stückliste charakterisieren.

Die *Variantenstückliste* ordnet mehrere ähnliche Erzeugnisse einem Grundtyp zu. Sie ist in allen Stücklistengrundformen möglich. Ein Beispiel sind unterschiedliche Größen für Schuhe oder Bekleidung. Häufig ist die Artikelstruktur ähnlich aufgebaut, lediglich die Abmessungen der Teile bzw. einige Fertigungsunterlagen verändern sich. Allerdings sind nicht alle ERP-Systeme in der Lage, diese Varianten auch aufzulösen. So gibt es funktional eingeschränkte Systeme, bei denen zwar Varianten angelegt werden können, diese jedoch nicht mit unterschiedlichen Meldebeständen versehen werden können.

Gleichteilestücklisten enthalten alle Teile und Baugruppen, die in den verschiedenen Varianten einer Erzeugnisgruppe in derselben Menge enthalten sind. Wenn noch Ergänzungsstücklisten, die die unterschiedlichen Teile beinhalten, vorhanden sind, kann da aus beiden ein vollständiges Produkt abgeleitet werden. Die Gleichteilestückliste wird in der Serienfertigung bei feststehenden Varianten eingesetzt.

Die *Plus-Minus-Stückliste* bezieht sich auf einen Grundtyp und enthält nur noch die in der Variante vorkommenden bzw. entfallenden Teile und Baugruppen. Diese Stücklistenform wird in der Serienfertigung eingesetzt, um spezielle Kundenwünsche aus der Grundausführung ableiten zu können.

Im System SAP ERP beispielsweise werden Struktur- und Baukastenstücklisten verwaltet (vgl. Pohl 2002, S. 36). Ein Erzeugnis wird als Baugruppe betrachtet. Baugruppen enthalten Komponenten, wobei eventuell jede Komponente wieder eine Baugruppe sein kann. Da die anderen Stücklistenarten, insbesondere die Struktur- und Mengenübersichtsstücklisten aus den Baukastenstücklisten abgeleitet werden können, gibt es keine Datenredundanzen bei den Stücklisten. Stücklisten können durch Funktionen der Materialwirtschaft oder der Produktionsplanung gepflegt werden.

3.2 Aufgaben der Materialwirtschaft

Die Teilaufgaben der Materialwirtschaft sind Bestandsführung und Bewertung, Materialdisposition und die Beschaffung der Materialien und Dienstleistungen in erforderlicher Menge, zur richtigen Zeit und zu günstigsten Kosten, also zu den besten am Markt erhältlichen Konditionen. Dies wird als Einkauf bezeichnet. Außerdem werden Aufgaben der Logistik der Materialwirtschaft zugeordnet.

3.2.1 Einkauf

Der klassische Einkaufszyklus unterscheidet die in Abb. 3-7 dargestellten Phasen Materialdisposition, Bezugsquellenermittlung, Lieferantenauswahl, Bestellabwicklung und -überwachung sowie Wareneingang, Bestandsführung und Rechnungsprüfung.

Bezugsquellenauswahl
Unter einer Bezugsquelle ist ein Lieferant oder ein Rahmenvertrag zu verstehen. Für Material kann eine bevorzugte Bezugsquelle definiert werden. Dabei kann auch eine Quote für die maximal bei diesem Lieferanten zu bestellende Menge festgelegt werden, wenn sich das Unternehmen nicht von diesem Lieferanten abhängig machen möchte. Falls für ein Material Bezugsquellen existieren, ist eine Lieferantenauswahl, wie sie im nächsten Schritt beschrieben wird, nicht mehr erforderlich.

Lieferantenauswahl
Im Rahmen der Lieferantenauswahl wird für das zu beschaffende Material ein Lieferant ausgewählt. Dabei kann auf die bisher mit diesem Lieferanten abgeschlossenen Geschäftsbeziehungen über das Orderbuch zurückgegriffen werden. Zudem ist es möglich, Lieferanten zu beurteilen, also qualitativ zu bewerten. Auch diese Informationen können in die Lieferantenauswahl einfließen.

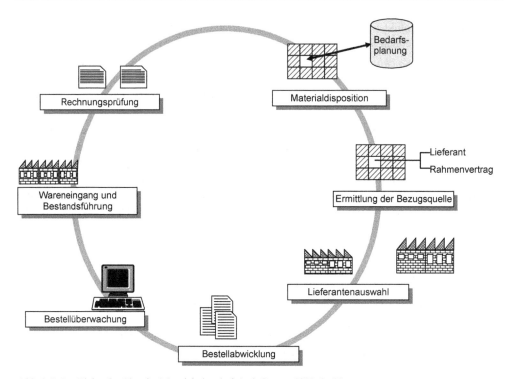

Abb. 3-7: Der Einkaufszyklus der Materialwirtschaft (vgl. Gronau 1999, S. 65)

Bestellabwicklung und -überwachung

Der wesentliche Beleg, mit dem z.B. im ERP-System SAP ERP die Bestellabwicklung durchgeführt wird, ist die Bestellanforderung (BANF). Die Bestellanforderung dient zur Identifizierung der Materialien, die extern beschafft werden sollen. Der Einkäufer kann die Bestellanforderung freigeben und die Materialien in vorgegebener Menge zum vorgegebenen Termin beschaffen. Bestellanforderungen werden in der Regel positionsweise abgearbeitet und können Lagermaterial, Verbrauchsmaterial oder sogenannte Aufwandsware (kein Materialstammsatz vorhanden) enthalten. Bestellanforderungen unterliegen in der Regel einem Freigabeprozess, falls bestimmte Wertgrenzen überschritten werden.

In den einzelnen Stadien des Einkaufszyklus werden typischerweise folgende Belege erstellt und genutzt:

- Bestellanforderung (Beschaffungsauftrag an Einkauf für Materialien zu bestimmter Zeit und Menge),
- Anfrage (Aufforderung an Lieferanten, ein Angebot zu machen),
- Angebot (mit Preisen und Konditionen des Lieferanten),
- Bestellung,
- Kontrakt (Rahmenvertrag mit Lieferanten über Konditionen und Lieferung der Materialien bzw. Erbringung einer Dienstleistung; enthält Abnahmemengen und -werte und wird als Mengen- und Wertkontrakt bezeichnet) sowie den Lieferplan (ist Bestandteil des Kontrakts, regelt die Abnahme).

3.3 Elektronische Beschaffung

> **Electronic Procurement ...**
> nutzt internetbasierte Informations- und Kommunikationstechnologien zur elektronischen Abbildung und Optimierung des gesamten Beschaffungszyklus. Unterschieden wird dabei zwischen der Beschaffung direkter Güter, die in das Endprodukt eingehen (Sourcing) und der Beschaffung von indirekten Teilen. Beim Sourcing spielen neben Zeit- und Mengendisposition häufig auch strategische Aspekte eine Rolle.

Indirekte Güter werden im Unternehmen konsumiert bzw. verbraucht. In diese Kategorie fallen beispielsweise Büromaterial, Büromöbel oder Computer, Betriebsstoffe (engl. MRO Maintenance, Repair, Operations), Ersatzteile, Werkstatt- und Bürobedarf. Überwiegend handelt es sich bei indirekten Gütern um C-Teile mit geringer strategischer Bedeutung.

Bisher waren diese Beschaffungsvorgänge wenig differenziert und mit sehr hohen Kosten im Vergleich zum Warenwert verbunden. Der Einsatz von Internet-Technologien ermöglicht je nach Produktgattung eine differenzierte Verbesserung der Beschaffungsabläufe und -kosten (Abb. 3-8).

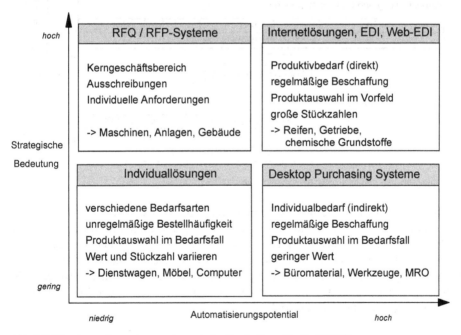

Abb. 3-8: Einsatz von Anwendungssystemen in der Beschaffung (Quelle: KPMG)

Auf der Basis dieser Differenzierung sind an E-Procurement-Lösungen unterschiedliche Anforderungen zu stellen. Für A- und B-Teile mit ihrem hohen Wertanteil, aber geringem Mengenanteil steht die Gestaltung der Lieferantenbeziehung im Vordergrund. Ziel ist es, den optimalen Lieferanten hinsichtlich Produktpreis und Qualität zu finden. C-Teile mit geringem Wert-, aber hohem Mengenanteil sowie Ersatzteile und Wartungsmaterial verursachen hingegen hohe Transaktionskosten, die es durch Multi-Lieferantenkataloge und eine elektronische Bestellabwicklung zu reduzieren gilt. Der grundsätzliche Aufbau eines Purchasing-Systems ist in Abb. 3-9 dargestellt.

Kern eines Beschaffungssystems ist der Multi-Lieferantenkatalog und das zur Pflege eingesetzte Content-Management-System. Basierend auf einem Rollen- und Berechtigungskonzept werden über geeignete Datenbankschnittstellen Bestellanforderungen in Bestellungen umgesetzt, wobei die bekannte Warenkorb-Metapher verwendet wird. Das Purchasing-System ist über mehrere Schnittstellen in die betriebliche Informationssystemarchitektur einzubinden.

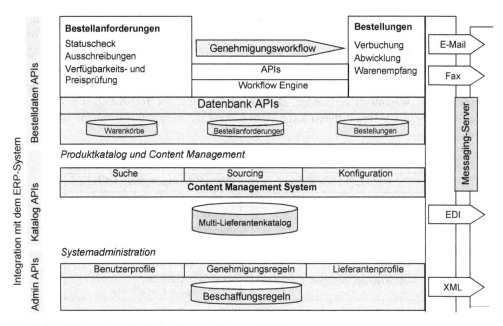

Abb. 3-9: Architektur eines Purchasing-Systems (Dolmetsch 2000)

Vorhandene Nutzerverzeichnisse und Berechtigungen müssen übernommen werden; intern vorrätige Artikel müssen in den Multi-Lieferantenkatalog aufgenommen werden, um statt externer Bestellungen eine interne Warenumlagerung anzustoßen. Schließlich müssen die Bestelldaten aus dem im Unternehmen verwendeten ERP-System entnommen und die Bestellung, Lieferung und Bezahlung an das interne ERP-System kommuniziert werden. Ein Messaging-Server übernimmt den Versand der Bestellanforderungen an den Lieferanten und die Verarbeitung der eingehenden Nachrichten.

Wirkung von E-Procurement auf die Prozessgeschwindigkeit
Durch die Nutzung des E-Procurement-Systems entfallen zahlreiche bisher manuell oder mit menschlichen Eingriffen durchgeführte Aufgaben, etwa die Budget- und Mittelkontrolle, Aufgaben der Marktsondierung und Angebotseinholung sowie zahlreiche weitere Prüfvorgänge. Auch eine Anlagenkontierung, Controllingaufgaben sowie die Verbuchung von Rechnungen und Zahlungsanweisungen kann durch das E-Procurement-System abgewickelt werden. Bei einer Prozessanalyse von C-Teilen stellte sich heraus, dass auf 11 von 18 Bear-

beitungsschritten bei der Beschaffung verzichtet werden konnte. Insgesamt lassen sich folgende Wirkungen des E-Procurement auf die Prozessgeschwindigkeit erkennen:

- Die Automatisierung oder Elimination von Aktivitäten verringert die *Durchlaufzeiten* und beschleunigt das Bestellwesen erheblich.
- Die Transparenz der Beschaffungswege und das nun mögliche Beschaffungsreporting führen zu erheblichen *Produktivitätsvorteilen*, z.B. im Controlling.
- Die Prozesse werden insgesamt schlanker und weniger aufwendig, was ebenso wie die Reduzierung manueller Eingaben die *Prozessqualität* erheblich erhöht.

Der Vergleich zwischen einem herkömmlichen Beschaffungsvorgang und einem softwareunterstützten Bestellverfahren (Abb. 3-10) zeigt, wo im einzelnen Potenziale der Durchlaufzeitverringerung liegen.

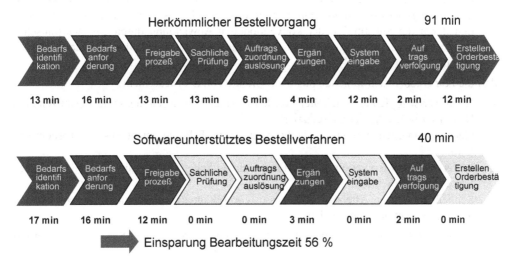

Abb. 3-10: Vergleich herkömmlicher mit softwareunterstützter Beschaffung (Quelle: KPMG)

Wirkung des E-Procurement auf die Bestände

Bestandskosten entstehen durch das Vorhalten von Beständen und beinhalten u.a. die Kapitalkosten zur Finanzierung der Bestände, Lagerplatz und Lagerbetriebskosten, Versicherungen, Abwertungen und Verluste durch Schwund, Verderb, Beschädigung oder durch technisches Veralten der gelagerten Bestände. Sie können bis zu 25 % des Warenwertes ausmachen (vgl. Stache 2002). Eine Senkung von Lagerbeständen durch E-Procurement tritt in folgenden Fällen ein:

- Eine Verkürzung des Bestellprozesses führt zunächst auch zu einer Verringerung der Bestände, weil Sicherheits- und Mindestbestände für den Zeitraum zwischen Erkennen des Bedarfes und Eintreffen der bestellten Artikel verringert, im günstigsten Fall aufgelöst werden können.
- Eine Lagerentnahme in einem dezentralen Lager kann sofort eine Bestellung im zentralen E-Procurement-System auslösen und so die Lieferfähigkeit in dezentralen Lägern erhalten.
- Prognosemodelle des Verbrauchsverhaltens, die mit einem E-Procurement-System leicht erstellbar sind, verringern das Risiko, die falschen Teile vorrätig zu halten.

Die Effekte des E-Procurement auf die Logistik lassen sich in kürzeren Fulfillment-Zyklen, besserer Einkaufskontrolle und besserer Daten- und Berichtsqualität zusammenfassen (vgl. Gronau 2003a). Quantitativ lassen sich eine Reduzierung des Bestellzyklus um bis zu 70%, eine Verringerung der administrativen Kosten um 50 bis 70%, eine Reduzierung der Bestandskosten um 25 bis 50% und eine Reduzierung der Einkaufspreise um 5 bis 10% erzielen. Durch diese Effekte wird es möglich, eine kurze Amortisationszeit von E-Procurement-Lösungen zu erreichen.

Insgesamt wirken E-Procurement-Systeme auf die *Kosten* wie folgt ein:

- Die Beschaffungskosten sinken durch erzielbare Mengenrabatte und durch verbesserte Einstandspreise aufgrund einer konsolidierten Lieferantenbasis, aber auch durch verkürzte Lieferfristen.
- Die Prozesskosten sinken erheblich durch eine drastische Beschleunigung des Angebots- und Auftragsprozesses sowie durch die Reduktion administrativer Kosten pro Transaktion durch die Substitution der konventionellen Abwicklung durch ein elektronisches System, aber auch durch verbesserte und reduzierte Lagerbestände und eine niedrigere Kapitalbindung.

Auf die *Zeit* ergeben sich folgende positiven Effekte von E-Procurement:

- Nicht wertschöpfende Tätigkeiten werden verringert, Bearbeitungs- und Bestellzeiten je Bedarfsanforderung werden reduziert.
- Genehmigungszeiten entfallen, da dieses durch das E-Procurement-System übernommen wird.
- Lieferzeiten werden verkürzt, Reaktionsgeschwindigkeit und Flexibilität der logistischen Kette steigen erheblich.
- Schließlich werden After-Sales-Prozesse wie Reklamationsbearbeitung durch das System vereinfacht und dadurch beschleunigt.

Auf die *Qualität* des logistischen Prozesses wirkt ein E-Procurement-System folgendermaßen ein:

- Die Verfügbarkeit der Bearbeitung von Bestellanforderungen steigt bis zum prinzipiell möglichen Dauerbetrieb.
- Erfassungs- und Übertragungsfehler werden nahezu vollständig vermieden.
- Die Termintreue steigt; der Informationsfluss wird durch höhere Transparenz verbessert.
- Zusatzleistungen wie etwa Statusinformationen oder Bestellhistorien steigern zusätzlich die Nutzerzufriedenheit.

Bewertung

Die grundsätzlich positiven Effekte von E-Procurement-Lösungen werden jedoch teilweise durch technische, organisatorische und marktbedingte Ineffizienzen verringert. Ein wesentliches aktuelles Problem liegt z.B. in der großen Zahl an Protokollen für die Übertragung von Bestelldaten und für die Anbindung von Lieferanten sowie an der erheblichen Zahl an Standards für das Katalogmanagement. Etablierte Standards wie z.B. BMECat bieten nur für einen Teil der betroffenen Warengruppen eine Lösung. U.a. wird die Katalogisierung inhomogener Güter nicht unterstützt. Aufgrund der hohen Kosten für einen Wechsel von Bestellprotokoll und Katalogstandard sind die derzeit verfügbaren Systeme nur wenig flexibel.

Nicht alle Lieferanten sind in der Lage, ihre Artikeldaten in mehreren für Multi-Lieferantenkataloge geeigneten Formaten zur Verfügung zu stellen, da hierfür jedes Mal Kosten anfallen, die nur begrenzt an die Kunden weitergegeben werden können. Daher ist die notwendige und bei der Angabe von Kostensenkungspotenzialen auch stets vorausgesetzte Markttransparenz derzeit faktisch nicht gegeben. Stattdessen herrschen statische Preise und Rahmenverträge vor, die die notwendige Dynamik von logistischen Netzwerken negativ beeinflussen. Dienstleister wie z.B. Kataloganbieter oder Betreiber von Multilieferantenplattformen erhöhen zusätzlich die Komplexität und wirken einer 1:1-Beziehung zwischen Bedarfsträger und Lieferant entgegen.

3.3.1 Materialdisposition

Die Aufgabe der Materialdisposition ist die Überwachung der Bestände sowie die automatische Generierung von Bestellvorschlägen für den Einkauf. Im Rahmen der Materialdisposition wird festgestellt, welches Material zu welchen Terminen in welcher Menge benötigt wird. Dazu sind verschiedene Dispositionsverfahren und Planungsarten entwickelt und implementiert worden, die diese Aufgabe übernehmen (vgl. u.a. Zahn 1996, S. 327f., Schneeweiß 2002, S. 203f., Corsten 2004a, S. 399f.).

Um bestimmen zu können, welches Verfahren der Materialdispostion zur Anwendung kommt, werden typischerweise zwei Analyseverfahren genutzt, die ABC-Analyse zur Einteilung nach Warenwert und die XYZ-Analyse zur Einteilung nach der Prognostizierbarkeit des Bedarfs.

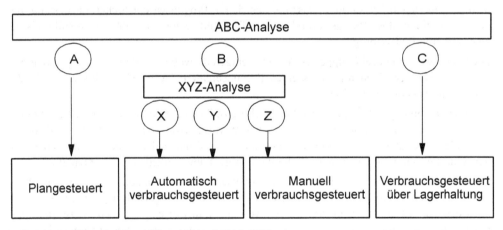

Abb. 3-11: Verfahren der Materialdisposition (vgl. Teich 2005)

Die *ABC-Analyse* unterteilt die Materialien nach ihrer Menge und ihrem Wert, wobei als A-Güter diejenige Güter bezeichnet werden, die besonders hochwertig sind. Solche Güter haben einen Wertanteil von 70 %, typischerweise aber nur einen Mengenanteil von 10 % an allen Artikelnummern. Bei einem Flugzeug sind etwa die Turbinen A-Teile, während die Nieten, die im Rumpf verwendet werden, C-Teile darstellen.

Als C-Güter werden diejenigen Artikel bezeichnet, bei denen das Verhältnis von Wertanteil und Mengenanteil genau umgekehrt ist, die also kumuliert einen Wertanteil von etwa 10 % haben, aber etwa 70 % der verschiedenen Artikelpositionen ausmachen. B-Güter liegen dazwischen und machen bei etwa 20 % Mengenanteil etwa 20 % des Wertes aller Güter aus (Abb. 3-12).

Die meisten ERP-Systeme sind in der Lage, automatisch ABC-Analysen zu erstellen und diese teilweise auch in Dispositionsverfahren zu verwenden.

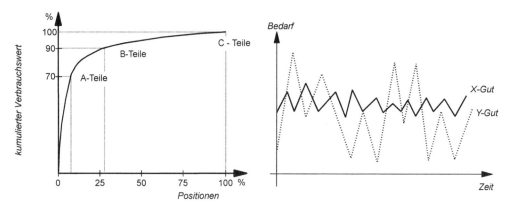

Abb. 3-12: ABC- und XYZ-Analysen

Die *XYZ-Analyse* konzentriert sich hingegen auf die Prognostizierbarkeit des Bedarfes. Dem liegt die Überlegung zu Grunde, dass bei unsicheren Prognosen der Sicherheitsbestand, der noch eine reibungslose Produktion oder Lieferfähigkeit ermöglicht, höher sein sollte als bei einer sicheren Bedarfsprognose.

Die Güter werden in drei Gruppen X, Y und Z eingeteilt, wobei X-Güter gut prognostizierbar sind, weil sie Zeitreihen mit nur kleinen Prognosefehlern (Abweichung bis zu 10 % des Durchschnittswertes) aufweisen.

Y-Güter sind mäßig gut prognostizierbar, weil die zu ihnen gebildete Zeitreihe einen Prognosefehler von bis zu 50 % des durchschnittlichen Wertes aufweisen kann. Z-Güter sind solche, die schlecht prognostizierbar sind, weil sie sehr große Prognosefehler hervorrufen oder weil der Bedarf dieser Artikel nur sporadisch oder unregelmäßig auftritt (vgl. Thomen 2000).

Diejenigen Artikel, die einen hohen Wert aufweisen, werden – unabhängig von ihrer Prognostizierbarkeit – plangesteuert disponiert. Artikel, die der Kategorie B angehören, werden je nach dem, ob sie einen prognostizierbaren Verbrauch aufweisen oder nicht, entweder automatisch oder manuell verbrauchsgesteuert disponiert. Dabei werden verschiedene Verfahren genutzt, die im Folgenden beschrieben.

C-Artikel werden unabhängig von ihrer Prognostizierbarkeit über entsprechende Lagerhaltungsmechanismen verbrauchsgesteuert disponiert (Abb. 3-11).

Verbrauchsgesteuerte Disposition
Die verbrauchsgesteuerte Disposition wird hauptsächlich in Bereichen angewandt, die über keine eigene Fertigung verfügen, also zum Beispiel für Hilfs- und Betriebsstoffe.

Sie orientiert sich am Materialverbrauch und lässt sich in Bestellpunktdisposition und stochastische Disposition differenzieren.

- Bei der Bestellpunktdisposition wird der Lagerbestand ständig mit einem Meldebestand verglichen, der sich aus dem ermittelten Materialbedarf (Erfahrungswerte/Kennzahlen) plus einem Sicherheitsbestand (z.B. eine Materialreserve, um die Produktion für 48 h störungsfrei fortführen zu können) errechnet. Wenn der Lagerbestand einmal unter den Meldebestand sinkt, wird überprüft, ob beim Einkauf bereits eine diesbezügliche ausreichende Bestellung vorliegt. Ist dies nicht der Fall, wird automatisch ein Bestellvorschlag generiert.
- Die stochastische Disposition basiert auf einem integrierten Prognoseprogramm, das entsprechende Werte generiert, die den zukünftigen Bedarf schätzen sollen. Diese Werte werden dann vom Disponenten dem tatsächlichen Verbrauch angepasst und als Basis für die weitere Planung, bzw. zum Aufbau einer Informationsbasis für tiefgreifendere Prognosen, benutzt.

Plangesteuerte Disposition

Die plangesteuerte Disposition orientiert sich an den vorliegenden Kundenaufträgen und eventuell vorhandenen Materialreservierungen. Sie beinhaltet keine Stücklistenauflösung, generiert aber bei Unterdeckung des Bedarfs Bestellvorschläge nach dem bereits erläuterten Verfahren.

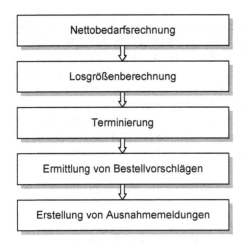

Abb. 3-13: Ablauf der plangesteuerten Materialdisposition (vgl. Gronau 1999, S. 62)

In der Regel werden Änderungen der Disposition im Net-Change-Verfahren durchgeführt. Nur die seit der letzten Bedarfsänderung aufgetretenen Änderungen in Form neuer Kundenaufträge, neuer Lagerbestandsmeldungen, neuer Stücklistenzusammensetzungen usw. werden in die Neuberechnung aufgenommen (vgl. Scheer 1997, S. 174f.).

Beim vollständigen Neuaufwurf der Disposition werden hingegen alle noch nicht bindenden zeitlichen und quantitativen Zuordnungen wieder freigegeben. Die Anwendung des Net-Change-Verfahrens führt zu erheblich kürzeren Rechenzeiten.

Dieses Verfahren ist der gängige Weg, die Materialdisposition als Veränderungsplanung nach Geschäftstagsabschluß durchzuführen. Dabei werden nur Materialien geplant, deren Bedarfs- oder Bestandssituation sich im Verlaufe des Tages geändert hat.

Bei der anschließenden Nettobedarfsrechnung findet eine periodische Überprüfung statt, ob die vom System prognostizierten Bedarfsmengen mit dem verfügbaren Lagerbestand und den fest eingeplanten Zugängen abgedeckt sind. Ist dies nicht der Fall, wird ein Bestellvorschlag generiert. Anschließend erfolgt eine Losgrößenberechnung für einen eventuellen Bestellvorschlag. Die zahlreichen in der Literatur erwähnten Verfahren zur Bildung von Losgrößen sind überwiegend nur sehr schwach in ERP-Systemen implementiert (vgl. Gronau 2002a, S. 46f.).

Nach der Bildung von Losgrößen für die einzelnen Bestellvorschläge erfolgt deren Terminierung und die Ausgabe von Ausnahmemeldungen, falls einzelne Bedarfe nicht realisiert werden können, z.B. weil der geforderte Liefertermin mit den im System hinterlegten Lieferfristen oder Wiederbeschaffungszeiten kollidiert. Das automatisch (maschinell) erzeugte Dispositionsergebnis kann typischerweise vom Disponenten interaktiv angepasst werden, so dass einzelne Materialien online sofort neu disponiert werden können.

3.3.2 Bestandsführung

Die Bestandsführung erfasst alle Warenbewegungen und schreibt sie fort. Die Lagerverwaltung übernimmt die physikalische Verwaltung der Materialien. Die Materialbewertung führt eine Buchung und Werterfassung durch.

Die Aufgaben der Bestandsführung sind die mengenmäßige und wertmäßige Erfassung aller Materialbewegungen, die Planung, Erfassung und Nachweisführung aller dieser Warenbewegungen sowie die Durchführung und Unterstützung der Inventur. Ziel ist die Echtzeiterfassung aller bestandsverändernden Vorgänge, so dass die Bestandsfortschreibungen immer exakt und zeitgleich abgebildet werden können. Die wertmäßige Fortschreibung erfolgt durch die Buchung von Bestandswerten (z.B. Lager X hat am 30.09.2014 18 Uhr den Wert 753.234,56 EUR gehabt). Bei jeder Bestandsänderung stehen die aktuellen Daten den vor- und nachgelagerten Bereichen sofort zur Verfügung, so dass der verfügbare Bestand in der aktuellen Bedarfs-/Bestandsliste der Disposition angepasst und ggf. eine Planungsvormerkung für das Material erzeugt werden kann.

Folgende Vorgänge sind im Bestandsführungsprozess abzuwickeln und entsprechend zu verbuchen:

- Wareneingänge zu Bestellungen: Für die Wareneingangsstelle ist der Lieferschein des Lieferanten der Urbeleg für die Erfassung des Wareneingangs. Der Wareneingang nimmt Bezug auf eine Bestellung, es erfolgt eine maschinelle Rechnungsprüfung auf Unter- bzw. Überlieferungen und die Fortschreibung der Bestände (Buchung direkt für Lager oder Verbrauch). Das Material wird dann beim Wareneingang in die Qualitätsprüfung gebracht und ggf. unter Vorbehalt mit Sperrvermerk verbucht.
- Warenausgänge: Hier erfolgt die Buchung von Materialausgängen mit der entsprechenden Fortschreibung der Bestände. Geplante Warenausgänge werden aus der Reservierung entnommen. Dabei können Umlagerungen, also die Verschiebung von Material von einem Lager des Unternehmens in ein anderes, berücksichtigt werden. Die Möglichkeit der Reservierung, d.h. die Planung von Warenbewegungen zu einem bestimmten Termin, ist eine besondere Dispositionshilfe, da so die dynamische Verfügbarkeitsprüfung nur sogenanntes freies Material für den allgemeinen Bestand belässt und ein besserer Überblick über das Lagervolumen und die einzelnen Materialien möglich ist.

Fortschrittliche Lagerverwaltungssysteme berücksichtigen bereits bei der Einlagerung den wahrscheinlichen Zeitpunkt der Auslagerung und bestimmen mit dieser Information einen wegeoptimalen Lagerplatz (vgl. Gronau 2002, S. 18f.).

- Sonderbestände: Neben den normalen Beständen können Lieferantensonderbestände und Kundensonderbestände getrennt verwaltet werden. Konsignationsmaterial ist Material eines Lieferanten, das im eigenen Werk gelagert wird, jedoch Eigentum des Lieferanten bleibt. Erst mit der Entnahme oder bei Übernahme in den eigenen Bestand erfolgt die Aktivierung des Materials mit dem definierten Preis des Lieferanten sowie die Verbuchung einer gleichhohen Verbindlichkeit. Nicht entnommenes Material kann zurückgeliefert werden. Die Abrechnung mit dem Lieferanten erfolgt z. B. monatlich, je Quartal usw. Die Bestandsmengen von Konsignationsmaterial werden als Sonderbestände im Lagerort getrennt nach Lieferanten geführt. Preise werden lieferantenbezogen verwaltet. Konsignationsmaterial kann in den eigenen Bestand übernommen werden. Es ist möglich, durch solche Übernahmen periodisch den Eigenbestand aufzufüllen, und die Einzelentnahmen gegen den eigenen Bestand zu buchen.

- Inventur: Zur Bilanzierung der Bestände muss von jedem Unternehmen mindestens einmal im Geschäftsjahr eine Inventur durchgeführt werden. Zumeist ermöglichen ERP-Systeme eine Stichtagsinventur (etwa zum 31.12.2014) und eine permanente Inventur. Bei dieser wird durch Stichproben die Übereinstimmung zwischen tatsächlich vorhandenem Material und lt. ERP-System vorhandenem Material überprüft.

Lagerverwaltung

Die Lagerverwaltung umfasst die Verwaltung von Lagerbeständen, -plätzen, -arten und -strukturen, die Ein- und Auslagerung über Strategien (Systemvorschläge, wo die Ware entnommen, gelagert oder kommissioniert werden soll), die Erstellung und Abwicklung von Transportaufträgen und die lagerplatzbezogene Inventur. Umlagerungen von Werk zu Werk können mit Umlagerbestellungen abgewickelt werden. Dabei fordert das empfangende Werk das Material an und plant in der Bestellposition die Bezugsnebenkosten vor. Mit Bezug auf die Umlagerbestellungen bucht das abgebende Werk den Warenausgang. Die entnommene Menge wird im Transitbestand des empfangenden Werkes geführt. Ebenfalls mit Bezug auf die Umlagerbestellung bucht das empfangende Werk den Wareneingang. Durch den Wareneingang wird der Transitbestand sowie der Bestellbestand abgebucht. Spezielle operative Aufgaben in diesem Zusammenhang werden häufig von spezialisierten Lagerverwaltungssystemen (LVS) übernommen.

Materialbewertung

Die Materialbewertung hat die Aufgabe, Fehlbewertungen von Warenbeständen zu vermeiden. Die Bewertung kann auf Ebene des Buchungskreises (rechtlich selbständiges Unternehmen mit eigener Bilanz) oder auf Werksebene erfolgen. Die Materialbewertung führt die eigentliche wertmäßige Erfassung und Buchung im Bestandsführungssystem durch. Solche Materialbuchungen können aus Warenein- und -ausgängen, aus Umbuchungen oder aus der Bearbeitung von Inventurdifferenzen erfolgen. Beim Standardpreisverfahren wird mit dem Bewertungspreis aus dem Materialstammsatz bewertet. Preisabweichungen bei Waren- und Rechnungseingang werden über Preisdifferenzkonten der Sachkontenbuchhaltung zugebucht. Der gleitende Durchschnittspreis hingegen passt sich permanent dem Einstandspreis an, so dass keine Preisdifferenzen entstehen können.

Die Bewertung von Material erfolgt auf Ebene des Bewertungskreises, der vom Nutzer selbst festgelegt werden kann. Einflussgrößen hierfür sind Bezugsnebenkosten, Skonto, Nachbelastungen, Gutschriften, Rechnungswert, Bestellnettopreis oder der Planpreis.

Viele ERP-Systeme bieten mehrere Funktionen zur Bilanzbewertung an, die die Grundlage für Wertberichtigungsbuchungen zur Steuer- und Handelsbilanz darstellen. Bei der LIFO-Bewertung findet die Bilanzbewertung nach der unterstellten Verbrauchsfolge statt (Last In First Out). Ausgangspunkt sind die zuletzt zugegangenen Bestände, die zuerst verbraucht werden. Auf diese können keine Scheingewinne bei steigenden Produktpreisen erzielt werden, da die niedrigeren Erstanschaffungskosten relevant sind. Bei der Niederstwertermittlung gibt es das strenge und das gemilderte Niederstwertprinzip. Dabei werden Anschaffungs- oder Herstellungskosten einerseits, Börsen- oder Marktpreis andererseits berücksichtigt. Relevant ist immer der niedrigere Wert, wobei beim gemilderten Niederstwertprinzip ein Wahlrecht bei voraussichtlich nur vorübergehender Wertminderung besteht.

3.3.3   Rechnungsprüfung

Die Rechnungsprüfung stellt eine Verbindung zwischen der Materialwirtschaft und dem Rechnungswesen (Finanzbuchhaltung, Anlagenbuchhaltung und Kostenrechnung) her.

Zum einen greift sie als Teil der Materialwirtschaft auf Daten aus den vorgelagerten Teilgebieten Einkauf und Wareneingang zurück, zum anderen gibt sie Informationen an die Finanzbuchhaltung (z.B. Bestands- und Verbindlichkeitsbuchungen, Umsatzwerte), Kostenrechnung (z.B. Preisdifferenzen oder Bezugsnebenkosten) und Anlagenwirtschaft weiter. Die Hauptaufgabe der Rechnungsprüfung ist es, eingehende Rechnungen sachlich, rechnerisch und preislich zu prüfen.

Eine Rechnungsprüfung läuft wie folgt ab: Zunächst werden Rechnungen und Gutschriften erfasst. Dann werden die Rechnungen auf ihre Richtigkeit geprüft. Schließlich werden die Rechnungen auf Konten gebucht und bestimmte Daten (z.B. Durchschnittspreise, Bestellentwicklung) im ERP-System fortgeschrieben.

Das Nacharbeiten von Rechnungen ist nötig, wenn sie wegen zu großer Abweichungen zwischen Bestellung, Wareneingang und Rechnung gesperrt wurden.

3.3.4   Bestandscontrolling

Das Bestandscontrolling wertet Belege aus, reduziert die umfangreichen Informationen aus der Bestandsführung auf die wesentlichen Kennzahlen und ermöglicht so eine Schwachstellenanalyse, die durch aussagefähige Grafiken unterstützt wird. Mit den Funktionen des Bestandscontrolling ist es möglich, auf einfache und transparente Weise jene Materialien auszufiltern, die beispielsweise eine hohe Kapitalbindung, einen ineffizienten Bestandsanteil, eine Überreichweite oder eine lange Periode ohne Verbrauch aufweisen und somit einer genaueren Überprüfung bedürfen.

Das Bestandscontrolling-System vermittelt wichtige Informationen für die Anpassung von Steuerparametern wie Sicherheitsbestand oder Losgröße und zur Verbesserung von organisatorischen Maßnahmen zur Synchronisierung von Ab- und Zugängen.

Auf der Grundlage des Bestandscontrolling kann ein angemessenes Bestandsniveau (z. B. gezielte Reduktion der Bestände) eingestellt und eine bessere Ausnutzung der Lager- und Handlingkapazitäten erzielt werden.

Im Bestandscontrolling werden die verfügbaren Informationen auf aussagekräftige Kennzahlen komprimiert. Dazu gehören:

- Verbrauchswert,
- Bestandswert,
- Lagerbodensatz,
- Reichweite,
- Lagerhüter und
- Umschlagshäufigkeit.

3.4 Integration der Materialwirtschaft

Die Materialwirtschaft weist viele Berührungspunkte mit anderen Funktionen von ERP-Systemen auf (Abb. 3-14). Die wichtigsten Schnittstellen sind nachfolgend aufgeführt.

- Vertrieb: Schon zum Zeitpunkt, in dem ein Kundenauftrag erfasst wird, kann eine Verfügbarkeitsprüfung der Bestände erfolgen. Bei der Erstellung der Lieferung werden die zu liefernden Mengen als für den Versand eingeteilt vermerkt und bei der Warenausgangsbuchung vom Gesamtbestand abgebucht.
- Produktionsplanung: Die Bedarfsplanung leitet Bedarfsgrößen für die anschließende Disposition weiter.
- Instandhaltung: Der Bedarf an notwendigen Ersatzteilen wird direkt an den Einkauf weitergeleitet.

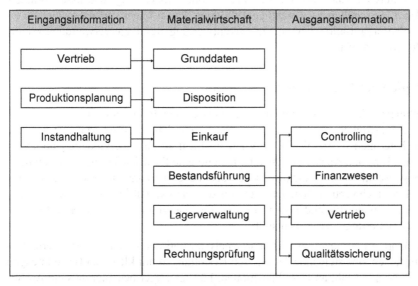

Abb. 3-14: Integration der Materialwirtschaft in ein ERP-System (vgl. Gronau 1999, S. 71)

- Controlling: Die Schnittstelle ist bei Materialverbräuchen ersichtlich. Bei kontengerechter Abrechnung der Materialentnahmen steht eine Vielzahl von Kontierungsmöglichkeiten zur Verfügung. Die Daten werden automatisch an die Kostenrechnung weitergeleitet. Die Kostenrechnung ist auch betroffen, wenn Wareneingänge direkt der Kostenstelle oder dem Auftrag zugeordnet werden.
- Finanzwesen: Parallel zur mengen- und wertmäßigen Bestandsführung werden bei jedem Zugang/Abgang die entsprechenden Konten der Finanzbuchhaltung fortgeschrieben. Das geschieht über eine automatische Kontenfindung.
- Qualitätssicherung: Unter anderem muss die Güte der Ware und die Qualität der Lieferung überwacht werden (vgl. Mertens 2004, S. 104).
  Durch eine entsprechende Funktion der Materialwirtschaft kann bei Wareneingang aus dem Fertigungsauftrag vom Lieferanten oder dem Warenausgang für den Kundenauftrag automatisch ein Prüflos zur Feststellung der Warengüte erzeugt werden. Die Qualität der Lieferung muss über die Lieferantendaten erfasst und überprüft werden.

3.5   Lagerverwaltungssysteme

Werden lediglich die Durchlaufzeiten und Lagerhaltungskosten betrachtet, so stellt das Null-Lager, welches eine vollständige Synchronisation des Wareneingangs mit dem Warenausgang voraussetzt, eine Idealform eines Lagers dar. Neben einer eventuellen Unmöglichkeit, Beschaffung und Auslieferung auf den Produktionsrhythmus auszurichten, gibt es eine Vielzahl weiterer Situationen, welche eine Lagerhaltung für ein Unternehmen zum Vorteil werden lassen: Geringere Bestellkosten, Ausnutzung von Mengenrabatten, Sonderpreisen oder Spekulation, Sicherung gegen Lieferzeitüberschreitungen, Versorgungsengpässe oder Fehllieferungen, Gewährleistung der Versorgungsbereitschaft, als Sicherheitsbestand oder eiserne Reserve. Des Weiteren können noch Bearbeitungs- oder Entsorgungsfunktionen wahrgenommen werden. Eine möglichst vollständige Abbildung der im Lager verfolgten Ziele in eine effiziente Ablauforganisation liegt in der Verantwortung des Lagerverwaltungssystems (vgl. Gronau 2001b, S. 46ff.)

3.5.1   Strategien zur Gestaltung eines Lagers

Artikel, Bestellungen, die Lagertechnik und der notwendige Informationsfluss können in konkreten Anwendungsfällen stark unterschiedliche Eigenschaften aufweisen. Die gemeinsame Lagerung heterogener Artikelarten erfordert im Idealfall eine individuelle Zuordnung von verschiedenen Ein- und Auslagerungsstrategien und eine Berücksichtigung der geforderten Lagerplatzeigenschaften. Auch die physische Lagersteuerung kann nur solche Funktionen und Kapazitäten der technischen Gegebenheiten nutzen, die explizit in der Lagerverwaltung abgebildet werden können. Es sind Daten, die z.B. für eine volumenoptimierende Einlagerung oder Wegeoptimierung unerlässlich sind.

Verbesserte qualitative und quantitative Bedarfsanalysen und deren extrem verfeinerte Terminierung verursachen eine steigende Anzahl von Bestellungen mit kleineren Bestellmengen und einer vergrößerten Anzahl an Bestellpositionen. Für das Lager bedeutet dies ein Ansteigen der Lagerbewegungen und des Koordinationsaufwandes bei der Einlagerung, aber insbesondere bei der Auslagerung und Kommissionierung. Förderanlagen und Kommissioniereinrichtungen geraten so in die Gefahr, zum Engpass in der Auftragsabwicklung zu werden. Hier ist eine vorausschauende Kapazitäten-Planung gefordert, der die Lagerverwaltung mit den ihr zur Verfügung stehenden Daten nur bedingt nachkommen kann. Das Bereitstellen von Schnittstellen ermöglicht nicht nur den operativen Datenaustausch mit Systemen anderer Funktionsbereiche, sondern auch eine Integration in eine Supply Chain, so dass die Kapazitäten der Lagerverwaltung und -steuerung schon frühzeitig erkannt und reserviert werden können.

Historische Daten stellen einen wichtigen Rohstoff dar. Sie können einer Inventur und einem Auskunftssystem hilfreich zur Seite stehen. Statistikfunktionen können auf diese zurückgreifen und den Lagerbetrieb durch entsprechende Kennzahlensysteme in seiner Leistungsfähigkeit bewerten. Reale Stärken und Schwächen einer Lagerorganisation können hier ermittelt werden. Potentielle Stärken und Schwächen können in einer Simulation erkannt werden. Eine angemessene Darstellung des so erzeugten Wissens kann ein gutes Medium sein, um Verantwortliche für die Performance ihres Lagers zu sensibilisieren. Eine automatisierte Berücksichtigung dieses Wissens in anderen Funktionseinheiten des Unternehmens kann dazu beitragen, ein Anbahnen bestimmter Zustände, die in der Simulation Probleme hervorgerufen haben, rechtzeitig zu unterbinden.

3.5.2 Funktionen von Lagerverwaltungssystemen

Die abgebildeten Funktionen hängen stark von der Charakteristik des eingesetzten Lagerverwaltungssystems ab. Dedizierte Lageradministrationssysteme verfügen zumeist über Funktionen des Wareneingangs, der Auftragsbearbeitung und Kommissionierung, in der Regel mit Schnittstellen zu einem übergeordneten kaufmännischen ERP- oder PPS-System. Um das Lager auch betreiben zu können, wenn das übergeordnete System zeitweilig nicht zur Verfügung steht, ist mit einigen Systemen ein Überbrückungsbetrieb sowohl bei der Einlagerung als auch bei der Auslagerung möglich. Die Systeme mit Einsatzbereich über die Lagerverwaltung hinaus weisen auch Funktionen der Fertigungsteuerung, des Einkaufs und der Rechnungstellung auf.

Ein- und Auslagerungsstrategien
Neben den grundlegenden Verfahren chaotisch, manuell und Festplatzeinlagerung ist das first-in-first-out-Prinzip die am häufigsten angebotene Einlagerungsstrategie. Realisiert sind zudem Strategien, die die Mindesthaltbarkeit des einzulagernden Produktes berücksichtigen sowie Abwandlungen der FIFO-Strategie (last in first out bzw. last in last out). Einige Anbieter räumen die Möglichkeit ein, über weitere Artikelparameter selbst zu definierende Ein- bzw. Auslagerungsstrategien zu entwickeln.

Optimierungspotenziale
Sobald eine Historie über vorgenommene Ein- und Auslagerungsvorgänge verfügbar ist, greifen Optimierungsverfahren, die nach vorgegebenen Zielkriterien die Ein- bzw. Auslagerung beeinflussen. Dabei kommen sehr häufig ABC-Analysen zum Einsatz. Zumeist wird eine Wegeoptimierung entweder für die Kommissionierung oder für das Regalbediengerät angeboten. Weitere Funktionen sind Platzoptimierung, Behälteroptimierung oder Auftragsoptimierung.

Einige Systeme bieten Optionen speziell für die Optimierung einer sich an die Auslagerung anschließende Kommissionierung und fassen z.B. die zu einem Auftrag gehörenden Auslagerungsvorgänge zusammen oder gestatten cross-docking, also eine Warenhereinnahme und -Bereitstellung ohne dazwischen liegende Einlagerung. Insgesamt sind für Standardsituationen ausreichend vorkonfigurierte Lagerverwaltungssysteme verfügbar, die eine Anpassung der Lagercharakteristik an verschiedene Zielgrößen gestatten. Tabelle 3-1 gibt einen Überblick über Anbieter und Produkte von Lagerverwaltungssystemen.

Tab. 3-1: Anbieter von Lagerverwaltungssystemen

Anbieter	Produkt	Link	Reines LVS	MES-Komponente	ERP-Modul
ABAS	abas ERP, abas Business Suite	www.abas.de			X
active logistics GmbH	active warehouse	www.active-logistics.com	X		
active logistics GmbH	active m-ware Lager	www.active-logistics.com	X		
ams Solution	ams.erp	www.ams-erp.com			X
Asseco	APplus Version 6.0	www.asseco.com			X
Axxom Software AG	ORion-PI Logistikoptimierung	www.axxom.de	X		
BFZ GmbH	CIMOS	www.bfz-schuster.de		X	
Bison Group	Bison Process x-trade, Version 6.5	www.bison-group.com			X
ccc software gmbh	enviso palveris	www.ccc-industriesoftware.de	X		
Comarch	Comarch ERP Enterprise/Version 5.1.1	www.comarch.de			X
CSB System	CBS-System (CSB businessware©) 5.2	www.csb.com			X
DE software & control GmbH	STORE.DESC	www.de-gmbh.com	X	X	X
DIMANOS	DIMANOS	www.dimanos.de	X		
Dontenwill AG	business express	www.business-express.de			X
Ehrhardt + Partner GmbH & Co. KG	LFS 400 V.6.71	www.ehrhardt-partner.com	X		
Epicor	Epicor ERP 9.05	www.epicor.com			X
F&M Consulting	flexpo-Lager Ver. 3.6	www.flexpo.de	X		X
Geovision GmbH & Co. KG	BIOS2000	www.geovision.de	X	X	X
GFOS mbH	X/TIME-LM	www.gfos.com		X	

Anbieter	Produkt	Link	Reines LVS	MES-Kompo-nente	ERP-Modul
GUS Group	GUS-OS ERP 4.0	www.gus-group.com			X
ICS International AG, Identcode-Systeme	STRADIVARI	www.ics-ident.de	X		
IFS	IFS Applications 8	www.ifsworld.com			X
IGZ Logistics + IT	SAP EWM/MFS; SAP LES/TRM; SAP MII/ME; SAP AII	www.igz.com	X	X	X
inconso AG	inconso WMS Product Suite Version 3.1	www.inconso.de	X		
Infor	Infor Supply Chain Execution, version 10.2 Infor M3; Infor COM; Infor LN	www.infor.de	X		X
ISTEC Industrielle Software-Technik GmbH	ISTEC-PLS, Rel. 3.0	www.istec.de	X	X	X
Jungheinrich AG	Jungheinrich WMS 5.2a	www.jungheinrich.de	X		
KNAPP AG	KiSoft WMS 3.8	www.knapp.com	X		
LUNZER + PART-NER GmbH	LOGSTAR J	www.mylogstar.com	X		
Microsoft	Microsoft Dynamics AX 2012, Microsoft Dyna-mics NAV	www.microsoft.com/germany			X
Oracle	Peoplesoft, E-Business Suite	www.oracle.com/de			X
ORACLE Deutsch-land GmbH	Oracle E-Business Suite Warehouse Management	www.oracle.com/de	X		X
ORACLE Deutsch-land GmbH	Oracle Retail Warehouse Management System 13.02	www.oracle.com/de	X		
Ordat	ERP FOSS 6,8; Lager-verwaltungssystem FOSS-LVS	www.ordat.com	X		X
Oxaion	oxaion open 4.0	www.oxaion.de			X
proALPHA Software AG	proALPHA 5.2	www.proalpha.de			X
PSI-Konzern	PSIpenta, PSIwms 2.2.0	www.psi.de	X		
QAD	QAD Enterprise Appli-cation: QAD Supply Chain	www.qad.com			X

Anbieter	Produkt	Link	Reines LVS	MES-Komponente	ERP-Modul
S&P Computersysteme GmbH	Name: SuPCIS-L8 Version: 8	www.sup-logistik.de	X		X
Sage	Sage ERP X3; Sage ERP b7; Sage Office Line	www.sage.de			X
SAP	ERP Business One; ERP Business by Design	www.sap.com			X
Stöcklin Logistik AG	Stöcklin Warehouse Management System 5.5	www.stoecklin.com	X		
TEAM	ProStore 6.3	www.team-pb.de	X		
viastore systems GmbH	viad@t 7.5	www.viastore.de	X		X
w3logistics AG	w3/max	w3logistics.com/	X		X
Westernacher Logistiksysteme AG	Westernacher Lagerlogistik für SAP	www.westernacher.com/ lagerlogistik	X		
XELOG AG	LagerSuite (Version 4.1)	www.xelog.com	X		

3.5.3 Kopplung zwischen ERP-System und Lager

Im Bereich der Lagerlogistik und der damit verbundenen Prozesse stoßen ERP-Systeme an funktionale und technische Grenzen. Durch den Einsatz eines Lagerverwaltungssystems wird diese funktionale Lücke geschlossen. So müssen in der Lagerlogistik kundenindividuelle Strategien abgebildet werden können, verschiedene Kommissioniertechniken und -verfahren sowie Förderanlagen, Kommissionieranlagen, Regalbediengeräte, Datenfunk, Wiegesysteme etc. angebunden werden.

Grundsätzlich lassen sich kleinere, manuell geführte Lager ausschließlich mit den Lagerverwaltungsfunktionen eines ERP-Systems verwalten. In größeren Lagern ist ein Lagerverwaltungssystem die effizientere Lösung (vgl. Brunthaler 2002, S. 71). Das Lagerverwaltungssystem kommuniziert synchron mit den weiteren Subsystemen, z.B. Automatischen Kleinteilelagern (AKL) und Fahrerlosen Transportsystemen (FTS). Alle Warenbewegungen werden in das Lager hinein und aus dem Lager heraus über das ERP-System initiiert. Somit liegt die dispositive Ebene der logistischen Prozesse (übergreifende Materialwirtschaft, Vertrieb, Fertigung etc.) innerhalb des ERP-Systems und die operative Ebene (die Ansteuerung von lagerspezifischen Subsystemen, u.a. SPS-Technologien, und Steuerung der Lagerabläufe) im Lagerverwaltungssystem (Abb. 3-15).

Wenn die Erfassung der Wareneingänge im ERP-System erfolgt, wird die kaufmännische Richtigkeit der Buchungen über die Plausibilitätsprüfungen des ERP-Systems sichergestellt. Danach können im ERP-System Transportaufträge erzeugt werden, die kontrollierbar an das Lagerverwaltungssystem übergeben werden und dort als Einlageraufträge vorliegen. Je Einlagerauftrag wird eine eindeutige Nummer zur Identifikation des Ladungsträgers vergeben.

Die Einlageraufträge werden nach einer optimierten Logik z.B. per Funk als Fahrauftrag an die Datenfunkterminals der Stapler gesendet.

Von manchen LVS können Statusinformationen über den Einlagervorgang an das ERP-System zurückgemeldet werden. Damit ist ein Überblick der gesamten Lagerlogistik auch im ERP-System möglich. Dies ist insbesondere dann vorteilhaft, wenn im LVS komplexe mehrstufige Strategien abgebildet werden. Während der Einlagerung ist die Ware im ERP-System mit dem Status „in Einlagerung" gekennzeichnet. Ist der Einlagervorgang abgeschlossen, wird er an das ERP-System in Form einer Quittierungsmeldung übergeben und der Status der Ware ist im ERP-System „frei verfügbar".

Seitens des LVS besteht keine Notwendigkeit, in die Disposition von Aufträgen einzugreifen, wenn nicht äußere Umstände wie z.B. ein wichtiger Selbstabholer, einen Eingriff in die Kommissionierreihenfolge notwendig machen.

Beim Warenausgang erfolgt der Anstoß zur Auslagerung aus dem ERP-System heraus. Allerdings wird nur ein Transportauftrag für die gesamte auszulagernde Menge übergeben, wenn eine komplexe Auslagerstrategie im LVS hinterlegt ist. Hier wird der Auslagerauftrag in einzelne Fahraufträge umgesetzt und per Funk wegeoptimiert an den Staplerfahrer oder Kommissionierer übergeben.

Alternativ zu diesem Szenario bieten sich durch den Einsatz eines Manufacturing Execution Systems (MES), das die im Wareneingang erforderlichen Qualitätskontrollen durchführt und danach das Ergebnis (Gutmenge, Menge für Sperrlager, Retourmenge) an das ERP-System zurückmeldet.

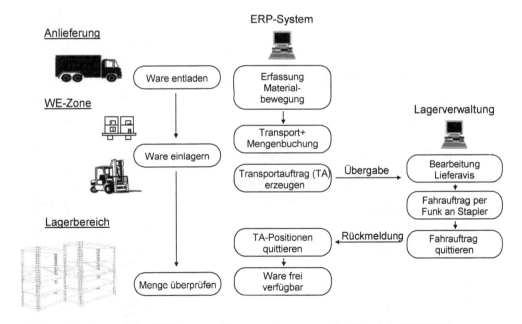

Abb. 3-15: Kopplung zwischen ERP-System und Lagerverwaltungssystem (vgl. Brunthaler 2002, S. 72)

3.6   Qualitätsmanagement in der Materialwirtschaft

Qualität kann als Übereinstimmung von Produkteigenschaften oder Arbeitsergebnissen mit vorher getroffenen Vereinbarungen definiert werden. Die internationale Norm DIN EN ISO 8402 definiert Qualität als Gesamtheit von Merkmalen einer Einheit bezogen auf ihre Eignung, festgelegte und vorausgesetzte Erfordernisse zu erfüllen (vgl. Kamiske 1996, S. 3). Das Qualitätsmanagement der obersten Leitung hat dabei eine Qualitätspolitik zu formulieren und ein Qualitätsmanagementsystem aufzubauen und umzusetzen. Zu den Aufgaben eines Qualitätsmanagementsystems, das neben technischen insbesondere organisatorische Elemente und Funktionen aufweist, gehören Qualitätsplanung, Qualitätslenkung und Qualitätssicherung (vgl. Eversheim 2000, S. 14):

- Die Qualitätsplanung wählt Qualitätsforderungen aus, klassifiziert und gewichtet sie unter Berücksichtigung der Realisierungsmöglichkeiten. Sie gibt Sollwerte für die Produkt- und Prozessqualität vor.
- Die Qualitätslenkung vergleicht Soll- und Istwerte der Qualität und veranlasst Korrekturmaßnahmen, um die Sollwerte einhalten zu können.
- Wenn betriebliche Anwendungssysteme wie ERP- oder MES-Systeme über Funktionen der Qualitätssicherung verfügen, handelt es sich zumeist um die Qualitätsprüfung. Die Qualitätsprüfung stellt fest, inwieweit eine Einheit die Qualitätsforderung erfüllt. Somit ermittelt sie Istwerte der Produkt- und Prozessqualität. Ihre Aufgaben sind in Abb. 3-16 dargestellt (vgl. Gronau 1999, S. 185).

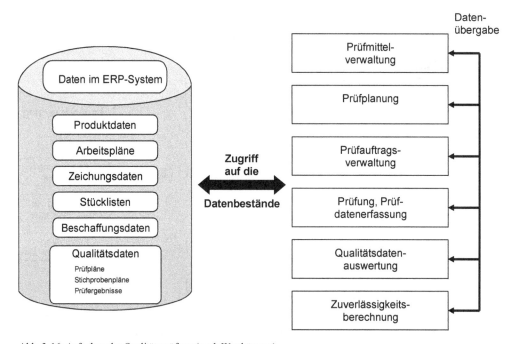

Abb. 3-16: Aufgaben der Qualitätsprüfung (nach Westkämper)

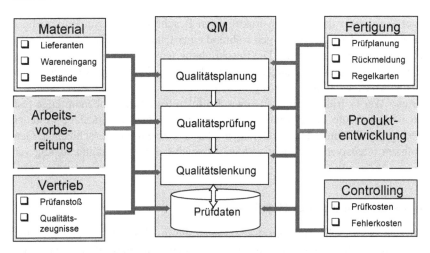

Abb. 3-17: Einbindung der Qualitätssicherung in ein ERP-System und in weitere betriebliche Funktionen (vgl. Gronau 1999, S. 187)

Die Prüfplanung weist weitgehend ähnliche Funktionen wie die rechnerunterstützte Arbeitsplanerstellung auf. Zudem werden Prüfmittel verwaltet und – in Analogie zur Produktionsplanung und -steuerung (PPS) – Prüfaufträge erteilt und überwacht. Die Prüfdatenerfassung selbst erfolgt überwiegend durch konventionelle Mess- und Prüftechnik. Zur Auswertung der Qualitätsdaten werden statistische Auswertungen, Pareto-Analysen sowie Qualitätskennzahlen verwendet.

Qualitätsmanagement ist eine übergreifende Querschnittsaufgabe, die nicht durch ein isoliertes Modul abgedeckt werden kann. Demzufolge werden Aufgaben der Qualitätssicherung neben den hier beschriebenen Funktionen auch in den Aufgabenbereichen Fertigung, Vertrieb und Controlling wahrgenommen (Abb. 3-17). Zudem greift die Arbeitsvorbereitung auf Daten der Qualitätssicherung zurück, etwa um Materialien, Bearbeitungsverfahren und Maschinen nach den aktuellen Qualitätsanforderungen und Prüfergebnissen auszuwählen.

3.6.1 Stammdaten der Qualitätssicherung

Stammdaten umfassen Informationen, die von zentraler Bedeutung für die Qualitätssicherung sind, und werden unabhängig von der Pflege einzelner Prüfpläne verwaltet. Die Möglichkeit der Stammdatenpflege trägt erheblich zur Erleichterung und Standardisierung der Prüfplanung bei. In Anwendungsystemen, die Funktionen des Qualitätsmanagements aufweisen, werden typischerweise folgende QS-spezifische Stammdaten gepflegt:

- Prüfmethoden: Eine Prüfmethode beschreibt Verfahren, nach denen Prüfungen ablaufen bzw. ablaufen müssen. Die Prüfmethode kann dann Prüfmerkmalen und Prüfplänen zugeordnet werden.
- Prüfmerkmale: Das Prüfmerkmal beschreibt, was zu prüfen ist. Merkmalsausprägungen sind z.B. Farbe, Form, Oberflächenbeschaffenheit. Im Prüfplan sind Prüfmerkmale als Bausteine verwendbar; sie fördern eine systematische, einheitliche und rationelle Prüfplanung.

- Prüfkataloge: Sie dienen dazu, die unstrukturierten Beschreibungen von Prüfergebnissen, Beobachtungen oder Entscheidungen während einer Qualitätsprüfung aufzunehmen, zusammenzuführen und auszuwerten. Die Beschreibung wird codiert und im Prüfkatalog abgelegt. Die codierten Beschreibungen werden über eine Codegruppe oder eine Auswahlmenge den Merkmalen in Plänen zugeordnet.
- Dynamisierung: War es früher üblich, in einem Prüfplan feste Stichprobenumfänge festzulegen, so werden heute die Prüfumfänge abhängig von der Qualitätslage gesteuert (Dynamisierung des Prüfumfangs). Lieferanten oder Prozesse mit einer schlechten Qualitätslage müssen intensiver überwacht werden als solche, die ihre Qualität ständig verbessern.

3.6.2 Qualitätssicherung in der Beschaffung

Innerhalb der Phasen des Beschaffungsprozesses weisen die in Abb. 3-18 gezeigten Aufgaben eine Relevanz zur Qualitätssicherung auf. Das Qualitätswesen erteilt die Freigabe eines Lieferanten für ein bestimmtes Material. Es kann die Freigabe befristen oder auf eine bestimmte Menge einschränken. Hat ein Lieferant schwerwiegende Qualitätsprobleme, so kann sich das Unternehmen absichern, indem es Anfragen und Bestellungen an den Lieferanten zurückzieht sowie Wareneingänge für bestimmte Materialien dieses Lieferanten sperrt.

In manchen Branchen müssen Lieferanten ein Qualitätsmanagementsystem aufrechterhalten, dessen Wirksamkeit nachweisen und sich dies durch akkreditierte Stellen in Form von Zertifikaten bescheinigen lassen. Geforderte Qualitätsmanagementsysteme können dann definiert, die bei den Lieferanten tatsächlich vorhandenen notiert und bewertet werden und es kann bei der Lieferantenauswahl ein Vergleich gezogen werden. So erhält der Anwender Auskünfte über die Qualität der bisher gelieferten Waren und über das Qualitätsmanagementsystem der Lieferanten. Das ERP-System verwaltet verdichtete Qualitätskennzahlen und schreibt sie automatisch für die Lieferantenbewertung fort.

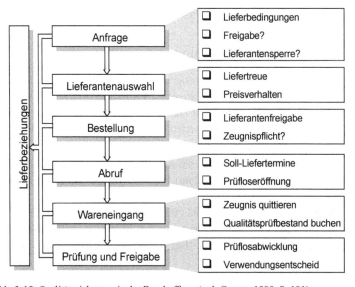

Abb. 3-18: Qualitätssicherung in der Beschaffung (vgl. Gronau 1999, S. 191)

Zum Zeitpunkt der Bestellung muss der Lieferant, falls dies gefordert wird, vom Qualitätswesen für die Lieferung des betreffenden Materials freigegeben sein. Die Freigabe dieser
Lieferbeziehung lässt sich auf eine festgelegte Laufzeit und eine maximale Liefermenge
einschränken. Mit der Bestellung erhält der Lieferant automatisch Informationen über den
neuesten Stand der technischen Lieferbedingungen und über die aktuell gültige Qualitätssi-
cherungsvereinbarung sowie gegebenenfalls über die Pflicht, der Warenlieferung ein Zeugnis
beizufügen. Gelegentlich ersetzen Abnahmeprüfungen beim Lieferanten eine Wareneingangsprüfung. In solchen Fällen ermöglicht das ERP-System die Überwachung der Soll-Lie-
fertermine und die rechtzeitige Prüfloseröffnung zum Abnahmetermin.

Besteht für ein Material Zeugnispflicht, so ist das Vorhandensein des Zeugnisses spätestens
beim Wareneingang zu quittieren. Die Zeugnisvorlage kann je Bestellposition, je Charge
oder je Wareneingang gefordert sein. Üblicherweise wird die Wareneingangsmenge für die
Dauer der Wareneingangsprüfung in den Qualitätsprüfbestand gebucht.

Ein Ursprungszeugnis …
weist den Ursprung einer eingeführten Ware nach. Außenwirtschaftsrechtliche Genehmi-
gungspflichten und Beschränkungen für die Einfuhr bestimmter Waren knüpfen regelmäßig an den Ursprung in bestimmten Ländern an. Der Lieferant muss daher den Ursprung
seiner Ware bestätigen.

Beim Wareneingang wird dann die Prüflosabwicklung angestoßen. Das ERP-System erzeugt
neben dem Wareneingangsbeleg einen Prüflosdatensatz. Es wählt ferner einen geeigneten
Prüfplan aus und ermittelt die Stichprobenumfänge entsprechend der Qualitätslage.

Nach dem Prüfabschluss wird die annehmbare Prüflosmenge in den frei verfügbaren Bestand
gebucht. Für nicht annehmbare Mengen sind Sonderbuchungen möglich. Mit der Freigabe
der Wareneingangsmenge endet die Verwaltung des Bestandes durch das Qualitätswesen.

Mit dem Verwendungsentscheid aktualisiert das System die Qualitätslage und stellt die Qualitätskennzahl des Prüfloses für die Lieferantenbewertung bereit. Es aktualisiert auch die in
Bezug auf das Material und den Lieferanten im Qualitätsinformationssatz festgelegten Daten.
Zum Beispiel kann es bei Annahme des Prüfloses den Status der Lieferbeziehung von Mus-
terlieferung auf Serienlieferung ändern.

Nach dem Verwendungsentscheid kann das System noch eine Kette von individuell pro-
grammierten Folgeaktionen anstoßen. Beispielsweise kann es bei Lieferung fehlerhafter Ware eine Mängelrüge an den Lieferanten erstellen, die in Briefform oder mit Systemunterstüt-
zung in Form einer Qualitätsmeldung abgewickelt wird.

In manchen ERP-Systemen ist auch eine schrittweise Freigabe von Lieferbeziehungen möglich (vgl. Gronau 1999, S. 190). Der Anwender definiert dazu selbst gewisse Status wie
Erstmuster, Vorserie oder Serie, die die Lieferungen eines Materials eines bestimmten Lieferanten der Reihe nach durchlaufen müssen. Das System erzeugt dann Prüflose einer Art, die
zum aktuellen Status der Lieferbeziehung passt, und schreibt die Status abhängig vom Verwendungsentscheid automatisch fort.

4 Vertrieb

Der Vertrieb als wesentlicher Bestandteil der logistischen Kette repräsentiert das Unternehmen auf dem Markt. Ein schnell und flexibel auf die Marktbedürfnisse reagierender Vertrieb leistet einen entscheidenden Beitrag zum Unternehmenserfolg. Nur mit hoher Qualität der Produkte, Liefertreue, zuverlässigem Service und marktgerechten Preisen sind Kunden zu gewinnen und zu binden. Die Vertriebsfunktionen von ERP-Systemen sollen beim Erreichen dieser Ziele behilflich sein.

4.1 Abbildung der Organisationsstruktur des Vertriebs

Die Abbildung der Organisationsstrukturen im ERP-System erfolgt unter Berücksichtigung verschiedener konzeptioneller Sichten. Typische Sichten sind der Einkauf, der Vertrieb, die Buchhaltung und die Materialwirtschaft. Die Möglichkeiten der einzelnen ERP-Systeme, Organisationsstrukturen des Vertriebs abzubilden, unterscheiden sich in ihrem Detailliertheitsgrad. Als Beispiel für eine recht umfassende Abbildung wird hier auf die vertriebsbezogene Organisationsstruktur im Modul SD (Sales and Distribution) des ERP-Systems SAP ERP eingegangen.

Das allen Organisationseinheiten übergeordnete Element ist der Mandant. Der Vertrieb wird unter einem Mandanten hierarchisch gegliedert nach Verkaufsorganisation, Vertriebsweg und Sparte. Dabei sind Sparten eindeutig einem Vertriebsweg zugeordnet und Vertriebswege wiederum einer Verkaufsorganisation. In Abb. 4-1 ist diese Unterteilung veranschaulicht.

Im Beispiel in Abb. 4-1 sind in der Verkaufsorganisation 1000 alle Vertriebsaktivitäten über die Vertriebswege 10 und 20 für die Sparten 01 und 02 möglich. In der Verkaufsorganisation 2000 werden die Produkte der Sparten 05 und 06 nur über den Vertriebsweg 30 vertrieben.

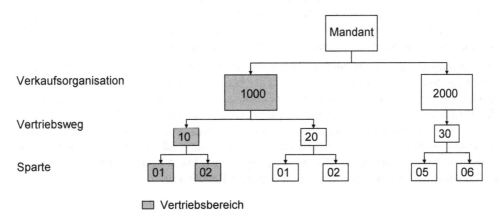

Abb. 4-1: Organisationsstrukturen im Vertrieb (vgl. Gronau 1999, S. 156)

> **Eine Verkaufsorganisation** …
> ist eine verkaufende Einheit im rechtlichen Sinne, d.h. sie ist verantwortlich für die Produkthaftung und andere Regressansprüche der Kunden.

Mit Hilfe von Verkaufsorganisationen kann auch eine regionale Unterteilung des Marktes erfolgen. Der Markt kann durch verschiedene Vertriebswege bedient werden. Zwischen den Verkaufsorganisationen können sich z. B. die vertriebsrelevanten Materialstammdaten unterscheiden, wie zum Beispiel das Auslieferungswerk und die Mindestliefermenge. Eine Sparte ist z.B. eine Produktgruppe. Ein Vertriebsbereich wiederum ist die Gesamtheit einer Verkaufsorganisation mit Vertriebswegen und Sparten.

Die Organisation im Verkauf wird mit den Elementen Verkaufsbüro, Verkäufergruppe und Verkäufer beschrieben. Ein Verkaufsbüro ist eine Niederlassung, denen Verkäufergrupppen zugeordnet sind. Den Verkäufergruppen sind wiederum einzelne Verkäufer zugeordnet. Die Verkaufsbüros sind einzelnen Vertriebsbereichen zugeordnet.

Versandstellen sind für die distributionstechnische Umsetzung von Kundenaufträgen verantwortlich. Versandstellen sind wiederum in Ladestellen unterteilt. Zum Beispiel lässt sich ein Lager in Beladerampen unterteilen.

4.2 Stammdaten

Voraussetzung für die effiziente Bearbeitung der täglich vom Vertrieb abzuwickelnden Geschäftsvorfälle sind detaillierte Stammdaten. Im Vertrieb werden Stammdatensätze über Kunden, Materialien und Konditionen benötigt. Diese Stammdaten enthalten Informationen zu Geschäftspartnern, Produkten und Dienstleistungen, Preisen, Zu- und Abschlägen und werden von den Mitarbeitern des Vertriebs angelegt, verändert und gepflegt.

4.2.1 Kundenstammsätze

In einem gemeinsamen Kundenstammsatz werden finanz- und vertriebsspezifische Daten hinterlegt. Die Datensätze beinhalten allgemeine Daten, die sowohl für die Buchhaltung als auch den Vertrieb gelten, wie z.B. die Anschrift des Kunden, vertriebsspezifische Daten, die in ihrer Gültigkeit einem bestimmten Vertriebsbereich zugeordnet werden können, wie z.B. Informationen zur Preisfindung und buchungskreisspezifische Daten.

Die Buchungskreisdaten beinhalten Daten wie Zahlungsbedingungen und Mahnverfahren sowie die Kontonummer des Abstimmkontos. Das Abstimmkonto ist ein Unterkonto des Kontos *Forderungen aus Lieferungen und Leistungen*, welches für jeden Debitor und für jeden Buchungskreis für die Offene-Posten-Buchhaltung geführt wird. Die Vertriebsbereichsdaten enthalten Daten zur Auftragsbearbeitung, Versanddaten und Rechnungsdaten. Je nach der Rolle, die ein Kunde in einer komplexen Unternehmensstruktur haben kann, werden ihm bestimmte Kontengruppen der Buchhaltung zugeordnet. Diese Rollen können z.B. Auftraggeber, Warenempfänger, Rechnungsempfänger oder Regulierer sein.

4.2.2   Vertriebsrelevante Materialstammdaten

Unter dem Begriff Material werden Produkte und Dienstleistungen subsumiert. Alle Daten eines Materials, die zur Verwaltung, zur Bestandsführung und für den Verkauf notwendig sind, werden in einem gemeinsamen Materialstammsatz gespeichert. Die Materialdaten beinhalten allgemeine Daten, wie z.B. Materialnummer und Bezeichnung, Gewicht und Volumen, die im gesamten Unternehmen Gültigkeit besitzen, werksspezifische Daten, wie z.B. Herstellkosten und Exportdaten, lagerortspezifische Daten, wie z.B. Temperatur- und Raumbedingungen und vertriebsspezifische Daten, wie z.B. Verkaufstexte, Versanddaten oder Mindestmengen bei der Lieferung, die in ihrer Gültigkeit einem bestimmten Vertriebsbereich zugeordnet werden können.

Außer dem Vertrieb greifen auch andere Unternehmensbereiche, wie die Buchhaltung oder die Materialwirtschaft, auf die Stammdaten zu. Um den Zugriff auf die Materialstammdaten aus diesen verschiedenen Blickwinkeln zu ermöglichen, werden sie mit einer bestimmten Struktur abgelegt.

Für Materialien werden die Informationen, die zu ihnen gespeichert werden, innerhalb sogenannter Sichten gepflegt. Eine Sicht ermöglicht die Pflege von Daten, die sachlich zusammengehören, dazu existieren z.B. die Sichten Einkauf, Lager, Qualitätsmanagement und Buchhaltung. Einen weiteren Einfluss auf die Daten, die zu einem Material gepflegt werden, hat die Branchenzugehörigkeit des Unternehmens, da innerhalb unterschiedlicher Branchen ein unterschiedlicher Informationsbedarf für gleiche Materialien bestehen kann.

Neben den für alle Bereiche maßgebenden Attributen, wie z. B. Materialart, Branche und Nummernkreis, sind zur Unterstützung buchhalterischer Aspekte die spätere Bestandsbewertungsmethode (mengenmäßig oder mengen- und wertmäßig) und zur Unterstützung der Anforderungen des Erlös- und Kosten-Controllings das anzuwendende Kalkulationsverfahren zu hinterlegen.

Innerhalb der Vertriebssichten werden folgende Informationen für ein Material hinterlegt:

- Grunddaten und Mengeneinheiten,
- Gruppierungen und Steuerklassifikation,
- Vertriebsdaten und Versanddaten (z.B. Bruttogewicht, Ladegruppe) sowie
- ein- oder mehrzeiliger Text für Verkaufsbelege in mehreren Sprachen.

In den Materialstammdaten können zusätzliche Daten zur Erleichterung der Vorgangsbearbeitung im Vertrieb hinterlegt werden. Es können folgende Informationen gespeichert werden:

Gruppierung
Zur Erleichterung der Verwaltung und für Auswertungen existieren verschiedene Gruppierungsmöglichkeiten für Materialien. Diese sind die Warengruppe, die Materialgruppe und die Produkthierarchie. Warengruppen und Materialgruppen erlauben die Zusammenfassung von Materialien mit gleichen Eigenschaften.

Eine Produkthierarchie wird aufgebaut, indem verschiedene Merkmale von Materialien in einem mehrstelligen alphanumerischen Feld kombiniert werden. Ein Beispiel für eine Produkthierarchie ist in Abb. 4-2 dargestellt. Der Schlüssel 00001000020000002 spezifiziert, dass es sich bei diesem Material um Brezeln handelt, dies ist ein Laugengebäck und wird als Snack gehandelt.

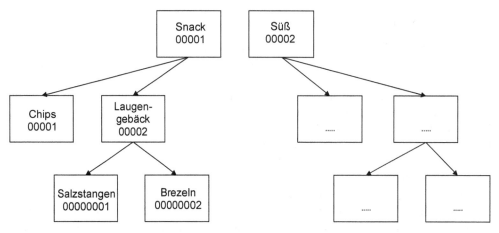

Abb. 4-2: Beispiel einer Produkthierarchie (vgl. Gronau 1999, S. 160)

Mengeneinheiten

Die Bestandsführung erfolgt in Basismengeneinheiten. Für die Lagerung, den Verkauf oder den Transport können jedoch andere Mengeneinheiten (z.B. Karton, Kiste, Palette) praktikabler sein. Durch Eingabe von Umrechnungsfaktoren werden abweichende Mengeneinheiten berücksichtigt. Die wichtigste Mengeneinheit ist die Basismengeneinheit. Zusätzlich zur Basismengeneinheit können Alternativmengeneinheiten definiert werden. Eine Alternativmengeneinheit definiert die Umrechnung zur Basismengeneinheit. Sie wird immer dann abgefragt, wenn der Benutzer im Dialog eine andere Mengeneinheit verwendet als die Basismengeneinheit. Eine weitere wichtige Menge ist die Verkaufsmengeneinheit. Diese gilt es zu pflegen, wenn innerhalb von Vertriebsaktivitäten eine von der Basismengeneinheit abweichende Mengeneinheit benutzt werden soll. Die Liefereinheit definiert eine Menge, von der nur ein ganzzahliges Vielfaches geliefert werden kann.

Weitere vertriebsrelevante Daten

Weitere für den Vertrieb wichtige Informationen sind:

*   Mindestmengen: Für einen Auftrag oder eine Lieferung können Mindestmengen definiert werden, die bei der Erfassung nicht unterschritten werden dürfen.
*   Pack- und Transportmittel: Immer wieder verwendete Pack- und Transportmittel können den Materialien zugeordnet werden, so dass das System sie in der Versandabfertigung vorschlägt.
*   Stücklisten: Ein Erzeugnis, das sich aus mehreren Komponenten zusammensetzt, wird mit Hilfe einer Stückliste dargestellt (vgl. Abschnitt 3.1).
*   Status eines Materials im Vertrieb: Mit einem Statuskennzeichen wird definiert, welche Vorgänge mit einem Material im Vertrieb durchgeführt werden dürfen. So sollen in der Entwicklungsphase eines Produkts Anfragen entgegengenommen werden, eine Auftragserfassung zu diesem Zeitpunkt aber noch nicht möglich sein. Bei einem Auslaufmodell sollen die bestehenden Bestellungen ausgeliefert werden, aber keine neuen Bestellungen mehr entgegengenommen werden können. Durch eine entsprechende Kennzeichnung kann festgelegt werden, wie das Material behandelt werden soll, z.B. dass bei einer kostenlosen Position, wie z.B. einem Werbegeschenk, keine Preisfindung stattfinden soll, oder aber bei einer Dienstleistung keine Verfügbarkeitsprüfung erfolgt.

- Sortiment: Als Sortiment wird eine Kombination von mehreren Materialien verstanden. Die Bildung von Sortimenten dient der effizienten Auftragserfassung von Materialkombinationen, die häufig vorkommen. Bei der Erfassung von Sortimenten werden Materialien und Mengen dieser Materialien unter einer eindeutigen Sortimentsnummer eingegeben. Häufig vorkommende Materialkombinationen können in Sortimenten abgelegt werden (Erstausstattungen, übliche Lieferumfänge, Aktionsangebote).
- Bestände: Mit der Bestandsführung werden Mengen und Werte als Voraussetzung eines exakten Betriebsergebnisses fortgeschrieben. Die aktuellen Daten werden zur Verfügbarkeitsprüfung herangezogen. Dabei kann z.B. unterschieden werden nach: frei verfügbarer Bestand, reservierter Bestand oder Bestand in Qualitätsprüfung.

Materialfindung

Die Materialfindung im Vertrieb dient der automatischen Substitution von Materialien in Verkaufsbelegen. Hierfür wird für ein Material ein Substitutionsmaterial hinterlegt und der Zeitraum, für den diese Substitution erfolgen soll. Optional kann auch ein Substitutionsgrund hinterlegt werden, wie etwa eine Werbeaktion oder technische Mängel beim Ursprungsmaterial. Im Verkauf kann der Stammsatz nach eigenen, zuvor selbst definierten Schlüsseln (anstelle der Materialnummer) aufgerufen werden. Die identifizierenden Schlüssel bzw. externen Kriterien können dabei von den einzelnen Vertriebsbereichen oder nach Art des Geschäfts getrennt festgelegt werden. Eine ähnliche Funktion stellt die Produktselektion dar. Sie unterscheidet sich von der Materialfindung nur in der Art, dass bei Erfassung eines Materials während der Auftragsbearbeitung alternative Materialien angezeigt werden, die dann manuell substituiert werden. Die Produktselektion erfolgt über Produktattribute. Produktattribute stellen alternative Verpackungen zu einem Material dar. Diese werden in den Materialstammsätzen sowie in den Debitorenstammsätzen gepflegt. Im Debitorenstammsatz wird hinterlegt, welche Produktattribute der Kunde nicht akzeptiert. Diese werden dann bei der Produktselektion nicht angezeigt.

Materialsubstitution: Im Verkauf kann bei der Auftragserfassung ein Material automatisch durch ein anderes ersetzt werden. Dies kann z.B. infolge einer Werbeaktion oder aus technischen Gründen geschehen und auf einen bestimmten Zeitraum begrenzt werden. Dazu müssen im Materialstamm sog. *Alternativartikel* definiert werden.

Materiallistung und *Materialausschluss*: Im Verkauf kann, in Absprache mit dem Kunden, eine Verkaufsrestriktion über einen bestimmten Zeitraum vereinbart werden. Bei der Listung werden alle Materialien aufgeführt, die für einen Kunden zulässig sind. Nur diese Materialien dürfen dann von dem Kunden bezogen werden. Wird im Auftrag ein nicht gelistetes Material angegeben, so wird die Auftragsposition automatisch abgelehnt. Für den Materialausschluss gelten die umgekehrten Aussagen, d.h. wird ein gelistetes Material bestellt, so wird die Auftragsposition automatisch abgelehnt.

4.2.3 Konditionen

Unter Konditionen werden Preise, Zu- und Abschläge verstanden. Preise werden entweder einem Material oder individuell einem Kunden zugeordnet. Damit die Bedingungen (Konditionen) für die Preisgestaltung schnell und einfach verändert werden können, werden die Preise z.B. bei SAP ERP nicht in den Kunden- oder Materialstammsätzen, sondern separat in sogenannten Konditionssätzen hinterlegt (vgl. Gronau 1999, S. 164). Dadurch steht dem

Verkauf ein flexibles Instrument zur Preisgestaltung zur Verfügung. Ein Preis, Zu- oder Abschlag wird abhängig von den zuvor für die Kondition definierten Bedingungen in einem Konditionssatz hinterlegt.

Konditionen können eine erhebliche Bedeutung bei der Abwicklung des Verkaufs erlangen.

Aus der Praxis:
Ein Großhandelsunternehmen für Industrieteile hat z.B. folgende Konditionen definiert: Es existiert eine Grundkondition pro Artikel, diese greift aber nur bei Kunden, die keiner Kundengruppe zugeordnet wurden. Weiter werden Konditionen bezogen auf Kundengruppe oder Warengruppe, aber auch als Kombination beider Merkmale, der sog. Kundenwarengruppe (z.B. bekommt Kundengruppe 131 bessere Konditionen als andere in der gleichen Warengruppe), Konditionen durch Kombination von Kundengruppe und Artikel sowie von Kunde und Artikel. Ebenfalls existieren Mengen- und Wertstaffelungen auf Positionsebene sowie Rabattgruppen als Sonderform der Warengruppen.

Preise für Verpackungsarten (je Rabattgruppe definiert) sind mengenabhängig. Es gibt verschiedene Varianten, manche Kunden zahlen gar keinen Versand, einige eine vereinbarte Monatspauschale und wieder andere eine individuell ausgehandelte Summe zum Beispiel für den UPS-Versand. Das gleiche gilt auch bei den Verpackungskosten.

Die Berechnung der Preise, Zu- und Abschläge geschieht bei der Preisfindung und später bei der Rechnungsstellung automatisch. Jeder Konditionssatz ist dabei für einen bestimmten Zeitraum gültig. So können die Preislisten des nächsten Jahres hinterlegt werden, die dann mit Beginn des neuen Gültigkeitszeitraums automatisch herangezogen werden. Preiserhöhungen und Staffelungen (nach Wert, Menge, Volumen oder Nettogewicht) werden maschinell durchgeführt. Für manuelle Änderungen können Unter- und Obergrenzen definiert werden.

Einige ERP-Systeme bieten spezielle Funktionen für die Markenartikelindustrie. Für die in dieser Brachen üblichen Geschäftsvorfälle der Bonusabwicklung, Artikelselektion und Chargenabwicklung stehen dann entsprechende Transaktionen zur Verfügung.

4.2.4   Preisfindung

Der Bruttopreis eines Materials setzt sich aus mehreren Elementen zusammen. Diese Elemente sind der Nettopreis, Zu- und Abschläge, die Fracht sowie die Verkaufssteuern.

Bei der Bruttopreisermittlung wird immer der spezifischere Preis vorgezogen. Die Reihenfolge ist der kundenindividuelle Preis, der Preis der gültigen Preisliste und anschließend der Materialpreis. Materialpreise werden im Materialstamm als ein Preis oder Staffelpreis hinterlegt. Dieser kann separat für die Kombination aus Verkaufsorganisation und Vertriebsweg festgelegt werden. Die Preislistentypen gelten ebenso für eine Kombination aus Verkaufsorganisation und Vertriebsweg, wobei andere Kriterien für die Gültigkeit wie Kundengruppen (z. B. Groß- oder Einzelhandel) oder Währungen eine Rolle spielen können. Konditionen können separat für jeden Preislistentyp vermerkt werden. Jedem Kunden kann ein Preislistentyp zugeordnet werden.

Frachtkosten können an den Kunden durch die Definition von Frachtkonditionen oder die Verwendung von Incoterms weitergegeben werden. Dabei werden Frachtkosten unterschieden, die für einzelne Positionen gelten sowie für einen gesamten Auftrag.

Incoterms ...

(International Commercial Terms , englisch für Internationale Handelsklauseln) sind internationale Regeln im Frachtverkehr über die Interpretation der am häufigsten verwendeten Abkürzungen im internationalen Handel. Diese Regeln werden im Rechtsverkehr, von Geschäftsleuten und Regierungen anerkannt. Die Abkürzungen bestehen aus drei Buchstaben, z.B. FOB (Free on Board). Durch diese Vertragsklauseln werden die Rechte und Pflichten von Käufer und Verkäufer in Bezug auf die Lieferung der gekauften Ware bestimmt.

Bei der automatischen Umsatzsteuerberechnung wird die Art des Geschäftsvorfalls (Inlands- oder Auslandsgeschäft), die Steuerklassifikation des Warenempfängers und die Steuerklassifikation des Materials berücksichtigt.

Zur Bestimmung der Konditionssätze, die als Vorlage für die Preisfindung dienen, kann ein anderes Material, das Preismaterial, oder eine Materialgruppe erfasst werden. Neben der Steuerklassifikation und einem Feld, welches bestimmt, ob für ein Material Skonto gewährt wird, werden die Felder zur Preisfindung im Materialstammsatz hinterlegt. In den Kundenstammdaten wird zur Preisfindung das Kundenschema, der Preislistentyp, die Preisgruppe und die Steuerklassifikation hinterlegt. Das Kundenschema ist ein kundenindivduelles Kalkulationsschema.

4.2.5 Vertriebsabsprachen

Zu den Vertriebsabsprachen zählen Rahmenverträge, Bonusabwicklungen sowie Promotions- und Verkaufsaktionen.

Ein Rahmenvertrag ist eine längerfristige Vereinbarung mit einem Lieferanten über die Lieferung mit Material oder die Einbringung von Dienstleistungen zu festgelegten Konditionen. Sie gelten für einen definierten Zeitraum und eine bestimmte Gesamtabnahmemenge. Kontrakt und Lieferplan sind Formen des Rahmenvertrages, die im Vertrieb Berücksichtigung finden. In Kontrakten werden zunächst nur Preis- und Mengenvereinbarungen getroffen, Liefer- und Versanddaten werden beim Kundenabruf ergänzt. In Lieferplänen sind Liefermengen und Lieferdaten bereits bekannt.

Kundenkontrakte können entweder Mengenkontrakte oder Dienstleistungsverträge sein. Bei diesen Kontrakten handelt es sich um eine Absprache mit einem Kunden, eine bestimmte Menge an Material (Produkte oder Dienstleistungen) in einem bestimmten Zeitraum abzunehmen. Ein solcher Kontrakt enthält Mengen- und Preisinformationen, jedoch keinen Lieferplan, der – wenn erforderlich – separat zu erstellen ist. Der Kunde erfüllt den Kontrakt durch Kontraktabrufe, die eine automatische Verringerung der Mengen im angelegten Kontrakt zur Folge haben, aber ansonsten wie normale Terminaufträge behandelt werden. Dienstleistungsverträge können ebenfalls wie Mengenkontrakte angesehen werden.

Unter einem Bonus wird ein Abschlag verstanden, der einem Kunden in Abhängigkeit vom Umsatz in einem bestimmten Zeitraum gewährt wird. Somit erfordert eine Bonusabsprache aus der Sicht des Rechnungswesens Rückstellungen, da dieser Abschlag rückwirkend für den

Bonuszeitraum gewährt wird, falls das Umsatzziel erreicht wurde. Das System muss dazu alle Rechnungen, Gut- und Lastschriften innerhalb des Bonuszeitraumes automatisch verfolgen, um den Bonus bei Erreichung des Umsatzziels bzw. Ablauf des Bonuszeitraums abzurechnen. Es existieren ein Materialbonus, der entweder absolut oder als Prozentsatz für ein Material oder eine Materialgruppe gewährt wird, und ein Kundenbonus als Prozentsatz vom Umsatz eines Kunden oder einer Kundenhierarchie. Bonusabsprachen werden in den Konditionen gespeichert.

Eine Promotion stellt einen Marketingplan für ein Produkt oder eine Erzeugnisgruppe dar. Für eine Promotion können Verkaufsaktionen hinterlegt werden. Verkaufsaktionen wiederum sind eine Menge von Konditionssätzen. Für Promotionen und den zugeordneten Verkaufsaktionen und Konditionssätzen existieren statistische Auswertungsmöglichkeiten.

4.3   Geschäftsvorfälle im Vertrieb

Wesentliche Vertriebsaktivitäten sind Akquisition, Abwicklung von Kundenanfragen, Versand und Fakturierung. Diese Geschäftsvorgänge werden typischerweise durch Erzeugung von Vertriebsbelegen abgebildet. Unter Vertriebsbelegen werden Datenbankbelege zur Abbildung von Geschäftsvorfällen im Vertrieb verstanden. Ein Beleg besteht aus einem Belegkopf und einer beliebigen Anzahl von Belegpositionen. Der Belegkopf enthält Daten, die für den gesamten Beleg gelten (z.B. Zahlungsbedingungen, Versandanschrift, Auftraggeber …). Die Belegpositionen enthalten die Daten der Waren oder Leistungen, die der Kunde bestellt (z.B. Materialnummer, Menge, Preise …). Jede Position kann in sogenannte Einteilungen unterteilt werden. Eine Einteilung ist eine Unterteilung einer Position nach Menge und Liefertermin. Einteilungen existieren für Vertriebsbelege also immer genau dann, wenn die Gesamtmenge einer Position nicht zu einem Liefertermin geliefert wird.

Belegfluss
Ein Geschäftsvorgang wird durch die Vertriebsbelege Kontakt, Anfrage, Angebot, Auftrag, Lieferung, Warenausgang und Faktura dargestellt, die zu einem Belegfluss verbunden werden (Abb. 4-4).

Jeder Vertriebsbeleg enthält dabei die für die Bearbeitung des Geschäftsvorgangs relevanten Informationen. Der Bearbeitungsstatus gibt über den Stand des Geschäftsvorfalls Auskunft, z.B. ob der Auftrag erledigt ist, welche Auftragspositionen noch fehlen oder ob der Vorgang schon fakturiert wurde. Die einzelnen Vertriebsbelege enthalten neben den für den Vertrieb relevanten Informationen Daten aus dem Kunden- und Materialstamm. Ein Beleg wird entweder ohne oder mit Bezug auf einen existierenden Beleg erzeugt. Zum Beispiel kann ein Auftragsbeleg mit Bezug zu einem Angebotsbeleg erzeugt werden. Für das Rechnungswesen relevante Informationen, die u.a. beim Warenausgang und bei der Fakturierung entstehen, werden durch das ERP-System automatisch verbucht.

Für alle Vertriebsbelege existieren vielfältige Belegarten, um unterschiedliche Geschäftsvorgänge abzudecken. Steuerungselemente, die in Tabellen abgelegt werden, steuern die unterschiedlichen Abwicklungen der Belegarten. Diese Steuerelemente können verändert werden, um das System den Wünschen des Kunden anzupassen. Hier kann z.B. hinterlegt werden, ob Kunden-Material-Informationssätze zu berücksichtigen sind, ob eine Kreditlimitprüfung stattfinden soll, zu welchem Nummernkreis der Beleg gehört oder ob eine Versandterminierung stattzufinden hat. Diese Steuerelemente sind nicht nur für Belegarten vorhanden, sondern auch für die Positionen der Belege. Innerhalb der Steuerelemente der Positionstypen wird bei Verkaufsbelegen festgehalten, ob eine Preisfindung erfolgen soll, ob die Position fakturiert wird oder ob die Position lieferrelevant ist. Bei Positionen werden die Typen reine Textposition, Normalposition und kostenlose Position unterschieden. Hierdurch wird ebenfalls bestimmt, ob eine Position innerhalb der Bestandsführung oder Fakturierung verwandt wird.

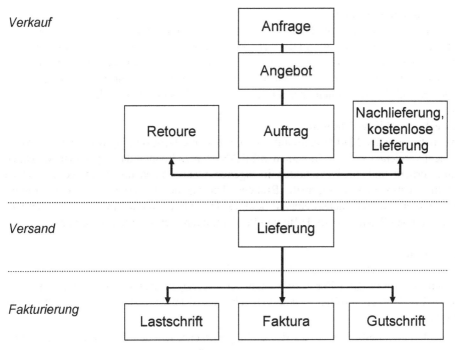

Abb. 4-3: Belegfluss im Vertrieb (vgl. Gronau 1999, S. 167)

Geschäftsarten

Im Vertrieb müssen unterschiedliche Abwicklungsformen berücksichtigt werden. Dazu werden z.B. im ERP-System SAP ERP sog. Geschäftsarten mit unterschiedlicher Funktionalität definiert. Geschäftsarten können z.B. Anfrage und Angebot, Auftrag, Kundeneinzelfertigung, Leihgut, Reklamationen und Umlagerungen sein.

Die Daten für die Vertriebsbelege werden entweder aus Stammsätzen, Vorgänger- oder Referenzbelegen übernommen. Daten zum Auftraggeber, Empfänger usw. stammen aus den Kundenstammsätzen, Daten zu den Auftragspositionen aus den Materialstammsätzen. Vorgänger- oder Referenzbelege werden zur Erstellung ähnlicher Angebote genutzt. Dabei wird auf früher bearbeitete Belege bzw. Aufträge zurückgegriffen und die benötigten Daten übernommen.

4.4   Funktionen für den Innen- und Außendienst

Ziel dieser Funktionen ist es, den Vertriebsmitarbeitern im Innen- und Außendienst aktuelle Informationen mit unterschiedlichem Detaillierungsgrad zur Verfügung zu stellen. Schwerpunkte sind dabei individuelle Verkaufsförderung, interne und externe Kommunikation und Beurteilung der Wettbewerber und ihrer Produkte (vgl. Gronau 1999, S. 169). Dabei werden folgende Schwerpunkte gesetzt:

Erfassung von Kundendaten
Die Verwaltung von Kunden und Interessenten ist ein zentraler Bestandteil der Vertriebsunterstützung. Im Kundenstamm sind Marketinginformationen verfügbar, die für die Kundenbetreuung genutzt werden können. Auf Daten wie Kundenzuordnung zu Branchen und Klassen, Jahresumsatz und Mitarbeiteranzahl können die Vertriebsmitarbeiter zurückgreifen. Ebenso lassen sich Informationen über Interessenten und Ansprechpartner hinterlegen.

Wettbewerber und ihre Produkte
Zur Erschließung neuer Märkte kann auf eine permanente Beobachtung der Wettbewerbssituation nicht verzichtet werden. In manchen ERP-Systemen können dazu systematisch Daten zu Wettbewerbern und ihren Produkten in eigenen Stammsätzen hinterlegt werden. Dazu gehören Informationen wie Anschrift, Branche, Umsatz des Unternehmens sowie Eigenschaften, Stärken und Schwächen eines Produktes. Diese können dann mit dem eigenen Unternehmen und den Produkten mit Hilfe von Produkthierarchien verglichen werden.

Kundenkontakte
Zur Steigerung des Vertriebserfolgs ist es ratsam, Informationen, die sich aus Kundenkontakten ergeben, in strukturierter Form im System zu hinterlegen. Zukünftige Kontakte können von diesen Ergebnissen profitieren und Vertriebs- und Marketingaktivitäten zielgerichteter gestaltet werden.

Unterschiedliche Kontaktarten, wie z.B. Telefongespräche, Kundenbesuche und Zusendung von Broschüren, werden im ERP-System erfasst. Im Rahmen der Kontaktbearbeitung werden u.a. Kundennummer, Ansprechpartner, Organisationsdaten, Datum, Uhrzeit, Grund und Ergebnis des Kontakts über beschreibende Schlüssel festgehalten.

Mailing-Aktionen
Mailing-Aktionen, wie das Versenden von Produktinformationen und Werbegeschenken, können innerhalb der Vertriebsunterstützung verwaltet werden. Dabei wird der Adressatenkreis, Inhalt und Layout des Anschreibens sowie mögliche Anlagen pro Adressat festgelegt.

Eine wesentlich umfassendere Funktionalität bieten heute Customer-Relationship-Management-Systeme (CRM-Systeme), deren Funktionsumfang und Anbindung an ERP-Systeme in einem späteren Kapitel behandelt werden.

4.5   Verkauf

Funktionen des Verkaufs sind die Bearbeitung und Überwachung von Anfragen, Angeboten und Aufträgen. Weitere Elemente der Verkaufskomponente sind Abwicklung der Angebots- und Verkaufsphase, Preisfindung, Prüfung der Verfügbarkeit der Ware sowie Terminierung der Versandaktivitäten.

4.5.1   Anfrage und Angebot

In der Vorverkaufsphase können Anfragen des Kunden und Angebote an den Kunden erfasst, verwaltet und überwacht werden. In einem Angebot werden Materialdaten, Preise, Liefer- zeiten und -konditionen angegeben. Anfragen und Angebote können in einer Liste angezeigt werden, die mit Hilfe von Selektionskriterien angelegt wird. So wird eine gezielte Anzeige der gewünschten Daten ermöglicht. Es besteht zudem die Möglichkeit, ein Gültigkeitsdatum für Anfragen und Angebote zu hinterlegen.

Bei der Erfassung einer Anfrage können bestimmte Produkte eingeben werden, ein Zugriff auf Produktbeschreibungen erfolgen, eine Preisfindung und Verfügbarkeitsprüfung stattfin- den. Bei der Angebotserstellung kann darüber hinaus die Auftragswahrscheinlichkeit vom System ermittelt werden oder Alternativpositionen erfasst werden. Die Berechnung der Auf- tragswahrscheinlichkeit setzt sich aus der Wahrscheinlichkeit, dass der Kunde abschließt und aus der Wahrscheinlichkeit des entsprechenden Vorverkaufsbeleges zusammen. Die einzel- nen Wahrscheinlichkeiten müssen allerdings vorher definiert werden.

Die Angebotserstellung kann auch für einen Gültigkeitszeitraum erfolgen. Die Angebotser- stellung hat einen Einfluss auf die Materialbedarfsplanung unter Berücksichtigung der Auf- tragswahrscheinlichkeit. Deshalb bietet es sich an, Angebote oder Angebotspositionen bei Bedarf wieder zu entfernen.

4.5.2   Auftrag

Bei der Erfassung eines Kundenauftrages können die Daten aus einem oder mehreren Vor- verkaufsbelegen übernommen werden bzw. kann ein Vorverkaufsbeleg in mehrere Aufträge umgewandelt werden. Existiert kein Vorverkaufsbeleg, so werden die Daten neu erfasst. Das System schlägt Verkaufs-, Versand-, Preisfindungs- und Fakturierungsdaten aus dem Kun- denstammsatz, kundenspezifische Stammdaten (wie Texte und Ansprechpartner) und für jedes Material Daten aus den Material- und Konditionsstammsätzen (wie z.B. Daten zur Preisfindung, Versandterminierung, Gewichts- und Volumenbestimmung) vor. Die Vor- schlagsdaten können durch den Anwender überschrieben werden. Erst wenn ein Auftrag vollständig erfasst wurde, können die nachfolgenden Vertriebsaktivitäten angestoßen werden.

Für die Lieferung und die Fakturierung können Kundenaufträge gesperrt werden. Dies kann sowohl für einen ganzen Auftrag erfolgen, als auch für einzelne Positionen oder Einteilungen (im Falle der Liefersperre). Für einzelne Kunden ist auch die Sperrung von Verkaufsbelegar- ten möglich. Aufträge sowie einzelne Positionen können gelöscht bzw. abgesagt (erfordert die Eingabe eines Absagegrundes) werden. Der Barverkauf und Sofortaufträge sind Sonder- formen von Kundenaufträgen. Beim Barverkauf wird als Liefer- und Fakturierungsdatum au- tomatisch der aktuelle Tag vorgeschlagen und im Hintergrund eine Lieferung angestoßen sowie eine Barverkaufsrechnung gedruckt und fakturiert. Sofortaufträge unterscheiden sich vom Barverkauf derart, dass die Rechnung erst zu einem späteren Zeitpunkt erstellt wird. Ein Kontrakt oder Lieferplan kann ebenfalls Grundlage für einen Kundenauftrag sein.

4.5.3 Verfügbarkeitsprüfung und Versandterminierung

Für die Verfügbarkeitsprüfung bieten die meisten ERP-Systeme mehrere Verfahren an. Welches Verfahren tatsächlich angewandt wird, muss als Ergebnis des Customizing im System hinterlegt werden. Die Verfügbarkeitsprüfung mit ATP-Mengen (Available-to-promise) wird aus dem Lagerbestand und den geplanten Zugängen und Abgängen berechnet (vgl. Abb. 4-4).

Nur bei dieser Verfügbarkeitsprüfung kann die Wiederbeschaffungszeit mit berücksichtigt werden. Eine anderes Verfahren ist die Verfügbarkeitsprüfung gegen Kontingente, die Kunden oder Regionen zugeteilt werden können. Darüber hinaus ist die Verfügbarkeitsprüfung gegen Vorplanungen möglich. Diese Vorplanungen sind die zukünftig erwarteten Verkaufsmengen, die als Grundlage für die Produktionsplanung dienen.

Bei negativer Verfügbarkeitsprüfung ermittelt das System automatisch in Abhängigkeit vom Wunschtermin den frühestmöglichen Liefertermin. Durch das Prinzip der Einteilungen kann ein Auftrag auch durch Teillieferungen zu unterschiedlichen Lieferterminen befriedigt werden. Falls der Kunde keine Einteilungen wünscht und die Ware früher wünscht als es die Verfügbarkeitsprüfung vorschlägt, existiert auch die Möglichkeit, keinen Termin zu bestätigen. Dies ist unter der Annahme möglich, dass durch zusätzliche Produktionskapazitäten der Auftrag zum Wunschtermin doch noch befriedigt werden kann.

Folgende Daten sind für die Ermittlung dieses Materialbereitstellungsdatums erforderlich:

- die Route, die den Weg zwischen der Versandstelle und der Firma des Warenempfängers festlegt,
- die Versandstelle,
- die Ladegruppe aus dem Materialstammsatz und
- die im Auftrag über die Auftragsmenge ermittelte Gewichtsgruppe.

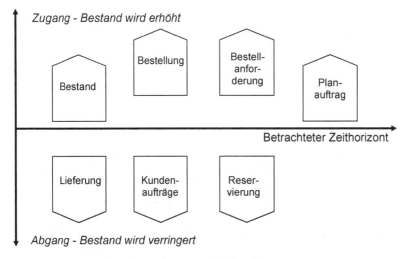

Abb. 4-4: Verfügbarkeitsprüfung (vgl. Gronau 1999, S. 173)

Im Falle einer Liefersperre für den Kunden kann die Verfügbarkeitsprüfung für die Materialien dennoch erfolgen. Es findet bei der Speicherung des Auftrages dann jedoch eine Reservierung für das Material statt, so dass es für andere Kunden verfügbar bleibt. Wird eine Liefersperre aufgehoben, so muss der Auftrag neu terminiert werden. Dies kann entweder manuell oder automatisch erfolgen. Eine Liefersperre kann auf Kopfebene des Auftrages oder auf Einteilungsebene erfolgen. Eine solche Liefersperre kann ein Ergebnis der Kreditlimitprüfung sein. Verschiebt sich ein Liefertermin für nur einen Auftrag, so kann es zu einer Unterdeckung kommen. Bei einer Unterdeckung muss entweder ein neuer Planungslauf, oder eine Neuterminierung erfolgen. Eine weitere Möglichkeit besteht in der Rückstandsbearbeitung, in der eine neue manuelle Zuordnung der Materialien zu den Aufträgen erfolgt.

4.6   Versand

Der Versand stößt den Warenausgang an, bearbeitet die Lieferdaten und erstellt die nötigen Versandpapiere. Weitere Aufgaben sind die Terminverfolgung fälliger Aufträge und die Versorgung der Mitarbeiter im Lager und im Warenausgang mit den für sie relevanten Daten.

Die Daten für den Geschäftsvorgang Versand sind bereits bei der Auftragsbearbeitung, d.h. im Geschäftsvorgang Verkauf, ermittelt worden. Die relevanten Daten werden aus dem Auftrag in die Lieferung übernommen. Manuelle Änderungen sind dabei möglich. Eine Lieferung kann mit Bezug zu einem Auftrag, mit Bezug zu einem Transportauftrag zur Umlagerung oder ohne Bezug erstellt werden. Ein Lieferungskopf enthält u. a. die Versandstelle, das Warenausgangsdatum, das Warenanlieferungsdatum beim Warenempfänger, die Daten des Warenempfängers sowie Gesamtgewicht und Volumen der Lieferung. Die Positionsdaten enthalten u. a. die Materialnummer, die Liefermenge, das Kommissionierdatum und das Gewicht und Volumina der einzelnen Position.

In einer Lieferung werden Auftragspositionen gemeinsam beliefert, die in den Versandkriterien übereinstimmen. Eine Lieferung kann einzeln bearbeitet werden. Auch eine gleichzeitige Bearbeitung aller fälligen Lieferungen ist möglich. Ein Teil der Aufträge kann nach verschiedenen Kriterien ausgesucht und getrennt bearbeitet werden (z.B. Empfänger, Periode). Eine Begrenzung des Bearbeitungsumfanges ist auch nach Maximalgewicht oder -volumen möglich. Weitere typische Funktionen sind:

* Versandstellenfindung: Bei der Auftragsbearbeitung wird eingegeben, von wo, mit welchen Fördermitteln und wie schnell (normal oder Express) etwas versendet werden soll. Daraufhin schlägt das Modul automatisch eine Versandstelle im Unternehmen vor. Die Auswahl einer Versandstelle hängt vom liefernden Werk, von der Art des Versandes (z.B. Bahn, LKW) und von den notwendigen Ladehilfsmitteln ab.

* Terminverfolgung: Die für den nächsten Tag oder die nächste Woche anstehenden Auslieferungen werden automatisch (rechtzeitig) an die zuständigen Versandabteilungen übermittelt. Eine erneute Verfügbarkeitsprüfung aus den Bestandsdaten der Materialwirtschaft ist möglich; unterschiedliche Lieferformen (Komplettlieferung, Teillieferung oder Zusammenführung von Aufträgen) können dabei – in Absprache mit dem Kunden – berücksichtigt werden. An dieser Stelle erfolgt die Ermittlung des Ortes der Kommissionierung sowie das Drucken einer Kommissionierliste oder das elektronische Senden der Daten an ein Lagerverwaltungssystem (vgl. Abschnitt 3.4).

4.6.1   Routenfindung und Transportzeitermittlung

Bei der Routenermittlung wird der Transportweg festgelegt, der zugleich Grundlage für die Transportterminierung ist. Bei der Routenermittlung werden u.a. folgende Kriterien berücksichtigt:

- Land und Abgangszone der Versandstelle,
- Versandbedingung aus dem Auftrag,
- Spezielle Informationen aus den Materialstammdaten. Hier kann beispielsweise eine Temperaturbedingung für das Material abgelegt sein und
- Land und Transportzone des Warenempfängers.

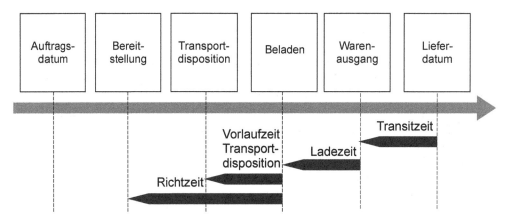

Abb. 4-5: Versand- und Transportterminierung (vgl. Gronau 1999, S. 177)

Bei der Transport- und Versandterminierung müssen abhängig vom Liefertermin die Transitzeit, die Ladezeit, die Richtzeit sowie die Transportdispositionsvorlaufzeit berücksichtigt werden. Die Transitzeit ist die reine Transportzeit, die von der Route abhängt. Die Ladezeit ist diejenige Zeit, die für die Beladung des Transportmittels notwendig ist. Diese wird aus der Versandstelle, der Route und der Ladegruppe ermittelt. Unter der Richtzeit wird die Zeit für die Kommissionierung und Verpackung angesehen. Die Ermittlung erfolgt hier unter Berücksichtigung der Versandstelle, Route und Gewichtsgruppe. Unter der Transportdispositionsvorlaufzeit wird die Zeitspanne verstanden, die für die Organisation der Transportmittel erforderlich ist. Diese ist nur von der Route abhängig. Diese Zeiten werden verwendet, um die für die Lieferbearbeitung benötigten Termine zu berechnen (Abb. 4-5).

Falls die Terminierung ergibt, dass das Bereitstellungsdatum in der Vergangenheit liegt, führt das System automatisch eine Vorwärtsterminierung mit dem Ziel des frühestmöglichen Liefertermins durch. Unter der Voraussetzung, dass unterschiedliche Lieferungen an einen Warenempfänger die gleichen Versandkriterien haben und der Kunde eine Zusammenführung von Aufträgen zulässt, können Lieferungen zusammengefasst werden. Die Versandpapiere werden vorgeschlagen und gedruckt oder auf elektronischem Weg (EDIFACT) versendet.

Der Status eines Auftrages (z.B. Lieferung erledigt) führt zu einer Materialbestandsänderung und einer Wertänderung. Anschließend erfolgt die Übergabe der Vertriebsbelege an die Fakturierung.

4.6.2   Kommissionierung und Rückmeldung

Unter Kommissionierung wird die termingerechte Bereitstellung der Ware in richtiger Menge und Qualität für den Versand verstanden. Zur Unterstützung dieses Vorgangs bietet das ERP-System das Drucken von Kommissionierlisten und -etiketten an, die positionsweise Verfolgung des Kommissionierstatus und die Einzel- oder Sammelkommissionierung. Darüber hinaus kann im ERP-System festgelegt werden, dass zuerst die Kommissionierung quittiert werden muss, bevor ein Warenausgang gebucht werden kann. Der Kommissionierstatus wird in den Lieferpositionen festgehalten. Hier ist hinterlegt, ob die Position für die Kommissionierung relevant ist und inwieweit diese bereits erfolgt ist.

Der Kommissionierlagerort muss spätestens bei der Erstellung des Lieferbeleges für die kommissionierrelevanten Positionen bekannt sein. Dieser Ort wird entweder automatisch ermittelt oder manuell bei der Lieferungserstellung eingegeben.

Die automatische Kommissionierlagerortermittlung hängt von den Kriterien Versandstelle, Werk und Raumbedingung ab. Die genauen Regeln für diese Ermittlung können pro Lieferungsart verschieden sein und werden beim Customizing des ERP-Systems eingestellt.

4.6.3   Verpacken

Während der Bearbeitung von Lieferungen werden die Lieferpositionen den Versandelementen zugeordnet. Die Versandelemente können ebenfalls verpackt werden, d.h. anderen Versandelementen zugeordnet werden. So kann eine Lieferposition in einen Karton gepackt werden, der Karton auf eine Palette und die Palette schließlich auf einen LKW. Durch diesen Vorgang ist es möglich, die Bestandssituation der Verpackungsmaterialien zu überwachen bzw. nachzuvollziehen, welche Versandgüter, wie z.B. Paletten, als Leihgut beim Kunden sind. Die Zuordnung von Versandelementen zu Lieferpositionen ist lieferungsübergreifend möglich. Weiterhin ist bei Reklamationen bezüglich einer Fehlmenge der Weg der Lieferposition nachvollziehbar und die Einhaltung von Volumen- und Gewichtseinschränkungen bei den Versandelementen möglich.

Die zulässigen Versandmittel für Materialien werden beim Customizing festgelegt und im Materialstamm ebenfalls als Material hinterlegt. Für alle zu verpackenden Materialien kann eine Materialgruppe Versandhilfsmittel angegeben werden. Dadurch wird gesteuert, welche Versandhilfsmittel für einzelne Materialien anwendbar sind.

4.6.4   Warenausgang

Die Versandaktivitäten sind abgeschlossen, wenn die Ware das Werk verlässt. Beim Verlassen der Ware wird der Warenausgang gebucht. Der Warenausgang bewirkt, dass der Warenbestand um die Ausgangsmenge reduziert wird und die entsprechenden Wertänderungen in der Buchhaltung erfolgen. Gleichzeitig werden die Materialbedarfe für die Lieferungen abgebaut und der Lieferstatus aktualisiert. Falls nach Warenausgang fakturiert wird, geht die Lieferung in den Arbeitsvorrat der Fakturierung ein.

Eine Änderung einer Warenausgangsbuchung durch das ERP-System ist nur implizit durch Korrektur der Lieferung durchführbar. Die Korrekturmöglichkeiten sind jedoch stark eingeschränkt, um zu gewährleisten, dass eine Warenausgangsbuchung jederzeit mit der Lieferung

übereinstimmt und die Fakturierung wert- und mengenmäßig korrekt erfolgt. Eine Stornierung oder Löschung eines Warenausganges ist nicht möglich. Falls bei der Warenausgangsbuchung Fehler unterlaufen sollten und falls die Fakturierung bereits erfolgt ist, muss mit
Hilfe der Retourenbearbeitung gearbeitet werden.

Eine Warenausgangsbuchung kann nur erfolgen, wenn alle Daten in der Lieferung korrekt
hinterlegt wurden und die Daten der Lieferung aussagen, dass die Kommissionierung vollständig erfolgt ist. Ein weiteres Werkzeug des Versandes ist eine Übersicht Lieferung in Arbeit. Damit lassen sich Lieferungen für die einzelnen Arbeitsschritte Kommissionierung, La-
den, Transportdisposition, Quittierung Kommissionierung sowie Warenausgang selektieren,
die dann bearbeitet werden. Darüber hinaus wird die dezentrale Versandabwicklung sowie
Analysen und Auswertungen über die Lieferungen und Materialien des Versandes unterstützt.
Speziellere Funktionen im Versand, wie z.B. die Verwaltung von Seriennummern und die
Arbeit mit Ladelisten, sind ebenfalls möglich.

4.7   Fakturierung

Die Fakturierung schließt die Geschäftsvorgänge im Vertrieb ab. Fakturen sind Rechnungen
aufgrund von Lieferungen und Leistungen, Gut- und Lastschriften, Proformarechnungen, Re-
touren und Stornierungen. Eine Faktur bezieht sich immer auf einen Referenzbeleg. Die Ge-
währung von Boni sowie die Übergabe der Fakturadaten an das Rechnungswesen fällt ebenfalls in den Aufgabenbereich der Fakturierung.

An die Finanzbuchhaltung gelangen die Fakturadaten aus den Rechnungen, Gut- und Lastschriften. Das ERP-System führt mit Hilfe der Kontenfindung eine Gegenbuchung auf die
entsprechenden Konten durch und gewährleistet, dass alle Fakturen, die zu einem Geschäftsvorgang gehören, von der Finanzbuchhaltung als zusammengehörig erkannt werden. An das
Controlling leitet das ERP-System Kosten und Erlöse an die entsprechenden Nebenbücher
weiter. Ferner wird beim Anlegen einer Faktura der Fakturastatus in allen zugehörigen Verkaufsbelegen, Lieferungen und Fakturen fortgeschrieben. Weiterhin beeinflusst das Anlegen
einer Faktur das Kreditkonto des Kunden sowie die Vertriebsstatistiken für das Vertriebsin-
formationssystem. Eine Rechnung kann durch das Bearbeiten des Fakturavorrates sowie
durch explizites Fakturieren oder im Batchbetrieb, z.B. bei Sammelrechnungen am Monats-
ende erstellt werden.

5   Produktionsmanagement

In diesem Kapitel werden die Funktionen der Produktionsplanung und -steuerung beschrieben, die im Überblick in Abb. 5-1 dargestellt sind.

Dabei wird bei der Funktionalität grundsätzlich zwischen der gegen ein Lager produzierenden Serienfertigung und der meist aufgrund eines Kundenauftrags produzierenden Einzelfertigung unterschieden. Serien- und Einzelfertigung stellen sehr unterschiedliche Anforderungen an die Funktionalität der Produktionsplanung eines ERP-Systems. Während in der Serienfertigung, z.B. bei einem Automobilzulieferer, eine große Anzahl von sich nur in Varianten ändernden Aufträgen bearbeitet werden muss, besteht in der Einzelfertigung das Problem darin, dass bei Produktionsbeginn häufig noch gar nicht alle für die Planung erforderlichen Parameter feststehen. So ist es z.B. im Schiffbau üblich, noch während der Bauzeit Änderungen an der Raumaufteilung vorzunehmen. Diese Änderungen haben erhebliche Auswirkungen auf die Planungsmethoden, die in der Einzelfertigung eher dem Projektma-

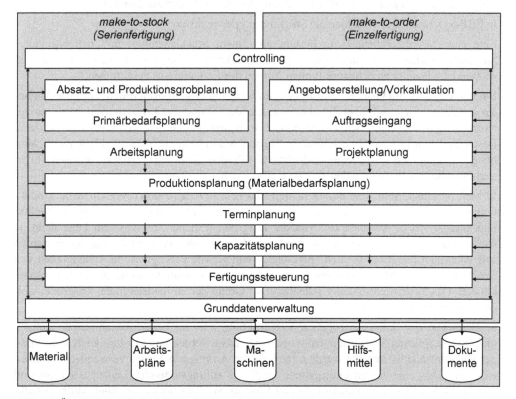

Abb. 5-1: Überblick über die Produktionsplanung und -steuerung

nagement entstammen. Dieses Kapitel gibt einen groben Überblick über die Funktionalität, genauere Beschreibungen finden sich in (Gronau 1999) und (Kurbel 2011).

5.1 Stammdaten in der Fertigung

Die Stammdaten beschreiben Ressourcen, Fertigungsprozesse sowie Produkte eines Werks und bilden damit das Grundgerüst für die Prozessketten der Produktionsplanung und -steuerung. Nachfolgend werden die Ausprägungen der Stammdaten als Stücklisten, Arbeitspläne und Arbeitsplätze genauer beschrieben.

5.1.1 Stücklisten

Stücklisten werden für die Ermittlung des Sekundärbedarfs benötigt (vgl. Schneeweiß 2002, S. 205f.). Sie geben die Zusammensetzung eines Erzeugnisses aus Baugruppen und Teilen an. Auf die unterschiedlichen Stücklistenarten und ihre Verwendung wurde bereits im Kapitel Materialwirtschaft eingegangen.

Abb. 5-2 zeigt unterschiedliche Stücklistenarten in einer Baumdarstellung und den Unterschied zwischen Fertigungsstufen und Dispositionsstufen. Das Teil 4 in Abb. 5-2 geht in das Erzeugnis 7 auf der Fertigungsstufe 2 und auf der Fertigungsstufe 3 ein. Zu dispositiven Zwecken werden beide Bedarfe zusammengefasst; dies muss auf der früheren Fertigungsstufe geschehen. Daher wird Teil 4 bereits auf der Dispositionsstufe 2 disponiert.

In ERP-Systemen sind verschiedene Stücklistentypen realisiert:

Eine einfache Materialstückliste besteht aus einem Stücklistenkopf und beliebig vielen Stücklistenpositionen. Im Stücklistenkopf werden Daten für die gesamte Stückliste verwaltet, während die Positionen den strukturellen Aufbau des Erzeugnisses beschreiben.

Bei der Variantenstückliste ist es möglich, für jede Stücklistenposition beliebig viele Varianten anzulegen. Sie ermöglicht die platzsparende Verwaltung von Erzeugnisvarianten. Variantenstücklisten werden in den Fällen erfasst, in denen Erzeugnisse gefertigt werden, deren Bestandteile nur geringe Unterschiede aufweisen. Somit besteht die Möglichkeit, diese „ähnlichen" Erzeugnisse in nur einer Stückliste abzubilden. Sämtliche Varianten müssen vorgedacht und bei der Erstellung der Variantenstückliste berücksichtigt werden.

In Mehrfachstücklisten wird berücksichtigt, dass ein Erzeugnis durch verschiedene Produktionsprozesse hergestellt werden kann. In einer Stücklistenposition lassen sich die Produktionsalternativen in Abhängigkeit von der Losgröße festlegen. Das System kann dann, je nach geplanter Losgröße, selbst entscheiden, welche Produktionsalternative realisiert werden soll. Mehrfachstücklisten werden eingesetzt, wenn gleiche Erzeugnisse in Abhängigkeit von der zu fertigenden Menge (Losgröße) in alternativer Zusammensetzung produziert werden können. Das System entscheidet selbsttätig auf Grund der zu realisierenden Losgröße, welche Materialien eingesetzt werden sollen.

In Bereichen der auftragsbezogenen Konstruktion, z.B. im Sondermaschinenbau können nicht alle möglichen Stücklistenpositionen vorgedacht werden und insofern auch nicht in einer Maximalstückliste erfasst werden. Hier werden Auftragsstücklisten verwendet. Mit ihnen ist es möglich, eine einmal eingegebene Stückliste auftragsindividuell anzupassen. So sind direkte Änderungen, z.B. Hinzufügen und Löschen von Positionen, an einer Auftragsstück-

Strukturstückliste

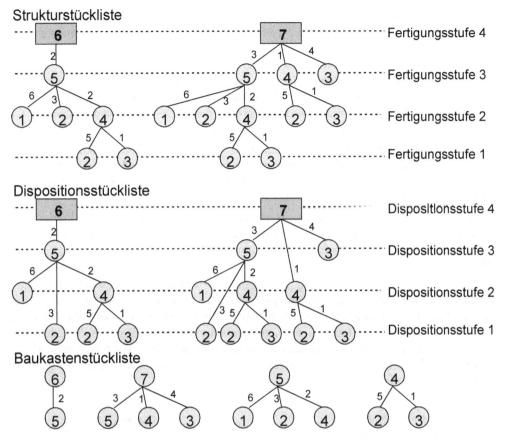

Abb. 5-2: Stücklistenarten und Dispositionsstufen (nach Schneeweiß 2002, S. 207)

liste möglich. Die Auftragsstückliste wird kundenauftragsbezogen generiert. Eine neutrale Maximalstückliste kann dabei als Kopiervorlage verwendet werden.

Erstellte Stücklisten lassen sich als Mengenübersichts- oder Strukturstückliste ausgeben. Stücklisten können auch in Form von Erzeugnisstrukturbäumen grafisch dargestellt werden. Sie dienen der Navigation in großen Stücklistenstrukturen und der bildlichen Kontrolle.

Die Grunddaten von Varianten werden in unterschiedlichen Gruppen gespeichert. In den meisten ERP-Systemen, die auch für die Variantenfertigung ausgelegt sind, werden folgende Datengruppen unterschieden:

- Zu einem Grundprodukt gehörende Daten: Sämtliche Varianten greifen auf diese vollkommen variantenunabhängigen Daten zu. Beispiele sind Daten des Einkauf, der Lagerung, der Vorplanung und der Disposition sowie konfigurierbare Stücklisten und Arbeitspläne für bestandsgeführte Varianten.
- Merkmalsspezifische Daten sind solche, die in Zusammenhang mit einem Merkmal abgelegt worden sind. Das können Einheiten bzw. Bewertungsmöglichkeiten der einzelnen Merkmale sein oder Daten, die durch die Bewertung eines bestimmten Merkmals bzw. durch die Kombination von Bewertungen mehrerer unabhängiger anderer Merkmale festgelegt werden.

- Variantenspezifisch sind Daten, die jeweils nur für eine Variante zutreffen. Zumeist existieren diese Daten aus Aufwandsgründen nur für lagerbestandsgeführte Varianten, d.h. Varianten, die einen regelmäßigen Bedarf aufweisen. Für solche Varianten wird ein eigener Stammdatensatz (Materialstamm) geführt.
- Fallspezifische Daten ergeben sich erst durch kundenspezifische Anforderungen und werden nur in Verbindung zum Kundenauftrag bzw. -angebot im System abgelegt. Diese fallspezifischen Daten vervollständigen die oben genannten Datengruppen. Darunter fallen z.B. kundenindividuelle Merkmalsbewertungen.

In Zusammenhang mit der Variantenkonfiguration werden in einer Variantenklasse sämtliche Merkmale abgelegt, die zur Beschreibung eines variantenreichen Produktes notwendig sind. Merkmale stellen die Parameter dar, durch deren Bewertung die unterschiedlichen Varianten eines konfigurierbaren Produktes beschrieben werden.

Da Merkmale separat erfasst werden, ist es üblich, einzelne Merkmale für mehrere, unterschiedliche konfigurierbare Produkte zu verwenden bzw. unterschiedlichen Klassen zuzuteilen. Abb. 5-3 zeigt das Prinzip der Klassifizierung und der Merkmalsbewertung (vgl. Gronau 1999, S. 120).

Durch Beziehungswissen ist es möglich, gegenseitige Abhängigkeiten zwischen einzelnen Objekten in einer Konfiguration zu beschreiben. Dieses Beziehungswissen ist bei variantenreichen Produkten deshalb von hoher Bedeutung, da eine Vielzahl unterschiedlicher Regeln bzw. Einschränkungen im Rahmen der Konfiguration einzelner Varianten zu beachten sind. So können z.B. nicht alle Eigenschaften von Produkten miteinander kombiniert werden. Bestimmte Stücklistenpositionen und einzelne Vorgänge im Arbeitsplan sind nur bei ganz bestimmten Varianten notwendig.

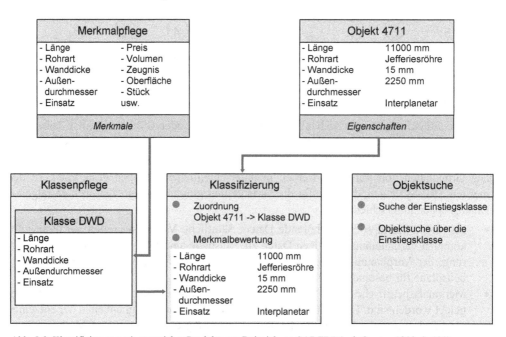

Abb. 5-3: Klassifizierung variantenreicher Produkte am Beispiel von SAP ERP (vgl. Gronau 1999, S. 120)

Im ERP-System muss vor der Klassenbildung die Frage geklärt werden, nach welchen Kriterien Varianten zu Klassen zusammengefasst werden sollen und wie viele Klassen gebildet werden sollen. Die Entscheidung, nach welchen Kriterien Varianten einzelnen Klassen zugeordnet werden sollen, richtet sich danach, in welchem Bereich bzw. bei welchen Produkteigenschaften die Ähnlichkeiten der Varianten die höchste Bedeutung für die Unternehmensabläufe haben. Als Anhaltspunkte für die Klasseneinteilung kommen infrage:

- gleichartiger Herstellungs- bzw. Beschaffungsprozess,
- gleichartiger Bedarfsverlauf,
- gleichartige Stücklistenkomponenten sowie
- gleichartige produktbeschreibende Merkmale.

Die produktbeschreibenden Daten, die zur Variantengenerierung notwendig sind, können z.B. in SAP ERP als konfigurierbares Material oder als Lagertype abgelegt werden (vgl. Gronau 1999, S. 118):

- Konfigurierbares Material: Für jede im R/3-System erstellte Klasse wird mindestens ein konfigurierbares Material angelegt. Wird ein konfigurierbares Material mit einer Variantenklasse verknüpft, kann das Material über die Bewertung der zur Klasse gehörenden Merkmale konfiguriert werden. Das konfigurierbare Material enthält alle Merkmale in einem unbewerteten Zustand. Durch unterschiedliche Bewertung der Merkmale, z.B. im Zusammenhang mit einem Kundenauftrag, kann es sämtliche denkbaren Varianten des jeweiligen Produktes repräsentieren.

- Lagertype: Die Anzahl gängiger Varianten (diese werden bei der Verarbeitung relativ häufig angesprochen) ist in der Regel begrenzt. Daher ist es bei diesen Varianten vorteilhaft, entsprechende Daten redundant im System zu speichern. Für solche gängigen Varianten besteht im R/3-System die Möglichkeit, Lagertypen anzulegen.

  Eine Lagertype ist ein Material, das in einem direkten Bezug zu einem konfigurierbaren Material angelegt wurde. Aus diesem Grund enthält die Lagertype sämtliche Merkmale des konfigurierbaren Materials mit dem Unterschied, dass sie bei der Variante zumindest teilweise bewertet wurden. Die Verbindung einer Lagertype zu einem konfigurierbaren Material wird über den Materialstamm erstellt. Deshalb ist es notwendig, für jede Lagertype einen eigenen Materialstamm anzulegen, in dem auch die Bewertung der Merkmale durchgeführt wird.

  Ein für die Herstellung und Lagerung wichtiger Unterschied zwischen einem konfigurierbaren Material und einer Lagertype ist, dass ein konfigurierbares Material nur mit Kundenauftragsbezug existieren kann. Wenn Produkte auftragsunabhängig produziert bzw. gelagert werden sollen, ist es unumgänglich, Lagertypen anzulegen.

Klassifizierung einer Stücklistenposition

Es besteht die Möglichkeit, in einer konfigurierbaren Stückliste eine Position zu klassifizieren. Zum Zeitpunkt der Konfiguration wird die Klasse entsprechend der Merkmalsbewertung durch ein Material ersetzt. Dies ist vorteilhaft, wenn einzelne Zwischenprodukte (Stücklistenkomponenten) in einer Vielzahl unterschiedlicher Ausprägungen auftreten können. Ohne diese Möglichkeit müsste jede denkbare Ausprägung eines Zwischenproduktes in die Stückliste als eigenständige Komponente aufgenommen und mit einer Auswahlbedingung (Beziehungswissen) versehen werden, damit zum Konfigurationszeitpunkt die entsprechende Position ermittelt werden könnte. Die Stücklistenstruktur (Baum) wird somit durch die Klasse bedeutend schmaler. Bei einer Klassenposition werden die Materialien über die Merkmalsbewertung ausgewählt. Wenn eine Klassenposition in die Stückliste aufgenommen worden ist, wird diese zum Zeitpunkt der Bedarfsplanung und Fertigungsabwicklung durch ein konkretes Material ersetzt.

Bei der Verwendung einer Materialklasse als Stücklistenposition ist zu beachten, dass keine separate Bewertung der Merkmale erfolgen kann. Insofern müssen sämtliche Merkmale dem Kopfmaterial zugeordnet werden können. Ein weiterer Nachteil des Klassenknotens besteht darin, dass die Positionsmengen sämtlicher Materialien dieses Knotens gleich groß sein müssen.

Es besteht auch die Möglichkeit, ein konfigurierbares Material (Nested KMAT) als Stücklistenposition aufzunehmen. Hierbei ist eine mehrstufige, interaktive Konfiguration eines Enderzeugnisses möglich.

Einstufige – Mehrstufige Konfiguration

Bei einer einstufigen Konfiguration kann nur das Kopfmaterial, d.h. das verkaufsfähige Material konfiguriert werden. Auch hier können innerhalb der Stückliste des Endproduktes untergeordnete Stufen konfigurierbare Materialien enthalten. Im Unterschied zur mehrstufigen Konfiguration können die Vor- bzw. Zwischenprodukte nicht separat konfiguriert werden. Die Merkmalsbewertung bzw. Auswahl einer Stücklistenposition erfolgt nur über die Bewertung des Endproduktes. Die Merkmalsbewertung für das Zwischenprodukt muss dann direkt aus dem Kundenauftrag übernommen bzw. über Beziehungswissen hergeleitet werden.

Bei einer mehrstufigen Konfiguration können auch untergeordnete konfigurierbare Materialien unabhängig voneinander konfiguriert werden. Die Merkmalsbewertung wird zu jeder Stücklistenkomponente, die konfiguriert wurde, abgelegt.

Eine mehrstufige Konfiguration ist durchzuführen, wenn es sich bei den Zwischenprodukten um Produkte handelt, die eigenständig in einer Vielzahl von Varianten verkaufsfähig sind und daher auch unabhängig vom Endprodukt konfigurierbar sein müssen. Ein Beispiel ist eine Hifi-Stereo Anlage, deren einzelne Komponenten (CD, Tuner, ...) konfigurierbar und verkaufsfähig sind.

Sind einzelne eingeschlossene Positionen einer Stückliste (Zwischenprodukt) konfigurierbar, werden diese Positionen als Nested KMAT bezeichnet. Nested KMAT steht für mehrstufige, interaktive Konfiguration eines Erzeugnisses. Diese mehrstufige Konfiguration wird direkt im Kundenauftrag bzw. Angebot vorgenommen. Merkmale, die im End- und Zwischenprodukt identische Bewertungen haben, bzw. bei denen eine festgelegte Beziehung zwischen einer End- und Zwischenproduktposition besteht, müssen nicht doppelt erfasst werden, sondern können über Beziehungswissen hergeleitet werden.

Konditions- und Preisfindung

In der Regel bestimmt sich bei konfigurierbaren Materialien der Preis unter anderem durch die Bewertung jener Merkmale, die auch das Produkt beschreiben. Die Konditions- und Preisfindung wird durch eine Kombination der Konditions- und Variantenkonfiguration gesteuert. Zu- und Abschläge von dem Grundpreis eines konfigurierbaren Materials können über Variantenkonditionen festgelegt werden. Diese Konditionen können sowohl als absolute Beträge als auch als prozentuale Zu- oder Abschläge angegeben werden. Über Beziehungswissen muss festgelegt werden, bei welchen Merkmalen bzw. Merkmalswerten Zu- bzw. Abschläge erfolgen sollen.

5.1.2   Arbeitspläne

Arbeitspläne dienen der Beschreibung von Produktionsprozessen. Ein Arbeitsplan besteht aus einer Folge von Arbeitsvorgängen. Jedem dieser Vorgänge können die benötigten Ressourcen (z.B. Vorrichtungen, Materialien, Zeichnungen) zugeordnet werden. Die Arbeitsvorgänge lassen sich nach ihren Vorgänger-Nachfolgerbeziehungen zu Vorgangsfolgen anordnen. Zunächst wird dabei eine lineare Anordnung der Vorgänge definiert. Aufbauend auf dieser linearen Folge können an Vorgängen Verzweigungen zu weiteren Vorgangsfolgen beginnen und enden. So lassen sich zeitlich parallele Vorgänge oder alternative Vorgangsfolgen definieren.

Jeder Vorgang in einem Arbeitsplan besitzt eine bestimmte Vorgangsdauer, die aus dem Arbeitsplatz, der diesem Vorgang zugeordnet ist, übernommen werden kann. Die Vorgangsdauer wird in die Vorgangsabschnitte Warten, Rüsten, Bearbeiten, Abrüsten und Liegen zerlegt. Zusätzlich kann zwischen zwei Vorgängen eine Transportzeit festgelegt werden. Sowohl die Wartezeit als auch die Liegezeit dienen als Zeitpuffer nach vorne bzw. nach hinten.

Abb. 5-4 zeigt eine schematische Darstellung eines Arbeitsplans. Der Planer hat die Möglichkeit, mit Hilfe von Arbeitsplänen eine auftragsneutrale Vorwärts- oder Rückwärtsterminierung vorzunehmen. Bei der Terminierung eines Arbeitsplans werden die Start- und Endzeitpunkte der Vorgangsfolge ermittelt. Sind diese Ecktermine für den Planer nicht befriedigend, kann er das System anweisen, die Durchlaufzeit mit verschiedenen Maßnahmen stufenweise zu reduzieren. Mögliche Reduzierungsmaßnahmen sind:

- die Verkürzung von Warte-, Liege- oder Transportzeit bis auf die jeweils minimale Dauer,
- die Splittung und
- die zeitliche Überlappung von Vorgängen.

Blatt: 1 von 1	Datum: 22.11.2009		Auftragsnr.:	Arbeitsplan		
	Bearbeiter: N. Gronau					
Stückzahl:	Bereich: 1-20	Benennung: Antriebswelle		Zeichnungs-Nr.: 170-0542		
Werkstoff: St 50		Rohform- und -abmessungen: Rundmaterial Ø 60 mm		Rohgewicht 7,6 kg	Fertiggewicht 4,6 kg	
AVG Nr.	Arbeitsvorgangs- beschreibung	Kosten- stelle	Lohn- gruppe	Masch.- gruppe	Fertigungs- hilfsmittel	t_r [min]	t_e [min]
10	Rundmaterial auf 345 mm Länge sägen	300	04	4101	-	10	5,0
20	Rundmaterial auf 340 mm ablängen und zentrieren	340	06	4201	1001 1051	15	2,0
30	Welle komplett drehen	360	08	4313	1101/1121 1131	20	2,6

Abb. 5-4: Beispiel für einen Arbeitsplan (vgl. Eversheim 2002, S. 10)

Bei einer Vorgangssplittung wird der Vorgang auf mehreren Kapazitäten zeitlich parallel ausgeführt. Ist der Beginn eines Vorgangs nicht von dem Beginn eines anderen Vorgangs in der Vorgangsfolge abhängig, können beide Vorgänge zeitlich überlappend ausgeführt werden und die Gesamtdurchlaufzeit verringert werden. Die Pausenzeiten werden bei einer Terminierung nicht in ihrer korrekten Lage berücksichtigt, sondern als über den ganzen Tag gleichmäßig verteilt angesehen. Es kann demnach vorkommen, dass der über die Terminierung festgelegte Beginn eines Arbeitsvorgangs genau in eine Pausenzeit fällt und der Zeitplan deshalb nicht eingehalten wird. Unternehmen mit flexibler Pausenzeitregelung können allerdings mit den Planungsergebnissen unmittelbar weiterarbeiten.

Die Dauer der Vorgangsabschnitte, der Kapazitätsbedarf und die entstehenden Kosten lassen sich für jeden Vorgang über Formeln definieren. Ist der Vorgang einem Arbeitsplatz zugeordnet, lassen sich Vorschlagswerte für die gerade genannten Daten übernehmen.

5.1.3   Kapazitäten

Eine Kapazität, häufig auch als Arbeitsplatz bezeichnet, ist im ERP-System ein Ort, an dem eine Arbeit ausgeführt wird. Arbeitsplätze sind durch die Zuordnung zu einer Kostenstelle mit der Kostenrechnung verbunden. Bei Einsatz einer entsprechenden Personalwirtschaft können Personen direkt den Arbeitsplätzen zugeordnet werden.

Das Standardangebot einer Kapazitätsart eines Arbeitsplatzes wird wie folgt berechnet: Ausgehend von einem allgemeinen Schichtprogramm wird zunächst die Schichtdauer ermittelt. Von dieser Zeit werden dann die Pausenzeiten abgezogen. Man erhält die Einsatzzeit pro Schicht. Die produktive Einsatzzeit und damit das Standardkapazitätsangebot errechnet sich schließlich, indem technische und organisatorische Störungen über den Nutzungsgrad von der Einsatzzeit abgezogen werden. Diese Standardkapazität wird dann für jeden Werktag angenommen. Arbeitsplätze lassen sich zu Arbeitsplatzhierarchien verbinden. Über die Arbeitsplatzhierarchie werden die Kapazitätsangebote je Kapazitätsart aggregiert. Erst diese Aggregation ermöglicht einen Kapazitätsabgleich schon in der Phase der Produktionsgrobplanung. Zur Navigation in großen Arbeitsplatzhierarchien existiert eine grafische Anzeige.

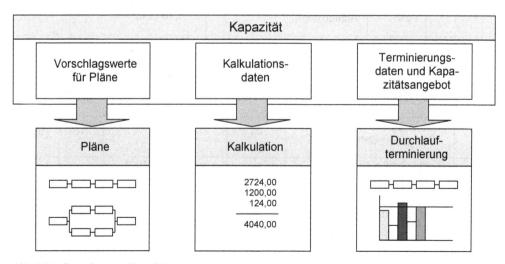

Abb. 5-5: Informationen zu Kapazitäten

5.1.4 Verwaltung von Änderungen

Der Änderungsdienst in ERP-Systemen verwaltet Änderungen an Stammdaten. Er ermöglicht eine lückenlose Dokumentation von Änderungen, die z.B. an Stücklisten oder Arbeitsplänen vorgenommen wurden. Es wird sowohl der Zustand vor als auch nach der Änderung gespeichert. Wenn ein Workflow-Konzept verfügbar ist, kann auch der Prozess der Änderungen über mehrere Bearbeiter hinweg abgebildet werden.

Der Ablauf des Änderungswesens ist schematisch in Abb. 5-6 dargestellt. Die technische Realisierung des Änderungswesens erfolgt heute häufig über ein Produktdatenmanagementsystem, das über geeignete Schnittstellen mit dem ERP-System verbunden ist.

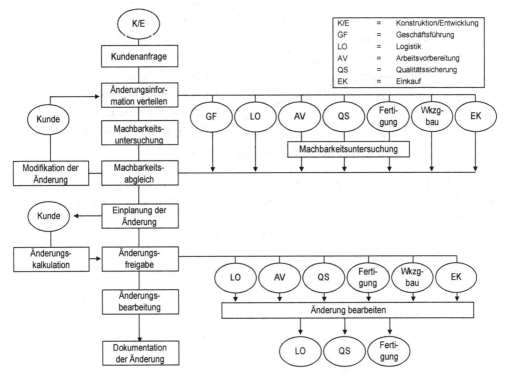

Abb. 5-6: Ablauf des Änderungswesens (Quelle: Siemens)

5.2 Planung und Steuerung der Serienfertigung

Die Planung und Steuerung der Serienfertigung unterscheidet im Wesentlichen die Aufgaben der Programmplanung, der Materialdisposition, der Termin- und Kapazitätsplanung und der Fertigungssteuerung. Mit Ausnahme der in Kapitel 3 beschriebenen Materialdisposition werden die übrigen Funktionen hier überblicksartig vorgestellt. Ausführlichere Abhandlungen finden sich in (Gronau 1999) und (Kurbel 2003).

Hilfestellungen bei der Abbildung der Serienfertigung im Rechner leisten heute im wesentlichen drei Anwendungssysteme. Neben dem ERP-System, das sich für die Fertigungsindus-

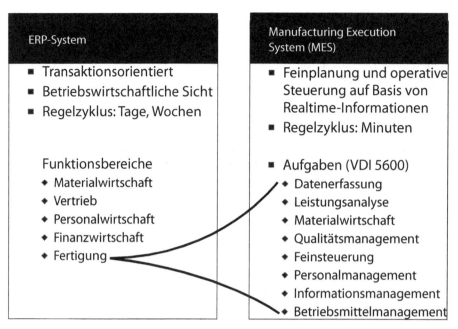

Abb. 5-7: Planungshorizonte von ERP und MES (vgl. Marczinski 2008, S. 63)

trie aus den dort früher verwendeten PPS-Systemen heraus entwickelt hat, stehen APS-Systeme (Advanced Planning and Scheduling) und MES-Systeme (Manufacturing Execution System) zur Verfügung. Eine Abgrenzung bezogen auf den jeweiligen Planungshorizont dieser Systeme ist in Abb. 5-7 dargestellt (vgl. Marczinski 2008, S. 63).

5.2.1   Absatz- und Produktionsprogrammplanung

Die meisten ERP-Systeme verfolgen im Fertigungsbereich das Konzept des Manufacturing Resource Planning (MRP II)-Konzeptes (Abb. 5-8).

Charakteristisch für diesen Ansatz ist die Verknüpfung aller Planungsebenen von der Absatz- und Ergebnisplanung auf Jahresebene bis zur operativen Termin- und Ablaufplanung. Ziel des MRP II-Konzeptes ist die simultane Bestimmung gewinn- bzw. kostenoptimaler Werte für Entscheidungsvariablen unter Berücksichtigung unternehmensrelevanter Restriktionen. Bei Manufacturing Resource Planning wird ein Sukzessivplanungsansatz verfolgt. Bei diesem Konzept steht eine möglichst hohe Auslastung der Kapazitäten im Vordergrund. Grundlage dafür bildet ein hierarchisches, rückwärts terminierendes Sukzessivplanungskonzept, bei dem das Unternehmen in mehrere Planungsebenen eingeteilt wird. Die Ergebnisse einer Ebene bilden jeweils die Vorgabe für den nachgelagerten Bereich. Innerhalb der Ebenen werden wiederum Module gebildet, die für Mengenplanung, Durchlaufterminierung, Maschinenbelegung etc. verantwortlich sind. Eine Rückkopplung zur übergeordneten Ebene ist nur für den Fall vorgesehen, dass sich eine Vorgabe als nicht durchführbar herausstellt. Die Einlastung der Aufträge auf Maschinen in der Fertigungsebene erfolgt nach Prioritätsregeln, die eine gleichmäßige Erfüllung mehrerer Zielsetzungen in der Regel nicht zulassen (vgl. Luczak 1999, S. 65). Bei der Realisierung dieses MRP II-Konzeptes müssen jedoch meistens

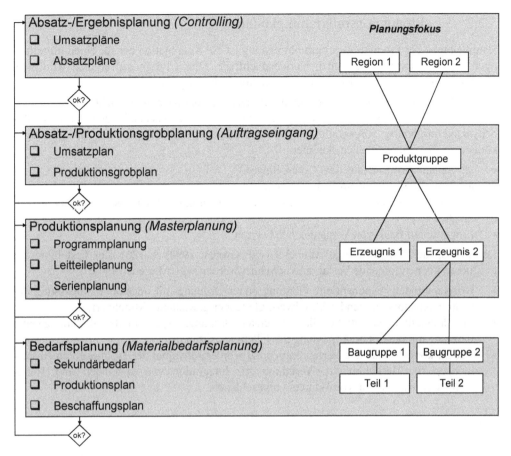

Abb. 5-8: Schematische Darstellung von MRP II (vgl. Luczak/Eversheim 1999, S. 66)

erhöhte Durchlaufzeiten in Kauf genommen werden und die auf langen Planungszeiträumen basierenden Entscheidungen führen häufig zu veralteten oder nicht durchführbaren Vorgaben. Zudem müssen die Module im Bereich der Produktgruppen mit großen Puffern planen, damit auf den unteren Ebenen der Planungsspielraum erhalten bleibt. Eine knappe Ressourcen-Planung ist damit kaum möglich.

Eine derartige Simultanplanung konnte mit den bei der Entwicklung des MRP II-Konzeptes zur Verfügung stehenden Datenverarbeitungskapazitäten nicht realisiert werden. Die Produktionsplanungsfunktionen von ERP-Systemen verfolgen deshalb einen sukzessiven Lösungsansatz. Die Ergebnisse der jeweils höhergelegenen Planungsebene sind dabei die Planungsvorgaben für die darunter liegenden Ebenen. Als Rückkopplung erfolgt jeweils die Rückmeldung einer etwaigen Undurchführbarkeit eines Plans mit der Wirkung einer Korrektur der Planvorgaben.

Erst das Konzept des Supply Chain Management (vgl. Kapitel 8) greift den Ansatz der simultanen Berücksichtigung von Engpässen in der gesamten Zuliefererkette wieder auf. Zu ERP-Systemen werden dann Erweiterungen wie Advanced Planning and Scheduling (APS) angeboten.

5.2.2   Produktionsprogrammplanung

Hauptaufgabe der Produktionsprogrammplanung ist die Aggregation der für einen mittelfristigen Planungszeitraum bekannten Kundennachfrage. Durch Prognosen ergänzt wird dann ein stark vereinfachter und daher grober Produktionsplan abgeleitet.

Die Grobplanung des Absatzes erfolgt für Enderzeugnisse oder vereinfacht für ganze Produktgruppen auf aggregierter Ebene. Dabei wird keine Stücklistenauflösung und keine Arbeitsplanterminierung vorgenommen. Die Informationen zur Planung der Absatzmengen können aus folgenden Quellen stammen:

- als geplanter Umsatz aus dem Controlling,
- als geplante Stückzahl aus dem Vertrieb,
- aus einem externen System (z.B. Import externer Prognosedaten über eine Tabellenkalkulation),
- Prognose auf Basis von Vergangenheitswerten.

Das Prinzip der Prognose zeigt Abb. 5-9 (vgl. Gronau 1994, S. 186). Zur Erstellung der Prognosen können folgende Verfahren verwendet werden (vgl. Mertens 1994):

- Konstantmodell: exponentielle Glättung erster Ordnung mit oder ohne Anpassung des Glättungsfaktors, gleitender Mittelwert, gleitender gewichteter Mittelwert;
- Trendmodell: exponentielle Glättung erster Ordnung, exponentielle Glättung zweiter Ordnung mit oder ohne Anpassung der Glättungsfaktoren;
- Zudem können saisonale Verfahren genutzt werden, etwa bei der Prognose von Absatzmengen für Tiefkühlmenüs. Verfahren zur Integration von saisonalen und Trend-Einflüssen wurden u.a. von Winters vorgeschlagen.

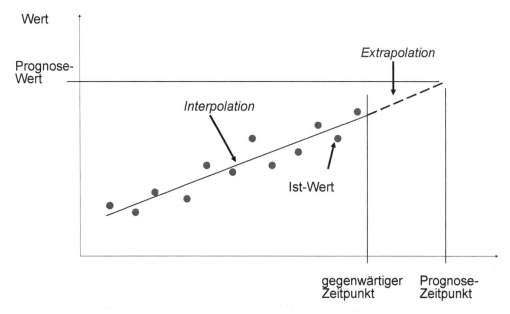

Abb. 5-9: Prinzip der Prognose durch Extrapolation interpolierter Vergangenheitswerte (vgl. Gronau 1994, S. 186)

Ausgehend vom ermittelten Absatzplan lässt sich ein absatzsynchroner Produktionsgrobplan automatisch generieren. Dieser Plan kann über die Vorgabe von Zielreichweiten und -lagerbeständen oder anhand einer interaktiven Grafik variiert werden. Seine Ergebnisse lassen sich auf einzelne Produkte disaggregieren und an die später detailliert erfolgende Feinplanung übergeben.

Aufbauend auf der Absatz- und Produktionsgrobplanung werden anschließend die notwendigen Bestellvorschläge für Eigenfertigungsteile und Einkaufsteile erzeugt. Der Detaillierungsgrad dieses Planungsschrittes ist zeitlich und mengenmäßig gröber als bei feinterminierten Fertigungsaufträgen.

5.2.3 Arbeitsplanung

Die Rechnerunterstützung in der Arbeitsplanung, gekennzeichnet durch die Abkürzung CAP (Computer Aided Planning), baut auf den mit CAD (Computer Aided Design) erstellten Arbeitsergebnissen auf und erzeugt Daten für Teilefertigungs- und Montageanweisungen (vgl. Gronau 1994, S. 54f.). Somit ist unter CAP die rechnerunterstützte Planung der Arbeitsvorgänge und Arbeitsvorgangsfolgen, die Auswahl von Verfahren und Betriebsmitteln zur Erzeugung der Objekte sowie die rechnergestützte Erstellung von Steuerungsdaten für die Betriebsmittel der Fertigung (vgl. AWF 1985, S. 5) zu verstehen.

Rechnersysteme in der Arbeitsplanung erfüllen im Wesentlichen zwei Aufgaben, die Arbeitsplanerstellung und die NC-Programmierung. Sie unterstützen die Erstellung von Arbeitsplänen durch Abruf gespeicherter Kodierungs- und Klassifizierungsvorschriften. Liegen für die zu fertigenden Werkstücke auftragsneutrale Arbeitspläne vor, die durch entsprechende Einfügung der zu fertigenden Losgrößen ergänzt werden, handelt es sich um Arbeitsplanverwaltungssysteme (vgl. Cronjäger 1990, S. 65f.).

Abb. 5-10 zeigt das grundsätzliche Vorgehen bei der Erstellung eines Arbeitsplanes.

Ausgehend von der Geometrie des Rohteils (z.B. eines Gussrohlings) werden die notwendigen Arbeitsfolgen festgelegt, um aus dem Rohteil das Fertigteil zu gestalten (z.B. durch Drehen, Fräsen, Bohren etc.). Aus den Arbeitsfolgen ergeben sich die benötigten Maschinen und ergänzende Hinweise für die Bearbeitung (Arbeitsanweisungen). Die Vorgabezeiten werden ermittelt, um später berechnen zu können, welchen Zeitbedarf ein Auftrag mit einer bestimmten Stückzahl zur Fertigung auf jeder Maschine aufweist. Liegen für ein Werkstück keine vollständigen und wiederverwertbaren Planungsunterlagen vor, so wird zunächst ein Standardarbeitsplan erstellt, der alle Varianten einer Teilefamilie abdeckt. Durch Eingabe der Variantenparameter (z.B. Durchmesser bei Wellen) wird der Arbeitsplan vervollständigt. Systeme zur Anpassungsplanung sind darüber hinaus imstande, durch geeignete Klassifikationssysteme aus den vorhandenen Arbeitsplänen die für die spezielle Aufgabe geeignetsten herauszusuchen und daraus einen neuen Arbeitsplan zu erzeugen. Den größten Automatisierungsgrad besitzen Neuplanungssysteme, die aus den eingegebenen Daten einen vollständig neuen Arbeitsplan generieren. Hierzu sind Algorithmen erforderlich, die Elemente der Werkstückgeometrie automatisch Arbeitsoperationen zuordnen. Die zuletzt beschriebenen Systeme der Arbeitsplanung lassen sich als Generierungssysteme klassifizieren (vgl. Hüllenkremer 1990, S. 52). Analoge Systeme existieren auch zur Rechnerunterstützung der Montageplanerstellung.

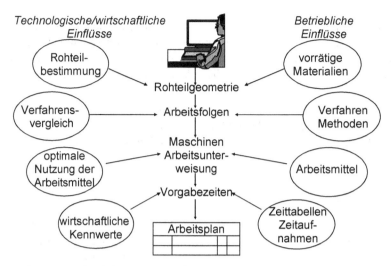

Abb. 5-10: Vorgehen bei der Erstellung eines Arbeitsplanes (nach Bullinger 1989, S. 45)

Die zweite Aufgabe der Arbeitsplanung ist die Erstellung von NC-Programmen. NC bezeichnet dabei die numerische Steuerung von Werkzeugmaschinen im Gegensatz zur früher verwendeten Steuerng über mechanische Kopierlineale. Die Eingabedatei für ein NC-Programmiersystem wird als Teileprogramm bezeichnet. Es beschreibt, in einzelne Schritte gegliedert, mittels einer Programmiersprache den Fertigungsprozess vom Rohteil zum Fertigteil. Ein NC-Prozessor wandelt dieses Teileprogramm in ein standardisiertes Zwischenergebnis um. Die normierte Form dieses Zwischenergebnisses wird als CLDATA (Cutter Location Data) bezeichnet (vgl. Cronjäger 1990, S. 71). Ausgehend von diesem Zwischenergebnis erzeugt ein Postprozessor die maschinenspezifischen Bearbeitungsbefehle, die direkt oder per Datenträger an die Maschine übermittelt werden. Analoge Vorgehensweisen existieren auch für die Programmierung von Industrierobotern.

In organisatorischer Hinsicht bildet die Arbeitsplanung die Nahtstelle zwischen Konstruktion und Fertigung. Hervorzuheben sind die Datenflüsse zur Qualitätssicherung, die die Übertragung von Prüfplaninformationen beinhalten sowie insbesondere zur Fertigung in Gestalt von NC-Programmen. Hier findet auch eine Rückmeldung durch Änderungs- und Korrekturdaten statt (vgl. Paul 1991, S. 69).

Vorgabewertermittlung
Vorgabewerte werden im Rahmen der Terminierung, der Kapazitätsplanung und der Kalkulation zur Berechnung der Termine, der Kapazitätsbedarfe und Kosten genutzt. Die Vorgabewertermittlung wird bei der Planerstellung oder -änderung aufgerufen und verlangt die Eingabe von Merkmalen wie Werkstoffe, Maße, Toleranzen, Vorschübe etc. Durch Rückgriff auf bestehende Informationen aus dem Materialstammsatz lässt sich der Eingabeaufwand verringern. Die Ermittlung der Vorgabewerte für Rüst-, Warte-, Maschinen-, Prüf-, Transportzeiten und andere Zeitelemente in der Fertigung erfolgt auf Basis von Tabellen und Formeln, deren Grundlage Betriebsvereinbarungen oder unternehmensspezifische Planzeittabellen sind. Tabellen und Formeln werden zu Methoden verknüpft, zu Verfahren (z. B. einem Dreh- oder Bohrvorgang an Maschine X) zusammengefasst und den einzelnen Arbeitsplätzen zugeordnet.

5.2.4   Produktionsplanung

Typische Planungsstrategien der Produktionsplanung in der Serienfertigung sind die anonyme Lagerfertigung und die Losfertigung für Kunden- und Lageraufträge. Die Einzelfertigung wird in Abschnitt 5.3 betrachtet.

ERP-Systeme bieten dafür Funktionen an, mit denen der Planer eigene Regeln für Bestellungen bestimmen kann. So können z.B. Baugruppen auftragsneutral vorproduziert werden, aber bis zum spezifischen Kundenauftrag noch nicht endmontiert werden. Um zu vermeiden, dass die als ATP-Mengen (Available to promise) gekennzeichneten Produktionsmengen mehrfach vergeben oder Kundenaufträge mehrfach erfasst bzw. bearbeitet werden, werden eindeutige Kundenauftragsnummern vergeben und bei Veränderungen Warnmeldungen generiert.

In Anlehnung an das MRP II-Konzept erfolgt bei der klassischen Produktionsplanung der Hauptplanungslauf oder MPS (Master Production Schedule) nur für kritische Teile. Diese werden von SAP als Leitteile bezeichnet. Leitteile sind Rohmaterialien, Baugruppen oder Enderzeugnisse, die die Wertschöpfung im Unternehmen in hohem Maße beeinflussen (z.B. A-Teile) oder kritische Ressourcen belegen, wie Engpass- oder sehr kostenintensive Ressourcen.

Die Einschränkung auf Leitteile führt zu einer rechentechnisch günstigeren Planung, die die Simulation von alternativen Produktionsplänen erlaubt bzw. eine tägliche Berechnung erst ermöglicht. Interaktiv kann der Anwender die maschinellen Ergebnisse nach Menge und Termin grafisch variieren und die Resultate wieder berechnen lassen.

Da im Rahmen der Serien- und Fließfertigung das Erzeugnis oft über einen bestimmten Zeitraum hinweg unverändert bleibt, ist ein relativ gleichbleibender Fluss durch die Fertigungslinien zu erwarten.

Im Fall der Serien- und Fließfertigung werden die Komponenten oft anonym an den Fertigungslinien bereitgestellt. Die Zuordnung des Materialverbrauchs für die Kostenrechnung erfolgt nach Planwerten und nicht nach Istwerten. Da die Istdatenerfassung bei der Serienfertigung vereinfacht erfolgt, sind die Rückmeldungen zur Dokumentation des Arbeitsfortschritts weniger detailliert.

Die Abbildung der Serienplanung kann z.B. im System SAP ERP auf zwei Arten realisiert werden: Die eine Variante basiert auf Serienaufträgen, die Teilaufträge (selbständige Planaufträge oder Fertigungsaufträge) zu einer Serie zusammenfassen. Über die Fertigungsaufträge erfolgt das Sammeln der Istdaten und die Auftragsabrechnung. In der anderen vereinfachenden Variante entfallen die Fertigungsaufträge. Ein Serienauftrag setzt sich aus sogenannten Produktionseinteilungen zusammen, die technisch gesehen als Planaufträge abgelegt werden. Alle bei der Fertigung anfallenden Kosten werden auf einem sogenannten Produktionskostensammler gesammelt und abgerechnet. Zu jedem Serienauftrag eines Materials gibt es genau einen Produktionskostensammler.

Im Bereich der Produktionsplanung wird im mittelfristigen Horizont eine periodenorientierte Darstellung und Bearbeitung der Produktionsmengen zur Verfügung gestellt (vgl. Ellerbrock 1995, S. 20ff). Statt einzelner Aufträge werden Produktionseinteilungen im Wochen- bzw. Tagesraster eingeplant. Die Sicht auf den Produktionsplan ist demzufolge fertigungslinien- statt arbeitsplatzorientiert. Bei der Serienplanung entfallen die Arbeitsschritte des Eröffnens, Freigebens und Abrechnens einzelner Produktionsmengen.

5.2.5   Materialbedarfsplanung

Im Rahmen der Materialbedarfsplanung wird ermittelt, welches Material unter Berücksichtigung der Produktionsplanung zu welchem Termin in welcher Menge benötigt wird. Die entsprechenden Bestellvorschläge werden zur Entlastung des Disponenten von Routinearbeiten weitgehend automatisch erzeugt.

Zumeist werden die logischen Bezüge innerhalb der einzelnen zu Fertigungsaufträgen disaggregierten Kundenaufträge als Auftragsnetzwerk modelliert. Bei Änderungen von Mengen werden nur diejenigen Teile neu geplant, deren Bestands- oder Bedarfssituation sich verändert hat bzw. Teile, bei denen dispositionsrelevante Konfliktsituationen vorliegen. Dies wird als Net-Change-Planung bezeichnet (vgl. Kurbel 2011, S. 53). Das System generiert dazu Ausnahmemeldungen für Terminverzüge und Unterschreitungen von Sicherheitsbeständen sowie Vorschläge für die Umterminierung oder Stornierung.

Nach den Kriterien Wertigkeit und Vorhersagegenauigkeit trifft der Planer anhand eigener Auswertungen selbständig die Wahl für ein verbrauchsgesteuertes (für B- und C-Teile) oder ein bedarfsgesteuertes Dispositionsverfahren. Bei dem verbrauchsgesteuerten Verfahren kann eine selbsttätige dynamische Berechnung von Melde- und Sicherheitsbestand in Abhängigkeit von Lieferbereitschaftsgrad und Wiederbeschaffungszeit erfolgen.

Die bedarfsgesteuerte Disposition prüft dagegen tagesgenau die Verfügbarkeit von Primär- und abgeleitetem Sekundärbedarf. Meist ist nur für Leitteile ein Ressourcenabgleich möglich.

Viele ERP-Systeme bieten umfassende Funktionen im Bereich der Losgrößenrechnung. Auslöser der Berechnung ist im Regelfall eine von der Materialbedarfsplanung bei der Nettobedarfsrechnung erkannte Unterdeckung. Für das Generieren eines Bestellmengenvorschlags können dabei folgende Verfahren verwendet werden (vgl. Gronau 1999, S. 99):

*   Statische Losgrößenverfahren arbeiten mit fixer Losgröße, einer exakten Losgröße aus dem Materialstammsatz in Höhe der Unterdeckungsmenge oder dem Prinzip des Auffüllens bis zum Höchstbestand.
*   Periodische Losgrößenverfahren fassen die Bedarfe nach freiem Zeitraster (z.B. Bestellung alle fünf Tage) zusammen.
*   Optimierende Losgrößenverfahren ermitteln die Beschaffungslosgröße mit dem Ziel, ein Kostenminimum aus Fixkosten und Lagerkosten zu erreichen. Dabei kann durch eine gleitende wirtschaftliche Losgröße eine Stückkostenminimierung erreicht werden. Durch Stückperiodenausgleich werden Lagerkosten und auflagefixe Kosten gegeneinander abgeglichen. Diese Betrachtung kann durch die Gegenüberstellung von zusätzlichen Lagerkosten und eingesparten Rüstkosten ergänzt werden. Eine dynamische Planungsrechnung berücksichtig dagegen Zusatzkosten und auflagefixe Bestellkosten.

Terminplanung

Die als Dispositionsliste erzeugten Bestellvorschläge werden anschließend rückwärts- oder im Bedarfsfall vorwärtsterminiert und mit einem Start- und Endtermin versehen. Die Vorschläge können vom Planer noch variiert werden. Nach einer eventuellen Korrektur werden dann die Vorschläge zum Planauftrag bzw. zur Lieferplaneinteilung mit nachfolgender Stücklistenauflösung oder zur Bestellanforderung umgesetzt.

Kapazitätsplanung

Ziel der Kapazitätsplanung ist es, dem Planer von der Grob- bis zur Feinplanung jederzeit einen Überblick über die Kapazitätsauslastung zu geben sowie einen Kapazitätsabgleich anzubieten.

Aufgrund der extrem langen Rechenzeiten, die ein automatischer Kapazitätsabgleich benötigen würde (abgesehen von der Problematik des zur Entscheidung erforderlichen mehrdimensionalen Zielsystems), wird in den meisten klassischen ERP-Systemen der Kapazitätsabgleich manuell durchgeführt (Abb. 5-11).

Je nach Vollständigkeit der Grunddatenpflege erfolgt für die Aufträge (aufbauend auf den Auftragseckterminen derMaterialbedarfsplanung) die Ermittlung der Start- und Endtermine sowie eine grafische Darstellung der Ergebnisse. Sollte das vorgeplante Lieferdatum nicht erfüllbar sein, sind Reduzierungsmaßnahmen erforderlich. Neben der Reduzierung von Pufferoder Transportzeiten können Aufträge gesplittet oder parallelisiert werden (vgl. Gronau 1999, S. 101).

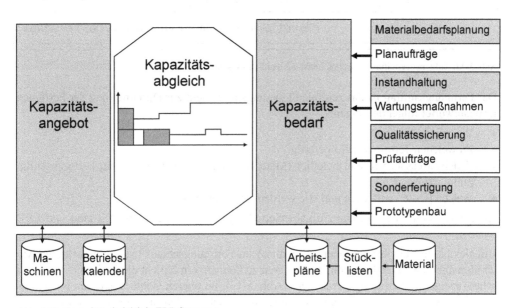

Abb. 5-11: Kapazitätsabgleich in ERP-Systemen

5.2.6 Fertigungssteuerung

Aufgabe der Fertigungssteuerung ist es, die in der Materialbedarfsplanung getroffenen Planvorgaben in konkrete Fertigungsaufträge für den Produktionsvollzug umzusetzen und eine flexible und zielorientierte Koordination der bei der Produktion beteiligten Ressourcen vorzunehmen. Dabei werden Auftragseröffnung, Auftragsabwicklung und Auftragsabschluss unterschieden.

Häufig werden zur Fertigungssteuerung Leitstände eingesetzt, die eine grafische Übersicht der Auftragssituation in der Fertigung gestatten, teilweise auch Hilfe bei der kurzfristigen Umplanung anbieten.

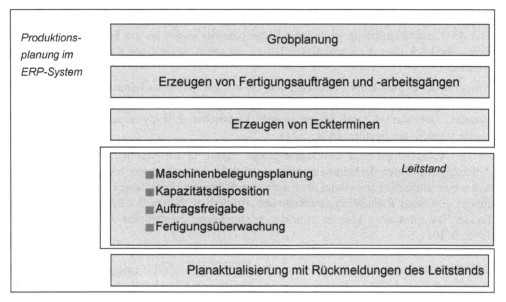

Abb. 5-12: Aufgabenverteilung zwischen Leitstand und ERP-System

Der Fertigungsauftrag ist das zentrale Steuerungsinstrument zur Durchführung der Fertigung. Er beantwortet folgende Fragen:

- Was wird gefertigt?
- Zu welchen Terminen wird gefertigt?
- Welche Ressourcen sind beteiligt (Material, Dokumente, Kapazitäten, Fertigungshilfsmittel etc.)?
- Welche Kosten entstehen und wie werden sie abgerechnet?

Abb. 5-12 zeigt eine typische Aufgabenverteilung zwischen Fertigungsleitstand und ERP-System.

Um flexibel auf unvorhergesehene Ereignisse im Fertigungsablauf (Maschinenstörung, Materialmangel, Personalabwesenheit) reagieren zu können, ermöglicht ein Leitstand eine grafische Anzeige des Fertigungsgeschehens (Abb. 5-13). Im oberen Gantt-Diagramm werden die einzelnen Arbeitsgänge aufgezeigt. Im unteren Bereich werden die aufgetretenen Planungskonflikte differenziert nach Terminverletzung, Werkzeug-, Material- und Personalverfügbarkeiten dargestellt (Quelle: GFOS).

Unterhalb der ERP-Ebene existieren eine Vielzahl von Anbietern für die Fertigungssteuerung (vgl. Lindemann 2007, S. 30f.). Das Angebot dieser Anbieter reicht vom vollständigen, auf Produktionsunternehmen zugeschnittenen ERP-System bis hin zu spezialisierten Optimierungslösungen für die Reihenfolgeplanung.

Prioritätsregeln sind in nahezu allen Systemen vorhanden, jedoch in stark unterschiedlichem Umfang. Während einfache Systeme ausschließlich nach Terminvorgaben priorisieren können, unterstützen ausgefeiltere Systeme eine Vielzahl unterschiedlicher Prioritätsregeln. Grafische Leitstände weisen unterschiedlich umfangreiche Funktionen zur Umplanung und Kontrolle der eingeplanten Einträge auf, etwa durch BDE-Anbindung, gesonderte Terminüberwachung oder Mailsystem mit interner Benachrichtigung . Im Bereich Multiagentensys-

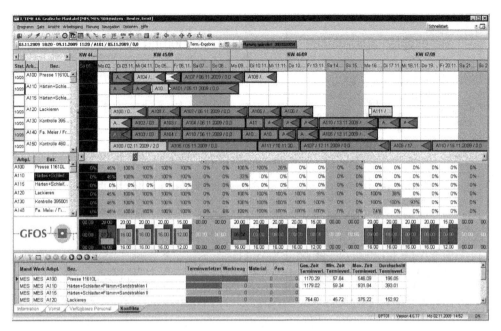

Abb. 5-13: Darstellung einer Plantafel in einem Fertigungsleitstand (Quelle: GFOS)

teme, Künstliche Neuronale Netze und Genetische Algorithmen verfügen nur vereinzelte Systeme über rudimentäre Ansätze, die wissenschaftliche Erkenntnisse der letzten zehn Jahre in die Systempraxis umsetzen.

Eine weitere Herausforderung stellt das Multisite-Scheduling dar, das von einigen Systemen nicht, von einigen Systemen nur auf der Ebene der Bestandsverwaltung und nur von wenigen Systemen auch mit dem werksübergreifenden Steuern von Produktionsbzw. Fertigungsaufträgen beherrscht wird. Im Zuge der immer stärkeren Globalisierung von Produktionsvorgängen und der immer leichter möglichen Verlagerung einzelner Fertigungsaufträge zwischen verschiedenen Fabrikstandorten kommt gerade dieser Funktionalität zunehmend Bedeutung zu.

Bei vorliegendem Planauftrag eröffnet das ERP-System im Rahmen des vom Planer gewählten individuellen Eröffnungshorizonts den Auftrag automatisch. Außerdem besteht die Möglichkeit einer manuellen Auftragseröffnung (z.B. für Eilaufträge) (vgl. Gronau 1999, S. 103).

Innerhalb der Fertigungssteuerung werden folgende Schritte durchlaufen (Abb. 5-14):

Der entsprechende Arbeitsplan wird unter Berücksichtigung alternativer Vorgangsfolgen ausgewählt. Im Normalfall wird die Stücklistenkomponente aus dem Planauftrag in den Fertigungsauftrag übernommen. Je nach Art des Auftrags werden Materialreservierungen oder Bestellanforderungen vorgenommen.

Eine Verfügbarkeitsprüfung erfolgt für Material und Fertigungshilfsmittel. Aufbauend auf der Materialbedarfsplanung ermittelt die Terminierung die Fertigungstermine für den Auftrag und seine Vorgänger. Im Rahmen der Kapazitätsrechnung werden die Kapazitätsbelastungen berechnet und eingelastet. Wenn im Rahmen der Grobplanung eine Termin- und Kapazitätsrechnung durchgeführt wurde, können die Ergebnisse automatisch in den Fertigungsauftrag übernommen werden.

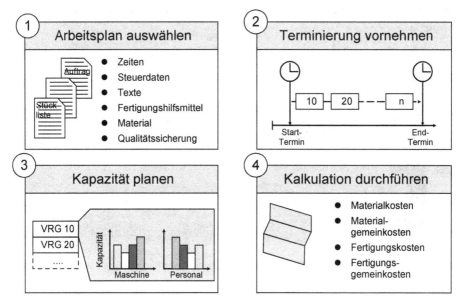

Abb. 5-14: Aufgaben der Fertigungssteuerung

Die Auftragskalkulation berechnet auf der Basis der Materialverbräuche, der Verrechnungssätze und der Fremdbearbeitungskosten die Plankosten für den Auftrag.

Der Planer erhält bei der Auftragseröffnung eine grafische Übersicht der Terminierungsergebnisse, so wie er sich auch im weiteren Verlauf der Fertigung jederzeit die Terminsituation des Auftrags anzeigen lassen kann. Sollten alle Daten vollständig sein, löst der Planer den Auftragsdruck aus. Dieser umfasst Steuer- und Laufkarten, Materialbereitstellungslisten, Materialentnahmescheine, Fertigungshilfsmittellisten, Lohnscheine und Rückmeldescheine, jeweils samt Barcode.

Wichtige Funktionen der Auftragsabwicklung sind die automatische Fortschreibung der Materialentnahmedaten zum Soll-Ist-Vergleich und die Rückmeldung von Fertigungsdaten. Vorgangsrückmeldungen dokumentieren die Ressourcennutzung und schreiben Istmengen, -zeiten und -kosten fort. Rückmeldungen können manuell oder über die Anwesenheitszeit(AZE), Betriebs (BDE)- sowie Maschinendatenerfassung (MDE) erfolgen. Beim Einlesen des jeweils zutreffenden Barcodes von den Auftragspapieren werden hier der Auftragsabwicklung die relevanten Daten übermittelt.

Die Erfassung des Produktionsfortschritts erfolgt in der Serienfertigung mengenbezogen; entweder bei Fertigstellung des Produktes oder an Zählpunkten im Produktionsprozess. Da es bei schnell ablaufenden Fließfertigungsprozessen vorkommen kann, dass der System- und der physisch vorhandene Bestand nicht übereinstimmen, können wahlweise auch negative Bestände bzw. Entnahmerückstände zugelassen werden.

Die Materialbereitstellung kann nach verschiedenen kombinierbaren Strategien erfolgen. Einige ERP-Systeme ermöglichen die Berücksichtigung des Kanban/ just-in-time-Prinzips bei der Materialbereitstellung (Abb. 5-15) (vgl. Gronau 1999, S. 111).

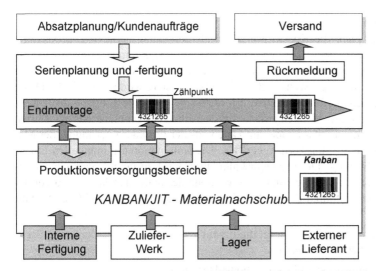

Abb. 5-15: Szenario der Materialversorgung mit KANBAN (vgl. Ellerbrock 1995, S. 20)

Kanbanmaterial wird direkt in der Fertigung in mehreren Behältern gebucht. Statt einzelner Entnahmen werden nur die Barcodes leerer Behälter mittels Scanner gelesen. Die Barcodeauslösung stellt den Impuls zur Wiederbeschaffung dar; der Materialnachschub wird über einen Regelkreis generiert. In einem Regelkreis sind alle Daten gespeichert, die für die Materialbeschaffung und die JIT-Direktanlieferung erforderlich sind.

Als Hilfe bei der Kanban-Steuerung kann ein Kanbanboard grafisch alle Informationen über den Materialversorgungszustand in der Fertigung anzeigen. Neben der Darstellung des Füllungsgrades sind Störungen oder Engpasssituationen in verschiedenen Sichten anzeigbar.

Nach dem technischen Auftragsabschluss kann eine Archivierung des Auftrags mit dem Löschen aller weiteren Reservierungen erfolgen. Dabei wird dann die Auftragsabrechnung ausgelöst.

5.2.7 Erzeugniskalkulation

Die Produktkostenrechnung umfasst im Wesentlichen die Kalkulation mit Mengengerüst, ohne Mengengerüst, die Muster- und Simulationskalkulation sowie die Preisfortschreibung. Die Ziele der Planung sind (vgl. Wenzel 2001, S. 167):

- Ermittlung der auftragsneutralen Herstell- und Selbstkosten pro Erzeugnis,
- Optimierung der Herstellkosten des Produkts durch vergleichende Kalkulation,
- Ermittlung der Preisuntergrenze und
- Lieferung von Informationen für die Kostenrechnung (Kostenträgerrechnung, Ergebnisrechnung).

Dabei lassen sich die Arten der Kalkulation nach Produkten in Erzeugniskalkulation und Bauteilkalkulation differenzieren.

Die Erzeugniskalkulation

Die Erzeugniskalkulation plant die Kosten pro Materialkomponente und pro Eigenleistung und dient u.a. dazu, kalkulationsrelevante Daten aus anderen Programmen in das ERP-System zu übernehmen. Unterschieden wird des Weiteren danach, ob die Kalkulation mit oder ohne ein Mengengerüst erfolgt (vgl. Wenzel 2001, S. 190f.). Erstere wird auf Basis der Daten der Produktionsplanung durchgeführt. Letztere erfordert eine manuelle Eingabe der Daten. Bei der Erzeugniskalkulation mit Mengengerüst wird deshalb auch von einer automatisierten (Vor-)Kalkulation gesprochen. Es wird dabei auf Daten aus der Produktionsplanung, der Materialwirtschaft und dem Controlling zurückgegriffen. Die Kalkulation mit manuellen Eingaben ist dagegen sehr aufwendig. Die Erzeugniskalkulation wird zu unterschiedlichen Zeitpunkten erstellt: am Anfang eines Geschäftsjahres, während des laufenden Jahres und vor der Erstellung der Bilanz. Der Zeitpunkt der Kalkulation entscheidet über die Wahl des Verfahrens.

Unabhängig vom gewählten Verfahren erfolgt die Erzeugniskalkulation mit Mengengerüst in drei Schritten (vgl. Wenzel 2001, S. 194f.):

• Aufbau des Mengengerüsts (Stücklisten, Arbeitspläne etc.),
• Bewertung des Mengengerüsts und Ermittlung des Gemeinkostenzuschlags und
• Speicherung der Kalkulation.

Um eine Erzeugniskalkulation im ERP-System anzulegen, werden verschiedene Zwischenschritte eingefügt. Die Kalkulationsvariante in SAP ERP beispielsweise legt fest, wie eine Kalkulation durchgeführt und bewertet wird. Sie speichert die Steuerungsdaten der Kalkulation und bestimmt die Selektion der Stücklisten und Arbeitspläne zum Aufbau des Mengengerüsts. Die Kalkulationsversion legt fest, welche Kalkulation zum selben Material, aber mit unterschiedlichen Mengengerüsten verwandt wird. Die Kalkulationslosgröße bestimmt die kalkulierte Losgröße (vgl. Wenzel 2001, S. 195). Darüber hinaus existieren für diese Zusammenhänge je nach ERP-System weitere herstellerspezifische Bezeichnungen.

Die Erzeugniskalkulation ohne Mengengerüst ermöglicht trotz manuellen Eingaben ein Reihe von Funktionen:

• die Planung der Kosten für Rohstoffe, Eigenleistung und Fremdleistung (in Form einer Einzelkalkulation),
• die Zuordnung von Fertigungs- und Materialgemeinkosten zu einem Produkt,
• die Zuordnung der ermittelten Kosten zu Kostenelementen und die anschließende Speicherung und
• die gegliederte Anzeige der Materialeinsatzkosten für Halbfabrikate nach Kostenelementen.

Die Bauteilkalkulation

Der Bauteilkalkulation liegt wie der Erzeugniskalkulation ohne Mengengerüst die Einzelkalkulation zugrunde und ermöglicht die Ermittlung der Kosten ohne den Zugriff auf Stücklisten, Wartungspläne, Netzpläne und Arbeitspläne. Die Einzelkalkulation ermöglicht die Kostenplanung und Preisbildung über verschiedene Objekte und kann sich auf die Gesamtlaufzeit des Objektes oder ein bestimmtes Geschäftsjahr beziehen. Vorteilhaft dabei ist, dass die Kosten nicht auf Kostenartenebene, sondern pro Material oder pro Eigenleistung planbar sind. Des Weiteren kann die Abhängigkeit von der Losgröße und deren Auswirkung auf die Kalkulationsparameter (vgl. Wenzel 2001, S. 198ff.) überprüft werden.

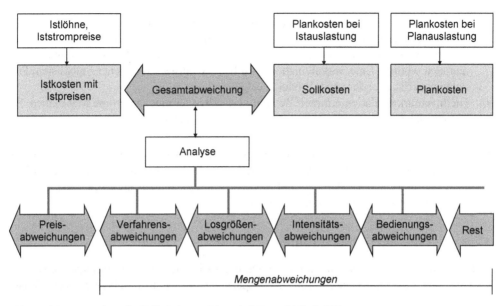

Abb. 5-16: Zusammenhang der Kalkulationsverfahren (vgl. Bauer 2002, S. 169)

Die Grundannahme bei der Bauteilkalkulation ist, dass nur bestimmte Teile des Produktes im Unternehmen kalkulierbar sind, da mindestens ein Bauteil nicht im Unternehmen verfügbar ist, z.B. aufgrund von Fremdfertigung. Eine Unterscheidung in eine Kalkulation mit und ohne Mengengerüst findet synonym zur Erzeugniskalkulation statt.

Die Erzeugniskalkulation im Rahmen der Produktionsplanung bietet Basisinformationen für:

- Preisbildung und -politik,
- Bewertung,
- Herstellkosten-Controlling und
- Ergebnisrechnung.

Dabei greift sie auf vorhandene kaufmännische und technische Daten auch aus Materialwirtschaft und Controlling zu. Typischerweise stehen folgende Kalkulationsarten zur Verfügung (vgl. Gronau 1999, S. 125):

- Die Plankalkulation ermöglicht abweichungsorientiertes Controlling sowie eine Ergebnisplanung. Ziel der Plankalkulation ist es, die geplanten Herstellkosten eines Produktes für eine Planungsperiode zu ermitteln. Die ermittelten Herstellkosten werden dann auch zur Festlegung des Standardpreises für einen Artikel verwendet.
- Die Sollkalkulation weist Abweichungen der Herstellkosten aufgrund technischer Änderungen aus. Sie errechnet die Abweichungen der tatsächlichen Herstellkosten von der Plankalkulation. Änderungen können aufgrund von geänderten Stücklisten oder Arbeitsplänen entstehen. Bei der Sollkalkulation werden nur veränderte Mengen, nicht aber veränderte Preise berücksichtigt; dies erfolgt bei der aktuellen Kalkulation.
- Die aktuelle Kalkulation spiegelt die Preisentwicklung wider und berücksichtigt nicht nur Mengen-, sondern auch Preisänderungen. Sie gestattet einen Überblick über die gegenwärtig entstehenden Herstellkosten.

- Die Vorkalkulation dient der Vorabermittlung der Herstellkosten, bevor die Plankalkulation vorliegt. Typischerweise sind die durch Vorkalkulation berechneten Produktpreise in der Plankalkulation nicht enthalten, da sie noch nicht ins Produktionsprogramm aufgenommen wurden. Eine Vorkalkulation wird bei der Entwicklung neuer Stücklisten, Produktionsverfahren oder neuer Produkte eingesetzt.
- Die Inventurkalkulation ermittelt Bewertungsansätze für eigengefertigte Materialien. Sie benutzt dabei abgewertete, d.h. auf den Bilanzstichtag hin bezogene Einsatzmaterialpreise.

Der Zusammenhang zwischen den Kalkulationsarten ist in Abb. 5-16 dargestellt. Die Durchführung der Kalkulation kann für das individuelle Erzeugnis online oder auf Basis einer Vorselektion im Batch-Betrieb durchgeführt werden. Zumeist können die Ergebnisse vor dem Ausdruck komfortabel grafisch analysiert werden.

5.2.8 Produktionscontrolling

Aufgrund der zunehmenden funktionalen Dezentralisierung der Controllingaufgaben entwickelte sich das Produktionscontrolling als spezialisierter Controllingbereich (vgl. Hoitsch 1990, S. 605).

Um die für Planung, Kontrolle und Steuerung notwendigen Informationen zu erhalten, benötigt die Produktionsführung ein Informationsversorgungssystem. Dieses Informationsversorgungssystem hat dabei in erster Linie die Wirtschaftlichkeit des Produktionsprozesses sicherzustellen, wobei die Hauptaufgabe in der Überwachung der Produktionskosten liegt. Unter Produktionskosten werden die bewerteten Produktionsfaktoreinsatzmengen, die der Leistungserstellung und der Aufrechterhaltung der Betriebsbereitschaft dienen, verstanden (vgl. Reichmann 2001, S. 251).

Dem Produktionscontrolling obliegt im Rahmen der wirtschaftlichen Lenkung des Produktionsbereiches die Aufgabe der Unterstützung und Beratung des Produktionsmanagements, indem es transparente und verständlich interpretierbare Informationen erarbeitet und dem Produktionsmanagement zur Verfügung stellt (vgl. Hilti 1990).

Den Ansatzpunkt für das Produktionscontrolling bilden die Auswirkungen der vom Produktionsleiter zu treffenden bzw. getroffenen Entscheidungen auf die Kostensituation der Produktion. Dabei ist eine kostenstellengenaue Überwachung der Produktionsplankosten notwendig. Im Hinblick auf die Überwachung der Produktionskosten ergeben sich für das Produktionscontrolling folgende Aufgabenbereiche:

Das Produktionscontrolling hat die Rentabilität des im Produktionsbereich gebundenen Kapitals zu überwachen. Einen Schwerpunkt stellt die Kapazitätsauslastungskontrolle dar. Aufgabe der laufenden Auslastungskontrolle ist die Minimierung der Leerkosten bzw. die Erreichung eines möglichst hohen Nutzkostenanteils. Die nun vom Produktionscontrolling ermittelten Kapazitätsauslastungsgrade dienen als Grundlage für Anpassungsentscheidungen im Rahmen eines Fixkostenmanagements (vgl. Gronau 1994, S. 21).

Zu den Aufgaben des Produktionscontrolling zählt auch die Berechnung der Betriebsunterbrechungskosten in Abhängigkeit von unterschiedlichen Ausfallwahrscheinlichkeiten. Hierbei lassen sich dispositionsbedingte Störungen (z.B. fehlende oder falsche Arbeitspläne), personalbedingte Störungen (z.B. Arbeitsfehler), materialbedingte Störungen (z.B. Werkstofffehler) und betriebsmittelbedingte Störungen (z.B. Maschinenschaden) unterscheiden. Daraus ergeben sich folgende Schadensfaktoren:

- die von der Betriebsunterbrechung betroffenen Fixkosten,
- die Unterbrechungskosten und, bei Auswirkungen auf den Absatzbereich,
- der infolge der Betriebsunterbrechung entgangene Deckungsbeitrag.
  Resultierend aus den Betriebsunterbrechungskosten können sich Kosten für unterschiedliche Strategien ergeben, wie z. B. vorbeugende Instandhaltung, Bildung von Reservelagern in der Fertigung und Aufbau von Kapazitäts- und Personalreserven, die zur Vermeidung von Betriebsunterbrechungen beitragen sollen.

Um die vom Produktionsleiter getroffenen Entscheidungen überwachen zu können, hat das Produktionscontrolling die angefallenen Produktionskosten auf ihre Angemessenheit zu überprüfen. Hierbei soll im Rahmen eines Soll-Ist-Vergleiches den angefallenen Ist-Kosten eine angemessene Sollgröße gegenübergestellt werden. Um zu einer aussagekräftigen Feststellung der Gesamtabweichungen zu gelangen, dürfen dem verantwortlichen Kostenstellenleiter nur diejenigen Kostenbestandteile angelastet werden, die er auch zu verantworten hat.

Einen Anhaltspunkt für die im Rahmen der Produktivitätsanalyse durchzuführende Kontrolle der Wirtschaftlichkeit stellt die Kostenarten-, Kostenstellen- und Kostenträgerrechnung dar. Basis für einen Soll-Ist-Kostenvergleich ist eine differenzierte Istkostenerfassung. Neben der kostenstellenweisen Ermittlung der Sollkosten ist eine nach Bezugsgrößen differenzierte Erfassung der Ist-Bezugsgrößen notwendig. Diese Ist-Bezugsgrößen können entweder aus der Lohnabrechnung ermittelt oder direkt in der Kostenstelle durch ein Betriebsdatenerfassungssystem erfasst werden. Indirekte Bezugsgrößen müssen dagegen aus anderen Kostenstellen, z.B. mit Hilfe des Umsatzes, abgeleitet werden.

Im Rahmen dieser Istkostenerfassung zählen zu den wichtigsten Produktionskosten die Personalkosten bzw. die Fertigungslöhne, die mit Hilfe der Lohn- und Gehaltsabrechnung den einzelnen Kostenstellen zuzuordnen sind. Des Weiteren sind die angefallenen Materialkosten und die Istkosten für Werkzeuge und Geräte zu nennen, die über entsprechende Entnahmescheine für die einzelnen Kostenstellen erfasst werden.

Eine der zentralen Beurteilungsgrößen für den Fertigungsbereich stellt die Fertigungsproduktivität dar, die ein Maß für den Wirkungsgrad der eingesetzten Produktionsfaktoren ist (vgl. Hilti 1990).

Um die angefallenen Kostenabweichungen ursachengerecht analysieren zu können, ist die Festlegung von differenzierten Toleranzschwellen bzw. Grenzwerten erforderlich. Bei Über- bzw. Unterschreitung dieser Werte sind dann detaillierte Ursachenanalysen für die entsprechenden Verantwortungsträger anzufertigen. Bei Überschreitung der durch einen Toleranzbereich definierten Schranken ist eine tiefergehende Ursachenanalyse erforderlich. Zusätzlich sind Trendanalysen in der Entwicklung der untersuchten Größen durchzuführen.

Wildemann merkt zum klassischen Controlling kritisch an, dass traditionelle Denkkategorien, die ausschließlich an Kosten- und Produktivitätszielen ausgerichtet sind und vom Sicherheits- und Bestandsdenken geprägt werden, nur bedingt geeignet sind, um den modernen Produktionsbetrieb steuern zu können (vgl. Wildemann 2001, S. 271f.). Vielmehr ist eine stärkere Berücksichtigung der Faktoren Zeit und Qualität notwendig. Elementare Kennzahlen, die diese Anforderungen erfüllen, sind (vgl. Wildemann 2001, S. 287):

- inner- und überbetrieblicher Servicegrad,
- Wertschöpfungszeit in Bezug zur Durchlaufzeit,
- Reichweite und Umschlagshäufigkeit von Beständen, klassifiziert nach Fertigungsstufen und Wertigkeit der Erzeugnisse,
- Personalbestand sowie die Mitarbeiterqualifikation und -struktur,
- Lager- und Fertigungsflächennutzungsgrade,
- Qualitätskosten in Bezug zur Wertschöpfung und
- Kapazitätsauslastungs- und Produktivitätsquote.

Im Mittelpunkt der systemgestaltenden Koordinationsaufgaben des Produktionscontrolling steht der Aufbau eines strategischen Produktionsplanungs- und -kontrollsystems, die Implementierung eines operativen Produktionsplanungs- und -kontrollsystems und darauf abgestimmter Informationsversorgungssysteme. Innerhalb dieses Systems führt das Produktionscontrolling laufend Abstimmungs- und Unterstützungstätigkeiten z.B. bei der Einführung neuer Technologien oder bei der Auftragsbearbeitung durch. Abgestimmt auf den Informationsbedarf der Produktionsplanung, -steuerung und -kontrolle hat das Informationsversorgungssystem der Produktion für die Beschaffung, Analyse und Übermittlung von produktionswirtschaftlich relevanten Prognose-, Soll- und Istdaten zu sorgen (vgl. Hoitsch 1992, S. 18f.).

Das Produktionscontrolling bedient sich dazu der betriebswirtschaftlichen Informationssysteme der Produktion, also überwiegend der PPS, und der Kosten-, -Erlös- und Deckungsbeitragsrechnung, die auf der Grundrechnung von Kosten und Erlösen basieren. Die Einordnung des Produktionscontrolling in ein Konzept integrierter Rechnerunterstützung in der Produktion zeigt Abb. 5-17.

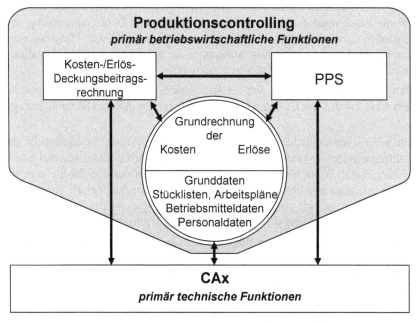

Abb. 5-17: Produktionscontrolling im rechnergestützten Fabrikbetrieb (vgl. Hoitsch 1992, S. 19)

5.3   Projektplanung und -steuerung für die Einzelfertigung

Im Maschinen- und Anlagenbau stellt die von langen Durchlaufzeiten geprägte Auftragsfertigung besondere Anforderungen an die Planungsfunktionalität von ERP-Systemen (vgl. Müller 2004, S. 25ff). Im Gegensatz zur Standard- und Serienfertigung sind zum Zeitpunkt der Auftragserteilung die technischen Unterlagen wie Zeichnungen, Stücklisten und Arbeitspläne, wenn überhaupt, nur unvollständig vorhanden. Diese Informationen entstehen zum Großteil erst im Projektverlauf.

Durch die fertigungsbegleitende Konstruktion ist die komplette Struktur des Auftrages erst zum Projektende vollständig bekannt. Somit greift eine klassische, auf Stücklisten- und Arbeitsplanebene stattfindende Termin- und Kapazitätsplanung deutlich zu kurz. Denn die Crux der Einzelfertiger besteht darin, dass – bedingt durch die wachsende Stückliste – diese Informationen erst zu einem späten Zeitpunkt in vollständiger Form vorliegen. Der daraus resultierende Planungshorizont liefert angesichts der dann noch verbleibenden Reaktionszeit keine verwertbaren Daten für eine Projektplanung (Abb. 5-18).

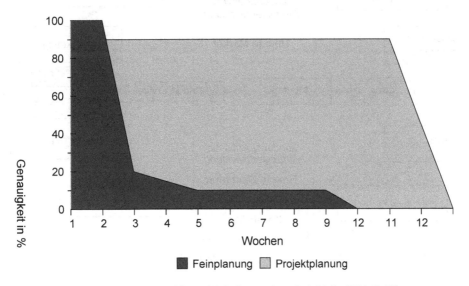

Abb. 5-18: Planungshorizonte von Projekt- und Feinplanungsdaten (vgl. Müller 2004, S. 25)

Demgegenüber besteht die zwingende Notwendigkeit, die Gesamtstruktur des Auftrages zu einem möglichst frühen Zeitpunkt in einem Projektterminplan (zum Beispiel auf Baugruppenebene) zu beschreiben und terminlich zu strukturieren. Dies hat völlig unabhängig von den nur kurzfristig verfügbaren Feinplanungsdaten zu geschehen. In eine derartige Planung müssen insbesondere auch Konstruktion, Beschaffung, Fremdvergabe und Mitwirkungsleistungen des Kunden einbezogen werden, da diese, neben der Fertigung und Montage, die Durchlaufzeit wesentlich bestimmen.

Im Zuge der Abkehr von der auf einen anonymen Markt zielenden Massen- und Serienfertigung und der Hinwendung zu kundenindividuellen Auftragsformen gewinnt ein integriertes Projektmanagement für zahlreiche Unternehmen der Investitionsgüterindustrie stark an Bedeutung. Dabei sind unterschiedliche Ziele miteinander in Einklang zu bringen:

- Zum einen muss in der Akquisitionsphase ein leistungsfähiger Vertrieb schnelle Aussagen über Lieferfähigkeit und Kalkulation machen können.
- Gleichzeitig sind die Kapazitäten der Fertigung nicht beliebig an die Auftragslage anpassbar. Durch immer komplexere Investitionsgüter und eine zunehmende Auftragsvergabe an Dritte, deren Leistungserfüllung zu koordinieren ist, steigen auch die Anforderungen an das Projektmanagement.

Im Gegensatz zu einer wiederholten Fertigung von Serienteilen beinhalten Projekte der Einzelfertigung spezifische Aufgabenstellungen von Organisation und Planung. Abb. 5-19 zeigt die unterschiedlichen Planungsaufgaben zwischen diesen beiden Fertigungsarten.

Eine Integration von Projektmanagementaufgaben in das ERP-System kann die Wettbewerbsfähigkeit der Einzel- und Projektfertigung erheblich verbessern.

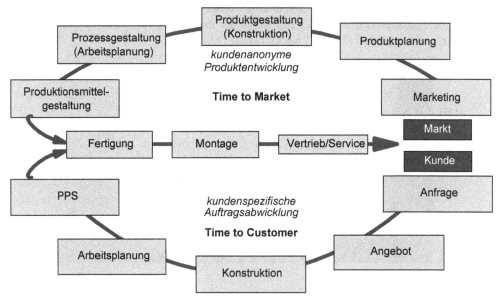

Abb. 5-19: Unterschiedliches Vorgehen bei Serien- und Projektplanung (vgl. Eversheim 2002, S. 4).

5.3.1   Projektstrukturpläne

Als Werkzeuge der Planung und Verfolgung von Projekten werden Projektstrukturpläne eingesetzt. Als Projekt werden dabei Vorhaben bezeichnet, die im Wesentlichen durch die Einmaligkeit ihrer Bedingungen gekennzeichnet sind. Diese Bedingungen können in der Zielvorgabe, in zeitlichen, finanziellen oder personellen Besonderheiten oder in der Abgrenzung gegenüber anderen Vorhaben liegen. Projekte weisen eine speziell angepasste Aufbauorganisation auf.

Projektaufgaben sind alle Tätigkeiten, die erforderlich sind, um das vorab definierte Projektergebnis zu realisieren. Sie werden in projektbezogene Planungs- und Realisationsaufgaben unterschieden. Bei den projektbezogenen Realisationsaufgaben wird zwischen Aufgaben der Beschaffung und des Einsatzes von Ressourcen (z.B. Beschaffung von Personal für eine bestimmte Projektphase) und den unmittelbar auf die Realisation des Projektziels ausgerichteten Aufgaben (z.B. Lösung eines bestimmten Konstruktionsproblems) differenziert.

Der Projektstrukturplan (PSP) …
gibt die Zerlegung des Projektgegenstandes, also z.B. des Investitionsgutes wieder, während Netzpläne eine Zerlegung der Projektaufgabe in Phasen, Phasenschritte und Aktivitäten vornehmen.

Die strukturelle Gliederung im Projektstrukturplan und die zeitliche Gliederung im Netzplan bilden die Basis für die Projektplanung. Projektstrukturpläne können erzeugnisorientiert oder funktionsorientiert aufgebaut werden. Auch Mischformen sind möglich. Erzeugnisorientierte Projektstrukturpläne sind vorteilhaft, wenn das Projekt mit der Erstellung des materiellen Gegenstandes identisch ist (Anlagenbau, Softwareerstellung). Bei der Funktionsorientierung des Projektstrukturplanes wird dieser in einzelne durchzuführende Aufgaben zerlegt. Dies bietet Vorteile, wenn das Projekt über einen materiellen Gegenstand wesentlich hinausgeht (Erschließung von Märkten, Kooperation mit Partnern). In der Praxis ist eine gemischte Orientierung anzutreffen, die auf den oberen Ebenen des Projektstrukturplanes eine Objektorientierung, auf den unteren Ebenen eine Funktionsorientierung vorsieht.

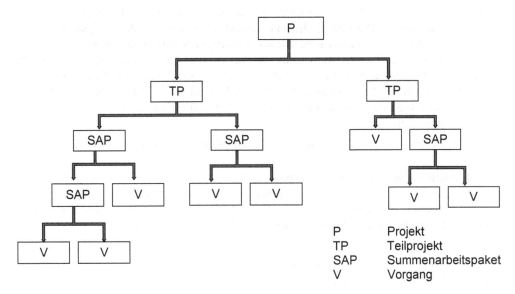

Abb. 5-20: Aufbau eines Projektstrukturplanes (vgl. Wischnewski 1999, S. 169)

PSP-Elemente sind die einzelnen Strukturelemente des Projektstrukturplans. Sie beschreiben entweder eine konkrete Aufgabe oder eine Teilaufgabe, die weiter untergliedert werden kann. Arbeitspakete oder Vorgänge werden diejenigen Elemente im PSP genannt, die nicht weiter aufgegliedert werden. Abb. 5-20 gibt einen Überblick über den Aufbau von Projektstrukturplänen.

Folgende Daten werden zu den PSP-Elementen abgelegt:

- Die PSP-Elemente können unterschiedlichen Werken, Buchungskreisen und Geschäftsbereichen zugeordnet sein.
- Das PSP-Element kann eine eigene Objektwährung haben.

- Personelle Zuständigkeiten werden durch folgende Daten abgebildet: Name des Projektverantwortlichen, anfordernde Kostenstelle (beantragender bzw. veranlassender Bereich für PSP-Element) und verantwortliche Kostenstelle für die Durchführung des PSP-Elements.
- Weiter können zu einem PSP-Element verschiedene Dokumente erfasst bzw. zugeordnet werden.

Mit der Projektart können PSP-Elemente nach bestimmten Kategorien eingeordnet werden, z.B. als Investitionsprojekt oder Kundenprojekt. Ein Projekt kann an verschiedenen Objekten abgerechnet werden, z.B. an einer Anlage, einer Kostenstelle oder einem Kundenauftrag. Mit einer Abrechnungsvorschrift wird festgelegt, an wen und wie die Kosten bzw. Erlöse abgerechnet werden, die auf dem PSP-Element angefallen sind.

5.3.2   Netzpläne

Zur Darstellung von Aufgaben im Zeitablauf werden häufig Balkendiagramme (sog. Gantt-Diagramme) verwendet, die jedoch im Projektmanagement erhebliche Nachteile aufweisen.

Komplexe Problembereiche werden durch Balkendiagramme nicht unterstützt. Eine Erfassung und vollständige Darstellung der Interdependenzen zwischen den Aufgaben ist nicht möglich. Somit können Balkendiagramme nur schwer zur Schätzung der Auswirkungen von Projektverzögerungen benutzt werden, da die Auswirkung der Verzögerung einer Aufgabe auf eine andere nicht erkennbar ist. Schließlich sind Termine die einzige Planungsgrundlage der Balkendiagramme; Ressourcen und Kosten bleiben unberücksichtigt. Daher wurden verschiedene Verfahren der Netzplantechnik (z.B. CPM, MPM, PERT) entwickelt, die diese Nachteile nicht aufweisen.

Netzpläne bestehen formal aus Knoten und Kanten (auch als Pfeile bezeichnet, da gerichtet).

Funktionalelemente der Netzplantechnik …
sind Vorgänge als zeiterforderndes Geschehen mit definiertem Anfang und Ende, Ereignisse als festgelegte Zustände im Ablauf eines Aufgabenkomplexes und Anordnungsbeziehungen, die die Aufeinanderfolge von Vorgängen bzw. Ereignissen festlegen.

Je nach Zuordnung von Funktionalelementen zu Formalelementen sind verschiedene Typen von Netzplänen entstanden (Abb. 5-21).

Formales Element	Funktionales Element		
	Vorgang	**Anordnungsbeziehung**	**Ereignis**
Knoten	Vorgangsknotennetzplan		Vorgangspfeilnetzplan Ereignisknotennetzplan
Pfeil	Vorgangspfeilnetzplan	Vorgangsknotennetzplan Vorgangspfeilnetzplan Ereignisknotennetzplan	

Abb. 5-21: Arten von Netzplänen

Der Netzplan wird aus einem Projektstrukturplan heraus erstellt. Die notwendigen Daten zur Dauer eines Arbeitspaketes und zu seinen Vorgängern bzw. Nachfolgern werden ermittelt. An die Zeitplanung schließen sich die Kapazitäts- und Kostenplanung an. In ERP-Systemen ist der Netzplan zumeist eine besondere Form eines Eigenfertigungsauftrags.

5.3.3 Projektbezogene Materialbedarfsplanung

Die fortschreitende Reduktion der Fertigungstiefe hat zur Folge, dass die eigene Produktion immer stärker durch die Fremdvergabe von Bauteilen und ganzen Baugruppen ersetzt wird. Dies geht teilweise so weit, dass Maschinenbauer ihre eigene Fertigung einstellen, so dass sich die Planung auf die Themen Engineering, Beschaffung und Montage beschränkt. Vor diesem Hintergrund entwickelt sich die dazu erforderliche Beschaffungsplanung unter Berücksichtigung der beizustellenden Teile zu einem wichtigen Bestandteil des Projektmanagements (vgl. Müller 2004, S. 26).

Projektspezifische Aufgaben der Materialwirtschaft sind u.a. das rechtzeitige Anstoßen von Bestellungen für Material mit langen Lieferzeiten, die Ermittlung von Bedarfsterminen und von Mengen im Rahmen der Bestandsführung.

Um diese Ausgabe ausführen zu können, werden die Materialkomponenten (Reservierung, Bestellung, Bestellanforderung u.a.) mit den Elementen des Projektstrukturplanes und mit den Vorgängen verbunden. Analog werden Finanzwirtschaft und Controlling integriert. Abb. 5-22 zeigt die Übereinstimmungen zwischen Fertigungsunterlagen und Projektunterlagen (vgl. Gronau 1999, S. 143).

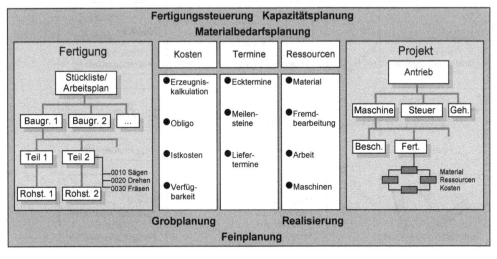

Abb. 5-22: Integration der Fertigung in die Projektplanung (vgl. Gronau 1999, S. 143)

5.3.4 Projektplanung

Die Projektplanung wird unterteilt in die Terminplanung, die Kostenplanung, die Kapazitätsplanung mit Verfügbarkeitsprüfung und die Budgetplanung. Für jeden dieser Planungsschritte stehen entsprechende Dialoge im ERP-System zur Verfügung.

Terminplanung

Die Terminplanung kann manuell mit dem Projektstrukturplan erfolgen oder automatisch, indem auf die Termindaten des Netzplanes zurückgegriffen wird. Die Planung kann top down oder bottom up erfolgen. Terminkonflikte werden erkannt und angezeigt. Geänderte Termine, etwa durch Rückmeldungen bei der Projektdurchführung, werden im Projektstrukturplan aktualisiert.

Innerhalb der Terminplanung wird zwischen Eckterminen als derzeit gültigen Planungsterminen im Projektstrukturplan, Prognoseterminen, Istterminen und sog. terminierten Terminen als Übernahme aus dem Netzplan unterschieden.

Die Terminierung im Netzplan ermittelt die zur Bestimmung der Pufferzeiten erforderlichen Angaben und berechnet den Kapazitätsbedarf. Dabei werden z.B. in SAP ERP verschiedene Terminierungsarten unterstützt (vgl. Gronau 1999, S. 145). Mit der Tagesdatum-Terminierung kann überprüft werden, ob der Netzplan bis zu einem bestimmten Endtermin noch durchführbar ist. Anhand der Puffer in den Vorgängen kann festgestellt werden, wie viele Tage zur Einhaltung des Endtermins fehlen.

Bei der Heute-Terminierung wird vom Tagesdatum als Starttermin das voraussichtliche Ende des Projektes ermittelt. Vorgänge können mit fixen Endterminen versehen werden, die auch bei Verschiebungen einzuhalten sind.

Die Gesamtnetzterminierung schließlich berechnet die Termine aller zu einem Projekt gehörenden Netzpläne neu. Abb. 5-23 zeigt die Ergebnisse der Terminierung (vgl. Gronau 1999, S. 145).

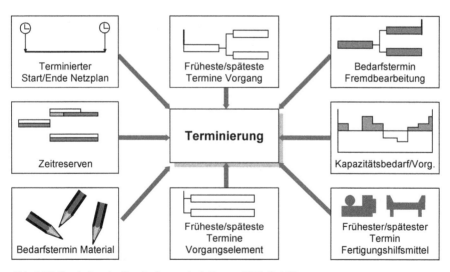

Abb. 5-23: Ergebnisse der Terminplanung (vgl. Gronau 1999, S. 145)

Kostenplanung

In vielen Bereichen des Projektmanagements sind Kostenüberschreitungen anzutreffen. Zumindest ein Teil dieser nicht geplanten Kosten kann durch eine leistungsfähige Kostenplanung und ein projektbegleitendes Controlling verhindert oder verringert werden. Die Kostenplanung ermöglicht eine kostenartenunabhängige Strukturplanung, eine Detailplanung oder eine Einzelkalkulation der anfallenden Kosten.

Bei der kostenartenunabhängigen Strukturplanung wird in die Elemente des Projektstruktur-planes ein erster Kostenansatz eingesetzt. Diese Ansätze können auf Schätzungen oder auf vergleichbaren Projekten beruhen. Analog zur Terminplanung kann die Kostenplanung top down oder bottom up erfolgen.

Die Detailplanung plant unter Berücksichtigung der Kostenarten primäre Kosten und sekun-däre Kosten in Form von Leistungsaufnahmen. Die Planungszeiträume können jahres- oder periodenbezogen gewählt werden.

Bei Verfügbarkeit von Informationen über Bezugsquellen, Mengen und Preisen ist eine Ein-zelkalkulation möglich. Dies ermöglicht eine zusätzliche Detaillierung der Kostenplanung, da pro Material und pro Eigen- bzw. Fremdleistung geplant werden kann. Die Preise kann das ERP-System aus Materialstammsätzen, aus Kostenstellenabrechnungssätzen oder aus Preisinformationen des Einkaufs ermitteln.

Projekt-Kapazitätsplanung

Zusätzlich zur Terminplanung kommt der Kapazitätsplanung aller kritischen Engpass-ressourcen entscheidende Bedeutung zu. Sie liefert die Grundlage für die Kapazitätsgrob-planung. Dazu werden die je nach Kostenstelle oder Kostenstellengruppe vorkalkulierten Stunden berücksichtigt (vgl. Müller 2004, S. 26).

Eine solche Projektierung sollte bereits im Angebotsstadium möglich sein. Die Kapazitätsbe-lastung für kritische Ressourcen muss simuliert werden können, indem die bestehenden Auf-träge und die Angebote mit hoher Zuschlagswahrscheinlichkeit Eingang finden. Auf diese Weise lassen sich Kapazitätsengpässe und Unterbelastungssituationen rechtzeitig erkennen und Gegenmaßnahmen einleiten. Zu den wichtigsten Maßnahmen gehört dabei die Auflö-sung von Kapazitätsengpässen durch frühzeitiges Handeln in Form von Überstunden, weite-ren Schichten oder Fremdvergabe.

Eine Kapazität (z.B. eine Maschine) ist eine Ressource, deren Auslastung zeitabhängig geplant wird. Im Gegensatz zu anderen Ressourcen im ERP-System wie z.B. Material, Fer-tigungshilfsmittel oder Finanzen können Kapazitäten nur zeitbezogen in Anspruch genom-men werden. Eine Kapazität, die heute nicht genutzt wird, steht morgen nicht mehr zur Ver-fügung.

Die zur Projektabwicklung notwendigen Kapazitäten werden mit Vorgängen und Vorgangs-elementen geplant. Als Planungsgrundlage dienen bei eigenbearbeiteten Vorgängen Arbeits-plätze mit ihrem festgelegten Kapazitätsangebot. In den Vorgangselementen können weitere Daten für die Kapazitätsplanung hinterlegt werden, z.B. wenn mehrere Personen für einen Vorgang benötigt werden.

Dienstleistungen werden über fremdbearbeitete Vorgänge geplant. Durch eine Verbindung zum Einkauf fließen Preise und Lieferzeiten in die Planung ein. Auch für fremdbearbeitete Vorgänge können in den Vorgangselementen Plankapazitäten angegeben werden.

Kapazitätsangebote werden z.B. bei SAP ERP im Arbeitsplatz über Kapazitätsarten festge-legt. Ein Kapazitätsangebot gibt an, welche Leistung eine Kapazitätsart pro Arbeitsplatz er-bringt. Kapazitätsarten können z.B. eine Maschine in der Fertigung, eine Personengruppe zur Bedienung einer Produktionslinie oder eine Gruppe von Konstrukteuren sein.

Der Kapazitätsbedarf gibt an, welche Leistung für die Durchführung eines Vorgangs zu einer bestimmten Zeit benötigt wird. Dafür wird in eigenbearbeiteten Vorgängen ein Arbeitsplatz und ein Wert für die Arbeit gepflegt. Wenn für die Durchführung eines Vorgangs mehrere

Ressourcen benötigt werden oder ein unterschiedlicher Bedarf an Kapazitäten besteht, können zu Vorgängen Arbeitselemente angelegt werden. In den Arbeitselementen werden die gleichen Daten wie in den Vorgängen gepflegt. Der Termin für den Bedarf der Arbeitselemente wird über den Zeitabstand zum Start- bzw. Endtermin des Vorgangs festgelegt.

Verfügbarkeitsprüfung
Eine wesentliche Erleichterung für Vertrieb und Projektplanung stellt eine automatisierte Verfügbarkeitsprüfung dar. Damit können Termine verlässlicher geplant und Kundenverärgerung eher vermieden werden. Auch für Projekte kann eine Verfügbarkeitsprüfung durchgeführt werden. Die im Projekt verwendeten Materialien, Kapazitäten und Hilfsmittel werden automatisch auf Verfügbarkeit geprüft. Für die Verfolgung von Fehlteilen können Workflow-Funktionen genutzt werden, durch die die Aufgaben Fehlteilermittlung, Information beim Wareneingang und Rückstandsauflösung zu einem Geschäftsprozess verbunden werden können.

Der Kapazitätsabgleich durch den Projektplaner wird unterstützt durch Vergleich der Auslastung des Arbeitsplatzes mit der Nachfrage sowie durch Simulation des Kapazitätsangebotes.

Budgetplanung
Nach Abschluss der Planung und Genehmigung des Projektes erfolgt die Budgetplanung. Das Budget wird typischerweise auf den Elementen des Projektstrukturplanes vergeben (vgl. Gronau 1999, S. 148). Die Budgetplanung erfolgt von oben nach unten (vgl. Abb. 5-24). Es werden Jahres- oder Gesamtbudgets vergeben. Die Aktualisierung des Budgets aufgrund von unvorhersehbaren Änderungen oder der Verteuerung von Fremdleistungen kann durch Nachträge bzw. Rückgaben oder Umbuchungen zwischen Elementen des Projektstrukturplanes erfolgen. Nachträge erfolgen top down, Rückgabe nicht benötigter Mittel bottom up.

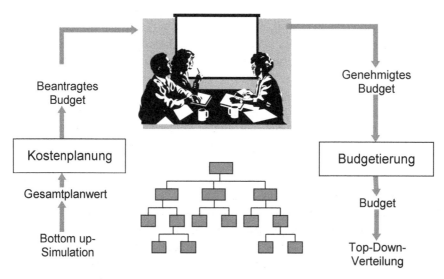

Abb. 5-24: Vorgang der Budgetplanung (vgl. Gronau 1999, S. 148)

5.3.5 Realisierung des Projektes

Nach der Budgetplanung, spätestens aber mit der Freigabe beginnt die Realisierung des Projektes. Rückmeldungen dokumentieren den Bearbeitungsstand von Vorgängen und Netzplanelementen und sind Grundlage für die Berechnung der Kapazitätsauslastung des Arbeitsplatzes, die Fortschreibung der Istkosten und die Aktualisierung der Netzplandaten hinsichtlich der Restdauer. Die Übernahme der Isttermine erfolgt je nach gewählter Planungsart bottom up oder top down. Die eingegebenen Isttermine werden zur Grundlage einer neuen Vorwärtsterminierung. Da die Rückwärtsterminierung weiterhin auf dem geplanten Endtermin aufsetzt, kann ein Projektverzug durch negative Puffer sofort erkannt werden.

Kosten, die u.a. durch Leistungsverrechnungen, Materialentnahmen, Lieferungen oder Fremdrechnungen entstehen können, werden im Projekt abgebildet. Gemeinkosten für die Bereitstellung von Maschinen, Gebäuden u.Ä. können über prozentuale oder absolute Zuschläge auf Plan- oder Istkosten verrechnet werden.

Zum Projekt können auch Aufträge wie Instandhaltungs- oder Fertigungsaufträge angelegt werden. Innenaufträge werden im Rahmen der Kosten- und Leistungsrechnung verwendet, um z.B. Kosten zu überwachen. Mit der Anlage von Aufträgen zum Projekt ist es möglich, vorhandene Elemente aus anderen Funktionsbereichen des ERP-Systems zu nutzen und dennoch in das Projektcontrolling einzubeziehen. So kann bei Fertigungsaufträgen auf bereits vorhandene Stücklisten oder Arbeitspläne zurückgegriffen werden.

Als wesentliches Element des Projektcontrolling fungiert dabei eine Budget-Verfügbarkeitskontrolle, die z.B. bereits im Falle einer Bestellung eingreift und eine evtl. drohende Budgetüberschreitung feststellt. Als Reaktion auf diese drohende Budgetüberschreitung können Warnmeldungen ausgegeben werden, verbunden mit einer elektronischen Nachricht an den Projektverantwortlichen. Nach Abschluss des Projektes erfolgt eine Abrechnung der angefallenen Kosten auf einen oder mehrere Empfänger (vgl. Abb. 5-25).

Die Abrechnungsvorschrift als Voraussetzung für das Projekt ist bei den Stammdaten des Projektes hinterlegt. Sie besteht aus Aufteilungsregeln, in denen u.a. die Abrechnungsempfänger und die Aufteilung der Kosten hinterlegt sind (vgl. Gronau 1999, S. 150).

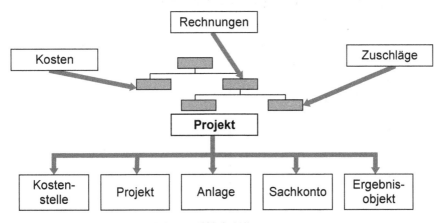

Abb. 5-25: Projektabrechnung (vgl. Gronau 1999, S. 150)

5.3.6   Projektsteuerung

Die Terminsituation im Projekt kann durch Hierarchiegrafiken, Gantt-Diagramme und Netzpläne dargestellt werden.

Die Kapazitätsbelastung der Arbeitsplätze wird durch eine Auswertung der benötigten Ressourcen dargestellt. Dabei kann eine Verdichtung über alle von diesen Arbeitsplätzen bearbeiteten Projekte erfolgen. Ausnahmesituationen wie Rückstand oder Überauslastungen werden automatisch ermittelt.

Zur Projektsteuerung sind weitere Hilfsmittel erforderlich. Dazu gehört die Portfoliodarstellung, die Termine und Kosten mehrere Projekte im Überblick darstellt und die Leistungswertermittlung, die die bisher erbrachten Leistungen der Termin- und Budgetsituation gegenüberstellt. Einige ERP-Systeme bieten eine Meilenstein-Trendanalyse (vgl. Abb. 5-26).

Aus dem Verlauf der Linie durch die Meilensteintermine kann auf Projektverzögerungen (M3) oder vorfristige Fälligkeit (M1) geschlossen werden. Ergeben sich über mehrere Projekte ähnliche Verläufe, kann dies einen Anhaltspunkt für die Überarbeitung der Projektplanungsdaten darstellen.

Für eine erfolgreiche Projektsteuerung reicht eine isolierte Betrachtung von Kosten, Ressourcen oder Terminen nicht aus. Erst wenn diese Werte mit der tatsächlich erbrachten Leistung verglichen werden, sind sinnvolle Aussagen über den Projektfortschritt und den Stand eines Projekts möglich. Diese Aufgaben unterstützt die Fortschrittsanalyse. Sie ist sowohl für die interne Kontrolle des Fortschritts als auch als Leistungsnachweis gegenüber dem Auftraggeber geeignet.

Für PSP-Elemente, Vorgänge und Vorgangselemente lässt sich ein Fertigstellungsgrad (Angabe des Projektfortschritts in Prozent) schätzen oder nach bestimmten Regeln aus bereits im System verfügbaren Informationen ableiten. Durch geeignete Gewichtung z.B. mit den Plankosten, lassen sich diese Werte über die Projektstruktur verdichten. Mit Hilfe einer Bezugsgröße, z.B. den Plankosten, wird aus dem Fertigstellungsgrad der Fertigstellungswert (Wert

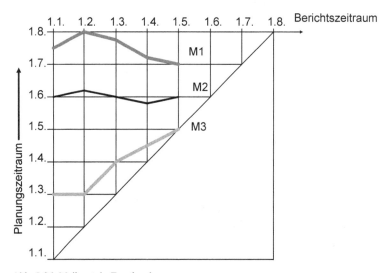

Abb. 5-26: Meilenstein-Trendanalyse

der erbrachten Leistung in einem Projekt) errechnet. Zusätzlich lassen sich verschiedene Kennzahlen und Abweichungen ableiten, die eine objektive Fortschritts- und Zustandskontrolle unterstützen und die zeitliche Entwicklung dieser Werte betrachten. Der Fertigstellungsgrad bezeichnet das Verhältnis der zu einem Stichtag erbrachten Leistung zur Gesamtleistung eines Vorgangs oder eines PSP-Elements. Der Fertigstellungswert bezeichnet die dem Fertigstellungsgrad entsprechenden Kosten eines PSP-Elements oder Vorgangs. Um einen Fertigstellungswert zu erhalten, wird der Fertigstellungsgrad in der Regel mit einer Plangröße multipliziert, z.B. der ursprünglichen Planung oder dem Budget.

5.4   Manufacturing Execution Systeme

Viele Unternehmen haben heute neben den betriebswirtschaftlich planenden Funktionen im ERP-System einen Bedarf an schneller zeitnaher Generierung und Verwaltung von Ist-Daten aus dem Produktionsbereich. Typischerweise wird diese Aufgabe heutzutage von Manufacturing Execution Systemen (MES) wahrgenommen. Der Markt für MES-Systeme ist in den letzten Jahren sehr unübersichtlich geworden, da nach der Etablierung des Begriffes MES eine Vielzahl der Anbieter von Teilkomponenten (z. B. BDE, CAQ, Fertigungsleitstand) ihre Produkte nun auch mit dem schmückenden Prädikat MES versehen.

Die notwendigen Bestandteile eines MES sind in der VDE-Richtlinie 5600 aufgeführt (Abb. 5-27). Wegen der häufig auf den ersten Blick nicht erkennbaren Einschränkungen im Funktionsumfang und in der Integrationstiefe einzelner Anbieter ist es sinnvoll, bei der Auswahl von MES eine externe Beratung zu Hilfe zu nehmen. Wesentlich stärker als bei ERP-Systemen, die z. B. im Bereich Personal und Finanzen über weitgehend standardisierte Funktionen verfügen, gehen im MES-Bereich die angebotenen Funktionen und deren Integrationstiefe auseinander.

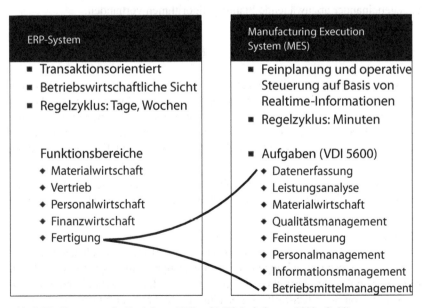

Abb. 5-27: Abgrenzung der Funktionen ERP und MES (vgl. Gronau 2009a, S. 30)

So ist der Funktionsumfang des MES häufig in unterschiedlichen Systemkategorien abgebildet. Einzelne Anbieter fassen mehrere unterschiedliche Anwendungssysteme zusammen, teilweise wenigstens unter einer gemeinsamen Oberfläche, während andere Anbieter Teile ihrer ERP-Funktionalität als MES deklarieren.

Praxistipp:
Bei denjenigen Anbietern, die mehrere voneinander unabhängige Softwareprodukte als MES verkaufen, ist insbesondere darauf zu achten, wie Ist-Informationen in den am häufigsten als externes Produkt zugekauften Leitstand gelangen. Lösungen, bei denen manuell Maschinenstörungen oder Personalausfälle in die Leitstandsdaten übernommen werden müssen, weisen aus Effizienzgründen Nachteile auf.

Im Markt ist eine sehr unterschiedliche Philosophie im Umgang mit der Automatisierung der Planung zu beobachten. Während einzelne Systeme eine so stark automatisierte Feinplanung vorsehen, dass sie gar keine Anzeige der fein geplanten Aufträge in einer Übersicht mehr ermöglichen, so sind andere Systeme durchaus in der Lage, die von ERP-Systemen kommenden Aufträge zunächst in einen Arbeitsvorrat zu überführen und dann pro Maschine oder Maschinengruppe wahlweise automatisch oder manuell einzuplanen.

Ein kritischer Erfolgsfaktor für das MES-Projekt liegt in einer guten Übereinstimmung der Planungsphilosophie des MES-Systems mit der gewünschten Autonomie und Reaktionsfähigkeit des Produktionsbereiches. Ein stark automatisiert planendes MES-System passt nicht zu einem Produktionsbereich, in dem eine hohe Autonomie der einzelnen Arbeits- oder Maschinengruppen angestrebt wird.

Im Bereich der leitstandsbasierten automatischen Feinplanung werden auch sehr unterschiedlich qualifizierte Prioritätsalgorithmen angewandt; teilweise werden Planungsfehler aus dem ERP-System nur wiederholt, wie das Planen gegen unbegrenzte Kapazitäten, teilweise sind auch sehr viele gegeneinander abzuwägende Planungsalgorithmen vorhanden.

5.5   Qualitätsmanagement in der Fertigung

In der Fertigung werden Arbeits- und Prüfvorgänge zunehmend von den gleichen Mitarbeitern ausgeführt. Die früher übliche Trennung von Fertigung und Prüfung wurde als nicht mehr wettbewerbsfähig erkannt und häufig durch selbstregelnde Einheiten (Segmente) ersetzt (vgl. Spath 2001, S. 10). Insofern werden Prüf- und andere Aufgaben der Qualitätssicherung als Fertigungsaufgaben verstanden und in Arbeitspläne und Fertigungssteuerung integriert.

In der Phase der Fertigungsplanung wird die Prüfplanung durchgeführt. Die Programmierung der in der Fertigung zum Einsatz gelangenden Koordinatenmessgeräte erfolgt analog zur CNC-Programmierung.

In der Fertigung selbst werden immer häufiger MES-Systeme zur Ergänzung der ERP-Funktionen eingesetzt. Die ERP-Daten werden in MES durch spezifische Qualitätsdaten wie Seriennummernkreis, Merkmalsbeschreibungen, Prüfmittelgruppen, Stichproben- und Prüftabellen, Fehlerursachen und -orte, Abstellmaßnahmen oder Qualitätsentscheide ergänzt (vgl. Hermann 2008, S. 33). Von der MES-Software erfolgt die Rückmeldung nach positiv abgeschlossenen Prüfungen in der Fertigung sowie nach der erfolgreichen Endabnahme.

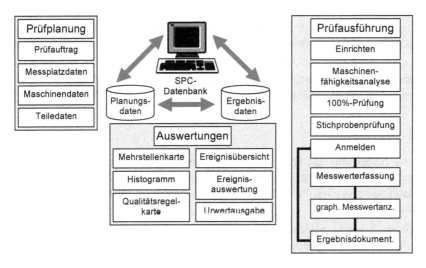

Abb. 5-28: Statistische Prozesslenkung (nach Westkämper)

Spezialisierte QM-Systeme oder Sonderfunktionen in ERP-Systemen ermöglichen die statistische Prozesslenkung (Abb. 5-28) und stellen dazu entsprechende Typen von Regelkarten (Mittelwertkarte, Standardabweichungskarte) zur Verfügung (vgl. Ament 2003, S. 9f.). Diese Regelkarten werden bei der Ergebniserfassung fortgeschrieben. Sie stehen auch für geeignete Anwendungen z.B. im Wareneingang zur Verfügung.

5.5.1 Prüfplanung in der Fertigung

Die Qualitäts- und Prüfplanung wird weitgehend aus den Vorgaben der Produktgrunddatenverwaltung bzw. aus den spezifischen Kundenaufträgen abgeleitet. Als spezielle Qualitätsdaten werden Prüfmerkmale, Prüfmethoden und Kataloge gespeichert. Prüfmittel werden als Fertigungshilfsmittel eingeordnet. Die Kataloge dienen der gleichartigen Benennung gleichartiger Fehler und Prüfergebnisse. Die im Katalog enthaltenen Sachverhaltsbeschreibungen

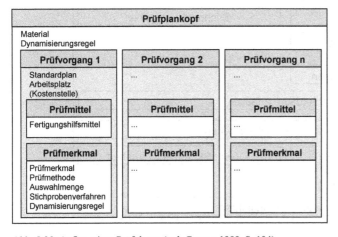

Abb. 5-29: Aufbau eines Prüfplanes (vgl. Gronau 1999, S. 194)

beinhalten Zusatzinformationen wie annehmbar oder zurückzuweisen, die eine Handlung aus dem Prüfergebnis heraus anstoßen können.

Bei der Prüfplanung wird analog zum Arbeitsplan ein Prüfplan erstellt, der dem zu prüfenden Material zugeordnet wird. In der Fertigung werden die Prüfmerkmale im Arbeitsplan hinterlegt. Abb. 5-29 zeigt den grundsätzlichen Aufbau eines Prüfplanes.

5.5.2   Prüfabwicklung

Die Prüfabwicklung besteht aus den Phasen Prüfanstoß, losweiser oder kontinuierlicher Prüfung mit der entsprechenden Qualitätsdatenerfassung sowie dem Abschluss mit der grafisch unterstützten Qualitätsauswertung (Abb. 5-30). Steht ein MES zur Verfügung, übernimmt dieses die Prüfabwicklung.

Ausgangspunkt ist ein Ereignis, aufgrund dessen eine Qualitätsprüfung erfolgen muss. In der darauf folgenden Prüfabwicklung bildet das Prüflos den zentralen Verwaltungssatz mit dem aktuellen Status der Prüfung, d.h. die bei der Prüfung erfassten Prüfergebnisse werden im Prüflossatz abgelegt. Er enthält Prüfdaten wie Prüfvorgaben, Prüfergebnisse und Verwendungsentscheide.

Eine statistische Prozesslenkung erfolgt mit Hilfe von Regelkarten, einem grafischen Hilfsmittel zur Dokumentation des Qualitätsverlaufs eines Fertigungsprozesses. Regelkarten werden bei der Ergebniserfassung fortgeschrieben und angezeigt. Die Eingriffs- und Warngrenzen werden auf Anforderung oder automatisch aus den aktuellen Prüfergebnissen oder aus den Ergebnissen eines Vorlaufs errechnet. Der Verlauf einer Regelkarte darf sich über mehrere Prüflose oder Fertigungsaufträge erstrecken. Die Regelkarten sind hauptsächlich für das Qualitätsmanagement in der Fertigung gedacht, in bestimmten Fällen ist ihre Anwendung auch bei Prüflosen anderer Herkunft, beispielsweise im Wareneingang, sinnvoll.

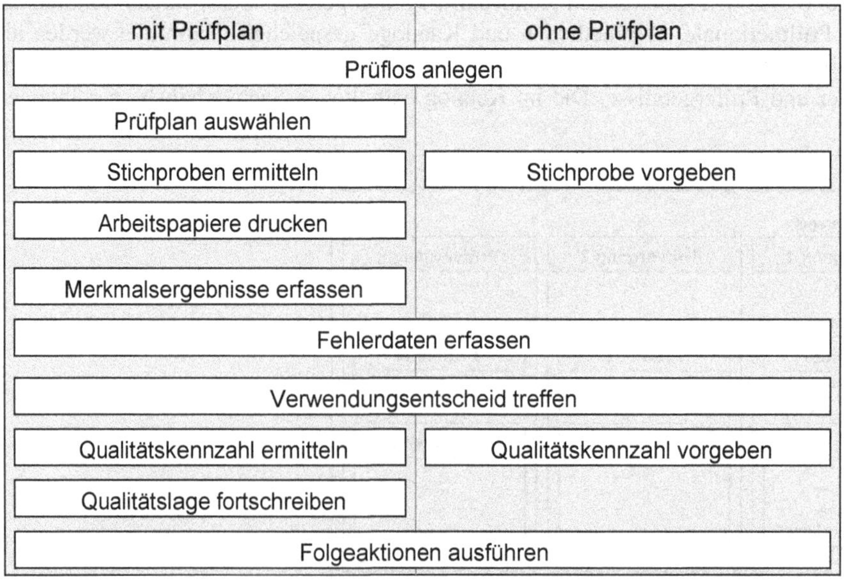

mit Prüfplan	ohne Prüfplan
Prüflos anlegen	
Prüfplan auswählen	
Stichproben ermitteln	Stichprobe vorgeben
Arbeitspapiere drucken	
Merkmalsergebnisse erfassen	
Fehlerdaten erfassen	
Verwendungsentscheid treffen	
Qualitätskennzahl ermitteln	Qualitätskennzahl vorgeben
Qualitätslage fortschreiben	
Folgeaktionen ausführen	

Abb. 5-30: Prüfabwicklung (vgl. Gronau 1999, S. 199)

Ergebnis der Prüfung ist der Verwendungsentscheid mit Qualitätskennzahlen und der entsprechenden Folgeaktion, z.B. der Freigabe des Loses oder der Sperrung. Dabei wird auch eine Qualitätskennzahl ermittelt, die aus dem Fehleranteil im Los oder den Fehleranteilen der Merkmalen berechnet wird. Zum Abschluss der Prüfung werden alle Ergebnisse der einzelnen Prüfmerkmale bewertet. Dabei werden die erzielten Werte mit den gespeicherten Vorgaben verglichen und eine Entscheidung über Annahme oder Rückweisung des Materials getroffen. Diese Funktion wird im Dialog mit dem Prüfer bzw. einem Beauftragten durchgeführt und ist nicht mehr änderbar. Eine Automatisierung dieses Schrittes ist möglich.

Die Prüfergebnisse werden pro Prüflos erfasst. Merkmalsergebnisse können quantitativ oder qualitativ in unterschiedlichen Detaillierungsgraden erfasst und mit verschiedenen Methoden bewertet werden. Die Fehlererfassung ist nicht auf das Vorhandensein eines Prüfplanes angewiesen. Fehler können summarisch oder individuell erfasst werden. Die Dokumentation der Qualität des geprüften Materials erfolgt durch Darstellung der Prüfmerkmalswerte und der Fehlerdatensätze (vgl. Gronau 1999, S. 201).

5.5.3 Qualitätslenkung

Durch Qualitätsmeldungen (Abb. 5-31) können Problemfälle wie die mangelnde Qualität von Lieferungen oder Dienstleistungen erfasst und weitergeleitet werden. Dies ermöglicht eine über einzelne Prüffunktionen hinausgehende Qualitätslenkung.

Nach Meldung eines qualitätsrelevanten Ereignisses oder Vorfalls kann eine Fehleranalyse und die Einleitung von Abhilfemaßnahmen erfolgen. Beides wird durch entsprechende Datenfelder unterstützt. Das ERP-System kann herausfinden, ob zum selben Bezugsobjekt bereits weitere Fehler gemeldet wurden.

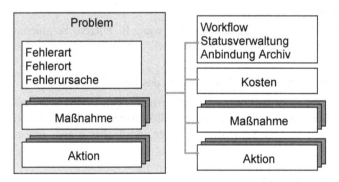

Abb. 5-31: Aufbau einer Qualitätsmeldung (vgl. Gronau 1999, S. 201)

Wesentliche Bestandteile einer Qualitätsmeldung sind:

- Problembeschreibung: Hiermit wird das Problem anhand textueller Anzeige oder mit Hilfe von Codes beschrieben.
- Fehleranalyse: Eine Qualitätsmeldung enthält Felder, in die der Anwender Daten zu den rückgemeldeten Fehlern eingeben kann. Eine Fehlerposition kann Daten wie z.B. Fehlerart, Fehlerort und Fehlerursache enthalten. Diese Daten können sowohl textuell beschrieben als auch anhand von Codes eingegeben werden.

- Maßnahmen: Die Qualitätsmeldung kann Maßnahmen vorgeben oder vorschlagen, wie das entstandene Problem zu beheben ist. Die Lösungsvorschläge werden vom Anwender festgelegt und werden entweder in Textform beschrieben oder als vordefinierter Code aus einem Katalog verwendet.

- Fehlleistungsaufwand: Diese Funktion dient der Kostenverfolgung für die vom Fehler verursachten Kosten. Dazu können spezielle Aufträge erstellt werden, die im Controlling abgerechnet werden.

- Auswertungen: Auf der Grundlage von Zeitreihenanalysen und Auswahllisten kann eine Auswertung von Qualitätsmeldungen vorgenommen werden. Diese hilft bei der Erfassung, Konsolidierung und Analyse von Fehlerdaten.

5.6   Instandhaltung

Die steigende Anlagenkomplexität und die zunehmende Durchdringung der Fertigung lassen dem Produktionsfaktor Betriebsmittel eine immer größere Bedeutung zukommen (vgl. Gronau 1989, S. 70). Störungen einzelner Betriebsmittel können aufgrund des hohen Integrationsgrades und der Verkettung moderner Produktionsanlagen den Betrieb der gesamten Fabrik beeinträchtigen und somit hohe Ausfallkosten verursachen. Instandhaltung bedeutet Planung, Durchführung und Kontrolle von Maßnahmen, die das Ziel haben, die Betriebsmittel zu sichern, wiederherzustellen und ihre Funktionsfähigkeit zu verbessern.

Unter der Betriebsmittelinstandhaltung werden drei Grundbegriffe zusammengefasst, die in Abb. 5-32 dargestellt sind.

Die *Instandsetzung* umfasst Reparatur- und Überholungsarbeiten zur Erneuerung von Anlagenteilen sowie die Demontage, Grundüberholung und Funktionsabnahme von Betriebsmittelgruppen und kompletten Anlagen.

Wartung erstreckt sich auf verschleißhemmende Maßnahmen wie z.B. Putzen, Schmieren, Korrosionsschutz und auf schadensvorbeugende Maßnahmen wie z.B. Austausch ausfallgefährdeter, aber noch intakter Teile.

Die *Inspektion* dient der Feststellung des tatsächlichen Zustands des Betriebsmittels.

Wartungsmaßnahmen und Inspektion werden immer geplant, wohingegen Instandsetzungsmaßnahmen auch durch plötzlichen Ausfall eines Betriebsmittels notwendig werden können. Die überholende Instandsetzung, z.B. von Schienenfahrzeugen, wird aber meist geplant durchgeführt.

Abb. 5-32: Begriffe der Instandhaltung (vgl. Gronau 1989, S. 70)

5.6.1 Stammdaten der Instandhaltung

Bei Einsatz einer EDV-gestützten Instandhaltung ist es notwendig, die vorhandenen technischen Anlagen zu erfassen, zu gliedern und Daten über ihre gesamte Lebensdauer zu sammeln.

Dazu existieren unterschiedliche Strukturierungsmöglichkeiten. So ist es möglich, die Anlagenverwaltung nach funktionalen (z. B. Pumpstation), räumlichen (z.B. Standort) oder prozessorientierten (z.B. Polymerisierung) Kriterien vorzunehmen.

Die Planung, Durchführung und Analyse des Instandhaltungsprozesses ist sowohl objektbezogen für jedes inventarisierte Objekt als auch für Funktionseinheiten aus mehreren Objekten möglich.

Funktionseinheiten

Funktionseinheiten sind Elemente in einer technischen Struktur und stellen einen Anlagenbereich dar, in dem ein Objekt eingebaut werden kann. Die hierarchische Struktur stellt die Zusammenhänge der betrieblichen Funktionen einer Anlage dar, wobei jede Hierarchieebene einem bestimmten Detaillierungsgrad in der Beschreibung der Anlage entspricht. Abb. 5-33 zeigt die grafische Darstellung einer Funktionseinheit mit darunter liegenden Subsystemen.

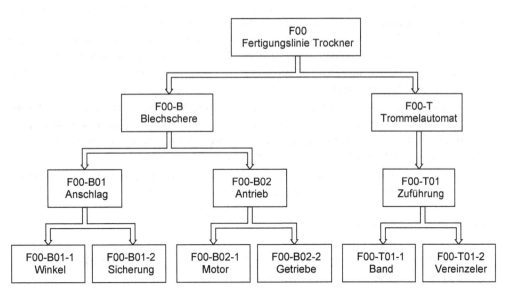

Abb. 5-33: Abbildung einer Anlagenstruktur (vgl. Gronau 1999, S. 229)

Inventarisierte Objekte

Inventarisierte Objekte sind körperliche Gegenstände, wie z. B. Produktionsmittel, Fertigungsmittel, Transportmittel und Kundengeräte, die eigenständig instandzuhalten sind. Ihre Verwendung bietet sich an, wenn z.B. folgende Zwecke erfüllt werden müssen:

- Individuelle Daten sind für das Objekt zu verwalten (z.B. Baujahr, Garantiefristen, Einsatzorte).
- An dem Objekt sind schadensbedingte, vorbereitete oder planmäßige Instandhaltungsmaßnahmen durchzuführen.

- Für dieses Objekt muss ein Nachweis der durchgeführten Instandhaltungsmaßnahmen erbracht werden (z.B. für den TÜV oder Versicherungen).
- Für dieses Objekt sollen technische Daten über längere Zeiträume hinweg gesammelt und ausgewertet werden.
- Es sollen für dieses Objekt die Kosten von Instandhaltungsmaßnahmen verfolgt werden.
- Einsatzzeitennachweise werden für dieses Objekt benötigt.

Ein Stammsatz kann neben den Standortdaten Produktion, Lager oder Kunde weitere Daten wie z.B. den Status (z.B. in Planung, im Test, ausgefallen oder verschrottet) beinhalten.

5.6.2 Verbindung technischer Systeme

Mit Hilfe von Objektverbindungen können Abhängigkeiten zwischen bestimmten technischen Objekten abgebildet werden. Das Wissen um diese Abhängigkeiten gewinnt in Unternehmen der Strom-, Gas- und Wasserversorgung und der Chemischen Industrie, aber auch in Unternehmen mit vielen untereinander verbundenen Fertigungslinien oder bei Betreibern von Rechnernetzen immer mehr an Bedeutung.

Folgende Gründe sprechen dafür, Objektverbindungen aufzubauen und zu verwalten:

- Der Zusammenhang zwischen verschiedenen Objekten kann helfen, bei der Analyse von Störungen mögliche Ursachen in vorgelagerten Systemen zu erkennen.
- Ein Überblick, von welchen Objekten ein bestimmtes Objekt beliefert wird, erleichtert die Planung von Instandhaltungsmaßnahmen. Es kann bestimmt werden, welche Versorgungssysteme evtl. abgeschaltet werden müssen und welche nachgelagerten Einrichtungen von der Abschaltung betroffen sind.

Wie ein Unternehmen seine technischen Anlagen strukturiert, hängt sowohl von der Art des Unternehmens als auch der Art der Anlagen ab. Technische Anlagen können sowohl vertikal, d.h. hierarchisch, als auch horizontal gegliedert werden. Auch eine Kombination ist möglich. Abb. 5-34 zeigt ein Beispiel für eine horizontale Strukturierung.

Es werden Verbindungen abgebildet, die zwischen verschiedenen technischen Systemen bestehen (z.B. zwischen Produktionseinheiten untereinander, zwischen Produktionsanlagen und Versorgungssystemen, zwischen Ver- und Entsorgungssystemen) und die damit ein sogenanntes Objektnetz bilden.

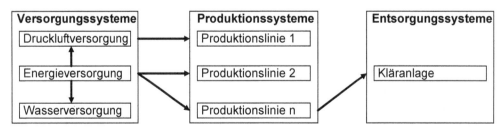

Abb. 5-34: Vernetzung technischer Systeme am Beispiel eines Papiererzeugers (vgl. Gronau 1999, S. 232)

5.6.3   Ablauforganisation der Instandhaltung

Ziel der Ablauforganisation der Instandhaltung ist es, die optimale Verfügbarkeit der Betriebsmittel zu gewährleisten. Die Anlagenwerte sollen langfristig erhalten werden. Weiter sollen Schwachstellen der eingesetzten Betriebsmittel aufgezeigt werden, um kostspielige Ausfälle von Produktionseinrichtungen zu vermeiden. Im Einzelnen sind folgende Aufgaben zu bewältigen:

Planung der Instandhaltung: Im Planungsbereich handelt es sich in der Regel um einmalig zu erarbeitende Grundlagen. Ziel der geplanten Instandhaltung ist es, den Instandhaltungsbedarf an sich zu reduzieren. Die Vorgehensweise besteht darin, neben der zeitlichen Terminierung von Inspektions-, Schmier- und Wartungsarbeiten auch Instandsetzungsarbeiten präventiv auszuführen, um einem Ausfall des Betriebsmittels zuvorzukommen.

Aufgabe der Planung ist es hierbei, eine geeignete Strategie vorbeugender Instandhaltungsmaßnahmen zu finden. Instandhaltungsstrategien sind Vorschriften, die angeben, wann welche Maßnahme an welchem Betriebsmittel vorzunehmen ist. Notwendig zur Anwendung einer Strategie sind Informationen über die Ausfallwahrscheinlichkeit eines Betriebsmittels bzw. deren Verteilung.

Steuerung der Instandhaltung: Unter der Steuerung der Instandhaltung wird die Disposition von Reparaturen und planmäßigen Instandhaltungsarbeiten verstanden. Innerhalb der Steuerung lassen sich vier Teilaufgaben unterscheiden: Erstellung der Arbeitspapiere, Kapazitätsabgleich, Fortschrittskontrolle sowie Zeit- und Leistungserfassung.

Im Rahmen der Fortschrittskontrolle muss der für die Disposition Verantwortliche – auch um Eilaufträge einschleusen zu können – erkennen, wie der Stand bei den gegenwärtig bearbeiteten Aufträgen ist.

Kontrolle der Instandhaltung: Wesentliche Bestandteile der Kontrolle bzw. Überprüfung der Instandhaltungsaufträge sind zum einen die Analyse von Fehlern und Schwachstellen der ausgefallenen Maschinen, zum anderen die Leistungskontrolle der ausgeführten Instandhaltungsarbeiten.

Die *Schwachstellenanalyse* ermöglicht es, Ansätze der geplanten Instandhaltung zu verbessern. Durch eine umfassende Bewertung der Tatbestände, die zum Ausfall oder zur Verschlechterung der Qualität des Produktionsergebnisses führen, lässt sich die geplante Instandhaltung wirtschaftlich durchführen. Gefordert wird hier eine ständige Überprüfung und Aktualisierung des Planungsstandes auf der Basis der ausgewerteten Ausfälle und Störungen. Beispielsweise können Wartungsabstände und Inspektionsfristen verändert werden, wenn sich eine veränderte Störanfälligkeit des Betriebsmittels zeigt.

Eine *Leistungskontrolle* ist erforderlich, um die angefallenen Instandhaltungsarbeiten kalkulieren zu können. Aus der Sicht der Kostenrechnung ist die Instandhaltung eine Hilfskostenstelle, deren Leistungen verursachungsgerecht auf die Hauptkostenstellen der Produktion umgelegt werden müssen. Inhalt der Leistungskontrolle ist es, die für einen Instandhaltungsauftrag veranschlagte Zeit (Soll-Zeit) mit der für diesen Auftrag tatsächlich benötigten Zeit (Ist-Zeit) zu vergleichen. Die Qualität eines solchen Vergleichs hängt aber maßgeblich von der Art der auszuführenden Arbeit ab und von der Möglichkeit, Durchschnittswerte über gleiche Tätigkeiten an verschiedenen Maschinen zu bilden.

5.6.4   Durchführung der Instandhaltung

Die Instandhaltungsmaßnahmen werden erfasst, geplant, kontrolliert und analysiert. Dazu gehören neben geplanten Wartungen und Inspektionen ungeplante und störungsbedingte Maßnahmen, wobei die Abwicklung der Instandhaltung mehrere Stufen durchläuft. Die Instandhaltungsabwicklung besteht aus den Aufgaben Instandhaltungsmeldung, Instandhaltungsauftrag und Instandhaltungshistorie.

Instandhaltungsmeldungen

Um die Verfügbarkeit technischer Anlagen zu gewährleisten, wird von der Instandhaltung eine schnelle Reaktion gefordert. Für betriebliche Ausnahmezustände kann ein Meldungssystem verwendet werden, mit dem betriebliche Meldungen erfasst und verwaltet werden können (vgl. Gronau 1999, S. 235). Instandhaltungsmeldungen dienen zur Initiierung von Instandhaltungsmaßnahmen und zur Dokumentation technischer Rückmeldungen, wenn ein Auftrag abgeschlossen ist.

Abb. 5-35 zeigt den Aufbau einer Instandhaltungsmeldung. Anhand der Meldungspositionen können beliebig viele technische Einzelheiten einer Meldung erfasst werden. Die notwendigen Maßnahmen – z.B. Durchführung einer technischen Klärung vor Ort oder Information des Herstellers im Garantiefall – können zur Einleitung weiterer Schritte in beliebiger Zahl einer Meldung zugeordnet werden, wobei Tätigkeiten, die zur Behebung eines Schadens ergriffen worden sind, mit Hilfe eines Kataloges dokumentiert werden können.

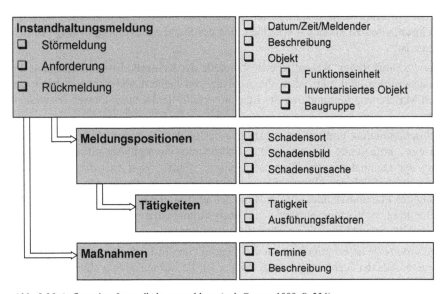

Abb. 5-35: Aufbau einer Instandhaltungsmeldung (vgl. Gronau 1999, S. 234)

Instandhaltungsaufträge

Instandhaltungsmaßnahmen werden über Instandhaltungsaufträge durchgeführt. In ihnen werden die Art, der Umfang, die Termine und Ressourcen für die Ausführung beschrieben und Regeln für die Kontierung und Abrechnung festgelegt (vgl. Gronau 1999, S. 235). Instandhaltungsaufträge unterscheiden sich hinsichtlich ihrer Planbarkeit in planmäßige (turnusmäßig erforderliche), geplante und unplanmäßige (spontan erforderliche) Instandhaltungsaufträge.

Nachdem ein Instandhaltungsauftrag eröffnet wurde, können die Maßnahmen detailliert geplant, die Durchführung überwacht und abgerechnet werden. Zu den Planungsfunktionen gehört die terminliche Planung und Beschreibung der Maßnahmen für ein oder mehrere Objekte, das Festlegen der Arbeitsplätze sowie der Kosten und deren Verrechnung. Arbeitspläne beschreiben den Umfang der Instandhaltungsmaßnahmen.

Bei der Durchführung von Instandhaltungsmaßnahmen werden geplante oder ungeplante Entnahmen von Material aus dem Lager protokolliert, Rückmeldungen erfasst und die Arbeitspapiere dokumentiert.

Schließlich kann eine Abrechnung auf Kostenstellen, Anlagen, Projekte oder andere Aufträge erfolgen.

5.6.5 Instandhaltungsplanung

Eine vorbeugende Instandhaltung ist ein geeignetes Instrument, um Anlagenausfälle zu vermeiden. Zu den Aufgabenbereichen der Instandhaltungsplanung gehören die Arbeitsplanung und die Wartungsplanung.

Arbeitspläne stellen eine Folge einzelner Arbeitsvorgänge dar und beschreiben die Reihenfolge von einzelnen Instandhaltungstätigkeiten, wie Inspektionen, Wartungen und Instandsetzungen, die in einem bestimmten Zeitabschnitt am technischen Objekt vorgenommen werden müssen. Sie enthalten Informationen über Arbeitsschritte, die benötigte Zeit und Ressourcen und dienen als Vorlage und Erfassungshilfe bei der Abwicklung von Instandhaltungsaufträgen. In vielen Fällen liefern die Hersteller die Arbeitspläne für die Instandhaltung ihrer Anlagen mit. Andernfalls werden die Arbeitspläne aufgrund betrieblicher Erfahrungswerte individuell im Betrieb erstellt.

Arbeitspläne werden innerhalb der planmäßigen Instandhaltung bei allen Instandhaltungsarbeiten verwendet, für die Umfang und Termin geplant werden können. Das ERP-System stellt sicher, dass bei der Terminierung nur die Vorgänge in den Auftrag eingestellt werden, die zum fälligen Wartungspaket gehören.

Die einzelnen Instandhaltungsarbeiten, die durchzuführen sind, werden in Vorgängen beschrieben. Der Vorgang enthält die Zeit, den Arbeitsplatz und andere Steuerungsinformationen für eine einzelne Instandhaltungsarbeit. Im Vorgangstext wird beschrieben, wie die Arbeit durchgeführt werden soll.

Wartungsplanung

Instandhaltungsstrategien können nach folgenden Merkmalen gegliedert werden (vgl. auch Matyas 2002, S. 13f.):

- Bekanntheit des Betriebsmittelzustandes: Bei Präventivstrategien wird davon ausgegangen, dass der Zustand des Betriebsmittels ständig bekannt ist. Er ist erkennbar durch die Qualität des Outputs oder durch Ausfall eines Teiles, wodurch die Maschine zum Stillstand kommt. Inspektionsstrategien setzen voraus, dass die Anlage überprüft wird, bevor ihr Zustand bekannt ist. Sie kommen regelmäßig bei Anlagen infrage, die nur in bestimmten Fällen zur Anwendung kommen, z.B. Sicherheitseinrichtungen.

- Qualifizierung des Betriebsmittelzustandes: Hier werden einstufige Strategien, die nur zwischen ausgefallen und gut unterscheiden, und mehrstufige Strategien, die eine weitergehende Skalierung des Betriebsmittelzustandes über mehrere Verschlechterungsgrade ermöglichen, eingesetzt.
- Häufigkeit der Festlegung des Instandhaltungsintervalls: Bei einer periodischen Strategie wird das Instandhaltungsintervall nur einmal (z.B. bei Anschaffung des Betriebsmittels) für die gesamte Lebensdauer bestimmt, bei sequentiellen Strategien wird nach jedem Instandhaltungsvorgang der Zeitraum bis zum nächsten Vorgang bestimmt. Die Länge der Intervalle schwankt also im Zeitablauf.
- Komplexität der Strategie: Bei einfachen Strategien wird das instandzuhaltende Betriebsmittel als geschlossenes System betrachtet, während bei opportunistischen Strategien die gegenseitigen Abhängigkeiten der Betriebsmittel in die Planung mit einbezogen werden. Ist z.B. der Produktionsprozess wegen der Wartung einer Maschine unterbrochen, so ist es nach der opportunistischen Strategie möglich, auch andere stillstehende Maschinen einer Inspektion oder Wartung zu unterziehen.

Innerhalb der Wartungsplanung werden diese Strategien in Regeln zur Terminierung der Wartungsaufträge und zur Bestimmung von Art und Abfolge von Wartungspaketen umgesetzt. Die einzelnen Wartungspositionen bestimmen, an welchen Objekten Tätigkeiten durchzuführen sind. Anhand der Wartungspläne werden Strategien und Wartungspositionen termingerecht kombiniert, was zur Auflösung planmäßiger Instandhaltungsaufträge führt.

Instandhaltungshistorie
Nachdem ein Instandhaltungsauftrag vollständig durchgeführt und rückgemeldet worden ist, wird er abgeschlossen.

Die Standort- und Kontierungsdaten, die zum Abschlusstermin für das Bezugsobjekt gültig waren, werden in die Instandhaltungshistorie überführt, womit der Auftrag den Status technisch abgeschlossen erhält. Danach können keine Änderungen an ihm mehr vorgenommen werden. Die Instandhaltungshistorie ermöglicht es, unter dem Aspekt der Anlagensicherheit nachzuweisen, dass die geforderten Wartungen und Inspektionen in der Vergangenheit durchgeführt worden sind.

Neben dem Vergleich zwischen Werken, technischem System, Funktionseinheiten und Baugruppen können auch Informationen über Ausfallverhalten und Schadenshäufigkeit abgerufen werden, die die Entscheidungen für Neuinvestitionen erleichtern können.

Es werden typischerweise drei Arten von Historien geführt:

- Anhand der Einsatzhistorie kann man den gesamten Lebenslauf eines inventarisierten Objektes verfolgen.
- Der Nachweis, wann und wie Instandhaltungsmaßnahmen an einem Objekt vorgenommen worden sind, welche Ressourcen eingesetzt wurden und welche Kosten dabei entstanden sind, ist in der Auftragshistorie abgelegt.
- Informationen über Meldungen und Maßnahmen sind in der Meldungshistorie zusammengefasst.

Teil 3: Planung und Steuerung strategischer Ressourcen

In diesem Teil werden die Funktionen der ERP-Systeme zur betriebswirtschaftlichen Bewertung der operativen Ressourcen dargestellt.

6.   Informationen über finanzielle Ressourcen

Kein Unternehmen kann heute ohne die Planung und Steuerung der Finanzen erfolgreich sein. Dazu gehört das Rechnungswesen, aber auch das Controlling.

7.   Die Ressource Personal

Mitarbeiterinnen und Mitarbeiter stellen eine strategische Ressource dar. Die Verwaltung im Rahmen des Human Resource Management (HRM) wird in diesem Kapitel beschrieben.

6   Informationen über finanzielle Ressourcen

Die Informationen über die aktuelle finanzielle Situation eines Unternehmens üben heute einen wesentlichen Einfluss auf die Unternehmensplanung aus. Informationen können daher als strategisch wichtige Ressourcen angesehen werden. In diesem Kapitel werden insbesondere solche Funktionen eines ERP-Systems dargestellt, die Informationen über die finanzielle Situation des Unternehmens zur Verfügung stellen. Die Abbildung der Vorgänge im betrieblichen Rechnungswesen des Unternehmens stellen aufgrund ihrer zentralen Bedeutung in den meisten ERP-Systemen das Kernstück bzw. das Grundmodul der Lösung dar.

Informationen aus dem ERP-System werden in unverdichteter oder verdichteter Form für eine Reihe von Zwecken genutzt. Die Sicherstellung der Informationsversorgung des Managements ist Aufgabe des Controlling. Für spezielle Anwendungsfälle in einzelnen funktionalen Teilbereichen haben sich operative Berichtssysteme herausgebildet, die in das ERP-System integriert sind, so z.B. für die Bereiche Einkauf, Fertigung und die Projektabwicklung.

ERP-Systeme sind wegen der großen Zahl von Transaktionen, die sie abwickeln, für die Auswertung von zeitreihenbezogenen multidimensionalen Datenbeständen ungeeignet. Für diesen Anwendungszweck wurde das Konzept der Data Warehouses entwickelt, basierend auf Daten, die durch ERP-Systeme zur Verfügung gestellt werden. An der Spitze dieser Informationspyramide stehen Führungsinformationssysteme (FIS), die Topmanagern stark verdichtete Informationen aus unterschiedlichen internen und externen Quellen zur Verfügung stellen.

Aufgrund der Möglichkeit, mit einem integrierten System Mengen- und Wertveränderungen durch die Unternehmensprozesse gleichzeitig erfassen zu können, sind Informationen über finanzielle Ressourcen stets Bestandteil eines ERP-Systems.

Bereits lange vor den integrierten ERP-Systemen existierten isolierte Anwendungssysteme zur Buchung von Geschäftsvorfällen und zur Erstellung des Jahresabschlusses. Bis heute haben sich neben den zahlreichen ERP-Anbietern gemäß der Definition aus Kap. 1 auch einige Anbieter erhalten, die lediglich Systeme für das Finanz- und Rechnungswesen entwickeln und vertreiben (Tab. 6-1).

Da die Schnittstelle zwischen den logistischen Funktionen eines ERP-Systems wie Materialwirtschaft, Fertigung oder Vertrieb und dem Finanz- und Rechnungswesen klar definierbar und strukturiert sind, haben viele Anbieter integrierter ERP-Systeme darauf verzichtet, ein eigenes Rechnungswesen zu entwickeln und integrieren stattdessen die Lösung eines der Anbieter aus Tab. 6-1.

Tab. 6-1: Hersteller von Lösungen für das Finanz- und Rechnungswesen

Produkt	Anbieter	Webadresse
adata Finanzbuchhaltung	adata Software GmbH, Verden	www.adata.de
b4 Rechnungswesen	base4IT AG Software Solutions, Unterschleißheim	www.base4it.com
COMET FI Finanzbuchhaltung	Freitag Gesellschaft für Computeranwendungen mbH, Coswig	www.freitag-software.de
DATEV-Software für das betriebliche Rechnungswesen	DATEV eG, Nürnberg	www.datev.de
Diamant/3 IQ Finanzbuchhaltung	Diamant Software GmbH & Co. KG, Bielefeld	www.diamant-software.de
DKS	SoftM Software und Beratung AG, München	www.softm.com
fimox Finanzbuchhaltung	K+H Software KG, Germering	www.kh-software.de
GDC Rechnungswesen	GDC Software GmbH, Lampertheim	www.gdc.de
HANSALOG Finanzbuchhaltung	HANSALOG GmbH & Co. KG, Ankum/Osnabrück	www.hansalog.de
HS Finanzwesen/HS Finanzbuchhaltung	HS Hamburger Software GmbH & Co. KG, Hamburg	www.hamburger-software.de
IN-FIBU.com	IN-Software GmbH Produktion und Vertrieb, Karlsbad	www.in-software.com
ISF-Finanzbuchhaltung	S+S SoftwarePartner GmbH, Stemwede	www.softwarepartner.net
Lexware buchhalter/plus/pro	LEXWARE GmbH & Co. KG, Freiburg	www.lexware.de
MAX FiBu	MAX Software Engineering GmbH, Freital	www.maxsoftware.de
PORTOLAN Finanzbuchhaltung EFM,	PORTOLAN Commerce Solutions GmbH, Ilsfeld	www.portolan.de
REALTIME Fibu MAXIMA für Windows	REALTIME-Software GmbH, Bayreuth	www.realtime.de
SBS Rewe plus	SBS Software GmbH, Bretten	www.sbs-software.de
SharkNex	VLEXsolutions AG, Kulmbach	www.vlexplus.com
SKS BUSINESS Finanzbuchhaltung	SKS Soft GmbH, Düsseldorf	www.sks-soft.com
syska EURO FIBU	syska GmbH, Karlsruhe	www.syska.info
Varial	Varial Software GmbH, Netphen	www.varial.de

6.1 Struktur des Rechnungswesens im ERP-System

Im folgenden wird der prinzipielle Funktionsumfang eines ERP-Systems für das Finanz- und Rechnungswesen beschrieben.

Das Rechnungswesen (Finanzwesen) wird in zwei Bereiche differenziert: den internen und den externen Bereich. Das interne Rechnungswesen umfasst die Kostenrechnung sowie die Erfolgsrechnung. Das externe Rechnungswesen umfasst die Hauptbuchhaltung und die Nebenbuchhaltungen (Abb. 6-1).

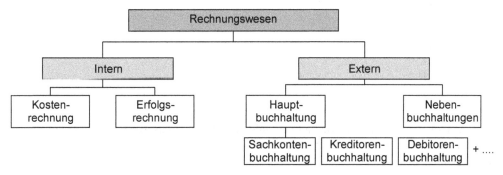

Abb. 6-1: Differenzierung zwischen internem und externem Rechnungswesen

6.1.1 Organisationsstrukturen im Rechnungswesen

Die wichtigsten Elemente zur Organisation der Finanzbuchhaltung sind i.d.R. der Mandant, der Buchungskreis, der Geschäftsbereich, die Gesellschaft, der Kontenplan und der Kostenrechnungskreis (vgl. Gadatsch 2005, S. 42).

Der *Mandant* wird als oberstes Strukturierungselement eingesetzt. Er repräsentiert das Unternehmen bzw. den ganzen Konzern. Jeder Mandant entspricht einer eigenen Einheit mit separaten Stammdaten und Tabellen, die Daten werden mandantenbezogen gespeichert und ermöglichen damit auch später die entsprechenden Verrechnungen und Analysen. Durch die Anwahl des Mandantenschlüssels (i.d.R. in Form einer im System hinterlegten Nummer) stellt der Benutzer beim Einloggen in das System sicher, dass er im richtigen System arbeitet. Zugleich werden durch mandantenbezogene Berechtigungen die Zugriffe auf das System geregelt (vgl. Brinkmann 2000, S. 109).

Die Einrichtung unterschiedlicher *Buchungskreise*, in die der Mandant unterteilt wird, ermöglicht bei eigenständigen Unternehmensbereichen eine eigene Buchhaltung und Ergebnisrechnung. Dies ist z.B. bei rechtlich selbständig bilanzierenden Einheiten innerhalb eines Konzerns von Bedeutung. Damit wird es dem Unternehmen ermöglicht, die Buchhaltungsdaten gleichzeitig für verschiedene voneinander unabhängige Unternehmen zu verwalten. Auf Ebene des Buchungskreises werden die rechtlichen Vorschriften für die Bilanzierung bzw. die Gewinn- und Verlustrechnung erfüllt (vgl. Brinkmann 2000, S. 109ff.).

Der *Geschäftsbereich* ist eine weitere Untergliederungsmöglichkeit innerhalb der Buchungskreise Innerhalb eines Geschäftsbereichs können interne Gewinn- und Verlustrechnungen für Unternehmensbereiche erstellt werden. Daneben gibt es den Fall, dass ein Geschäftskreis mehrere Buchungskreise umfasst. Diese Einteilungen sind vom jeweiligen ERP-System ab-

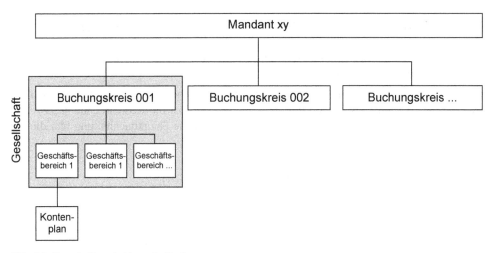

Abb. 6-2: Organisationsstrukturen im Rechnungswesen

hängig und dienen i.d.R. ausschließlich internen Informationszwecken. Steuerlichen und handelsrechtlichen Anforderungen genügt diese Strukturierungsmöglichkeit nur selten (vgl. Brinkmann 2000, S. 110).

Die *Gesellschaft* stellt die kleinstmögliche organisatorische Einheit dar, in der ein gesetzlicher Einzelabschluss sowie Bilanz- bzw. Gewinn- und Verlustrechnungen nach dem Handelsgesetz durchgeführt werden kann. Sie kann dabei einen oder mehrere Buchungskreise beinhalten, im letzteren Fall ist immer der gleiche Kontenplan zu verwenden (vgl. Brinkmann 2000, S. 110).

Abb. 6-2 verdeutlicht den möglichen organisatorischen Aufbau mit den bisher beschriebenen Elementen.

Der Kontenplan ist das Verzeichnis aller Sachkonten des Unternehmens im Rechnungswesen. Auf den Konten werden die Aufwendungen und Erträge erfasst. Die Gliederung der einzelnen Konten richtet sich nach dem jeweiligen Kontenrahmen, der vom Unternehmen gewählt wurde. Dabei wird zwischen dem Industriekontenrahmen (IKR), dem Gemeinschaftskontenrahmen (GKR) und dem internationalen Kontenrahmen (INT) unterschieden.

Da der Kontenplan die Grundlage für Buchungen in unterschiedlichen Bereichen des Finanzwesen innerhalb eines ERP-System ist, muss streng auf die Zuordnung von Buchungskreis und Kontenplan bzw. Kostenrechnungskreis und Kontenplan geachtet werden. Fasst ein Kostenrechnungskreis mehrere Buchungskreise zusammen, muss dort der gleich Kontenplan eingesetzt werden (vgl. Brinkmann 2000, S. 114). Unter bestimmten Bedingungen kann aber auch die Verwendung unterschiedlicher Kontenpläne sinnvoll sein. Erfolgt das interne und das externe Rechnungswesen als eine Einheit, kann die Buchhaltung ohne weitere Aufteilung des Kontenplans durchgeführt werden. In diesem Fall wird von einem Einkreissystem gesprochen. Wird die Finanzbuchhaltung jedoch von der betriebsinternen Rechnung in zwei Abrechnungskreise getrennt, wird dies als Zweikreissystem bezeichnet.

Der Kostenrechnungskreis dient als Strukturierungseinheit des Controlling (vgl. Brinkmann 2000, S. 118). Während die Finanzbuchhaltung den Gesetzen der Handels- und Steuerbilanz folgt und in erster Linie für externe Interessenten bestimmt ist, ist das Controlling auf die Unternehmensteuerung ausgerichtet.

6.1.2 Grundsätze ordnungsgemäßer Buchführung

Grundlage aller Vorgänge im Finanzwesen sind die Grundsätze ordnungsgemäßer Buchführung (GoB), welche auf die Bestimmungen im Handelsgesetzbuch (HGB) und der Abgabenordnung (AO) zurückzuführen sind.

Dabei wird u.a. festgelegt, dass das Führen der Handelsbücher sowie sonstiger erforderlicher Aufzeichnungen auch in Form von geordneten Belegen geschehen und dass auch eine Speicherung auf Datenträgern erfolgen kann. Grundlage für die datenverarbeitende Buchhaltung in einem ERP-System stellen die Grundsätze ordnungsgemäßer DV-gestützter Buchführungssysteme (GoBS) dar. ERP-Systeme dürfen nur dann steuerlich relevante Buchhaltungsfunktionen durchführen, wenn die Grundsätze ordnungsgemäßer Speicherbuchführung eingehalten werden. Diese werden durch Rundschreiben des Bundesfinanzministeriums festgelegt, zum Zeitpunkt der Manuskripterstellung gilt immer noch eine Fassung aus dem Jahr 1995 (vgl. BMF 2013).

Zu den Grundsätzen gehört die Pflicht zur Dokumentation der Reihenfolge, in der Belege erstellt werden. Zudem müssen alle verdichteten Buchungspositionen auf Einzelpositionen aufgelöst werden können. Für Zwecke der Prüfung müssen gespeicherte Informationen ohne elektronische oder andere Hilfsmittel lesbar gemacht werden können.

Wesentlich ist auch das Verbot, einmal durchgeführte Buchungen zu verändern. Die Stornierung einer Buchung und ihre anschließende korrigierte Neubuchung bleibt natürlich zulässig. Ferner ist der Hersteller einer GoBS-tauglichen Buchführung verpflichtet, Maßnahmen zur Datensicherheit zu ergreifen. Abschließend werden Bedingungen definiert, unter denen digitale Dokumente zulässig sind.

Der Anbieter eines GoBS-tauglichen Buchführungssystems muss Programmprotokolle zur Verfügung stellen, mit denen nachgewiesen werden kann, welche Informationen wie verbucht wurden. Dies wird typischerweise durch das in jedem Finanzbuchhaltungssystem vorhandene Journal durchgeführt. Darüber hinaus muss der Anbieter eine sogenannte Verfahrensdokumentation erstellen, die beschreibt, wie das Buchführungssystem aufgebaut ist und wie das sogenannte interne Kontrollsystem funktioniert, das z. B. Plausibilitätsprüfungen für die vorzunehmenden Buchungen enthält. Aufgrund ihrer Bedeutung sind die gesetzlichen Ansprüche in den Finanzwesenmodulen der ERP-Systeme bereits i.d.R. hinterlegt. Für die Einhaltung der GoB ist jedoch auch bei einer EDV-gestützten Buchführung der Buchhaltungspflichtige verantwortlich. Abb. 6-4 stellt die GoB im Überblick dar.

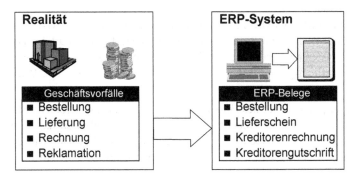

Abb. 6-3:Buchung von Geschäftsvorfällen als ERP-Belege (vgl. Gadatsch 2005, S. 67)

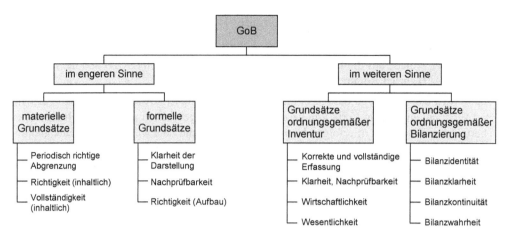

Abb. 6-4: Grundsätze ordnungsgemäßer Buchführung

Besonders hervorzuheben für die Buchführung mittels ERP-Systemen sind die Ordnungsvor-schriften, die in den §§238, 239 und 257 HGB und in den §§145 und 146 AO deklariert sind. Dazu zählen z.B. (vgl. Brinkmann 2000, S. 80):

- Belegfunktion: Als Basis für die Buchführung stellt sie die erforderlichen Nachweise zwischen den Vorgängen dar und zwar sowohl der realen Vorgänge als auch der Bu-chungen in den Büchern. Dabei ist es unabdingbar, dass das ERP-System eindeutige Be-legnummern vergibt und den Zeitpunkt des Vorganges exakt festhält. Dieser wird zur späteren Zuordnung zur jeweiligen Buchungsperiode benötigt. Des Weiteren sollte der Betrag inklusive der Mengen- und Wertangaben, aus denen er resultiert, erfasst werden. Zusätzliche Erläuterungen können ebenfalls gespeichert werden.
- Journalfunktion: Das Journal ist der Nachweis, dass alle Geschäftsvorfälle vollständig, chronologisch und formal korrekt erfasst, verarbeitet und wiedergegeben wurden. Die Umsetzung im ERP-System erfolgt i.d.R. mit den üblichen Protokollierungsmethoden. Wichtig ist dabei die zeitliche Reihenfolge und die übersichtliche Darstellung.
- Kontenfunktion: Die Geschäftsvorfälle im Finanzwesen werden auf Sach- und Perso-nenkonten erfasst. Darüber hinaus wird in Haupt- (Sachkonten) und Nebenbücher (Debi-toren-, Kreditoren- und Anlagekonten) differenziert. Handelt es sich um stark verdichte-te Zahlen, muss das Programm über eine Einzelpostenanzeige verfügen.

Grundsätze zum Datenzugriff und zur Prüfbarkeit digitaler Unterlagen (GDPdU)
Die Grundsätze zum Datenzugriff und zur Prüfbarkeit digitaler Unterlagen (GDPdU) be-schreiben, wie mittels ERP-Systemen verwaltete Buchführungsunterlagen aufzubewahren sind und inwieweit der Steuerpflichtige bei Betriebsprüfungen mitwirken muss (vgl. BMF 2001).

Auf der Basis dieser Verwaltungsanweisung des Bundesfinanzministeriums, die Vorschriften aus der Abgabenordnung und dem Umsatzsteuergesetz zur digitalen Aufbewahrung von Buchhaltungen, Buchungsbelegen und Rechnungen konkretisiert, sind entsprechende Schnittstellen bei ERP-Systemen vorzusehen, mit denen der Betriebsprüfer auf die Buchun-gen zugreifen kann.

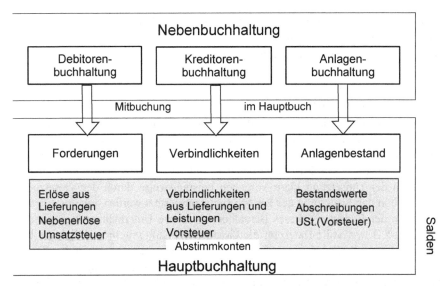

Abb. 6-5: Prinzip der Haupt- und Nebenbuchhaltung (vgl. Gadatsch 2005, S. 44)

In diesem Kapitel werden der Aufbau und die Funktionen beschrieben, die typischerweise im Bereich des Finanzwesens in ERP-Systemen realisiert sind. Dabei wird in die grundlegenden Aspekte der Finanzbuchhaltung mit Haupt-, Neben- und Anlagenbuchhaltung unterschieden. Ein weiterer Abschnitt beschreibt die Funktionen zur Kosten- und Leistungsrechnung. Dazu zählen neben der Kostenarten-, Kostenstellen- und Kostenträgerrechnung auch die Plankostenrechnung sowie Ergebnisrechnung und Profit-Center-Rechnung. Diese Funktionen werden in einigen ERP-Systemen auch dem Bereich des Controlling zugerechnet, welcher im darauffolgenden Abschnitt erläutert wird.

6.2   Finanzbuchhaltung

Die vielfältigen Aufgaben in Unternehmen führen zu einer Reihe von Geschäftsfällen, wie z.B. der Einkauf von Material. Jedem Geschäftsfall (auch Geschäftsvorfall genannt) liegt ein Beleg zugrunde, für das genannte Beispiel ist das die Rechnung des Lieferanten (Eingangsrechnung). Ohne eine geeignete Aufzeichnung dieser Geschäftsfälle wäre jedes Unternehmen nach kürzester Zeit nicht mehr in der Lage, den Überblick über alle Vorfälle zu behalten. Des Weiteren würden die Grundlagen für Kalkulation, Ergebnisrechnung usw. fehlen. Geschieht diese notwendige Aufzeichnung planmäßig und ordnungsgemäß, also geordnet nach sachlichen Gesichtspunkten und ohne Lücken, so wird dies als Buchführung (alternativ Buchhaltung oder Finanzbuchhaltung) bezeichnet (vgl. Schmolke 1998, S. 9).

Die wichtigsten Aufgaben einer Buchführung sind:

- Feststellung von Schulden- und Vermögensstand,
- Lückenlose und planmäßige Aufzeichnung aller Veränderungen der Vermögens- und Schuldenwerte,
- Ermittlung des Erfolges (Gewinn oder Verlust),
- Grundlage für die Kalkulation,

- Informationsbereitstellung für die innerbetrieblichen Kontrollen,
- Grundlage für die Steuerberechnung,
- Beweismittel (z.B. für Finanzämter, Gerichte etc.),
- Zahlen für die Kosten- und Leistungsrechnung,
- Werte für statistische Auswertungen und
- Durchführung von Planungsrechnungen.

Aus dieser Aufstellung wird ersichtlich, dass die Buchführung die Grundlage des gesamten betrieblichen Rechnungswesens ist. Aus diesem Grund bildet das Finanzwesen auch häufig den Kern eines ERP-Systems. Das liegt zum einen daran, dass in diesem Bereich sehr viele Informationen meist in Form von Zahlen gespeichert und verarbeitet werden. Zum anderen gibt es hinsichtlich der Umsetzung klare Vorgaben beispielsweise durch den Gesetzgeber (HGB, AO), welche in den Strukturen des ERP-Systems umgesetzt werden müssen. Ein weiterer Grund liegt in der Bedeutung dieses Bereiches für andere Unternehmensbereiche: die Buchhaltung liefert z.B. wertvolle Daten für die Unternehmensführung hinsichtlich der Umsatzentwicklung etc. und die Daten aus anderen Systemteilen werden wieder in das Finanzwesen übernommen (z.B. bei Lieferungen, die über ein Supply Chain Management-System (SCM-System) gesteuert werden). Aus diesem Grund werden alle Belege zentral im Finanzwesen erfasst und den anderen Anwendungen wird ein Zugriff auf diese Daten ermöglicht. Diese Aufgaben und Gründe spiegeln sich zudem auch im Aufbau der Finanzbuchhaltung wieder.

Die Finanzbuchhaltung integriert Rechnungswesen, Controlling, logistische Anwendungen (z.B. Materialwirtschaft, Vertrieb und Produktionsplanung) und Personalwirtschaft. Integrationsinstrumente sind der Kontenplan und die Sachkonten. Die Integration ist gekennzeichnet durch (vgl. Gadatsch 2005, S. 147):

- Betriebswirtschaftliche und formale Prüfung der Daten bei ihrer Entstehung, d.h. Erfassung der Belege,
- Beschreibung von betriebswirtschaftlichen Objekten als Konten (Sachkonto, Kreditorenkonto, Debitorenkonto, Bankkonto, Materialkonto, Anlagenkonto, Projektkonto etc.),
- Durchgängige Abbildung aller Geschäftsvorfälle nach dem Belegprinzip (Abb. 6-3),
- Integration der Kosten- und Leistungsrechnung durch Zusatzkontierungen.

6.2.1   Aufbau der Finanzbuchhaltung

Die Finanzbuchhaltung dient sowohl als Datenquelle für interne als auch für externe Zwecke. So müssen auf der einen Seite die gesetzlichen Vorschriften erfüllt werden, wie z.B. der Schutz der Gläubiger oder die Schaffung einer Besteuerungsgrundlage, auf der anderen Seite werden die Daten als Grundlage zur Steuerung und Kontrolle des Unternehmens (Controlling) verwendet.

Die Finanzbuchhaltung differenziert i.d.R. in die Haupt- und Nebenbuchführung, wobei das Hauptbuch alle Sachkonten und die Nebenbücher die Debitoren-, die Kreditoren-, die Anlagen, die Bankbuchhaltung, evtl. die Konzernrechnungslegung und eine Reisekostenabrechnung enthält (vgl. Brinkmann 2000, S. 121). Die konkrete Ausgestaltung der Nebenbücher hängt vom jeweiligen System und den Anforderungen des einsetzenden Unternehmens ab.

Grundlage der Buchungen ist das Belegprinzip, d.h. alle Buchungen werden in Form von Belegen gespeichert und müssen vollständig sein. Dazu sind bestimmte Mindestanforderungen auf dem Beleg notwendig, z.B. Belegdatum, Belegart, Buchungsschlüssel, Kontonummern und die Beträge. Das System überprüft mit Hilfe einer Konsistenzprüfung die Vollständigkeit der Daten, so dass unvollständige oder inkonsistente Belege nicht buchbar sind (vgl. Brinkmann 2000, S. 122).

Die Daten sollten im ERP-System unmittelbar nach ihrer Eingabe verbucht werden, damit die Aktualität des Datenbestandes gewährleistet wird und alle Mitarbeiter, die mit dem System arbeiten, immer auf die gleiche Datenbasis zugreifen. Dies wird aus Performancegründen häufig durch eine kombinierte Verarbeitung in Dialogen und Stapeln erreicht, d.h. die Aktualisierung der Datenbank wird vom Dialog, in dem gebucht wird, getrennt. Das Verfahren wird vom Benutzer i.d.R. nicht wahrgenommen.

> Unter dem Begriff „**Mitbuchtechnik**" …
> wird die parallele Erfassung der Buchungen nicht nur in den jeweiligen Nebenbüchern, sondern auch auf den entsprechenden Konten im Hauptbuch (vgl. Brinkmann 2000, S. 123) verstanden. Dies dient zur Abstimmung der Bücher. Zudem erlaubt diese Technik den Systemen die gleichzeitige Erfassung der Daten im Bereich des Controlling, das häufig in einem eigenen Modul des ERP-Systems umgesetzt wird.

Das Belegprinzip, die Echtzeitverarbeitung und die Mitbuchtechnik erlauben einen reibungslosen Ablauf bei der Durchführung der Buchungen. Wiederkehrende Daten, die dabei erfasst werden, werden als Stammdaten bezeichnet. Zu den Stammdaten gehören die Kreditorenstammdaten (z.B. Adresse und Bankverbindung eines Lieferanten), Kundenstammdaten (z.B. Adresse und Zahlungsbedingungen) oder auch Bankstammdaten (z.B. Anschriften, IBAN etc.). Letztere werden in der Regel in Verzeichnissen oder Tabellen im ERP-System hinterlegt, so dass anhand der Eingabe der Bankleitzahl (BIC) bereits die dazugehörige Bank vom System automatisch identifiziert werden kann.

Um die Suche im Bereich der Stammdaten zu erleichtern, bieten viele Systeme die Möglichkeit zur Vergabe von sog. Matchcodes. Dieser wird aus einer Reihe von Feldern des Stammsatzes zusammengesetzt, über die eine Suche ermöglicht wird. Der Matchcode dient

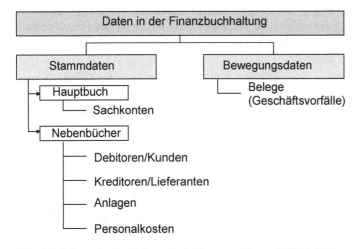

Abb. 6-6: Daten in der Buchhaltung (in Anlehnung an Klenger 2002, S. 141)

somit als Schlüssel und erleichtert bzw. beschleunigt die Suche bei der Eingabe. Den Stammdaten werden Nummern zugeordnet, die die Erfassung von Geschäftsvorfällen erleichtern. Dazu gehören z.B. Kundennummern, Lieferantennummern, Artikelnummern usw. Dem gegenüber stehen die sogenannten Bewegungsdaten, die aus den Geschäftsvorfällen resultieren (Abb. 6-6).

Im Folgenden werden die Haupt- und Nebenbuchhaltung sowie die Aufgaben und Funktionen dieser Bereiche näher erläutert.

6.2.2   Hauptbuchhaltung

Die Hauptbuchhaltung hat die Aufgabe, eine Gesamtdarstellung des externen Rechnungswesens und der einzelnen Konten zu ermöglichen. Während die Nebenbuchhaltung die einzelnen Geschäftsvorfälle im Detail darstellt, ist es die Aufgabe des Hauptbuches, die Daten für den Abschluss bereitzustellen (vgl. Brinkmann 2000, S. 123 ff.).

Die Geschäftsvorfälle, die die Bilanz oder die Gewinn- und Verlustrechnung betreffen, werden über Sachkonten abgewickelt und im Hauptbuch gebucht. Die Sachkonten bestehen aus den im Kontenplan des Betriebes verzeichneten Bestands- und Erfolgskonten und führen zur Gewinn- und Verlustrechnung sowie zur Bilanz. Bei jeder Buchung sind mindestens das Datum, ein Vermerk, der Buchungstext, das Gegenkonto und der Betrag zu erfassen. Auf den Sachkonten werden die Werteflüsse im Unternehmen analog zu den logistischen Güter- und Leistungsströmen abgebildet. Jedem Sachkonto sind Stammdaten hinterlegt , die die Steuerung der Erfassung und Buchung aller Geschäftsvorfälle auf diesem Konto sowie die Verarbeitung der gebuchten Daten gestatten. Dabei wird zwischen Informationen, die aus dem Kontenplan resultieren und zwischen spezifischen, aus dem Buchungskreis stammenden Informationen, differenziert.

Im Kontenplan werden die Sachkontonummer, die jeweilige Bezeichnung und die Zuordnung zu den Erfolgs- bzw. Bestandskonten hinterlegt (vgl. Brinkmann 2000, S. 124). Im ERP-System sind Funktionen implementiert, die sicherstellen, dass keine Nummer mehrfach vergeben wird. Zur weiteren Strukturierung werden Kontengruppen gebildet und die jeweiligen Stammdaten damit verknüpft. Der Stammsatz enthält darüber hinaus die Informationen, ob es sich bei dem Konto um ein Abstimmkonto handelt oder nicht. Angelegt werden die Sachkonten i.d.R. im Customizing oder direkt aus dem Anwendermenü der Hauptbuchhaltung heraus. Auf Buchungskreisebene werden die Währung, die Steuerkategorie sowie die Verwaltung der offenen Posten geregelt.

Grundsätzlich können Sachkonten mit Hilfe der Kontostandsanzeige, der Offene-Posten-Verwaltung und durch die Anzeige von Einzelposten verwaltet werden. Dabei werden neben den aktuellen Ständen auch die Bewegungen auf den Konten angezeigt. Mit Hilfe der Verwaltung der offenen Posten wird mehr Transparenz erreicht, da die Gegenbuchung bzw. der Ausgleich visualisiert wird. Dies ist z.B. bei Bankverrechnungskonten sinnvoll, um den Zahlungseingang der Kunden zu überwachen.

Jede Buchung im ERP-System erzeugt einen Beleg, der u.a. die Belegart, die Belegnummer und das Belegdatum enthält. Die Belegart dient zur Unterscheidung der Geschäftsvorfälle sowie der Steuerung der Bebuchung der verschiedenen Kontenarten (Debitoren-, Kreditoren- oder Sachkonten). Typische Belegarten sind z.B. Debitorenrechnung, Kreditorenbeleg, Kassenbeleg oder Gutschriften. Zusätzlich legt die Belegart fest, ob die Buchung im Bruttoverfahren oder im Nettoverfahren durchgeführt wird.

Beim Bruttoverfahren (oder Bruttomethode) wird der Betrag zunächst inklusive der Umsatz- bzw. Vorsteuer auf das jeweilige Konto gebucht. Erst zum Ende eines Abrechnungszeitraums werden die Steuern wieder herausgerechnet und auf das Umsatz- bzw. Vorsteuerkonto gebucht. Diese Methode soll zu viele und damit unübersichtliche Buchungen auf den beiden Steuerkonten vermeiden. Das Nettoverfahren trennt die Beträge und die jeweilige Steuer vor der Buchung und verbucht die Beträge direkt getrennt auf die Erfolgskonten bzw. auf die Steuerkonten.

Daneben ermöglichen ERP-Systeme bei der Eingabe eines Beleges die Wahl der Währung. Die Steuerung erfolgt im System über Währungsschlüssel, die eine im System hinterlegte Währungstabelle referenzieren. Die Tabelle wird bei Einführung des Systems im Unternehmen angelegt und durch die Einspielung neuer Bankdaten gepflegt. Dadurch wird es möglich, durch die Eingabe von Umrechnungsdaten entsprechende Kurse zu ermitteln. Zur weiteren Vereinfachung bei der Buchungserfassung verfügen ERP-Systeme über Hilfen, mit denen der Nutzer Hinweise zu den Erfassungsmasken aufrufen kann. Da einige Belegarten im Unternehmen immer wiederkehren, kann man diese mit einem Kennzeichen versehen, um einen schnelleren Zugriff zu ermöglichen. Diese häufig als Buchungsschlüssel bezeichneten Kennzeichen enthalten neben der Bezeichnung die Soll- bzw. Habenkonten und die Kontenart.

Eine Plausibilitätsprüfung überprüft die Vollständigkeit der Belege vor der Buchung (vgl. Brinkmann 2000, S. 131). Je nach System sind weitere zusätzliche Prüfungen (z.B. bei Überschreitung eines festgelegten Limits pro Mitarbeiter) implementiert. Ähnliche Prüfungen sind im Hinblick auf die Einhaltung der gesetzlichen Vorschriften realisiert.

Technisch bieten ERP-Systeme i.d.R. folgende Funktionen in der Hauptbuchhaltung (vgl. Brinkmann 2000, S. 123):

- Automatische bzw. simultane Buchung aller Posten nicht nur auf den Nebenbuchkonten, sondern auch auf den entsprechenden Hauptbuchkonten (auf den jeweiligen Abstimmkonten z.B. Verbindlichkeiten),
- Gleichzeitige Aktualisierung von Hauptbuch und Kostenrechnung (z.B. über Kostenstellen),
- Auswertungen im Dialogbetrieb und Erstellung von Berichten und zusätzlichen Analysen sowie
- Prüfungen hinsichtlich Vollständigkeit, Richtigkeit und sonstiger Bestimmungen.

Neben diesen grundlegenden Funktionen umfasst die Hauptbuchhaltung die Abschlussarbeiten für Bilanz und Gewinn- und Verlustrechnung (GuV). Abschlüsse werden in Tages-, Monats- und Jahresabschlüsse differenziert. Der Gesetzgeber fordert eine periodengerechte Abgrenzung der Aufwendungen und Erträge, die Erfassung von Beständen (z.B. Inventur) sowie von bewerteten Forderungen und Verbindlichkeiten.

Des Weiteren muss eine Bilanz und die GuV erstellt werden und alle Buchungsvorgänge müssen dokumentiert sowie archiviert werden. Tagesabschlüsse werden von ERP-Systemen automatisch am Ende des Tages erstellt, zusätzliche Abschlussarbeiten sind dabei nicht notwendig. Beim Monatsabschluss sind abgrenzende Arbeiten erforderlich. Die dabei verwendeten Daten dürfen nachträglich nicht mehr verändert werden, damit die Abschlüsse ihre Gültigkeit behalten. Dies hat zur Folge, dass alle Buchungen des betreffenden Monats erfolgt sein müssen, damit der Monatsabschluss durchgeführt werden kann. Diese Bedingungen treffen auch auf den Jahresabschluss zu. Dieser hat darüber hinaus die Aufgabe, nicht nur interne, sondern auch externe Interessierte zu informieren (z.B. Aktionäre, Banken und das Finanzamt). Der Jahresabschluss (§242 HGB) umfasst neben der Bilanz und der GuV ergänzende Angaben im Anhang (z.B. über angewandte Bewertungsverfahren) sowie bei Kapitalgesellschaften einen Lagebericht (§264 HGB). Zusätzlich muss die Umsatzsteuererklärung an das Finanzamt gesandt werden.

Um die im Gesetz geforderte sachlich und zeitlich geordnete Aufzeichnung sicherzustellen, wird in der Hauptbuchhaltung ein Journal (bei SAP als Grundbuch bezeichnet) geführt, in dem diese Buchungen aufgeführt werden. Zu den für den Abschluss erforderlichen Buchungen gehört beispielsweise das Buchen aller Abschreibungen in der Anlagenbuchhaltung, die Erfassung (Inventur) und Bewertung aller Materialien in der Materialwirtschaft und der Abschluss aller Lohn- und Gehaltsbuchungen in der Personalwirtschaft für die abzuschließende Periode. Diese Buchungen erfolgen zwar nicht unbedingt direkt im Finanzwesen eines ERP-Systems, haben aber eine hohe Relevanz für den Jahresabschluss. Daneben müssen eine Reihe weiterer Abschlussarbeiten in der Finanzbuchhaltung erfolgen, wie z.B. eine Bewertung der Fremdwährungsbestandskonten, eine Berichtigung der Forderungen hinsichtlich der Zweifelhaftigkeit oder Uneinbringlichkeit durch Einzel- oder Pauschalwertmethoden oder die Verrechnung von Debitoren- und Kreditorensalden von Geschäftspartnern, die zu beiden Gruppen gehören (vgl. Brinkmann 2000, S. 134). Neben dem Grundbuch in der Hauptbuchhaltung werden in der Nebenbuchhaltung u.a. die Debitoren-, Kreditoren- und Anlagenbuchhaltung verwaltet.

6.2.3   Nebenbuchhaltung

Während in der Hauptbuchhaltung die Unternehmensdaten in aggregierter Form auf Erfolgs- bzw. Bestandskonten geführt werden, hat die Nebenbuchhaltung die Aufgabe, die Daten detailliert abzulegen (Abb. 6-5). Folgende Nebenbücher sind typischerweise im ERP-System hinterlegt (vgl. Brinkmann 2000, S. 134f.):

• Debitorenbuchhaltung,
• Kreditorenbuchhaltung,
• Anlagenbuchhaltung,
• Lagerbuchhaltung und
• Personalbuchhaltung.

Die Lagerbuchhaltung enthält die Buchungen der Lagerverwaltung als Teil der Materialwirtschaft. Die Personalbuchhaltung dient der Verbuchung der Lohn- und Gehaltsabrechnungen inklusive der verschiedenen Lohnnebenkosten aus der Personalwirtschaft. Material- und Personalwirtschaft sind i.d.R. eigene Module eines ERP-Systems und werden an anderer Stelle dieses Buches beschrieben. Auf die Debitoren-, Kreditoren- und Anlagenbuchhaltung wird im Folgenden detaillierter eingegangen.

Debitorenbuchhaltung
In der Debitorenbuchhaltung werden alle Daten über die Kunden (= Debitoren) eines Unternehmens erfasst und gespeichert. Dazu zählen neben den Kontaktdaten wie Adresse und Telefon z.B. auch der Kreditrahmen und die vereinbarten Zahlungsmodalitäten. Da diese Informationen auch für andere Bereiche eines ERP-Systems interessant sind, gibt es häufig

Verknüpfungen zu diesen Modulen, beispielsweise dem Vertrieb. Verwaltet werden in der Debitorenbuchhaltung (vgl. z.B. Brinkmann 2000, S. 135ff.):

- Debitorenstammsatz, d.h. allgemeine Daten (Name, Anschrift, Telefon und Bankverbindung), Buchungskreisdaten (Abstimmkonto, Zahlungskonditionen, Art des Mahnverfahrens) sowie die Vertriebsdaten. Diese Daten werden für jeden Kunden erfasst, bei Einmalkunden existiert i.d.R. ein Sammelkonto (CpD, Conto pro Diverse), um das System nicht mit einmaligen Stammsätzen zu belasten.

- Ausgangsrechnungen und Gutschriften. Je nach Ausgestaltung des ERP-Systems werden Ausgangsrechnungen und Gutschriften entweder in der Finanzbuchhaltung und dann in der Debitorenbuchhaltung oder im Rahmen einer Vertriebslösung erfasst und gebucht.

- Zahlungseingänge. Deren Erfassung und Bearbeitung zählt zu den Hauptaufgaben der Debitorenbuchhaltung. Die Eingänge erfolgen entweder per Überweisung oder Lastschrift auf dem Bankkonto oder per Scheck bzw. Wechsel und müssen i.d.R. manuell im Finanzwesen erfasst werden. Probleme entstehen dabei oft bei der Zuordnung der Zahlungen zu einer Rechnung bzw. den offenen Posten. Fehlende Angaben wie Kundennummer oder andere Referenzen, das Zusammenfassen von Beträgen oder Kürzungen des Rechnungsbetrages führen zu Verzögerungen. ERP-Systeme bieten darum Prüfungsfunktionen, die beispielsweise automatisch Skonto o.Ä. berechnen und dann die Summe überprüfen. Die automatisch generierte Belegnummer für diesen Ausgleichsbeleg sollte dann vermerkt werden und dient der Nachvollziehbarkeit.

- Mahnungen. Durch die Funktionen eines automatischen Mahnverfahrens erhält man durch ERP-Systeme die Möglichkeit, direkt aus dem System Mahnvorschläge erstellen zu lassen. Hierfür ist die gewünschte Art des Mahnverfahrens im System zu hinterlegen. Die meisten Systeme erlauben darüber hinaus eine individuelle Gestaltung des Mahnformulars (Aufbau und Inhalt).

Ähnliche Funktionen wie in der Debitorenbuchhaltung existieren auch für die Kreditorenbuchhaltung.

Kreditorenbuchhaltung

In der Kreditorenbuchhaltung werden alle Daten der Lieferanten (= Kreditoren) erfasst, verarbeitet und gespeichert. Die verfügbaren Funktionen ähneln denen der Debitorenbuchhaltung, jedoch entfällt das Mahnwesen (vgl. z.B. Brinkmann 2000, S. 138 f.):

- Der Kreditorenstammsatz verwaltet im Prinzip die gleichen Daten wie der Debitorenstammsatz, also allgemeine Daten, buchungskreisspezifische Daten sowie Daten des Einkaufs.

- Der Rechnungseingang wird in einigen ERP-Systemen bereits in der Materialwirtschaft im Rahmen der Rechnungsprüfung durchgeführt. Ist das nicht der Fall, erfolgt nach dem Abgleich mit Bestellung und Wareneingang die Erfassung in der Kreditorenbuchhaltung. Prüfungsfunktionen erleichtern hier ebenfalls die Erfassung und beschleunigen die Verbuchung.

- Die Zahlung: Zahlungsprogramme ermöglichen den automatischen Zahlungsverkehr im ERP-System. Zahlungsvorschläge werden auf Basis der Belege und der offenen Posten generiert. Die in den Stammdaten hinterlegten Zahlungskonditionen steuern die Zahlung anhand der Fälligkeit, der Skontotermine sowie der Liquidität des Unternehmens. Die Vorschläge können wie die Mahnvorschläge bearbeitet werden. Der Zahlvorgang selbst kann i.d.R. automatisch über Schnittstellen zur jeweiligen Banksoftware erfolgen.

Anlagenbuchhaltung

Zur Verwaltung und Überwachung des Anlagevermögens dient die Anlagenbuchhaltung im Finanzwesen. Ihre Aufgaben sind die Verwaltung des Anlagenbestandes, die Bewertung von Anlagen, die Leasingabwicklung und die Information über die Entwicklung der Anlagen. Die Anlagen werden ab der Bestellung oder vom ersten Zugang bis zum Abgang (durch Verkauf oder Verschrottung) erfasst. Das Gleiche gilt auch für im Bau befindliche Anlagen. Im Rahmen der Anlagenbuchhaltung werden z.B. die Abschreibungsbeträge, die Zinsen und die notwendigen Versicherungen ermittelt. Dabei arbeitet das Finanzwesen häufig mit anderen Bereichen der ERP-Software zusammen. Zu nennen ist dabei insbesondere die Materialwirtschaft, die für die Beschaffung der Anlagen zuständig ist.

Im Anlagenstammsatz werden die spezifischen Attribute der Anlage erfasst und gespeichert (z.B. Wert und Kostenstelle). Nach dem Wareneingang der Anlage erfolgt eine Bewertung, d.h. eine Aktivierung. Die Bewertung ist dabei stark vom Verwendungszweck der Anlage abhängig, unterliegt jedoch den gesetzlichen Vorschriften (steuerrechtlich und handelsrechtlich). Die Systeme ermöglichen es i.d.R., verschiedene Bewertungen für eine Anlage durchzuführen, und zu speichern. Mögliche Untergliederungen für das Anlagevermögen sind (vgl. Brinkmann 2000, S. 263 ff.):

- bilanziell, also nach Bilanzversion, Bilanzposition und Hauptbuchkonto,
- klassifizierend, nach der jeweiligen Anlagenklasse oder
- anlagenbezogen, nach Nummer des Komplexes, Anlagenhauptnummer, Anlagenunternummer oder Einzelposition.

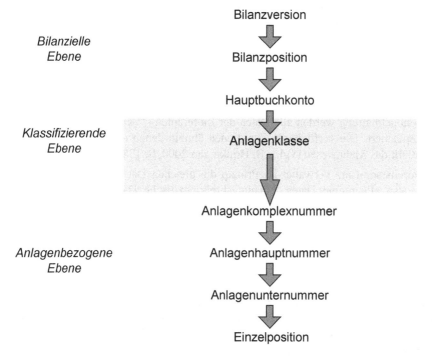

Abb. 6-7: Strukturierung des Anlagevermögens am Beispiel des SAP ERP-Systems (vgl. Brinkmann 2000, S. 261)

Abb. 6-7 verdeutlicht die Strukturierung des Anlagevermögens. Differenziert wird des Weiteren nach Anlagenarten, d.h. z.B. nach immateriellen Anlagen, Anlagen im Bau, geringwertigen Wirtschaftsgütern, Leasinganlagen, Finanzanlagen oder technischen Anlagen. Diese Gliederung dient der Bestimmung der Abschreibungen, die für die jeweilige Anlage erfolgen können. Unterschieden werden Normalabschreibungen (planmäßige) und Sonderabschreibungen bzw. außerplanmäßige Abschreibungen sowie die Minderung der Anschaffungs- und Herstellungskosten (vgl. z.B. Brinkmann 2000, S. 284f.).

Normalabschreibungen basieren auf der normalen Nutzung, also dem Werteverzehr einer Anlage. Die Berechnung kann auf unterschiedliche Arten erfolgen, z.B. nach der linearen, degressiven oder leistungsabhängigen Methode. Linear bedeutet, dass die Abschreibungen konstant immer mit dem gleichen Betrag über die Nutzungsdauer erfolgen. Demgegenüber soll das degressive Verfahren dem Wertverlust entsprechen, d.h. die Beträge sind zu Beginn der Abschreibung hoch und verringern sich im Laufe der Nutzung. Bei der leistungsabhängigen Methode wird die Abschreibung an die Ausbringungsmenge der Anlage geknüpft. Dies ist insbesondere sinnvoll, wenn es zu starken Beschäftigungsschwankungen im Unternehmen kommt, und die Anlagen sehr unterschiedlich ausgelastet sind. Für alle Verfahren gibt es handelsrechtliche Vorschriften, die zu beachten sind (z.B. §254 HGB).

Im Finanzwesen von ERP-Systemen sind unterschiedliche Abschreibungsmethoden bereits implementiert, um die Prozesse zu vereinfachen. Die Umsetzung erfolgt mit sog. Abschreibungsschlüsseln, die einer Anlage zugeordnet werden und der Auswahl eines geeigneten Abschreibungsverfahrens. Die Abschreibungsbeträge werden sowohl auf den entsprechenden Aufwandskonten als auch auf dem Anlagenkonto gebucht.

6.3 Kosten- und Leistungsrechnung

Die Kosten- und Leistungsrechnung (KLR) dient der Erfassung und Verrechnung der internen Kosten. Aufgrund ihres unternehmenssteuernden Charakters wird die KLR in ERP-Systemen häufig zum Controlling gerechnet. Spezielle Funktionen des Controlling werden in einem späteren Abschnitt erläutert. In diesem Kapitel wird von einer vom Rechnungswesen getrennten Unterteilung in zwei Rechnungskreise ausgegangen. Der Rechnungskreis 1 enthält alle Buchungen der Aktiva und Passiva, der Aufwendungen und Erträge sowie der Salden der Bilanz. Im Rechnungskreis 2 erfolgt die Verbuchung der Kosten und Leistungen eines Unternehmens zur internen Information und Steuerung. Im folgenden Abschnitt werden die Grundlagen der Kosten- und Leistungsrechnung sowie ihrer Ausprägungen in ERP-Systemen erläutert.

Die Kosten- und Leistungsrechnung hat im Wesentlichen vier Aufgaben (vgl. Wenzel 2001, S. 149f.):

- Aufteilung des Gewinns: Mit Hilfe der KLR ist eine Zuordnung des Gewinns z.B. auf ein Produkt oder eine Produktgruppe, eine bestimmte Produktionsstätte oder einen Absatzbereich möglich. Dadurch kann das Unternehmen ermitteln, wo es besonders wirtschaftlich agiert und welche Bereiche unlukrativ sind.
- Trennung des Gesamtergebnisses: Durch die Auftrennung und Zuordnung der Kosten in das eigentliche betriebliche Geschehen und in den neutralen Bereich, erhält das Unternehmen z.B. Auskunft darüber, ob es den Gewinn mit dem tatsächlichen Kerngeschäft oder in einem Nebenbereich (z.B. durch die Vermietung von Immobilien) erwirtschaftet

hat. Diese Trennung ist notwendig, um festzustellen, ob und wo der Betrieb vielleicht Verluste generiert. Trotz der Ausweisung eines Gesamtgewinns kann es vorkommen, dass ein bestimmter Unternehmensbereich große Verluste erwirtschaftet. Um dieses Ungleichgewicht feststellen zu können, wird das Gesamtergebnis in seine Teilergebnisse zerlegt.

- Grundlage zur Kalkulation: Durch die Ermittlung der Herstell- bzw. Selbstkosten für die Produkte im Unternehmen liefert die Kostenrechnung die Grundlage für die Kalkulation. Diese Preise werden für Angebote herangezogen und basieren auf den tatsächlichen betrieblichen Aufwendungen im Unternehmen. Auf einzelne Kalkulationsverfahren wird später noch eingegangen.

- Beurteilung des Unternehmens: Nach Durchführung der Kosten- und Leistungsrechnung ist das Unternehmen in der Lage, genau zu beurteilen, welche Bereiche lukrativ arbeiten und welche Produkte z.B. den höchsten Deckungsbeitrag erwirtschaften. Diese durch die interne Verrechnung ermittelten Werte bieten die Möglichkeit, eine Beurteilung des Unternehmens durchzuführen. Dies ist insbesondere für die strategische und operative Planung der Unternehmensprozesse von Bedeutung, beispielsweise um zu entscheiden, ob Unternehmensbereiche geschlossen werden sollen.

Die vier Hauptaufgaben werden mit Hilfe unterschiedlicher Verrechnungsverfahren, die im Rahmen dieses Abschnitts erläutert werden, durchgeführt (vgl. Schmolke, 1998, S. 314). Die genaue Kenntnis der unterschiedlichen Kostenarten ist dabei unerlässlich. Kosten sind betriebliche Aufwendungen, die rein zur Aufrechterhaltung der Betriebsbereitschaft dienen; auch bezeichnet als Grundkosten. Die kalkulatorischen Kosten werden zur Kosten- und Leistungsrechnung verwendet und dienen somit ausschließlich der Kalkulation. Ihnen stehen keine betrieblichen Aufwendungen gegenüber, d.h. es findet kein Geldfluss statt, sondern es handelt sich um eine rein buchhalterische Größe. Dabei wird weiter differenziert in Anderskosten, diese fallen in einer anderen Höhe an, als ursprünglich gebucht und den Zusatzkosten, also Kosten die vorher nicht berücksichtigt wurden.

Anderskosten werden darum auch als aufwandsungleiche Kosten bezeichnet, da sie in der KLR mit einem anderen Wert als dem ursprünglichen Aufwandswert gebucht werden. Typische Beispiele sind kalkulatorische Abschreibungen und kalkulatorische Wagnisse. Die bilanziellen Abschreibungen beziehen sich auf alle Wirtschaftsgüter im Unternehmen, die kalkulatorischen Buchungen berücksichtigen dagegen nur die betrieblich notwendigen Güter. Aber nicht nur die Grundlage, auch die Berechnungen werden anders gewählt. Während die bilanziellen Abschreibungen auf den Herstell- bzw. Anschaffungskosten basieren, werden bei den kalkulatorischen Abschreibungen die Wiederbeschaffungskosten der Anlage zur Berechnung herangezogen. Aufgrund dieser verschiedenen Herangehensweisen sind die Beträge der beiden Abschreibungsarten unterschiedlich und müssen in der Abgrenzungsrechnung verrechnet werden.

Zusatzkosten steht dagegen kein Aufwand gegenüber, sie werden deshalb auch als aufwandslose Kosten bezeichnet. Mit ihnen sind keine Geldausgaben verbunden, dennoch stellen sie einen leistungsbedingten Werteverzehr dar und müssen deshalb in der Kosten- und Leistungsrechnung berücksichtigt werden. Beispiele für Zusatzkosten sind der kalkulatorische Unternehmerlohn und die kalkulatorischen Zinsen auf das betriebsnotwendige Eigenkapital. Der kalkulatorische Unternehmerlohn dient zur Sicherung des Unternehmungsgewinns insbesondere bei Einzelunternehmen und Personengesellschaften. In diesen Gesellschaftsformen erhält der Unternehmer kein Gehalt o.Ä., sondern den Gewinn. Damit dieser entstehen kann, muss zuvor ein adäquater Gegenwert für die Arbeitskraft und -zeit des Unternehmers in die Produkte einkalkuliert werden, der kalkulatorische Unternehmerlohn. Ähnlich verhält es sich mit den kalkulatorischen Zinsen auf das Eigenkapital, die sicherstellen sollen, dass das investierte Kapital angemessen verzinst wird. Wäre dieses Kapital am freien Markt investiert worden, hätte das Unternehmen eine Rendite erzielt. Eine Gleichstellung bzw. einen Ausgleich schafft die KLR durch die kalkulatorischen Zinsen.

Neben den Anders- und Zusatzkosten existieren in den meisten Unternehmen auch noch die neutralen Aufwendungen und neutralen Erträge, die von den betrieblichen zu separieren sind. Sie beinhalten betriebsfremde, betriebliche außerordentliche und betriebliche, aber neutral zu behandelnde Aufwendungen und Erträge. Als neutral werden sie bezeichnet, weil sie nicht zum eigentlichen Betrieb und dessen betriebsnotwendigen Aufwendungen und Erträgen gehören. Ein Beispiel für betriebsfremden Aufwand ist z.B. ein Verlust aus Wertpapiergeschäften, für außerordentlichen Aufwand z.B. die Zerstörung von Betriebsgebäuden durch einen Katastrophenfall. Um diese Kostenarten voneinander trennen zu können, wurde die Abgrenzungsrechnung eingeführt. Abb. 6-8 zeigt die Kosten und Aufwendungen im Überblick.

Zusammenfassend hat die Abgrenzungsrechnung innerhalb der Kosten- und Leistungsrechnung die Aufgabe, die neutralen Aufwendungen vom eigentlichen betrieblichen Aufwand und Ertrag zu trennen und darüber hinaus Verrechnungen z.B. durch kalkulatorische Beträge durchzuführen, um das tatsächliche betriebliche Ergebnis zu ermitteln. Neben der Abgrenzung von betrieblichen und nicht betrieblichen Aufwendungen und Leistungen existieren in der Kosten- und Leistungsrechnung noch weitere Verfahren zur Kostenverrechnung. Traditionell wird zwischen Kostenarten-, Kostenstellen- und Kostenträgerrechnung unterschieden.

Ziel der Verrechnung ist es, folgende Fragen beantworten zu können:

- Welche Kosten sind angefallen? (z.B. Materialkosten)
- Wo sind die Kosten angefallen? (z.B. in der Produktion)
- Wofür sind die Kosten angefallen? (z.B. für Produkt x)

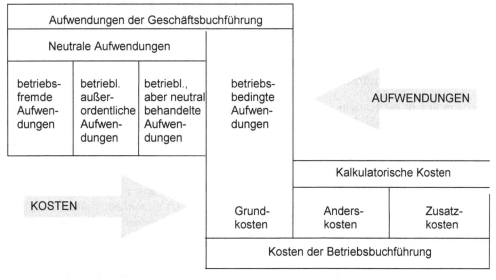

Abb. 6-8: Kosten und Aufwendungen (vgl. Wenzel 2001, S. 149)

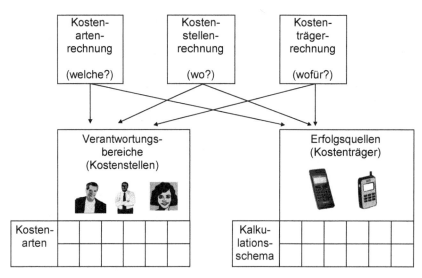

Abb. 6-9: Bestandteile der Kostenrechnung (vgl. Klenger 2002, S. 69)

Hierfür wurden neben der Kostenartenrechnung zwei Verfahren entwickelt, die Kostenstellenrechnung und die Kostenträgerrechnung.

Die Kostenartenrechnung ist kein Verfahren zur Verrechnung, sondern hat die Aufgabe, die Kosten zunächst zu klassifizieren, also bestimmten Arten zuzuordnen, um die eigentliche Verrechnung in der Kostenstellen- und Kostenträgerrechnung zu ermöglichen. Diese Zuordnung ist für die weiteren Verfahren unerlässlich und wird im folgenden Abschnitt erläutert. Die Kostenstellenrechnung ist einerseits ein Zwischenschritt zur Kostenträgerrechnung und andererseits eine eigenständige Einheit als Kontrolle der Gemeinkosten. Die Kostenträgerrechnung ordnet dann die Einzelkosten den jeweiligen Kostenträgern (Produkte) zu. Abb. 6-9 verdeutlicht die Zusammenhänge zwischen den verschiedenen Bereichen.

Die erste Stufe in der KLR bildet demnach die Kostenartenrechnung, die im folgenden Abschnitt erläutert wird.

6.3.1 Kostenartenrechnung

Der Einstieg in die Kosten- und Leistungsrechnung erfolgt über die Kostenartenrechnung. Sie bildet die Basis sowohl für die Vollkostenrechnung als auch die Teilkostenrechnung.

Die Vollkostenrechnung geht von der zurechnungsbezogenen Differenzierung von Einzel- und Gemeinkosten aus. Der Kostenträger wird mit seinen Einzelkosten belastet und es werden auch alle Gemeinkosten über entsprechende Verteilerschlüssel (Gemeinkostensätze) auf alle Kostenträger verteilt. Die Teilkostenrechnung geht davon aus, dass zum Produkt selbst nur die Produktkosten gehören. Die Teilkostenrechnung nutzt die verhaltensorientierte Differenzierung von fixen und variablen Kosten. Den zum Erlös führenden Leistungen werden im Einzelnen nur ihre spezifischen variablen Produktkosten zugerechnet, da die allgemeinen Strukturkosten ohnehin anfallen.

Die Aufgabe der Kostenartenrechnung besteht darin, die Kosten für die verschiedenen Zwecke der Kostenrechnung bereitzustellen. Dazu gehören u.a. (vgl. Schmolke 1998, S. 333):

- Vorkalkulation,
- Nachkalkulation,
- Kostenkontrolle,
- Ergebnisermittlung und
- Marktorientierte Entscheidungen.

Wesentlicher Bestandteil ist dabei die Aufbereitung der Kosten und die Unterscheidung der verschiedenen Kostenarten. Zwar stehen die Aufwendungen und Erträge bereits in der Finanzbuchhaltung zur Verfügung, jedoch ist eine umfangreiche Abgrenzung erforderlich. Nach dieser Abgrenzung liegen die betrieblichen Kosten vor, die zum Zwecke der Kostenkontrollen eine Umgruppierung nach anderen Gesichtspunkten bedingen.

Grundsätzlich werden Einzel- und Gemeinkosten unterschieden. Erstere sind abgrenzbar, d.h. sie lassen sich dem jeweiligen Kostenträger direkt zuordnen. Beispiele sind das benötigte Fertigungsmaterial und die Fertigungslöhne. Diese Einzelkosten werden direkt in die Kostenträgerrechnung übernommen und durchlaufen nicht die Kostenstellenrechnung. Die Gemeinkosten dagegen umfassen Kosten, die nicht einem Kostenträger direkt zuzuordnen sind. Sie werden über die Kostenstellen verrechnet. Als Beispiel sind Gehaltskosten, die einem Kostenträger nicht direkt zurechenbar sind und Abschreibungen zu nennen. Sie sind nicht nur einem Kostenträger, sondern bestimmten Bereichen zuzuordnen. Die Verrechnung der Gemeinkosten erfolgt in der Kostenstellenrechnung.

Eine weitere Unterscheidung erfolgt in primäre und sekundäre Kosten. Für die primären Kosten wird in der Buchhaltung ein Sachkonto angelegt, auf dem sie als Aufwendungen erfasst werden. Die sekundären Kosten sind nur in der innerbetrieblichen Verrechnung von Bedeutung. Beispiele für Sekundärkosten sind Umlagen oder die innerbetriebliche Auftragsverrechnung. Diese Kosten werden nicht auf Sachkonten erfasst.

Abb. 6-10 verdeutlicht den Zusammenhang zwischen der Finanzbuchhaltung und der Kostenrechnung sowie dem Ursprung der beiden Kostenarten.

Kostenarten werden des Weiteren nach der Art des Verbrauchs, also z.B. in Roh-, Hilfs- oder Betriebsstoffe (Materialkosten) oder in Löhne, Gehälter und Sozialabgaben (Personalkosten) unterschieden. Eine weitere Unterteilung erfolgt nach der Zurechnung zu bestimmten Kos-

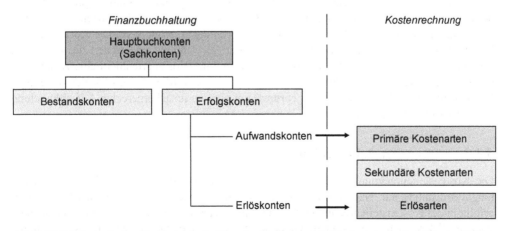

Abb. 6-10: Primäre und sekundäre Kosten in der Finanzbuchhaltung und der Kostenrechnung (vgl. Klenger 2002, S. 200)

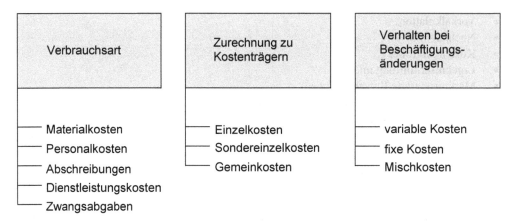

Abb. 6-11: Kostenarten im Überblick (in Anlehnung an Schmolke 1998, S. 333)

tenträgern. Kostenträger werden in der Kostenträgerrechnung definiert und dienen der Zuordnung der Kosten zu bestimmten Aufträgen, Serien oder Produkten (= Kostenträger). Differenziert werden Einzelkosten, also Kosten, die sich direkt einem Kostenträger zurechnen lassen (z.B. der Materialverbrauch), Sondereinzelkosten der Fertigung (z.B. die Anfertigung eines Modells) und die Gemeinkosten (z.B. Abschreibungen). Letztere lassen sich nicht auf einzelne Kostenträger umlegen, gehören aber zu den betrieblichen Kosten und werden über Umlageverfahren auf die einzelnen Kostenträger umgelegt.

Als weiteres Unterscheidungsmerkmal wird das Verhalten bei Beschäftigungsänderungen herangezogen, d.h. wie reagieren die Kosten auf Veränderungen in der Auslastung des Unternehmens. Variable Kosten sind produktabhängige Kosten. Sie fallen nur an, wenn produziert wird. Sie sind beschäftigungsabhängig. Dem gegenüber stehen die fixen Kosten. Diese Kosten fallen immer an, auch wenn nicht produziert wird (z.B. die Gebäudekosten); sie werden auch als Kosten der Betriebsbereitschaft bezeichnet. Mischkosten enthalten beide Kostenarten und reagieren ihrem Mischungsverhältnis entsprechend. Abb. 6-11 gibt einen Überblick über die beschriebenen Kostenarten.

Die Kostenartenrechnung dient in erster Linie der Erfassung und der eindeutigen Zuordnung der Kosten, d.h. zusammengesetzte Kosten müssen getrennt werden. Die einzelnen Kostenarten werden im ERP-System hinterlegt, um die Zuordnung zu erleichtern. Der Kostenartentyp klassifiziert im System die Kostenarten nach ihrer Verwendung und steuert die zulässigen Verrechnungsmethoden. Die Kostenarten werden in einer Kostenartenhierarchie zusammengefasst. Nach der Erfassung der unterschiedlichen Arten werden die Kosten den jeweiligen Kostenstellen bzw. Kostenträgern zugeordnet, um eine verursachergerechte Aufschlüsselung des Betriebsergebnisses zu erhalten.

6.3.2   Kostenstellenrechnung

Die Kostenstellenrechnung stellt die zweite Stufe der innerbetrieblichen Kostenund Leistungsverrechnung dar. Nach der Erfassung und Ordnung der unterschiedlichen Kostenarten erfolgt in der Kostenstellenrechnung die Zuordnung nach Funktionen und Verantwortungsbereichen. Ziel ist es, herauszufinden, wo die Kosten im Unternehmen entstanden sind, also die Zuordnung der Kosten zu den Verursachern. Hintergrund ist dabei u.a. das stete Bemühen sogenannte Kostentreiber zu identifizieren und zu minimieren, sowie eine Planung und Kontrolle der einzelnen Bereiche zu ermöglichen. Bevor auf einzelne Aspekte innerhalb der Kostenstellenrechnung (Kostenstellenhierarchie, Betriebsabrechnungsbogen und innerbetriebliche Leistungsverrechnung) eingegangen wird, wird die Verteilungsproblematik als zentrales Problem innerhalb der Kostenstellenrechnung näher erläutert.

Verteilungsproblematik

Bei der Verteilung der unterschiedlichen Kostenarten in der Kostenstellenrechnung treten im Wesentlichen drei Probleme auf (vgl. Friedl 2002, S. 50f.):

- verursachergerechte Verteilung der Gemeinkosten auf die Kostenstellen,
- Verteilung zwischen den Kostenstellen (innerbetriebliche Leistungsverrechnung) und
- Bestimmung der Zuschlagssätze für die Verteilung auf die Kostenträger.

Während die Einzelkosten direkt den einzelnen Kostenträgern zugeordnet werden können, ist dies bei Gemeinkosten (z.B. Mieten, Heizkosten, Abschreibungen) nur anteilig der Fall. Sie umfassen die Kosten mehrerer Bereiche bzw. Kostenträger und sind aufzuschlüsseln. Diese verursachergerechte Verteilung stellt das erste Problem der Kostenstellenrechnung dar.

Das zweite ist die innerbetriebliche Leistungsverrechnung. Dabei werden die Kosten der Vorkostenstellen den jeweilig nachgeordneten End- bzw. Hauptkostenstellen entsprechend ihrer Leistungsbeziehungen zugeordnet. Das dritte Verteilungsproblem besteht in der Ermittlung der Zuschlagssätze. Mit Hilfe der Zuschlagssätze sollen die Kostenstellen entlastet und die Kostenträger anteilig (prozentual) mit den Gemeinkosten belastet werden. Abb. 6-12 verdeutlicht die Verteilungsprobleme in der Kostenstellenrechnung.

Der erste Schritt zur Kostenstellenrechnung ist der Aufbau einer geeigneten Kostenstellenhierarchie, die die Aufbauorganisation des Unternehmens widerspiegelt.

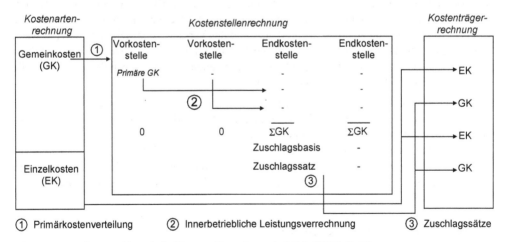

Abb. 6-12: Verteilungsprobleme in der Kostenstellenrechnung (vgl. Friedl 2002, S. 51)

Kostenstellenhierarchie

In der Kostenstellenrechnung unterscheidet man Vorkostenstellen (auch als Hilfskostenstellen bezeichnet) und die Endkostenstellen (auch als Hauptkostenstellen bezeichnet). Sie gliedern sich entweder entsprechend der funktionalen bzw. räumlichen Bereiche oder nach den

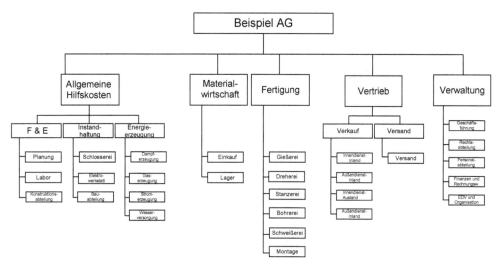

Abb. 6-13: Beispiel für eine Kostenstellenhierarchie (vgl. Klenger 2002, S. 203)

im Unternehmen existierenden Verantwortungsbereichen. Kostenstellengruppen ermöglichen die Zusammenfassung von mehreren Kostenstellen, so dass eine Kostenstellenhierarchie entsteht (vgl. Friedl 2002, S. 53).

Diese Hierarchie spiegelt den Aufbau und funktionalen Zusammenhang im Unternehmen wieder und ist grundsätzlich bei der Einrichtung der Kostenstellenrechnung im ERP-System zu definieren. Abb. 6-13 zeigt ein Beispiel für eine Kostenstellenhierarchie.

In diesem Beispiel wurden den Kostenstellengruppen Materialwirtschaft, Fertigung, Vertrieb und Verwaltung zum einen eine Kostenstellengruppe für die Hilfskostenstellen sowie zum anderen die jeweiligen Hauptkostenstellen zugeordnet. Im Bereich des Vertriebs findet eine weitere Gruppierung hinsichtlich des Verkaufs und des Versands statt. Dies ist sinnvoll, wenn sich die Bereiche klar voneinander abgrenzen lassen und eine weitere Unterteilung erfolgen kann. Durch diese Gliederung entsteht im Unternehmen eine Kostenstellenhierarchie, die entsprechend im ERP-System gespiegelt wird.

Ziel ist es, die Kosten nach dem Verursacherprinzip zuzuordnen und zu verrechnen. Die anfallenden Einzelkosten lassen sich i.d.R. problemlos den Produkten zuordnen, anders sieht es bei den Gemeinkosten aus. Diese können häufig nur dem Ort ihrer Entstehung (z.B. einer bestimmten Abteilung) zugeordnet werden. Aus diesem Grund sind die Kostenstellen so anzulegen, dass sie genau einem räumlich abgegrenzten Verantwortungsbereich entsprechen. Mit Hilfe von vorher zu definierenden Verteilungsschlüsseln werden die Kosten im Betriebsabrechnungsbogen verrechnet.

Der Betriebsabrechnungsbogen (BAB)
Der Betriebsabrechnungsbogen stellt eine tabellarische Übersicht der Kostenarten, der Kostenstellen und der Verteilungsschlüssel dar und wird auch als tabellarische Kostenstellenrechnung bezeichnet (vgl. Wenzel 2001, S. 159). Er weist am Ende für jeden Kostenbereich die Gemeinkosten der Kostenstelle, die Zuschlagsgrundlage und die daraus ermittelten Zuschlagssätze aus. Gewöhnlich wird der Betriebsabrechnungsbogen monatlich und jährlich erstellt. Senkrecht werden die Kostenarten (nur Gemeinkosten) und waagerecht die Kostenstel-

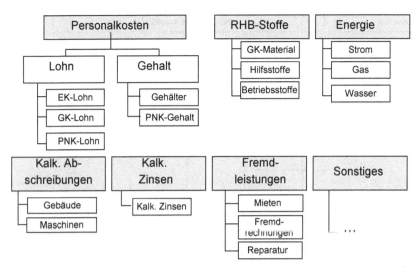

Abb. 6-14: Kostenarten im Betriebsabrechnungsbogen (vgl. Klenger 2002, S. 201)

len dargestellt. Eine Unterscheidung erfolgt in den einfachen und den mehrstufigen Betriebsabrechnungsbogen, wobei der Unterschied in der Komplexität der Bögen liegt. Beide dienen der Ermittlung von Zuschlagssätzen, durch die die Gemeinkosten in der Kalkulation der Produkte berücksichtigt werden können. Der mehrstufige BAB ermöglicht darüber hinaus die Umlage der Gemeinkosten von Hilfskostenstellen auf die Hauptkostenstellen.

Abb. 6-14 stellt ein Beispiel für die unterschiedlichen zu berücksichtigenden Kostenarten und -gruppen im Betriebsabrechnungsbogen dar.

Im ERP-System werden diese Daten automatisch in den BAB übernommen und berechnet. Damit die Verteilung erfolgen kann, ist es von Bedeutung, dass die zu Beginn definierten Verteilungsschlüssel, beispielsweise werden Gehälter anhand der Gehaltsliste und die kalkulatorischen Abschreibungen anhand der Anlagenkartei berechnet, regelmäßig auf ihre Richtigkeit überprüft werden. Die konkrete Ausgestaltung des BAB im ERP-System hängt vom Unternehmen und seiner Kostenstellenhierarchie ab.

Der Betriebsabrechnungsbogen hat im Wesentlichen drei Aufgaben (vgl. z.B. Wenzel 2001, S. 159f.):

- Verursachergerechte Verteilung der Gemeinkosten auf die Kostenstellen, d.h. die Verteilung der Gemeinkosten, die nicht direkt einem Kostenträger zugeordnet werden können.
- Ermittlung der Zuschlagssätze für Gemeinkosten zur Kalkulation der Selbstkosten, d.h. eine Berechnung des prozentualen Anteils an Gemeinkosten auf den Kostenstellen, der mit in die Kalkulation der Produkte einfließen muss.
- Bereitstellung einer Vergleichsbasis zur Kontrolle der Kostenstellen untereinander, d.h. die Möglichkeit einer Kontrolle der Kostenentwicklung und der Kostenstruktur der einzelnen Kostenstellen.

Innerbetriebliche Leistungsverrechnung

Die innerbetriebliche Leistungsverrechnung in der Kostenstellenrechnung erfolgt durch die Erfassung der Kosten auf Hilfs- und Hauptkostenstellen. Erstere werden auf Letztere umgelegt, so dass sich für jede Hauptkostenstelle ein Zuschlagssatz ergibt, der für die Kalkulation

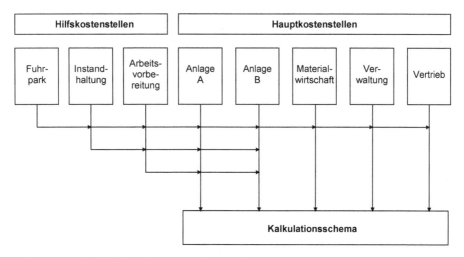

Abb. 6-15: Innerbetriebliche Leistungsverrechnung (vgl. Klenger 2002, S. 238)

herangezogen werden kann. Abb. 6-15 zeigt die innerbetriebliche Verrechnung im schematischen Überblick. Für die Durchführung der innerbetrieblichen Leistungsverrechnung existieren eine Reihe von Verfahren, z.B. das Einzelkostenverfahren, das Kostenstellenumlageverfahren, das Kostenstellenausgleichsverfahren sowie das Kostenträgerverfahren.

Bei der innerbetrieblichen Leistungsverrechnung erfolgt zunächst eine Verrechnung der primären und dann der sekundären Gemeinkosten. Die primären Kosten der Vorkostenstellen werden auf die End- bzw. Hauptkostenstellen verteilt. Die primären Gemeinkosten der Endkostenstellen werden dadurch zu sekundären Kosten und bilden gemeinsam mit den Kosten der Vorkostenstellen den innerbetrieblichen Güterverzehr ab. Die Verrechnung der primären Kosten der Vorkostenstellen erfolgt i.d.R. über eigene Kostenarten, sogenannte Verrechnungskostenarten, im ERP-System (vgl. Friedl 2002, S. 54f.). Die Voraussetzung für die verursachergerechte Verrechnung bilden die sogenannten Bezugsgrößen bzw. Leistungsarten.

Die Bezugsgrößen der Kostenstellen werden oft in Form von Leistungsarten definiert und enthalten Angaben über die Kostenursachen. Sie beschreiben den mengenmäßigen Output einer Kostenstelle, dienen zur Leistungskontrolle auf den Kostenstellen und ermöglichen die innerbetriebliche Leistungsverrechnung. Dabei wird festgelegt, ob die Kosten mit der Bezugsgröße variieren (=variable Kosten) oder nicht (= fixe Kosten). Beispiele für Leistungsarten im Bereich der Kostenstelle Fuhrpark sind gefahrene Kilometer pro LKW oder PKW. Einer Kostenstelle können eine oder mehrere Leistungsarten zugeordnet werden. Unterschieden werden Mengen- (z.B. Zähl-, Zeit-, Raum-, Gewichts- oder technische Messgrößen) und Wertschlüssel (Kosten-, Einstands-, Absatz-, Bestands- oder Verrechnungsgrößen).

Die Kopplung der Leistungsarten und der Kostenstellen erfolgt wieder über eine Zwischeneinheit, in SAP R/3 z.B. über Plantarife (vgl. Friedl 2002, S. 55). Diese Einheit dient der Bewertung der Leistungsmenge einer Leistungsart. Nach ihrer Definition kann die Erfassung der Kosten in der Kostenstellenrechnung erfolgen.

6.3.3   Kostenträgerrechnung

Die Kostenträgerrechnung stellt die dritte Stufe in der Kosten- und Leistungsrechnung dar. Sie dient zur Ermittlung der Selbstkosten der Produkte (Kostenträger) bezogen auf die Stückzahl oder einen Zeitraum. Ziel ist es, den Produktionsprozess anhand der produzierten Mengen zu messen und gleichzeitig die dabei entstehenden Kosten der Verwaltung etc. in der Kostenrechnung zu berücksichtigen. Daraus resultieren folgende Aufgaben der Kostenträgerrechnung (vgl. Wenzel 2001, S. 163):

- Kostenermittlung pro Kostenträger bezogen auf Stück bzw. Zeit,
- Erfolgsermittlung der Kostenträger durch einen Kosten- und Erlösvergleich,
- Informationsbereitstellung für die Preispolitik (Preisunter-/Preisobergrenzen, gewinnmaximale Preise),
- Informationsbereitstellung zur Bewertung von Lagerbeständen (fertige und unfertige Erzeugnisse etc.),
- Informationsbereitstellung für Programm- und Sortimentspolitik und
- Entscheidungshilfe bei Fremdbezug versus Eigenfertigung (Make or Buy).

Die Hauptaufgabe liegt in der Bestimmung und Gestaltung der Preise für die Produkte. Die in der Kostenträgerrechnung ermittelten Selbstkosten plus einem Gewinnaufschlag bilden im einfachsten Fall den Angebotspreis. Die Selbstkosten sind die Gesamtkosten der Herstellung, also die direkten Kosten (Einzelkosten und Sondereinzelkosten der Fertigung) und die anteiligen Gemeinkosten. Abb. 6-16 zeigt eine typische Kostenträgerhierarchie.

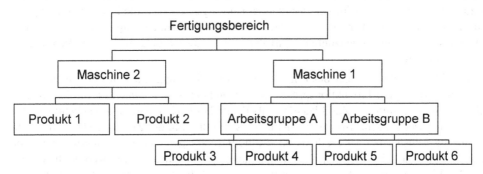

Abb. 6-16: Kostenträgerhierarchie (vgl. Wenzel 2001, S. 188)

In diesem Beispiel wurde der Fertigungsbereich weiter unterteilt nach den beiden Maschinen 1 und 2, denen die jeweiligen Produkte, die auf dieser Maschine gefertigt werden, zugeordnet wurden. Bei Maschine 1 wurden zusätzlich zwei Arbeitsgruppen, in denen ebenfalls Kosten anfallen, vor den Produkten als weitere Stufe zu Verrechnung dazwischen geschaltet.

Die Kostenträgerrechnung wird in zwei Arten differenziert: die Kostenträgerstück- und die Kostenträgerzeitrechnung, deren unterschiedliche Zielsetzungen und Aufgaben im Folgenden erläutert werden.

Kostenträgerstückrechnung

Die Aufgabe der Kostenträgerstückrechnung ist die Ermittlung der Kosten pro Produkteinheit (= Kostenträger) (vgl. Friedl 2002, S. 83). Mit Hilfe der Kostenstruktur der einzelnen Produkte ist es möglich, Entscheidungen hinsichtlich des optimalen Produktions- und Absatzprogramms, der möglichen Preisuntergrenzen sowie Make-or-Buy Entscheidungen zu treffen. Welche Aussagekraft die Kostenträgerstückrechnung hat, ist entscheidend von den vorangegangenen Berechnungen in der Kostenarten- und der Kostenstellenrechnung abhängig. Fehler oder ungenaue Verrechnungen ziehen sich bis in die Kostenträgerrechnung durch und verfälschen die Kosten. Problematisch und fehleranfällig sind insbesondere die Aufteilung von Einzel- und Gemeinkosten sowie die nicht zweckmäßige Auswahl eines Verfahrens zur innerbetrieblichen Leistungsverrechnung.

Innerhalb der Kostenträgerstückrechnung existieren eine Reihe von Verfahren zur Kalkulation (Abb. 6-17).

Die Verfahren zur Kostenträgerstückrechnung lassen sich abhängig vom Produktionsprogramm, -verfahren und der Anzahl der fertigen Produkte differenzieren (vgl. Friedl 2002, S. 84). Einproduktunternehmen (z.B. Zementfabriken oder Elektrizitätswerke) wählen meistens die Divisionskalkulation. Deren Grundannahme besteht darin, dass die Gesamtkosten einer Periode dividiert durch die in dieser Zeit produzierte Menge den Selbstkosten des Produktes entspricht.

Die Äquivalenzziffernrechnung wird vorwiegend von Unternehmen mit Sortenfertigung angewandt, wenn also innerhalb eines einheitlichen Produktionsprozesses gleichartige Produkte produziert werden. Dabei wird von der Prämisse ausgegangen, dass die Produkte die Produktionseinrichtungen immer im gleichen Verhältnis beanspruchen, also äquivalent. Dieses Verhältnis wird in Zahlen, sogenannten Äquivalenzziffern ausgedrückt, welche als Verteilungsgrundlage dienen.

Die Zuschlagsrechnung findet bei Einzel- bzw. Serienfertigung mit unterschiedlichen Produkten in verzweigten Produktionsprozessen Anwendung. Dabei dienen die in der Kostenstellenrechnung ermittelten Zuschlagssätze als Basis für die Kalkulation. Ausgehend von den Einzelkosten werden schrittweise die Gemeinkosten mit Hilfe der Zuschlagssätze zugerechnet, um die Selbstkosten der Produkte zu ermitteln. In anlagenintensiven Unternehmen kann zusätzlich die Maschinenstundensatzrechnung angewandt werden. Hierzu werden die einzelnen Maschinen als eigene Kostenstellen betrachtet und die Maschinenstundensätze berechnet, indem die Kosten auf die Maschinenlaufzeit verteilt werden.

Die Kalkulation von Kuppelprodukten ist eine Mischform aus den genannten Verfahren.

Abb. 6-17: Verfahren der Kostenträgerstückrechnung (vgl. Friedl 2002, S.84)

Die Ergebnisse der Kostenträgerstückrechnung finden in der Ergebnisrechnung weitere Verwendung. Aus diesem Grund ist in der Kostenträgerstückrechnung auf die geeignete Auswahl eines Kalkulationsverfahren zu achten, damit in der Ergebnisrechnung informative Aussagen entstehen.

Kostenträgerzeitrechnung
Die Kostenträgerzeitrechnung hat die Aufgabe, alle Einzel- und Gemeinkosten einer Abrechnungsperiode insgesamt und getrennt für jede Erzeugnisgruppe des Produktionsprogramms zu erfassen.

Ihre Aufgaben sind wie folgt definiert:

- Ermittlung der Herstellkosten für jede Erzeugnisgruppe (Grundlage für die Bewertung von Erzeugnissen),
- Ermittlung der Selbstkosten insgesamt und für jede Erzeugnisgruppe (Grundlage zur Kontrolle der Wirtschaftlichkeit und Rentabilität) sowie
- Ermittlung des Betriebsergebnisses einer Abrechnungsperiode (Grundlage der kurzfristigen Erfolgsrechnung).

Die Berechnung ist immer auf eine Abrechnungsperiode bezogen und wird mit Hilfe des Kostenträgerblatts (auch Betriebsabrechnungsbogen II, kurz BAB II bezeichnet) durchgeführt (vgl. Schmolke 1998, S. 363). Dabei werden die Istkosten den Normalkosten gegenübergestellt. Die Angebotskalkulation erfolgt grundsätzlich auf Normalkostenbasis, d.h. mit Kosten, die normalerweise anfallen würden. Die Istkosten sind die tatsächlich im Produktionsprozess angefallenen Kosten. Liegen die Normalkosten über den Istkosten, wird von einer Überdeckung gesprochen, im gegenteiligen Fall von einer Unterdeckung. Im letzten Fall muss die Kalkulation überprüft werden, um langfristig eine Kostendeckung zu erreichen. Durch Addition der Überdeckung bzw. Subtraktion der Unterdeckung zum Umsatzergebnis wird das Betriebsergebnis der Abrechnungsperiode errechnet. Dieses Betriebsergebnis muss dann mit dem in der Ergebnistabelle errechneten übereinstimmen. Die Kostenträgerzeitrechnung ermöglicht eine erste einfache periodengerechte kurzfristige Ergebnisermittlung.

6.4 Controlling

Aufgabe des Controlling ist die Sicherstellung der Informationsversorgung und die Schaffung von Transparenz durch ein Planungs- und Berichtswesen (vgl. auch Bürgel 2000, S.10f.). Operativ berichtet das Controlling über die Ergebnissituation und die Ergebniserwartung, strategisch über die Ergebnispotentiale. Das Controlling wirkt bei der Formulierung von Zielen aktiv mit und gibt Empfehlungen zur Steuerung der Ergebnisse und Ergebnispotentiale. Somit sorgt das Controlling für eine Zielorientierung im gesamten Unternehmen.

Ziel des Controlling ist es, durch die Unterstützung der Unternehmensleitung bei der Lösung von Adaptions- und Koordinationsproblemen der Führung die Existenz des Unternehmens nachhaltig zu sichern und eine ergebnisorientierte Steuerung zu gewährleisten.

Als Aufgabe des Controlling sieht es Hahn an, alle Entscheidungen und Handlungen im Unternehmen durch eine entsprechende Aufbereitung von Führungsinformationen ergebnisorientiert auszurichten (vgl. Hahn 1999, S. 1135). Aus dieser allgemeinen Aufgabe leitet Hahn folgende wesentlichen Aufgaben des Controlling ab:

- Unternehmensplanung und -kontrolle durch ergebnis- und liquiditätsorientierte Planungs- und Kontrollrechnung,
- Informationszusammenstellung und Bericht über Ergebnislage und -entwicklung für interne und externe interessierte Gruppen,
- Erarbeitung von Systemen und Verfahren für Unternehmensplanung und -kontrolle sowie
- Organisation der Unternehmensplanung und -kontrolle bezüglich Aufbau- und Ablauforganisation (vgl. Hahn 1999, S. 1138f.).

Planungs- und Kontrollaufgaben zählen zu den Hauptaufgaben im Controlling. Ausgehend von den in der Finanzbuchhaltung und der Kosten- und Leistungsrechnung ermittelten Werten werden im Controlling die Kosten geplant und Kalkulationen durchgeführt.

ERP-Systeme haben in diesem Kontext ebenfalls eine große Bedeutung. In diesem Kapitel wird zunächst auf Kalkulationsverfahren und unterschiedlichen Ergebnisrechnungen eingegangen, bevor im Anschluss einige typische operative und strategische Informationssysteme vorgestellt werden.

6.4.1   Kalkulation

Die Kalkulation im ERP-System kann auf unterschiedlichen Ebenen und mit unterschiedlichen Kalkulationsarten erfolgen. Es wird primär in die Produktkostenkalkulation mit den Unterarten Erzeugnis- und Bauteilkalkulation sowie sekundär in die Auftrags- und Projektkostenrechnung differenziert. Je nach Zeitpunkt und Zweck werden verschiedene Kalkulationsarten unterschieden (Abb. 6-18).

In der Vorkalkulation werden auf Basis der Normal-, Ist- und Plankosten Sollwerte für die Angebotserstellung ermittelt. Sie dienen der Realisierungsvorbereitung, d.h. einer ersten Kostenschätzung. Zwischenkalkulationen werden während der eigentlichen Leistungserstellung, der Fertigung, erstellt und dienen in erster Linie der Überwachung. Ziel ist es, die vorgegebenen Kosten der Vorkalkulation einzuhalten oder zu unterschreiten. Bei dieser Form der Kalkulation werden die Plankosten mit den tatsächlichen Kosten laufend abgeglichen. Die Nachkalkulation erfolgt nach Beendigung der Fertigung zur abschließenden Kontrolle der tatsächlichen Kosten. Als Vergleichsmaßstab werden die Plankosten herangezogen.

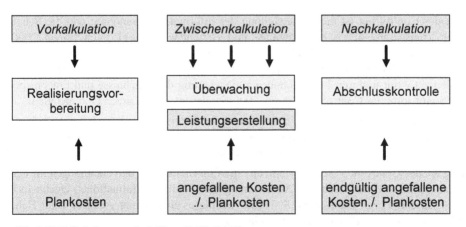

Abb. 6-18: Kalkulationsarten (vgl. Wenzel 2001, S.165)

Neben diesen allgemeinen Kalkulationsverfahren existieren u.a. folgende weitere Verfahren (vgl. Wenzel 2001, S. 166):

- Aktuelle Kalkulation: ermittelt die Herstellkosten eines Produktes im Laufe des Geschäftsjahres und ermöglicht dadurch laufend aktuelle Aussagen über die Istkosten. Dies geschieht i.d.R. tagesgenau.

- Inventurkalkulation: dient der Ermittlung der Wertansätze für die steuer- und handelsrechtliche Bewertung des Bestandes von Halb- und Fertigfabrikaten. Typischerweise wird sie kurz vor der Bilanzerstellung durchgeführt.

- Sollkalkulation: ermittelt die Herstellkosten, um Änderungen gegenüber der Plankalkulation feststellen zu können.

- Plankalkulation: wird zu Beginn eines Geschäftsjahres erstellt und dient das ganze Jahr als Vergleichsbasis für die anderen Kalkulationsarten.
  Diese Kalkulationsverfahren werden auf das ganze Unternehmen angewandt. Daneben existieren spezielle Verfahren, um die Produktkosten (Erzeugnisse, Einzelteile oder Bauteile) sowie die Auftrags- und Projektkosten zu berechnen.

Produktkostenkalkulation

Der Begriff der Produktkostenkalkulation, auch als Produktplanung bezeichnet, wird häufig synonym zur Kostenträgerstückrechnung verwendet. Einige Unterschiede zeigt Abb. 6-19.

Um eine Erzeugniskalkulation im ERP-System anzulegen, werden verschiedene Zwischenschritte eingefügt. Die Kalkulationsvariante im ERP-System SAP R/3 beispielsweise legt fest, wie eine Kalkulation durchgeführt und bewertet wird. Sie speichert die Steuerungsdaten der Kalkulation und bestimmt die Selektion der Stücklisten und Arbeitspläne zum Aufbau des Mengengerüsts. Die Kalkulationsversion legt fest, welche Kalkulation zum selben Material, aber mit unterschiedlichen Mengengerüsten verwandt wird. Die Kalkulationslosgröße bestimmt die kalkulierte Losgröße (vgl. Wenzel 2001, S. 195). Darüber hinaus existieren für diese Zusammenhänge je nach ERP-System weitere herstellerspezifische Bezeichnungen. Ausführungen zur Kalkulation finden sich in Abschnitt 5.2.7.

Produktkalkulation	Kostenträgerrechnung
- Auftragsneutral, d.h. es liegt noch kein konkreter Kundenauftrag vor	- Auftragsbezogen, d.h. ein Kunde und eine Bestellmenge sind notwendig
- Es handelt sich nur um die Kalkulation eines Musterproduktes	- Es handelt sich um einen konkreten Istlauf
- Es findet keine Entlastung der Endkostenstellen statt	- Es findet eine Entlastung der Endkostenstellen statt
- Ergebnis der Produktkalkulation wird im Materialstamm als Standardpreis eingestellt	- Rückgriff auf den Standardpreis aus dem Materialstamm

Abb. 6-19: Produktkalkulation und Kostenträgerrechnung (vgl. Friedl 2002, S.87)

Um die Produktkostenkalkulation automatisch ablaufen zu lassen, sind eine Reihe von Daten aus anderen Teilen (z.B. Produktionsplanung) des ERP-Systems notwendig. Abb. 6-20 gibt einen Überblick über die Datenflüsse, die beispielsweise zur Erstellung einer Produktkalkulation in SAP ERP notwendig sind (vgl. Friedl 2002, S. 130).

6.4.2   Auftrags- und Projektkostenrechnung

Ähnlich der Kalkulation der Erzeugnisse und Bauteile werden in der Auftragskostenrechnung (oder Auftragskostenkalkulation) die Kosten pro Auftrag geplant und kontrolliert sowie in der Projektkostenrechung (oder Projektkostenkalkulation) die Kosten pro Projekt. Die Kalkulation erfolgt dabei nach inhaltlichen und Controlling-Aspekten.

Nach Controlling-Zielen wird in drei Formen von Aufträgen (Einzel-, Dauer-, und statistischer Auftrag) unterschieden (vgl. Wenzel 2001, S. 178). Ein Einzelauftrag zeichnet sich durch die Einmaligkeit und seine spezielle Laufzeit aus. Die Planung erfolgt oft stufenweise gemäß dem Auftragsfortschritt. Ein Beispiel für einen Einzelauftrag ist ein Konstruktions- bzw. Entwicklungsauftrag. Wiederkehrende Aufträge werden in Form von Daueraufträgen verrechnet. Die Laufzeit beträgt oft einige Jahre und die Verrechnung erfolgt in regelmäßigen Abständen (meistens monatlich). Typische Beispiele aus diesem Bereich sind Pflege- und Wartungsaufträge. Der statistische Auftrag ermöglicht andere Auswertungen als die Kostenstellenrechnung. Er dient nicht der Erfassung der Kosten, sondern stellt eine zusätzliche Form der Auswertung bereit. Beispiele für statistische Aufträge sind Fahrzeuge in einem Fuhrpark. Durch das Anlegen von statistischen Aufträgen pro Fahrzeug lassen sich die Kosten pro Fahrzeug ermitteln.

Eine weitere Untergliederung der Aufträge nach den Auftragsinhalten erfolgt i.d.R. nach Fertigungsaufträgen, Investitionsaufträgen und Gemeinkostenaufträgen. Erstere finden Anwendung, wenn im Unternehmen keine Produktionsplanung im Einsatz ist bzw. keine Stücklisten

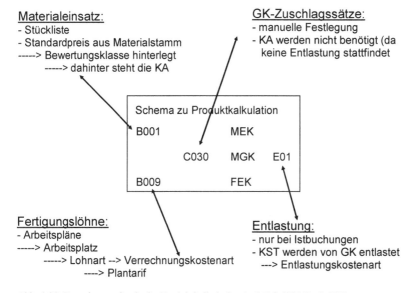

Abb. 6-20: Datenintegration in der Produktkalkulation (vgl. Friedl 2002, S. 130)

oder Arbeitspläne zur Verfügung stehen. Investitionsaufträge dienen zur Verwaltung von Investitionsmaßnahmen. Die Gemeinkostenaufträge sammeln die Plan- und Istkosten eines Wirtschaftsgutes oder einer betrieblichen Maßnahme und dienen u.a. zur Objektkontrolle. Abb. 6-20 verdeutlicht die Quellen, die für einen Fertigungsauftrag herangezogen werden.

Komplexere Vorhaben werden als Projekte definiert. Die Projektkostenrechnung dient der Planung, Kontrolle und Abrechnung der im Projekt entstehenden Kosten über die Laufzeit des Projektes. Ziel ist es, wie auch in der Auftragskostenrechnung, Abweichungen zwischen den geplanten und den tatsächlich angefallenen Kosten zu ermitteln, und die Wirtschaftlichkeit der Projekte zu überwachen.

6.4.3   Ergebnisrechnung

Der erste Schritt der Ergebnisrechnung ist eine Erweiterung der Kostenträgerzeitrechnung, indem den erfassten Kosten einer Abrechnungsperiode die Erlöse dieser Periode gegenübergestellt werden. Dies wird auch als Periodenerfolgsrechnung bezeichnet. Sie wird meist in kurzen Zeiträumen (monatlich, quartalsweise) durchgeführt, um die Kosten- und Erlössituation des Unternehmens möglichst aktuell einschätzen und gegebenenfalls Maßnahmen einleiten zu können. Unterschieden werden zwei Arten der Durchführung, nämlich die Ausbringungserfolgsrechnung und die Absatzerfolgsrechnung. Erstere legt für die Erfolgsermittlung die hergestellten Produkte zugrunde, Letztere nur die tatsächlich abgesetzten.

Besonderheiten der Marktsegmentrechnung
Durch die Marktsegmentrechnung ist das Unternehmen in der Lage, eine Beurteilung von Marktsegmenten nach verschiedenen Aspekten durchzuführen. Sie ist Bestandteil des Ergebniscontrolling im Unternehmen.

Ziel der Marktsegmentrechnung ist es, in den Bereichen Vertrieb, Marketing, Produktmanagement und der allgemeinen Unternehmensplanung das Controlling und den Entscheidungsfindungsprozess sinnvoll zu unterstützen (vgl. Friedl 2002, S. 25).

6.4.4   Profit-Center-Rechnung

Unter einem Profit-Center wird ein eigener Teilbereich eines Unternehmens verstanden, der zudem ergebnisverantwortlich ist (vgl. Wenzel 2001, S. 244). Ziel der Profit-Center-Rechnung ist es, diese Teilbereiche (Profit Center) hinsichtlich ihres erwirtschafteten Ergebnisses (Profit) zu analysieren und somit wie eigenständige Einheiten zu behandeln. Dazu wird jeder ergebnisrelevante Geschäftsvorfall bis in die Profit-Center abgebildet, d.h. sämtliche Liefer- und Leistungsflüsse zwischen den einzelnen Bereichen werden betrachtet. Durch den Einsatz von Profit-Centern können mehrere Vorteile realisiert werden, z.B. eine leistungsbezogenere Entlohnung, da die Leistung der Teilbereiche messbar wird und das Kostenbewusstsein steigt. Die bessere Information der Führungskräfte über ihre Bereiche wird verbunden mit dem Aufdecken von Schwachstellen im Unternehmen. Ein verstärktes Gewinnstreben der einzelnen Profit-Center ist häufig die Folge, gekoppelt mit einer genauen Beobachtung der Kosten. Diese Aspekte wirken sich positiv auf das Gesamtunternehmen aus.

Voraussetzung für eine erfolgreiche Profit-Center-Rechnung ist ein Berichtswesen und eine Ergebnisrechnung, durch die Umsätze und Kosten nachvollziehbar werden. Die Bildung der

Profit-Center kann nach unterschiedlichen Kriterien erfolgen, meistens liegen ihnen Verkaufsgebiete, Kundengruppen, Vertriebswege oder auch Produktgruppen zugrunde. Sie dienen ausschließlich der internen Steuerung.

Es werden zwei Arten der Profit-Center-Rechnung unterschieden (vgl. Wenzel 2001, S. 244):

- kalkulatorische Profit-Center-Rechnung: Bei dieser Variante wird das Ergebnis aus Sicht der Herstellkosten dargestellt.
- buchhalterische Profit-Center-Rechnung: Diese Variante orientiert sich an den Sachkonten, d.h. sie entspricht eher dem formal gegliederten Prinzip der Finanzbuchhaltung.

Jedes Profit-Center ist einem Kostenrechnungskreis zugeordnet, was als sachkontenorientierte Darstellung bezeichnet wird (vgl. Wenzel 2001, S. 245). Deshalb erfolgt die Datenübernahme in die Profit-Center-Rechnung anhand der Sachkontennummern. Dies ist immer dann möglich, wenn gleiche Kontenpläne, gleiche Geschäftsjahresvarianten und eine einheitliche Währung angewandt werden. Sollten einzelne Daten keinem Profit-Center zugeordnet werden können, werden sie zunächst auf ein sogenanntes Dummy-Profit-Center gebucht, und zu einem späteren Zeitpunkt zugeordnet. Abb. 6-21 zeigt die innerbetrieblichen Verrechnungen mit dem Profit-Center.

Profit-Center sind insbesondere in größeren Unternehmen hierarchisch aufgebaut. Aus diesem Grund wurden Profit-Center-Hierarchien eingeführt. Die Unter- bzw. Überordnung der Profit-Center ist dabei häufig an die Struktur in der Kostenstellenhierarchie angelehnt (vgl. Wenzel 2001, S. 245). ERP-Systeme bieten daher häufig die Möglichkeit, die Profit-Center-Hierarchie direkt aus der Kostenstellenhierarchie zu übernehmen.

Die Standardhierarchie entspricht einer baumartigen Struktur, umfasst alle zu einem Kostenrechnungskreis gehörenden Profit-Center und orientiert sich somit an der Organisationsstruktur der Profit-Center-Rechnung. Durch die Zusammenfassung dieser Profit-Center in einer

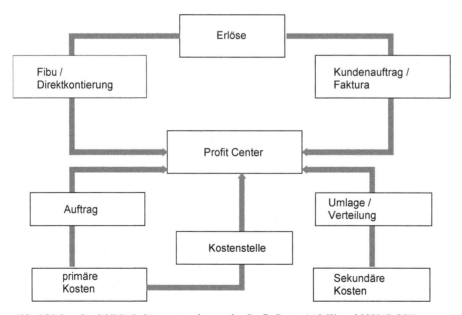

Abb. 6-21: Innerbetriebliche Leistungsverrechnung über Profit-Center (vgl. Wenzel 2001, S. 251)

Hierarchie sind Berichte und Auswertungen über diese Bereiche im Reportingbereich des ERP-Systems möglich. Neben der Standardhierarchie können beliebig viele weitere Profit-Center-Hierarchien aufgebaut werden, sofern das im Unternehmen zur Übersicht sinnvoll ist. Alternativ werden vielfach auch Profit-Center-Gruppen angelegt, die eine ähnliche Aufgabe haben wie die Standardhierarchien.

Innerhalb der Profit-Center-Rechnung wird der Begriff der Stammdaten als Oberbegriff für die zu buchenden Daten genutzt. Sie enthalten Informationen darüber, welchem Kostenrechnungskreis die Daten zugeordnet sind sowie über den dazugehörenden Hierarchiebereich, die Adressdaten, die Kommunikationsdaten und den Profit-Center-Verantwortlichen. Zu den Stammdaten im Profit-Center zählen u.a. (vgl. Wenzel 2001, S. 247):

- Material,
- Kostenstelle,
- Kundenauftrag,
- Innerbetriebliche Aufträge,
- Produktionsaufträge,
- Innenaufträge,
- Instandhaltungsaufträge,
- Immobilienobjekte und
- Zuordnungsübersichten.

Um Bestandsveränderungen erkennen zu können, wird dem Profit-Center Material (Vertriebsdaten und Werksdaten) zugeordnet. Die Kosten aus der Finanzbuchhaltung und der Kostenstellenrechnung können bei Übereinstimmung des Kostenrechnungskreises und des Gültigkeitszeitraums problemlos übernommen werden und ermöglichen so eine genaue Nachvollziehbarkeit der Kosten. Das Gleiche gilt für die Innen- und Produktionsaufträge sowie für die Instandhaltungsaufträge. Ziel ist es, die Daten möglichst einfach und vollständig in das Profit-Center zu übernehmen sowie diese Übernahme transparent zu halten, um eine Nachvollziehbarkeit zu ermöglichen.

Als Teil der gesamten Unternehmungsplanung wird auch für die Profit-Center-Rechnung eine Planung durchgeführt. Unterschieden werden dabei Erlösarten und Kostenarten. Die Profit-Center umfassen die Kosten und Erlöse für erfolgsverantwortliche Teilbereiche des Unternehmens. Aus diesem Grund ist auch die Planung ein Teil der Gesamtplanung und ist i.d.R. der kurzfristigen Planung zuzuordnen. Erstellt werden folgende Teilpläne (vgl. Wenzel 2001, S. 252):

- Der Absatzplan bestimmt wie viele Mengeneinheiten vom jeweiligen Produkt am Markt innerhalb eines festgelegten Zeitraums abgesetzt werden sollen.
- Der Produktionsplan enthält, abgestimmt auf den Absatzplan, die Plankapazitäten und -leistungen, die zur Produktion benötigt werden.
- Der Kostenplan basiert auf den Planungen des Absatzes und der Produktion und plant die voraussichtlichen Kosten. Daneben werden in der Kostenplanung die Leistungseinheiten geplant.
- Der Umsatzplan ermittelt aufgrund der vorangegangenen Absatz- und Kostenplanung die Umsatzerlöse sowie die Plandeckungsbeiträge.

6.4.5   Liquiditätsplanung und Finanzanlagenverwaltung

Ein effizientes Management der kurz- und mittelfristigen Zahlungsströme und der dazu gehörenden Risiken kann sich zu einem entscheidenden Wettbewerbsvorteil entwickeln. Dazu müssen kurzfristig die verschiedenen Bankkontensalden überwacht und aggregiert werden sowie mittelfristig eine Planung und Prognose ein- und ausgehender Zahlungen der Debitoren und Kreditoren vorgenommen werden. Dafür werden in ERP-Systemen spezielle Methoden und Funktionen zur integrativen Analyse der Finanz- und Risikopositionen des Unternehmens angeboten (Abb. 6-22):

- Das Cash Management bietet Funktionen zur Analyse der Liquidität.
- Das Treasurymanagement verwaltet Finanzgeschäfte und Bestände.
- Das Marktrisikomanagement stellt Methoden und Verfahren zur Beurteilung von Risikopositionen bereit.

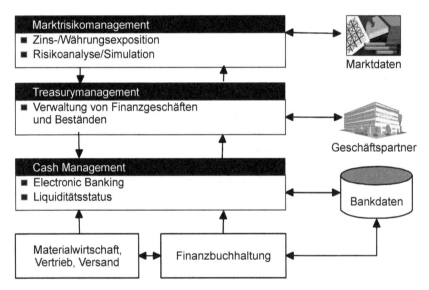

Abb. 6-22: Zusammenhang zwischen Liquiditätsplanung und Finanzanlagenverwaltung

Cash Management
Das Cash Management gliedert die Zahlungsvorgänge des Unternehmens nach den Kriterien Mittelbestand, Mittelzuflüsse und Mittelabgänge. Mit Hilfe einer Bankkontenverwaltung kann eine valutengerechte Liquiditätsanalyse und Disposition durch Electronic Banking stattfinden. Der Tagesfinanzstatus gibt Auskunft über die aktuelle Finanzsituation auf den Bankkonten. Somit wird eine Ausgangsbasis für das Kontenclearing gebildet. Die Liquiditätsvorschau integriert auch zu erwartende Geldein- und -ausgänge aus dem Finanzwesen, der Beschaffung, dem Einkauf und dem Vertrieb in eine mittel- bis langfristige Liquiditätsentwicklung. In beide Auswertungen sind die Zahlungsströme aus Finanzgeschäften des Treasurymanagement integriert.

Treasurymanagement

Aufgabe des Treasurymanagement ist die Verwaltung von Finanzgeschäften und -beständen vom Handel bis zur Überleitung in die Finanzbuchhaltung. Zudem werden Auswertungsmöglichkeiten zur Analyse von Finanzgeschäften und -beständen zur Verfügung gestellt.

Zur Steuerung der kurzfristigen Liquiditäts- und Risikopositionen bieten Geldhandels- oder Devisengeschäfte die Möglichkeit, Liquiditätsengpasse oder -überschüsse zu überbrücken oder Währungsrisiken abzusichern. Im mittel- bis langfristigen Bereich ergänzen Wertpapiere und Darlehen die Instrumente. Funktionen des Treasurymanagements umfassen die Abbildung von Finanzgeschäften, Preisrechner (z.B. Optionspreisrechner), die Abwicklung von Geschäften mit Kontierungsinformationen und Zahlungsverbindungen sowie Korrespondenzfunktionen wie z.B. automatische Bestätigungsschreiben. Automatische Buchungsfunktionen ermöglichen eine Überleitung in die Finanzbuchhaltung und einer Realtime-Fortschreibung des Hauptbuchs.

Marktrisikomanagement

Das Marktrisikomanagement setzt auf dem Cash Management auf. Damit sind alle operativen Cashflows des Unternehmens der Risikosteuerung zugänglich. Ferner können alle Finanzgeschäfte gemeinsam mit den operativen Cashflows ausgewertet werden. Zur Analyse und Bewertung von Zins- und Währungsrisiken werden Kennzahlen zur Verfügung gestellt. Finanzgeschäfte bzw. -bestände mit aktuellen Marktdaten wie Effektivkursen bzw. Effektivzinsen bilden die Basis und dienen gleichzeitig als Basis zur Bestimmung von Markt-zu-Markt-Werten.

SAP ERP bietet z.B. einen integrierten Risikoleitstand mit Kontroll- und Steuerungsfunktionen, die einen Zugriff auf aktuelle und zukünftige Cashflows und alle getätigten Finanzgeschäfte ermöglichen. Das bestehende Risiko wird durch Simulationen transparent gemacht. Diese legen entweder gewählte Marktdatenszenarien zugrunde oder errechnen statistisch wahrscheinliche Veränderungen (value-at-risk). Ein aktives Management und die Steuerung der Risiken ist z.B. durch Devisen- oder Derivative Finanzgeschäfte möglich. Ihre Wirkung auf das Risikoprofil kann simulativ dargestellt werden. Mögliche Funktionen des Marktrisikomanagements von ERP-Systemen umfassen eine Bestandsbewertung aller gängigen Finanzinstrumente, Leistungs- und Risikokennzahlen sowie Liquiditätskennzahlen.

6.5   Strategische Informationssysteme

Unter strategischen Informationssystemen werden Führungsinformationssysteme und Data-Warehouse-Konzepte sowie Ansätze von Business Intelligence und Business Analytics zusammengefasst, die in den folgenden Abschnitten kurz beschrieben werden. Sie sind nicht Bestandteil von ERP-Systemen, basieren aber auf deren Daten.

6.5.1   Führungsinformationssysteme

Führungsinformationssysteme (engl. Executive Information Systems; EIS) konzentrieren sich auf frühe Phasen der Beobachtung, Überwachung, Analyse und Diagnose (vgl. Rieger 1990, S. 104). EIS verfügen dazu über Elemente zur Reduktion der Informationsmenge und

-komplexität. Sie nehmen eine selektive Präsentation erfolgskritischer Faktoren, z.B. aufgrund direkt vom Manager oder Entscheidungsträger definierter Schwellwerte vor.

EIS lassen sich in Anlehnung an Rieger (vgl. Rieger 1990, S. 106) wie folgt charakterisieren:

- Sie führen interne und externe sowie primäre und sekundäre (abgeleitete) Informationsquellen zusammen.
- EIS speichern Daten, Texte, Grafiken, zukünftig auch Bewegtbilder und Töne (Multimedia) zentral und können Verbindungen zwischen vergleichbaren Objekten verschiedener Herkunft herstellen.
- Sie erlauben einen dezentralen, selektiven Informationsabruf auf verschiedenen Aggregationsstufen.
- EIS ermöglichen eine individuelle Definition von Informationsfiltern (Exception Reporting).
- Die Bedienung von EIS erfolgt überwiegend intuitiv durch Zeigegeräte wie Maus oder Lichtgriffel, Touchscreen oder Touchpad.

Die EIS-Funktionalität wird ergänzt durch führungsorientierte Weiterverarbeitungsfunktionen wie Auswertungen, Terminsteuerung (Wiedervorlage) und Weiterleitung (Mailing). In Abb. 6-23 ist die prinzipielle Architektur einer EIS-Anwendung dargestellt (vgl. Gronau 1994, S. 33).

Eine zentral verwaltete EIS-Datenbasis, die über entsprechende Schnittstellen führungsrelevante Informationen aus internen und externen Quellen in regelmäßigen Zeitabständen extrahiert und in vorverarbeiteter Form zwischenspeichert, bildet die Grundlage einer EIS-App-

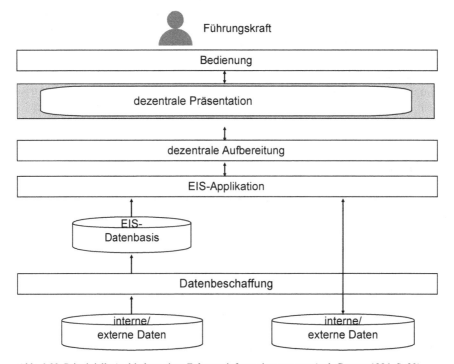

Abb. 6-23: Prinzipielle Architektur eines Führungsinformationssystems (vgl. Gronau 1994, S. 33)

likation. Für hochaktuelle Daten, die Abfrage externer Datenbanken oder die Interaktion mit zeitreihenbasierten Modellen sind auch Direktzugriffe auf die zugrundeliegenden Datenbestände unter Umgehung der EIS-Datenbasis möglich. Dies wird als Pipelining bezeichnet (vgl. Rieger 1990, S. 107).

EIS sind Grundlage für das Unternehmenscontrolling. Sie werden so gestaltet, daß sie sowohl interne als auch externe Informationen , die die Geschäftstätigkeit eines Unternehmens beeinflussen, mit der benötigten Aktualität liefern können.

Voraussetzung für eine optimale Datenbereitstellung ist die Einrichtung einer vom Anwender frei konfigurierbaren Datenbank. Die Datenbeschaffung und die Verbuchung in der EIS-Datenbank erfolgt im System automatisch im Hintergrund. Damit ist die ständige Aktualisierung der Informationen gewährleistet.

6.5.2 Der Data-Warehouse-Ansatz

In den achtziger Jahren wurde ein Ansatz entworfen, der es erlaubt, Daten zu sammeln und für die Analyse aufzubereiten: das Data Warehouse, auch Information Warehouse genannt. Als Urheber des Begriffs können Inmon (Inmon 1992) und B. Devlin mit P.T. Murphy (Devlin 1988) genannt werden. Typische Anwendungen, bei denen ein Data Warehouse verwendet wird, sind Marktanalysen, Absatzplanung, Produktanalysen und Bedarfsplanungen.

Die Architektur eines Data Warehouse ist in Abb. 6-24 dargestellt. Ein wichtiger Aspekt des Data Warehouse ist, dass sein Datenbestand von dem der operationalen Systeme getrennt ist.

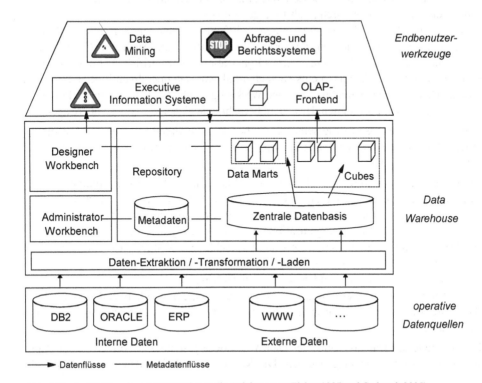

Abb. 6-24: Architektur eines Data Warehouse (in Anlehnung an Eicker 1997 und Gadatsch 2005)

Kennzeichnend für die operationalen Systeme ist es, einen Datenbestand aufzuweisen, der sich an den aktuellen Erfordernissen der Unternehmensprozesse orientiert. Ein Beispiel hierfür ist etwa die Kennzahl Umsatz im Beleg Verkaufsauftrag. Nur in Ausnahmefällen wird man im operationalen Datenbestand Daten finden, die über Jahre entfernt liegende Ereignisse Auskunft geben.

Im Data Warehouse werden sowohl Geschäfts- als auch Metadaten genutzt. Geschäftsdaten entstehen bei der Abarbeitung von Geschäftsprozessen; sie sind das Betrachtungsobjekt von Auswertungen (vgl. auch in folgenden Gomez 2006, S. 7 ff.). Geschäftsdaten bestehen aus Echtzeitdaten, die die Datenbasis für die operativen Systeme darstellen, aus konsolidierten Daten und aus abgeleiteten Daten.

- Echtzeitdaten werden im laufenden ERP-Betrieb durch Schreib- und Leseoperationen verändert und nicht zum Entscheidungsprozess herangezogen. Sie bilden jedoch die Grundlage für die Datenbasis des Data Warehouses.
- Konsolidierte Daten werden aus den Echtzeitdaten erzeugt, um systemweite Konsistenz zu erreichen. Diese Konsistenz umfasst den Typ der Daten, die Bedeutung und die zeitliche Orientierung der Daten. Während der Konsolidierung werden keine neuen Daten hinzugefügt. Im Zuge der Konsolidierung werden z. B. Umsätze unterschiedlicher Länder in die Einheitswährung EUR überführt.
- Abgeleitete Daten werden zur Entscheidungsunterstützung genutzt. Sie werden durch einen definierten Prozess aus konsolidierten Daten gewonnen, wobei der Aggregationsgrad von den Anforderungen der jeweiligen Aufgabe abhängt. Abgeleitete Daten im Data Warehouse vorzuhalten verbessert das Antwortzeitverhalten, da die aggregierenden Operationen nicht erneut durchgeführt werden müssen.
- Metadaten beschreiben Daten, Funktionen und Komponenten von betrieblichen Anwendungssystemen, dokumentieren die Verknüpfungen zwischen Daten und Geschäftsprozessen und dienen darüber hinaus der Organisation der Zugriffsberechtigungen (vgl. Gomez 2006, S. 9). Metadaten entstehen ebenfalls aus den operativen Systemen, wo sie sich in Datenbankenverzeichnissen oder Werkzeugen für die Softwareentwicklung befinden. Sie werden im Rahmen der Datenübernahme ins Data Warehouse übertragen.

Kern eines Data Warehouse ist die seinen Datenbestand enthaltende Datenbank. Für die Art der Datenhaltung dort ist neben der Trennung der operationalen Daten von den dispositiven Daten kennzeichnend, dass

- die Daten themenorientiert abgelegt werden. Man orientiert sich hier weniger an dem Prozess, in dem die Daten gebraucht werden, wie bei der Transaktionsverarbeitung, sondern richtet sich eher nach den Geschäftsobjekten. So findet sich hier die Kennzahl Umsatz im Bereich der Verkaufsorganisation, die den Umsatz generiert.
- die Daten periodenvariant organisiert sind; verschiedene Zeitperioden sind Grundlage der Datenorganisation, und Voraussetzung für weitere Analysen;
- die Datenformate konsistent und anwendungsunabhängig sind;
- keine Änderungen der Werte möglich sind (keine Updates); möglich sind ausschließlich das Schreiben neuer Daten zusätzlich zum bereits bestehenden Datenbestand sowie Lesevorgänge.

Die Beschreibung des Datenbestands des Data Warehouse geschieht in Form von Metadaten, die in einem Repository abgelegt werden. Die Metadaten enthalten dabei oft nicht nur die

Beschreibung der Datenstrukturen selbst, sondern auch die Quellsysteme für die Daten und Informationen über erfolgte Konvertierungen.

Das Einbringen der Daten aus dem oder den operationalen Systemen ist ein Prozess, der als Datenveredelung (Data staging oder Data scrubbing) bezeichnet wird. Neben der Umformung von operationalen Daten in eine für das Data Warehouse geeignete Datenstruktur werden in diesem Schritt Inkonsistenzen im Datenbestand beseitigt (vgl. hierzu auch Gronau 1997).

Datenversorgung des Data Warehouse
Je nach Zielsetzung kann der Benutzer des Data Warehouse zwei unterschiedliche Arten der Datenbeschaffung kombinieren: ereignisgesteuert oder durch copy management. Steht die Aktualität der Daten im Vordergrund, wird er das Data Warehouse ereignisgesteuert aktualisieren. Hierbei wird automatisch bei jedem Geschäftsvorfall im ERP-System (z.B. Erfassung eines Kundenauftrags, Erstellen einer Rechnung) die Fortschreibung des Data Warehouses angestoßen.

Während bei der ereignisgesteuerten Datenbeschaffung das operationale System den Update anstößt, wird beim copy management die Datenversorgung vom Data Warehouse angestoßen. Inkonsistenzen der Daten wie z.B. fehlende Periodenabschlüsse oder fehlende Projektrückmeldungen können in den Beschaffungsprogrammen erkannt (data staging) oder durch die richtige Wahl des Beschaffungszeitpunktes vermieden werden. Diese Technik wird vor allem für die EIS-Datenbanken verwendet.

Das Data Warehouse wird bei verteilten Anwendungen eine große Rolle als Konsolidierungssystem spielen. Damit in einer solchen Konfiguration Datenflüsse aus Fremdsystemen einfach integriert werden können, erfolgt der Datenaustausch nicht auf ERP-Belegstrukturen. Medium sind eigens definierte einheitliche Kommunikationsstrukturen, die sich an den Erfordernissen des Data Warehouse orientieren.

Wichtig ist in diesem Zusammenhang die Fähigkeit des Data Warehouse, eine Datenveredelung (data staging) durchzuführen. Hiermit wird die Möglichkeit beschrieben, die Daten zwischen Sender und Empfänger zu konvertieren (Währungen, Periodenbezug, Objektumschlüsselung) oder anzureichern.

6.5.3 Business Intelligence

Der Begriff Business Intelligence (BI) entstand Mitte der 90er Jahre [1] und ist maßgeblich auf Überlegungen der Gartner Group zurückzuführen (vgl. Eggert 2006, S. 19). Diese definierte den Begriff 1996 wie folgt: „Data analysis, reporting, and query tools can help business users wade through a sea of data to synthesize valuable information from it – today these tools collectively fall into a category called Business Intelligence.". In dieser frühen Begriffsabgrenzung wurde BI als Sammelbezeichnung für unterschiedliche Frontend-Werkzeuge der Managementunterstützung definiert. Weiterhin wurde BI als analytischer Prozess bezeichnet, der Unternehmens- und Wettbewerbsdaten in handlungsgerichtetes Wissen über die Fähigkeiten, Positionen, Handlungen und Ziele der betrachteten internen oder externen Handlungsfelder (Akteure und Prozesse) transformiert. In der BI-Ebene finden sich daher Anfrage- und Reportingwerkzeuge ebenso wie Spreadsheets und PC-Datenbanken, aber auch intelligente Analysewerkzeuge. Werkzeuge dieser Art werden als multidimensionale Analysetools oder OLAP (OnLine Analytical Processing) bezeichnet [1]. Durch Business Intelligence soll mit Hilfe von Analysewerkzeugen der Wert der Unternehmensdaten erhöht werden, um damit auch den Unternehmenserfolg langfristig zu sichern.

Data Mining

Mit verschiedenen Mining-Methoden wird versucht, in großen Daten- und Informationsmengen mit Computerhilfe Muster zu finden, aus denen Fachleute einer Domäne relevante Bedeutungen ableiten können (vgl. Yilmaz 2006, S. 36). In diesem Prozess werden vielfältige Methoden aus Statistik und Künstlicher Intelligenz benutzt (Korrelations-, Regressions-, Cluster-Analyse, genetische Algorithmen, etc.).

Die Informationen, die mit Hilfe von Data Mining gewonnen wurden, können zur Verbesserung der Entscheidungsqualität und zur Reduktion der Plankomplexität wichtige Beiträge leisten. Beispiele für diese Informationen sind die Zusammenhänge zwischen Attributen (z.B. „Geschlecht", „Alter", „soziales Umfeld" bezogen auf „Kauf einer hochwertigen Telefonanlage"), über Wirkungszusammenhänge (z.B. „Eintritt eines Schadenfalls und Kündigung der Versicherungspolice") und über zukünftige Situationen (z.B. „Prognose von Vertragslaufzeiten").

Online Analytical Processing

Im OLAP werden Daten bezüglich verschiedener Dimensionen mit relativ kurzen Antwortzeiten analysiert und die Ergebnisse in so genannten OLAP-Würfeln dargestellt. Hierdurch haben die Entscheider vielfältige Möglichkeiten, die Ergebnisse aus verschiedenen Perspektiven zu bewerten und angemessene, effektive Maßnahmen zu treffen. Zum Beispiel kann man einen OLAP-Würfel betrachten, der aus den Dimensionen (Perspektiven) Produktgruppe, Region und Kundengruppe besteht. Mit OLAP hat man flexible Navigationsmöglichkeiten, um beispielsweise zu analysieren, welche Produktgruppe in welcher Region an welche Kundengruppe mit wie viel Umsatz verkauft wurde.

Mit Hilfe von BI-Werkzeugen im OLAP kann man komplexe Beziehungen, z.B. Ursache-Wirkungszusammenhänge, erkennen, Trends ermitteln und Simulationen durchführen. Durch das so genannte Drill Everywhere können der Aggregationsgrad der Daten (detaillierter oder verdichteter) geändert, durch Slice einzelne Perspektiven isoliert betrachtet und Dice Perspektiven zur Betrachtung rotiert werden. Außerdem werden durch das Traffic Lightning signifikante Abweichungen zwischen Datenobjekten automatisch identifiziert. Diese Funktion wird auch als Ampelfunktion bezeichnet und basiert auf eine regelgebundenen Formatierung definierter Datenbereiche.

Business Analytics

Business Intelligence umfasst mit Anwendungen wie Standard- und Ad-hoc-Berichten, Abfragen sowie Alarmen eine vergangenheitsorientierte Sichtweise auf Daten. Fragestellungen nach dem „Warum ..." oder „Was passiert, wenn ..." können mit diesen Funktionen nur unzureichend erschlossen werden, obwohl gerade darin wertvolle Gestaltungs-, Optimierungs- und Innovationspotenziale liegen. Die Lösung dafür besteht in der Anwendung von Analysen, Simulationen, Prognosen und Optimierungen – d.h. in der Anwendung von Business Analytics.

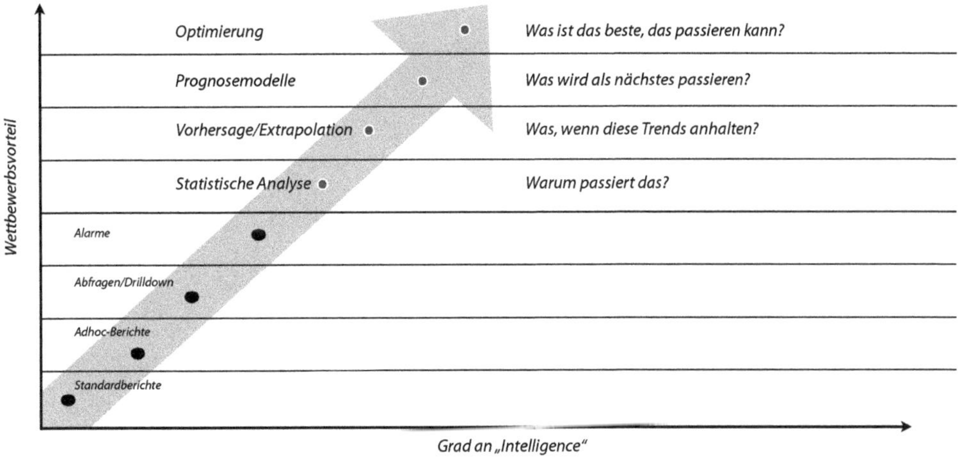

Abb. 6-25: Differenzierung von Business Intelligence und Business Analytics

Thomas Davenport definiert Business Analytics als breite Nutzung von Daten und quantitaiven Analysen zur Entscheidungsfindung in Organisationen. Business Analytics umfasst Abfrage und Reporting (also Business Intelligence), geht darüber hinaus insbesondere durch seine intensivere Nutzung mathematisch anspruchsvoller Methoden (Davenport 2010).

7   Die Ressource Personal

Die Rolle des Personalmanagements in Unternehmen hat sich in den letzten Jahren stark gewandelt. Aus der Dienstleistungs- und Servicefunktion mit Fokus auf administrative Personalprozesse entwickelte sich im Lauf der Zeit ein Businesspartner mit einer den Unternehmenswert steigernden Gestaltungsfunktion (vgl. Speck 2003). Die Fähigkeiten der Mitarbeiter werden zunehmend als entscheidender Wettbewerbsfaktor der Zukunft angesehen (vgl. Gronau 2009).

Ein Grund für diesen Wandel kann in den steigenden Anforderungen an Mitarbeiter liegen. In den vergangenen Jahren übte die Verlagerung einfacher Tätigkeiten ins billigere Ausland Druck auf die Personalabteilungen aus. Es wurden vermehrt Fachkräfte gesucht, die über spezifisches Fachwissen verfügen und in der Lage sind sich durch Fortbildungen an den immer schneller stattfindenden technologischen Wandel anzupassen. Eine weitere Begründung für den Wandel im Personalmanagement könnte in der Erkenntnis der Unternehmen liegen, dass das Wissen der Mitarbeiter erfasst und gespeichert werden muss, um so die Nachhaltigkeit der Unternehmung zu sichern. In diesem Zusammenhang entwickelte sich in den 90er Jahren der Begriff des Human Ressource Management (HRM) (vgl. Eggert 2007, S. 27). Danach wird Personal als Pool von Ressourcen angesehen, den es gezielt aufzubauen, pfleglich zu erhalten und Anforderungsgerecht weiterzubilden gilt (vgl. Staehle 1999).

Der Wandel des Verständnisses von Personalmanagement führte auch zu neuen Aufgaben zu wie der Verwaltung von Kompetenzen, z.B. zur Bildung von Projektteams aus unterschiedlichen Abteilungen. Somit gehört zu den Aufgaben des Personalmanagements ein umfassendes Spektrum an Bereichen, wie z.B. Personalplanung, Personalbeschaffung, Personalentwicklung, Personalcontrolling, Skill- und Kompetenzmanagement sowie Personalverwaltung.

Um die gestiegenen Anforderungen zu bewerkstelligen, benötigen Personalmanager Software mit deren Hilfe sie die klassischen Aufgaben des Personalmanagement durchführen können, auf der anderen Seite aber auch den Anforderungen der Personaleinsatzplanung gerecht werden können. Ein solches Personalinformationssystem kann auf unterschiedlichen Betrachtungsebenen angewendet werden. Auf der Ebene des einzelnen Mitarbeiters bedeutet dies die Verwaltung seiner Kompetenzen und routinemäßige Abwicklungen wie Lohn- und Gehaltszahlungen. Auf der strategischen Unternehmensebene beinhaltet das die nachhaltige Sicherung des Faktors Arbeit mithilfe von Szenarioanalysen oder Kostenanalysen (vgl. Scholz 2000). In diesem Kapitel wird zunächst der Aufgabenumfang der Personalwirtschaft kurz skizziert, bevor auf den Einsatz von Informationssystemen in diesem betrieblichen Funktionsbereich eingegangen wird.

7.1   Aufgaben der Personalwirtschaft

Die Personalwirtschaft umfasst die Gesamtheit der mitarbeiterbezogenen Gestaltungs- und Verwaltungsaufgaben im Unternehmen (vgl. Olfert 2001, S. 22). Seit Mitte der 80er Jahre wird im deutschsprachigen Raum auch der Begriff Personalmanagement verwendet. In der zeitgenössischen, vor allem US-amerikanischen Praxis und Literatur wird vom Human Resource Management gesprochen (vgl. Oechsler 2000, S. 20 ff., Scholz 2000, S.1). Ihre Aufgaben, sofern sie den Funktionsumfang von ERP-Systemen berühren, sind in Abb. 7-1 dargestellt und werden in Anlehnung an (Bröckermann 2003) beschrieben.

Abb. 7-1: Aufgabenfelder der Personalwirtschaft (vgl. Bröckermann 2003, S. 17)

Personalbeschaffung
Die Personalbeschaffung zielt darauf ab, freie Stellen neu zu besetzen. Sie wird zunächst planerisch vorbereitet. Es folgt die Wahl und das Beschreiten eines Personalbeschaffungswegs. Daran schließt sich die Personalauswahl an. Nach der Entscheidung für eine Bewerberin oder einen Bewerber wird abschließend ein Arbeitsvertrag formuliert und unterzeichnet.

Personaleinsatz
Der Personaleinsatz hat für die optimale Eingliederung der Beschäftigten in den Arbeitsprozess zu sorgen. Die Einarbeitung stellt sicher, dass die Mitarbeiterinnen und Mitarbeiter ihre Aufgaben kennen, akzeptieren und erlernen sowie in die soziale Struktur der Belegschaft integriert werden. Durch eine Stellenzuweisung werden die Personen den Stellen zugeordnet. Die Stellenanpassung arbeitet mit den Instrumenten der Arbeitsstrukturierung und Arbeitsplatzgestaltung. Die Beeinflussung der Arbeits- und Urlaubszeiten ist Thema der Zeitwirtschaft.

Personalbeurteilung
Bei Personalbeurteilungen geht es um die Einschätzung von Personen. Die Beschäftigten sowie Bewerberinnen und Bewerber werden vorrangig hinsichtlich ihrer Leistung und ihres Verhaltens beurteilt. Personalbeurteilungen unterscheiden sich in ihrer Form, im Turnus, innerhalb dessen die Beurteilungen stattfinden, in ihren Beurteilungskriterien, der Differenzierung dieser Kriterien, der Zuständigkeit, dem Personenkreis, der zur Beurteilung ansteht, und in ihrem Zeithorizont.

Entgelt

Das Entgelt ist die materielle Gegenleistung eines Unternehmens für die Leistungen jener Personen, die sich dem Unternehmen vertraglich verpflichtet haben, diese Leistungen zu erbringen. Es werden Arbeitsentgelte, also Zeit- und Akkordlöhne sowie Gehälter und Ausbildungsvergütungen, von Honoraren, den Entgelten von Freiberuflern unterschieden. Zu diesen Grundvergütungen kommen oft zusätzliche Vergütungen, etwa Zulagen, Prämien und andere leistungs- oder erfolgsabhängige Entgeltbestandteile. Gesetze, Tarifverträge, Betriebs- und Dienstvereinbarungen sowie Arbeitsverträge sehen eine Vielzahl von Regelungen vor, die den Beschäftigten für verschiedene Anlässe auch dann ein Arbeitsentgelt zusichern, wenn sie gar keine Arbeitsleistung erbracht haben. Außerdem hat der Gesetzgeber zur Sicherung des Arbeitsentgelts mehrere Regelungen getroffen. Grundsätzlich werden die Entgelte wie folgt abgerechnet. Auf eine Bruttorechnung folgt die Nettorechnung. Mit der Zahlungsrechnung erfolgen die Überweisungen auf die Konten der Entgeltempfänger. Die Auswertungsrechnung dient der Verarbeitung der Abrechnungsdaten.

Personal- und Organisationsentwicklung

Die Personalentwicklung dient der Vermittlung jener Qualifikationen, die zur optimalen Verrichtung der derzeitigen und der zukünftigen Aufgaben erforderlich und förderlich sind. Dazu muss im Rahmen der Personalentwicklungsplanung der Personalentwicklungsbedarf ermittelt werden. Dadurch werden eine Maßnahmenplanung und ihre Umsetzung in konkrete Aktionen möglich. Mit einem abschließenden Personalentwicklungscontrolling wird überprüft, ob bzw. inwieweit die angestrebten Ziele erreicht wurden.

Personalcontrolling

Unter Personalcontrolling wird die Anwendung der Controlling-Idee auf alle personalwirtschaftlichen Strukturen und Prozesse verstanden. Das Personalcontrolling beschränkt sich nicht auf die Planung und die Errechnung vergangenheitsbezogener Daten. Wichtiger ist die vorwärts orientierte Betrachtung durch das Aufzeigen von Trends und die Ursachenermittlung. Durch den Vergleich von Ist, Plan und Soll werden Informationen gewonnen, die die Steuerung personalwirtschaftlicher Strukturen und Prozesse ermöglichen.

Zum Instrumentarium der Datenerhebung zählen die Personalstatistik, Personalplanung und Zielsetzung, zum Instrumentarium der Datenauswertung die Trendverfahren, Zielvereinbarungen, Balanced Scorecard, ursachenanalytische Verfahren, das Benchmarking und das personalwirtschaftliche Rechnungswesen.

7.2 Personalwirtschaftliche Funktionen im ERP-System

Angesichts der Vielzahl von Verwaltungsaufgaben kann Personalarbeit vernünftigerweise nur noch mit Hilfe von Informationssystemen geleistet werden. Die konventionelle Personalarbeit anhand von Personalkarteien und Lohnkontoblättern gehört angesichts des erheblichen Personal- und Zeitaufwands sowie der Fehlerträchtigkeit der Vergangenheit an.

Personalinformationssysteme erfüllen insgesamt die Aufgaben der allgemeinen Personalverwaltung, Personalaktenführung, Zeit- und Kostenkontrolle, Leistungsabrechnung, Ermittlung des Personalbedarfs, Urlaubsermittlung, Erstellung von Anforderungs- und Leistungsprofi-

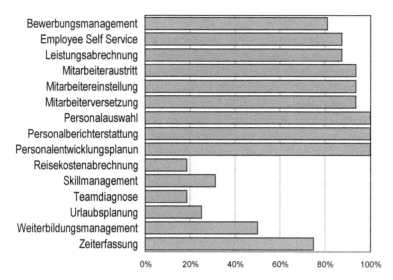

Abb. 7-2: Funktionsumfang von Personalinformationssystemen (vgl. Eggert 2007, S. 50)

len, Leistungsbewertung und -beurteilung, Lohn- und Gehaltsfindung, Personalstatistiken sowie Auswahl geeigneter Mitarbeiter für das entsprechende Projekt oder Arbeitsplatz.

Die Funktionen marktverfügbarer Systeme, die teilweise eigenständig angeboten werden, teilweise aber auch Module von ERP-Systemen darstellen, sind in Abb. 7-2 dargestellt (vgl. Eggert 2007, S. 49ff).

Von nahezu allen Personalinformationssystemen werden die Aufgaben der individuellen Personalentwicklungsplanung, Personalauswahl, Leistungsabrechnung, Employee Self Service sowie Mitarbeitereinstellung, -versetzung und -austritt übernommen. Eine Reihe von Routine-, Informations-, Melde- und Kontrollaufgaben kann als automatisierte Personalarbeit selbsttätig von der eingesetzten Software abgewickelt werden. Dabei werden Ergebnisse ohne manuelle Eingriffe durch Programmabläufe in definierten, regelmäßigen zeitlichen Abständen erzeugt.

Ferner können Beschäftigte und Vorgesetzte einen Teil der Personaldaten in Form eines Employee Self Service (ESS) im Intranet des Arbeitgebers über einen Zugriffscode selbst abrufen, verwalten und pflegen (vgl. Mülder 2002, S. 277f.).

Beim Einsatz einer Personalinformationssoftware ist der Schutz für hochsensible Personaldaten unabdingbar. Die Systeme stellen unterschiedliche Sicherheitsmechanismen bereit. Bei einigen Systemen ist eine Verriegelung auf Programmebene, Benutzerebene, Datensatzebene sowie eine SSL-Verschlüsselung und Benutzer-Authentifizierung möglich. Andere Systeme regeln den Schutz für Personaldaten durch die Definition von Zugriffsrechten, so dass der jeweilige Benutzer nur in seinem für ihn definierten Bereich arbeiten und Informationen erhalten darf.

In den folgenden Abschnitten wird am Beispiel des ERP-Systems SAP ERP die Funktionalität der in ERP-Systemen integrierten Personalinformationssysteme beschrieben.

7.2.1 Personalstammdaten

Die Personalstammdatenverwaltung ermöglicht die Erfassung, Pflege, Speicherung und Verwaltung aller personenbezogenen Daten. Die Daten zu einer Person werden z.B. im Modul HR (Human Resources) von SAP ERP nach sachlichen und inhaltlichen Gesichtspunkten in einzelne Informationstypen zusammengefasst. Diese Informationstypen (oder kurz: Infotypen) (z.B. Daten zur Person, Anschrift, Bankverbindung) ermöglichen eine übersichtliche Gliederung der zu verwaltenden Daten (vgl. Gronau 1999, S. 249).

Durch Definition einer Personalmaßnahme wird der dateneingebende Sachbearbeiter vom System durch die von der Maßnahme betroffenen Infotypen geführt. Das setzt voraus, dass dem System vorher mitgeteilt wurde, welche Infotypen jeweils bearbeitet werden müssen. Durch Eingabe einer Probezeit im Infotyp Vertragsbestandteile kann z.B. automatisch der Ablauf der Probezeit im Infotyp Terminverfolgung übernommen werden, ohne dass der Sachbearbeiter dies einzugeben hat.

Innerhalb der Personalwirtschaft des ERP-Systems SAP ERP werden sechs Arten von Personalmaßnahmen unterschieden:

- Einstellung,
- Organisatorischer Wechsel,
- Übernahme von aktivem Personal,
- Übernahme von in Rente befindlichem Personal,
- Austritt und
- Wiedereintritt.

7.2.2 Personalplanung

Die Personalplanung gliedert sich in die Aufgaben

- Personalorganisation,
- Personalbedarfsplanung,
- Personalbeschaffungsplanung,
- Personaleinsatzplanung,
- Personalentwicklungsplanung,
- Personalfreisetzungsplanung und
- Personalkostenplanung.

Dabei werden folgende Begriffe benutzt: Die Organisationseinheit ist ein beliebiges organisatorisches Gebilde, dessen Stellenwert sich aus der Position innerhalb des Unternehmens ergibt (z.B. Abteilung, Gruppe). Die Zusammenfassung von Aufgaben wird in der Stelle vorgenommen. Sie steht für eine Berufs- bzw. Tätigkeitsbezeichnung. Eine Planstelle stellt eine Konkretisierung und quantitative Erfassung einer Stelle dar (z.B. Vorstandsmitglied, Sekretärin). Der Arbeitsplatz hat einen konkreten Standort und kann von mehreren Planstellen besetzt sein. Die Aufgabe beschreibt die Tätigkeiten der einzelnen Person bzw. Stelle. Den Zusammenhang innerhalb der Personalplanung verdeutlicht Abb. 7-3.

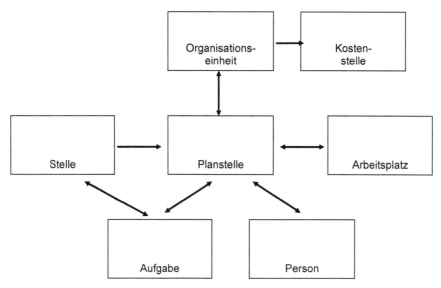

Abb. 7-3: Zusammenhänge bei der Personalplanung

Die Personalinformationssysteme sind in der Lage, Organisationseinheiten, Planstellen, Stellen, Arbeitsplätze und Aufgaben abzubilden, zu verwalten und zu planen. Mit diesen Daten können Arbeitsplatzbeschreibungen, Stellenpläne, Besetzungspläne, Organigramme und andere Organisationspläne erstellt werden.

Die Komponente Organisation und Planung dient zum Aufbau und der Gestaltung von Organisationen. Diese Grundkomponente unterstützt die Abbildung von Kommunikationsstrukturen, die grafische Darstellung von Organigrammen, Organisationsplänen usw. das Erstellen von Arbeitsplatzbeschreibungen und Planstellen-Listen und die Simulation unterschiedlicher Szenarien.

Die Arbeitsplatz- und Stellenbeschreibung ermöglicht eine genaue Beschreibung des Arbeitsplatzes, die sowohl auf die Sollbezahlung, Arbeitsaufgabe und -zeit als auch auf Einschränkungen, wie z.B. für Schwerbehinderte und mögliche Gesundheitsvorsorge eingehen kann.

Mit dem Modul Qualifikationen und Anforderungen können nun die Profile von Stellenbeschreibungen mit den Qualifikationen der Bewerber oder Mitarbeiter verglichen werden, um geeignete Personen zu bestimmen.

Schließlich bietet das HR-Modul eine strukturierte Karriereplanung an, um die Entwicklung von Mitarbeitern zu planen.

7.2.3　　Lohn- und Gehaltsabrechnung

Entweder das ERP-System oder ein abgesetztes HR-System bietet die Möglichkeit, unter Berücksichtigung der Zeitdatenverwaltung und der Daten über Anwesenheiten Lohn- und Gehaltsabrechnungen vorzunehmen, sie zu dokumentieren und Statistiken zu erstellen. Dabei wird auf nationale Besonderheiten mit unterschiedlichen steuerrechtlichen und sozialversicherungsrechtlichen Anforderungen Rücksicht genommen.

Aufgrund der vielen nationalen Besonderheiten nutzen sehr viele Unternehmen für das HRM eigene Systeme und nicht das in ihrem ERP-System enthaltene HR-Modul. Nur sehr wenige Anbieter können für Beschäftigte aus mehr als zehn Ländern Löhne und Gehälter nach den jeweils örtlich geltenden Vorschriften abrechnen.

Auch die Datev e.G. in Nürnberg bietet die Möglichkeit an, HR-Funktionen zu übernehmen.

7.2.4 Reiseabrechnung

Die Reiseabrechnung ermöglicht zum einen die korrekte Verbuchung der angefallenen Reisekosten, zum anderen die Berücksichtigung von eventuell bereits an die Mitarbeiter ausbezahlten Vorschüssen und der nachträglich auszuzahlenden Spesen sowie das exakte Umlegen der Reisekosten auf die jeweils betroffenen Kostenstellen innerhalb des Unternehmens. Eine Übermittlung der Daten an die Banken zur Gehaltsabrechnung ist ebenfalls möglich.

7.2.5 Zeitwirtschaft

Mit den Funktionen der Zeitwirtschaft (Abb. 7-4) können die Tatbestände der Vergangenheit erfasst und beschrieben und die der Zukunft geplant werden. Die Erfassung der verschiedenen Tatbestände kann in unterschiedlichen Infotypen zusammengefasst werden, z.B. Abwesenheiten, Mehrarbeiten oder Vertretungen.

Die Zeiterfassung erfolgt durch Beschreibung der Sollarbeitszeit der Mitarbeiter in einer Vorgabe, dem Schichtplan. Diese Schichtpläne werden auf Basis des werksbezogenen Feiertagskalenders über Tagesprogramme und Schichtrhythmen automatisch erzeugt. Ein manuelles Eingreifen ist dabei möglich. Planbare Abweichungen, wie z.B. Feiertage, werden durch Varianten eines Tagesprogrammes automatisch berücksichtigt. Die Zuordnung des Mitarbeiters zu seinem Schichtplan erfolgt in seinen Personalstammdaten.

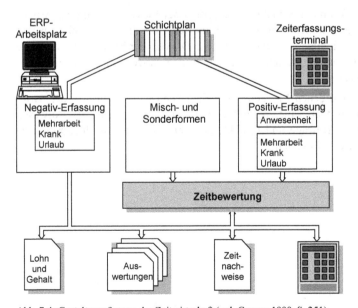

Abb. 7-4: Gestaltungsformen der Zeitwirtschaft (vgl. Gronau 1999, S. 251)

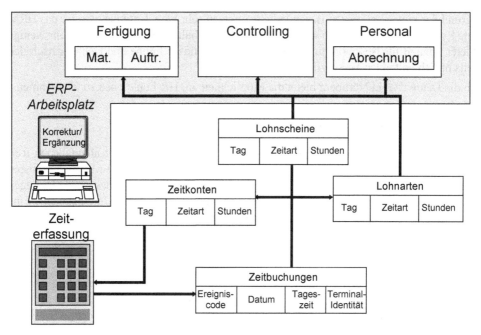

Abb. 7-5: BDE-Einbindung (vgl. Gronau 1999, S. 254)

Die Zeiterfassung in Form der negativen Erfassung definiert den geplanten Arbeitsablauf in Form eines Schichtplans. Wenn keine Abweichungen vorliegen, sind weitere Eingaben nicht notwendig. Relevante Abweichungen wie z.B. Arbeitsunfähigkeit, Dienstreise oder Seminar werden eingegeben und überlagern die Schichtplanvorgaben bei der Lohn- und Gehaltsabrechnung.

Bei der positiven Erfassung kann der Schichtplan aufgrund der Flexibilisierung der Arbeitszeit häufig nur den Arbeitszeitrahmen vorgeben und als Basis für die Anwesenheitsbewertung dienen. In der Positiv-Erfassung wird daher über die Dialoge der Schnellerfassung oder über ein vorgelagertes Zeiterfassungssystem zusätzlich zu den Abweichungen auch die Anwesenheit der Mitarbeiter erfasst.

Die Erfassung von auftragsbezogenen Mengen und Zeiten kann gemeinsam mit der Anwesenheitszeiterfassung erfolgen. Dabei bieten ERP-Systeme eine Verrechnung der Anwesenheitszeiten auf Kostenstellen, Aufträge und Projekte an. Abb. 7-5 zeigt die Integration der Betriebsdatenerfassung in das ERP-System.

Teil 4: Planung und Steuerung unternehmensübergreifender Ressourcen

Unternehmen sind heute in Wertschöpfungsnetze eingebunden. Dies muss auch durch das ERP-System berücksichtigt werden.

8. Supply Chain Management

Das Kapitel beschreibt die Formen unternehmensübergreifender Zusammenarbeit sowie die dazu eingesetzten Informationssysteme.

9. Customer Relationship Management

Aufgrund der zunehmenden Interaktion mit dem Kunden auch über elektronische Medien kommt der Erfassung und Nutzung dieser Kundenbeziehungen eine immer größere Bedeutung zu.

8   Supply Chain Management

Unter Wissenschaftlern und Praktikern gibt es bislang keine einheitliche Definition des Begriffes „Supply Chain Management" (SCM). Das liegt zum einen in den unterschiedlichen Zielen, die insbesondere Praktiker verfolgen, und zum anderen in der unterschiedlichen Auffassung und Abgrenzung der Begriffe unternehmensübergreifende Logistik, Logistikmanagement und Produktionsmanagement (Weber 2000, S. 265). Für einige Autoren steht bei der SCM-Definition die partnerschaftliche Kooperation oder die informationstechnische Integration im Vordergrund.

Supply Chain Management ...
wird definiert als unternehmensübergreifende Koordination der Material- und Informationsflüsse über den gesamten Wertschöpfungsprozess von der Rohstoffgewinnung über die einzelnen Veredelungsstufen bis hin zum Endkunden mit dem Ziel, den Gesamtprozess sowohl zeit- als auch kostenoptimal zu gestalten (vgl. Scholz-Reiter 1999, S. 8).

Supply Chain Management (SCM) strebt eine intensive Zusammenarbeit zwischen Unternehmen zur Verbesserung aller inner- und überbetrieblichen Material-, Informations- und Finanzflüsse an (Abb. 8-1) (vgl. Knolmayer 2000, S. 2).

In diesem Kapitel wird daher zunächst der Begriff Supply Chain Management erläutert, bevor auf Kernprinzipien und Probleme heutiger Logistiknetzwerke eingegangen wird. Anschließend werden die grundlegenden Gestaltungsprinzipien des SCM aufgeführt, um dann den Einsatz von Informationssystemen im Supply Chain Management zu beschreiben. Der Funktionsumfang eines SCM-Systems wird abschließend exemplarisch beschrieben, bevor auf die mit dem SCM-Ansatz verbundenen Herausforderungen eingegangen wird.

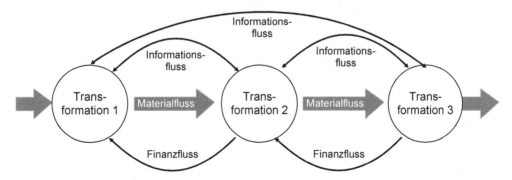

Abb. 8-1: Material-, Informations- und Finanzflüsse als Kernelemente des Supply Chain Management (vgl. Knolmayer 2000, S. 2)

8.1   Definition und Aufgaben

Unter dem Begriff „Supply Chain" wird im engeren Sinne eine Lieferkette, Versorgungskette oder unternehmensübergreifende Wertschöpfungskette verstanden (vgl. Busch 2004, S. 4). Da die meisten Unternehmen mit mehreren Organisationen zusammenarbeiten, stellt sich die Supply Chain in der Praxis gewöhnlich als Netzwerk (Supply Net, Unternehmensnetzwerk oder Produktionsnetzwerk) bestehend aus verschiedenen Organisationen dar, die ein Produkt erstellen und es zum Endkunden transportieren. Die Supply Chain beschränkt sich dabei, trotz der begrifflichen Vermutung, nicht nur auf die Interaktionen mit Lieferanten, sondern beinhaltet auch die erforderlichen Koordinationsaufgaben mit Kunden.

Die begriffliche Differenzierung in eine Supply Chain (Interaktionen mit Lieferanten) und Demand Chain (Interaktionen mit Kunden) eines Unternehmens hat sich nicht durchgesetzt, so dass hier die Supply Chain als Oberbegriff verwendet wird. Sie umfasst alle Netzwerkunternehmen und ihre unternehmensinternen Supply Chains von der „source of supply" bis zum „point of consumption" (vgl. Stevens 1989, S. 3).

Die dem Supply Chain Management zugrundeliegende Theorie geht davon aus, dass Kosten, die durch eine mangelhafte Ausführung und Vernetzung von Prozessen entstehen, letztendlich auf die gesamte Wertschöpfungskette zurückfallen. Wenn also Prozesse beim Lieferanten nicht fehlerlos ausgeführt werden, hat das negative Auswirkungen sowohl auf den Lieferanten als auch auf den Kunden. Genauso ist eine isolierte Terminverfolgung, die nur auf der Erfüllung der Liefertermine zwischen einzelnen Unterlieferanten und Montage besteht, nicht sinnvoll, wenn sich trotz Terminverfolgung an anderer, nicht beachteter Stelle der Supply Chain Verzögerungen ergeben, die dazu führen, dass das mit hohem Aufwand termingetreu beschaffte Teil doch noch Tage oder Wochen liegen bleibt. Sinnvoll und mit SCM intendiert ist, die Spielräume, die sich durch Veränderungen in der Terminkette ergeben, allen Beteiligten transparent zu machen (vgl. Gronau 1999, S. 208).

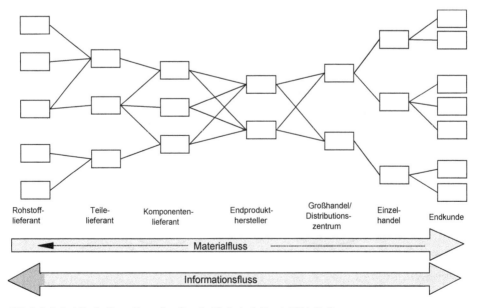

Abb. 8-2: Beispielhafte Darstellung einer Supply Chain (vgl. Busch 2004, S. 5)

8.2   Grundlegende Koordinationsansätze für das SCM

Die praktische Ausgestaltung eines integrierten Supply Chain Management ist in jeder Supply Chain individuell vorzunehmen (vgl. auch im Folgenden Busch 2004). Gleiche SCM-Konzepte können z. B. in zwei Supply Chains sehr unterschiedlich umgesetzt werden und zu divergierenden Ergebnissen führen. Darüber hinaus kann auch der Einsatz von SCM-Konzepten innerhalb einer Supply Chain je betrachteter Kunden-Lieferanten-Beziehung sehr unterschiedlich ausfallen. Zur Sicherstellung eines effektiven Instrumenteneinsatzes ist die Supply Chain und bei Unterschieden innerhalb der Supply Chain auch die einzelne Kunden-Lieferanten-Beziehung hinsichtlich entscheidungsrelevanter Merkmale zu bewerten und typologischen Grundmustern zuzuordnen. Über eine Klassifikation von Supply Chains lassen sich SCM-Konzepte besser einzelnen Supply Chain Typen zuordnen und ausgestalten.

Für die richtige Auswahl der SCM-Konzepte kommt insbesondere der Koordinationsrichtung in einer Supply Chain besondere Bedeutung zu. Sie kann für Supply Chains als maßgebliches Merkmal zur SCM-Konzeptauswahl angesehen werden. Die Koordinationsrichtung hat direkten Einfluss (z. B. auf die Bindungsform und das Vertrauensverhältnis) als auch indirekten Einfluss (z. B. auf die Fristigkeit der Zusammenarbeit, dem Kooperationsgegenstand oder das zugrundegelegte Konkurrenzverhältnis) auf viele, ebenfalls zur Klassifikation verwendete Merkmale. Eine Zuordnung von Koordinationsinstrumenten zu spezifischen Ausprägungen der Koordinationsrichtung von Supply Chains im Spannungsfeld zwischen Markt und Hierarchie und damit eine Systematisierung für einen unternehmensübergreifenden Koordinationsinstrumenteneinsatz zeigt Abb. 8-3 (vgl. Meyer 2000, S. 30).

Liegt der Supply Chain eine hierarchische Koordinationsrichtung zugrunde, so wird die Supply Chain durch ein dominantes Unternehmen (fokales Unternehmen) geführt. Das fokale Unternehmen gibt Art und Inhalt der Marktbearbeitungsstrategie und der Interorganisationsbeziehungen in der Supply Chain vor und hat, als oft letztes Glied in der Wertschöpfungskette, direkten Zugang zu den Absatzmärkten beim Endkunden (vgl.Wildemann 1997, S. 423). Die anderen Supply Chain Unternehmen sind zumeist direkt oder indirekt von ihm abhängig. Der Leistungsaustausch ist durch langfristige Verträge festgelegt. Aufgrund der

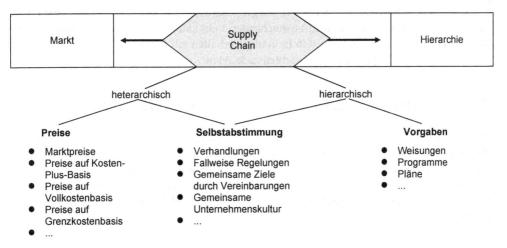

Abb. 8-3: Koordinationsansätze in unterschiedlichen Netzwerkstrukturen (vgl. Busch 2004, S. 12)

Abhängigkeit orientieren die Supply Chain Unternehmen ihren Leistungserstellungsprozess am Zielsystem des fokalen Unternehmens. Hierarchische Strukturen finden sich insbesondere in vertikal ausgerichteten Zuliefernetzwerken (vgl. Männel 1996, S. 117f.).

Supply Chains mit heterarchischer Koordinationsrichtung zeichnen sich durch ein eher gleichberechtigtes, partnerschaftliches Verhältnis der autonomen Supply Chain Unternehmen aus. Das Wort heterarchisch ist ein Kunstwort, zusammengesetzt aus den Worten heterogen und hierarchisch und soll andeuten, dass sich dezentrale und zentrale Elemente mischen. Ein fokales Unternehmen, dass die Koordinationsaufgaben zentral für die Supply Chain direkt oder indirekt übernimmt, existiert nicht. Abhängig von der zu lösenden Koordinationsaufgabe, kann jedoch ein einzelnes Supply Chain Unternehmen temporär die Rolle des führenden Unternehmens einnehmen (vgl. Corsten 2001, S. 36). Bei der arbeitsteiligen Leistungserstellung versuchen die voneinander abhängigen Supply Chain Partner einen Konsens über die verfolgten Ziele zu erreichen. Eine intensive partnerschaftliche Zusammenarbeit ist aufgrund der Autonomie der Partner die Grundlage zur Erschließung von Erfolgspotenzialen. Supply Chains mit einer heterarchischen Koordinationsrichtung finden sich z. B. bei der Zusammenarbeit von Unternehmen auf der gleichen Wertschöpfungsstufe (z. B. bei regionalen Netzwerken) oder bei virtuellen Unternehmen (vgl. Buse 1997, S. 80ff. und Wildemann 1997, S. 425).

Die einer Supply Chain zugrundeliegende Koordinationsrichtung bestimmt die zur Lösung des Koordinationsbedarfs einzusetzenden Koordinationsinstrumente. Koordinationsinstrumente sind dabei Regelungen, die Art und Umfang von Interdependenzen zwischen Organisationseinheiten sowie arbeitsteilige Prozessabstimmungen steuern und Entscheidungen relativ autonomer oder teilautonomer Einheiten auf das Gesamtziel ausrichten (vgl. Busch 2004, S. 11). Die zur Reduzierung und Deckung des unternehmensübergreifenden Koordinationsbedarfs einzusetzenden Koordinationsinstrumente beeinflussen die Zielerreichung von Planungs- und Steuerungsaufgaben sowohl auf der Ebene der unternehmensübergreifenden als auch auf der unternehmensinternen Supply Chain (vgl. Corsten 2001, S. 36).

Der Einsatz von Koordinationsinstrumenten im Supply Chain Management geht über die traditionelle Koordination unternehmensinterner Aufgaben hinaus und bedarf der Erweiterungen auf der Netzwerkebene. Die Auswahl geeigneter Koordinationsinstrumente für das Supply Chain Management basiert dabei auf der grundsätzlichen Abwägung, auf der einen Seite einem Supply Chain Unternehmen ausreichenden individuellen Handlungsspielraum zu belassen, und auf der anderen Seite sein Individualverhalten mit möglichst hoher Sicherheit auf das Gesamtziel der Supply Chain ausrichten zu können.

8.3   Herausforderung des Supply Chain Management

Das Regelsystem in Liefernetzwerken besteht aus überwiegend selbständigen Subsystemen (Unternehmen), die untereinander vernetzt sind. Veränderungen innerhalb der Subsysteme und die sich wandelnden Kundenbedürfnisse verleihen dem Gesamtsystem hohe Dynamik. Die Vielzahl der unterschiedlichen Einzelelemente und ihre gegenseitige Verbindung erschweren die Entscheidungsfindung durch Intransparenz und Komplexität (vgl. Scholz-Reiter 1999, S. 7f.).

Komplexität

Die Komplexität der Lieferkette ergibt sich aus der Vielzahl der Einzelelemente und deren vernetzter Struktur. Entscheidungen werden demnach nicht nur auf der Basis einer einzelnen Information getroffen. Mehrere unterschiedliche Informationen können die Grundlage einer Entscheidung sein. Entscheidungen beeinflussen aber auch nicht nur ein nachfolgendes Element, sondern können mehrere Elemente simultan beeinflussen. Dabei besteht die Möglichkeit, dass Informationen gegenläufige Trends für die Entscheidungsfindung beinhalten und nachgelagerte Elemente entgegengesetzt gerichtet von der Entscheidung betroffen sind. Somit sind Entscheidungen innerhalb des Systems nicht nur aus dem Blickwinkel eines einzelnen Aspekts zu fällen, sondern bedürfen der globalen Betrachtung. Je länger und vernetzter die Einzelelemente und Subsysteme innerhalb der Supply Chain sind, um so größer ist deren Komplexität.

Intransparenz

Die Intransparenz der Lieferkette resultiert aus der Unmöglichkeit der vollständig deterministischen Abbildung des Systems Lieferkette innerhalb eines Modells. Im Einzelnen betrifft dies die Prozessgrößen, die Zusammenhänge zwischen den Elementen und die Ziele der Unternehmen.

Nicht alle einen Prozess beeinflussenden Größen sind bekannt oder lassen sich in konkreten Werten darstellen. Zusammenhänge zwischen einzelnen Elementen können zwar dem Tatbestand und dem Trend nach feststellbar sein, aber der Grad der Beeinflussung bleibt häufig unklar. Unvollständige Zieldefinitionen oder unklar formulierte Einzelziele erschweren die Modellierung (Zäpfel 1996).

Dynamik

Dynamisch geprägt wird das System Lieferkette durch die direkte Einbindung der Kundenanforderungen in das Regelsystem. Sich ändernde Kundenanforderungen können nicht nur eine Veränderung der Produkteigenschaften bedeuten, sondern weitreichender auch den Bedarf neuer Zulieferprodukte und damit unter Umständen auch die Einbindung neuer Unternehmen in die Lieferkette bedeuten. Auch ergeben sich aus der Notwendigkeit der kontinuierlichen Optimierung der Prozesse innerhalb des Systems Veränderungen bei der Anordnung der Einzelelemente oder deren gegenseitigen Zusammenhänge.

8.4 Allgemeine Prinzipien im Supply Chain Management

Um Supply Chain Management erfolgreich umzusetzen, sind branchen-, teilweise unternehmensspezifische Konzepte notwendig (vgl. Corsten 2004, S. 11). Trotzdem gibt es einige Prinzipien, die einen allgemeinen Charakter aufweisen (Abb. 8-4).

Positionierung

Entscheidend für das Supply Chain Management ist das Verständnis der strategischen Positionierung. Die größte Macht in einer Supply Chain hat jenes Unternehmen, welches über alle Wertschöpfungsstufen hinweg den größten Kundenwert erbringt. Viele Unternehmen sind erstklassig in der Optimierung ihres Stückes in der Wertkette. Nur wenige Unternehmen

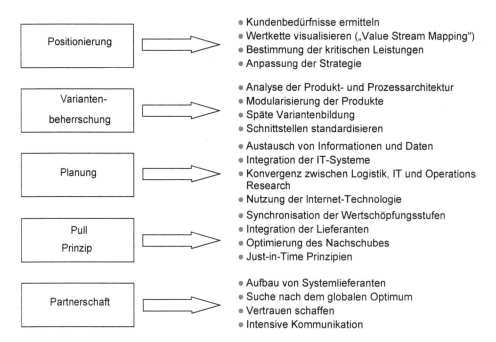

Abb. 8-4: Allgemeine Prinzipien im Supply Chain Management (vgl. Corsten 2004, S. 11)

kontrollieren jedoch die gesamte Wertschöpfungskette. Diese haben sich an einem kritischen Knoten im Netzwerk positioniert und beeinflussen die ganze Kette.

Lange Zeit wurde angenommen, dass diejenige Stufe in einer Wertschöpfungskette die mächtigste ist, die über den Endkundenzugang verfügt (vgl. Corsten 2004, S. 12). Als Beispiele wurden große Einzelhändler angeführt, die als „Schleusenwärter" den Zugang zum Endkundenmarkt für die Lieferanten abriegeln können. Aber innovative Unternehmen wie Ferrero oder Procter & Gamble bieten dem Handel immer die Stirn, indem sie den Endkonsumenten direkt ansprechen und damit für den entsprechenden Sog in der Supply Chain sorgen. Auch in der Automobilindustrie wandert die Macht stromaufwärts zu den Zulieferern. Die Automobilkonzerne haben durch die Konzentration auf die falschen Kernkompetenzen Macht an die Systemlieferanten abgegeben, die nun mehr Einfluss auf die Elektronik haben. Wenn die Baugruppen zudem für den Endkunden sichtbar sind, kann der Automobilhersteller seine Zulieferer kaum noch ausspielen. Daher haben Lieferanten wie Bosch bei der Elektronik, aber auch Blaupunkt bei Radios und Recaro bei Sitzen mehr Macht als beispielsweise die anonymen Hersteller von Kunststoff-Stoßstangen.

Variantenbeherrschung
Die Produktarchitektur bestimmt über die Kosten von Beschaffung, Produktion, Montage und Distribution. Vor allem beeinflusst sie jedoch die Variantenvielfalt. Variantenbeherrschung bedeutet, die Variantenbildung möglichst spät zuzulassen, d.h., nahe an den Kunden zu verlagern. Dieser Trend wird auch als Postponement bezeichnet (vgl. Corsten 2004, S. 13).

Dies kann zu radikalen Änderungen in der Produkt- und Prozessarchitektur führen. Je modularer Produkte und Prozesse aufgebaut sind, desto später kann die Variantenbildung erfolgen.

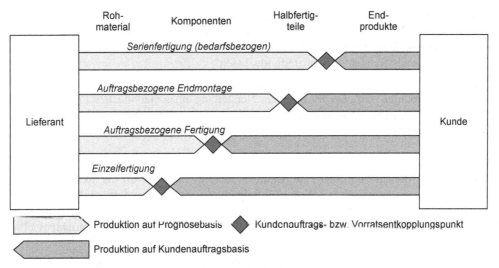

Abb. 8-5: Integrationsstufen von Prozessen (vgl. Mertens 2007, S. 123)

Mertens identifiziert unterschiedliche Integrationsstufen von Prozessen (Abb. 8-5) (vgl. Mertens 2007, S. 123). Neben den materialflussbezogenen Prozessen können den Integrationsstufen auch begleitende Informations- und Kommunikationsprozesse zugeordnet werden. Die Integrationsstufen beziehen sich auf Lenkungs-, Struktur-, Ressourcen- und Prozesselementebene.

Bei der *bedarfsbezogenen Lieferung* verfügt der Lieferant eines Prozesses über Informationen sowohl über die aktuelle als auch über die künftige Planung von Bedarfen seitens des Kunden. Die Auslösung einer bedarfsbezogenen Lieferung erfolgt ohne konkreten Kundenauftrag. Die zu liefernden Produkte sind weitgehend kundenanonym, die Individualisierung im Sinne der Mass Customization wird frühestens beim Kunden vorgenommen.

Bei der *auftragsbezogenen Lieferung* wird dieser Prozess im Gegensatz zur bedarfsbezogenen Lieferung aufgrund eines konkreten Kundenauftrags initiiert. Eine Individualisierung findet insofern statt, als dass ohne Kundenauftrag kein entsprechender Bedarf gemeldet und ausgelöst wird. Der Kundenentkopplungspunkt, der kundenindividuelle von prognosebasierten Informationen trennt, verlagert sich daher in Richtung Lieferanten.

In der *auftragsbezogenen Endmontage* verursacht der Kundenauftrag spezifische Montageprozesse beim Lieferanten. Dafür notwendige, kundenanonyme Teile und Baugruppen werden beim Lieferanten in einem Enderzeugnis individualisiert. Der Individualisierungsgrad wird primär durch eine weitreichende Modularisierung kundenanonymer Elemente und eine Konfigurationsfähigkeit dieser Komponenten miteinander erreicht. Baukastenstrukturen und modulare Endproduktstrukturen sind dazu Voraussetzung. Der Kundenentkopplungspunkt befindet sich vor bzw. in der Endmontage des Lieferanten.

Analog zur auftragsbezogenen Endmontage werden in der *auftragsbezogenen Fertigung* kundenspezifische Fertigungsaufträge aufgrund konkreter Kundenaufträge ausgelöst. Kapazitäten und Materialien beim Lieferanten werden „individualisiert", d. h. Arbeitsgang und notwendiges Material werden an einen spezifischen Kundenauftrag gekoppelt. Der Kundenentkopplungspunkt verlagert sich aus dem Montagebereich in Fertigungs- bzw. Vorfertigungsbereiche, abhängig von der Komplexität des zu liefernden Endprodukts.

Beschaffungsaufträge des Lieferanten beim vorgelagerten Lieferanten werden erst aufgrund eines konkreten Kundenauftrags seitens des Kunden in der *auftragsbezogenen Beschaffung* initiiert. Der Kundenentkopplungspunkt verlagert sich vollständig in den Einflussbereich des Lieferanten, Beschaffungen werden „individualisiert".

Die Anzahl der insgesamt zu koordinierenden Prozesse und die internen logischen und zeitlichen Abhängigkeiten einzelner Prozesse zur Herstellung eines individuellen Produkts bilden über den Kundenentkopplungspunkt hinaus relevante Komplexitätstreiber hinsichtlich der Dimension Prozess.

Planung

Supply Chain Management setzt eine nahtlose Planung vom Rohstoff bis ins Regal voraus. Wenn die Planung zwischen den Wertschöpfungsstufen nicht abgestimmt ist, kommt es aufgrund der Dynamik in der Prozesskette zum Peitscheneffekt (Bullwhip-Effekt). Verursacht wird der Peitscheneffekt vor allem durch Fehlprognosen, Lieferengpässe, Variantenvielfalt und Aktionen.

Der Bullwhip-Effekt beschreibt das Phänomen, dass sich Nachfrageschwankungen in Lieferketten verstärken (vgl. Schönsleben 2003, S. 41). Diese Verstärkung ist um so größer, je weiter Unternehmen einer Lieferkette vom Endkunden entfernt sind. In einer Lieferkette, die aus Endkunde, Produzent, Lieferant und Unterlieferant besteht, erfährt der Produzent die niedrigsten Nachfrageschwankungen und der Unterlieferant die höchsten.

Der Bullwhip-Effekt vermindert die logistische Leistung einer Lieferkette, erhöht die Logistikkosten und schadet damit ihrer Wettbewerbsfähigkeit. Die negativen Auswirkungen betreffen vor allem drei Aspekte (vgl. Schönsleben 2002):

- Dimensionierung bzw. Auslastung der Kapazitäten: Die schwankende Nachfrage verursacht schwankende Kapazitätsbedarfe. Dies stellt Unternehmen vor ein Dilemma: Dimensionieren sie die Kapazität nach dem mittleren Bedarf, werden sie bei hoher Nachfrage regelmäßig Lieferengpässe verursachen. Passen sie die Kapazität an den maximalen Bedarf an, nehmen sie hohe Auslastungsverluste in Kauf.
- Bestandsschwankungen: Die Schwankung der Kapazitätsbedarfe führt zu Bestandsschwankungen auf den einzelnen Stufen einer Lieferkette. Liefert ein Unternehmen mehr, als die nächste Stufe der Lieferkette weitergibt, baut sich ein Bestand auf. Im umgekehrten Fall reduziert sich der Bestand. Ein hoher Bestand verursacht eine hohe Kapitalbindung, ein niedriger Bestand gefährdet die Liefertreue.
- Bestandsaufbau im Lager: Der zur Sicherstellung eines ausreichenden Servicegrads erforderliche Sicherheitsbestand im Lager nimmt mit der Schwankung der Nachfrage zu. Da der Bullwhip-Effekt die Nachfrageschwankungen verstärkt, erhöht er die erforderlichen Sicherheitsbestände.

Ein wesentliches Ziel sollte daher sein, den Bullwhip-Effekt zu reduzieren bzw. ganz zu vermeiden.

Ursachen des Peitscheneffekts und Gegenmaßnahmen

Lösungsansätze auf der Planungsseite zielen vor allem auf Informationsaustausch (vgl. Abb. 8-6). Informationen werden in der Praxis bisher häufig nur an den unmittelbaren Vorgänger oder Nachfolger in der Supply Chain weitergegeben.

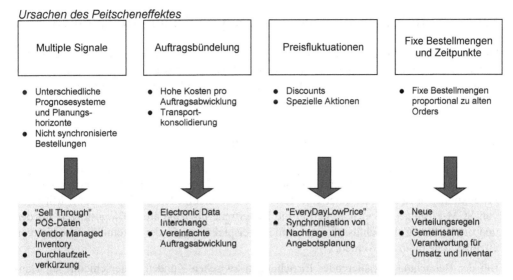

Ursachen des Peitscheneffektes

Multiple Signale	Auftragsbündelung	Preisfluktuationen	Fixe Bestellmengen und Zeitpunkte

- Unterschiedliche Prognosesysteme und Planungshorizonte
- Nicht synchronisierte Bestellungen

- Hohe Kosten pro Auftragsabwicklung
- Transportkonsolidierung

- Discounts
- Spezielle Aktionen

- Fixe Bestellmengen proportional zu alten Orders

- "Sell Through"
- POS-Daten
- Vendor Managed Inventory
- Durchlaufzeitverkürzung

- Electronic Data Interchange
- Vereinfachte Auftragsabwicklung

- "EveryDayLowPrice"
- Synchronisation von Nachfrage und Angebotsplanung

- Neue Verteilungsregeln
- Gemeinsame Verantwortung für Umsatz und Inventar

Maßnahmen zur Verringerung des Peitscheneffektes

Abb. 8-6: Der Peitscheneffektes und Maßnahmen zu seiner Verringerung (vgl. Corsten 2004, S. 15)

Pull-Prinzip

Das Pull-Prinzip impliziert, dass kein Unternehmen stromaufwärts in einer Versorgungskette eine Leistung produzieren sollte, bevor sie ein Kunde stromabwärts anfordert (vgl. Womack 1997). Das bedeutet, dass alle Aktivitäten auf Kundenwunsch ausgelöst werden und somit der Kunde die Versorgungskette zieht. Wie beim Dominospiel müssen alle Stufen so synchronisiert sein, dass im gleichen Takt genau die Menge nachgeliefert wird, die auch bestellt wurde.

Partnerschaft

Bisher betrieben die Unternehmen oft lokale Optimierungen auf Kosten der Gesamtoptimierung der Wertschöpfungskette. Notwendig ist jedoch die Suche nach dem „globalen Optimum" über die gesamte Kette hinweg. Um jedoch eine „Win-Win"-Situation für alle zu schaffen, müssen die Partner Kosten effektiv verringern und nicht abwälzen. Denn eine lokale Optimierung der Bestände auf einer Wertschöpfungsstufe downstream kann speziell für die Lieferanten upstream teuer werden. Die entscheidende Entwicklung, um den Peitscheneffekt zu reduzieren, ist die Konvergenz von Logistik, Informationstechnologie und Operations Research. Vor der Entwicklung durchgängiger Informationssysteme stand man dem Peitscheneffekt machtlos gegenüber. Früher gab es effektiv keine IT-Lösung, die es erlaubt hätte, Informationen zwischen Unternehmen in nützlicher Form auszutauschen. Heute werden bestehende Enterprise-Resource-Planning-Systeme (ERP-Systeme) elektronisch verbunden, um Informationen und Daten ohne Systemunterbrüche zu übermitteln.

Dazu kommen alte und neue Berechnungsverfahren des Operations Research. Die Anbieter von SCM-Lösungen verknüpfen diese Algorithmen mit modernen Benutzungsoberflächen und stellen den Unternehmen integrierte Planungsund Prognosesysteme zur Verfügung.

8.5   Informationssysteme im Supply Chain Management

Das vorrangige Ziel bei der Einführung neuer IT-gestützter SCM-Systeme ist die Schaffung von Transparenz. Ein durchgängiger Informationsfluss in der Wertschöpfungskette kann nur dann erreicht werden, wenn alle Beteiligten jederzeit einen gleichberechtigten Zugang zu den für sie relevanten und adäquat aufbereiteten Informationen haben.

8.5.1   Potenziale von SCM-Systemen

Durch ein erfolgreich umgesetztes Supply Management lassen sich die Bestände in der gesamten Supply Chain reduzieren (vgl. Baumgarten 2002, S. 92). Die Synchronisierung von Produktionsplänen führt zu einer Reduktion der Durchlaufzeiten um bis zu 50%. Mit Hilfe von SCM-Lösungen können weiterhin die Liefertreue bis nahe an 100% gesteigert werden und die Lieferzeit für Schlüsselkomponenten, beispielsweise in der Automobilindustrie, von 20 auf 8 Tage reduziert werden.

Bei der Betrachtung existierender Beziehungen zwischen Kunden, unterschiedlichen Handelsstufen, Produktionsunternehmen und vorgeschalteten Lieferanten kristallisieren sich dabei zumeist ähnliche, nachfolgend beispielhaft skizzierte Problemstellungen heraus:

- Verzögerte bzw. unvollständige Informationsweiterleitung über die tatsächliche Nachfrageentwicklung entlang der Supply Chain
- Eigene und die Bestände der Partnerunternehmen sind nicht vollständig bekannt
- Produktionsauftrag beim Produzenten entspricht den kumulierten Bestellungen der nachgelagerten Supply Chain Stufen
- Keine Kenntnis der Produktionspläne der Unternehmen der vor- und nachgelagerten Wertschöpfungsstufe
- Die Varianz der Bestellungen beim Produzenten ist deutlich größer als die tatsächliche Varianz am Point of Sale
- Saisonale, durch Preisaktionen induzierte oder zufällige Nachfrageschwankungen beim Endverbraucher

Dabei wird deutlich, dass entstehende Ineffizienzen und mangelnde Flexibilität bei kurzfristigen Änderungen wesentlich auf einer unzureichenden Informationsverfügbarkeit und -weitergabe hinsichtlich Endkundenbedarf, Produktionsplänen und Beständen beruhen. Aus der daraus resultierenden Furcht vor Lieferunfähigkeit werden hohe Sicherheitsbestände entlang der Supply Chain aufgebaut. Saisoneffekte, Prognosefehler, kumulierte Sammelbestellungen und die Bildung von möglichst großen Losen aus Kostengründen flankieren diese Bestandsproblematik. Ergebnis ist ein Aufsummieren der Bestände auf den verschiedenen Produktionsstufen aufgrund bestehender Unsicherheiten – der oben bereits beschriebene Bullwhip-Effekt (vgl. Beckmann 2002, S. 179).

Wesentlicher Grund sind neben dem fehlenden Vertrauen der Partner in der Wertschöpfungskette die mangelnde Integrierbarkeit der IT-Systeme, die wiederum in Medienbrüchen verbunden mit Übertragungsfehlern und hohen Durchlaufzeiten resultieren. Die auftretenden Probleme lassen sich keineswegs durch Teillösungen beheben, ganzheitliche Konzepte des SCM sind dringend erforderlich, um die oben dargestellten Potenziale realisieren zu können (vgl. Baumgarten 2001, S. 57). Die Potenziale bedingen sich dabei gegenseitig. So beruht die Identifikation von Engpässen auf der vorangegangenen Sendungsverfolgung und auf der

Kenntnis der Produktionspläne der Partnerunternehmen. Sie kann wiederum in ein mögliches Verfügbarkeitsversprechen gegenüber dem Endkunden münden. Aufgrund der Kenntnis der einzelnen Produktionspläne und des Absatzprogramms lassen sich wiederum die Bestände optimieren.

Die über den SCM-Gestaltungsansatz zu erschließenden Potentiale sind erheblich. Neben einer Senkung der Kosten und einer Steigerung der Ablaufgeschwindigkeit und Termintreue in SCM-beteiligten Unternehmen ergeben sich weitere Potentiale in den Bereichen

- Objektivierung der Entscheidungsfindung;
- Beschleunigung und Vereinfachung der Entscheidungsfindung;
- Systemsicht auf die Versorgungskette: SCM ermöglicht den Unternehmen eine Systemsicht auf ihre Versorgungskette, indem die Auswirkungen von Veränderungen an einer Stelle der Versorgungskette auf das Gesamtsystem transparent werden;
- Schaffung von Transparenz: Es zeigt sich, welche Faktoren als kritisch anzusehen sind und welche Faktoren im Rahmen der Planung vernachlässigt werden können;
- Zwang zur interdisziplinären Zusammenarbeit für funktional isolierte Gruppen;
- Datenintegration über die gesamten, am direkten Wertschöpfungsprozess beteiligten Bereiche Verkauf, Distribution, Fertigung, Entwicklung, Finanzwesen etc. in eine betriebliche Gesamtplanung.

Die Ziele von Supply Chain Management werden nicht allein durch Softwarepakete erreicht, dennoch erfordert die Komplexität der Produkte und Abläufe in vielen Fällen geeignete Informationssysteme. Der Markt für solche IT-Systeme teilt sich im Wesentlichen in zwei Lager, die sich vor allem aus der unterschiedlichen Herkunft der Softwareanbieter ableiten lassen. Einen Schwerpunkt bilden die Anbieter integrierter ERP-Systeme wie die SAP AG mit SAP ERP, Infor mit Infor LN und Oracle mit JDEdwards/Peoplesoft. Diese Systeme verwalten integriert die unternehmensweiten Vorgänge wie Controlling, Finanzbuchhaltung, Einkauf, Materialwirtschaft u.a. Als Transaktionssysteme sind sie vornehmlich auf die Abbildung des Ist-Zustands und der Verwaltung von Vergangenheitsdaten ausgerichtet. Ihre in die Zukunft gerichteten Planungsfunktionalitäten waren bisher zur Abbildung der betrieblichen Strukturen in unternehmensübergreifenden Logistikketten ungeeignet.

Im zweiten Lager fanden sich zu Beginn der 90er Jahre spezialisierte Anbieter von SCM-Lösungen wie Numetrix (inzwischen bei Oracle), i2 (inzwischen bei IBM), Manugistics (inzwischen bei infor) und der SCM-Ansatz APO (Advanced Planning and Optimization) der SAP AG. Deren Lösungen sind als Erweiterungen der Transaktionssysteme zu verstehen, da sie die Transaktionssysteme nicht ersetzen, aber auf der Datenbasis dieser Systeme aufsetzen und operieren. Diese Lösungen firmieren unter dem Begriff Advanced Planning and Scheduling (APS).

Abb. 8-7 zeigt die Stellung von SCM-Systemen im Verhältnis zu den bestehenden betrieblichen Anwendungssystemen verschiedener Partnerunternehmen, die an einer Lieferkette beteiligt sind. Innerhalb des Supply Chain Management-Systems laufen die planerisch relevanten Daten aus bestehenden Anwendungen zusammen, z.B. aus PPS-Systemen von Produzenten, Warenwirtschaftssystemen (WWS) von Handelsunternehmen und Transportplanungssystemen (TPS) beteiligter Logistikdienstleister. Die SCM-Systeme führen Planungsdaten zusammen, wodurch die Basis für eine systematische überbetriebliche Koordination von Produktions- und Logistikvorgängen in Form einer neuen Planungsebene geschaffen ist.

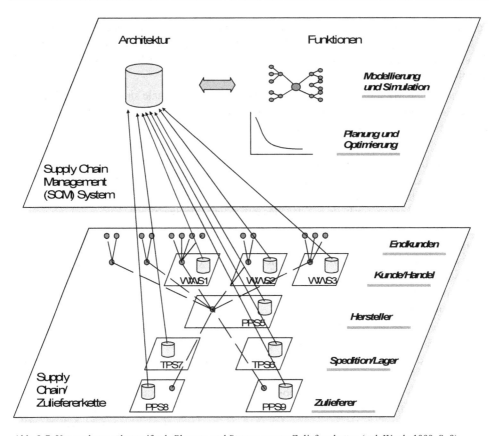

Abb. 8-7: Unternehmensübergreifende Planung und Steuerung von Zuliefererketten (vgl. Wrede 1999, S. 8)

Die angebotenen Lösungen weisen teilweise eine erhebliche Branchenorientierung auf. Die Branche ist daher ein zentrales Auswahlkriterium für SCM-Systeme (vgl. Felser 1999, S. 13). Nicht nur bei den Fertigungsprozesstypen, sondern auch in verwendeten Terminologien, Geschäftsregeln, Planungsanforderungen, Auswertungs- und Optimierungsverfahren etc. gibt es wesentliche Unterschiede zwischen den Branchen. Die Frage nach der Branchenausrichtung der Systeme ist auch deshalb von großer Bedeutung, weil die Verbesserungspotentiale durch SCM in verschiedenen Wirtschaftsbereichen unterschiedlich gewichtet sind. In distributionsintensiven Branchen werden die Potentiale z. B. eher in der Optimierung von Transporten und der Verteilung (und Reduzierung) von Beständen gesehen, während in kapitalintensiven Branchen eher die Optimierung der Durchlaufzeiten, des Produktionsmixes und der Rüstvorgänge als wichtig angesehen werden. In materialintensiven Branchen sind dagegen typischerweise Entscheidungen über das Produktionsprogramm, die Produktionsorte sowie die Beschaffung von Bedeutung.

8.5.2   Schwächen von MRP II-Ansätzen für SCM

Bestehende betriebswirtschaftliche Softwarelösungen wie SAP ERP oder Infor LN, aber auch die Daten anderer ERP-Systeme stellen die Basisarchitektur für die Supply-Chain-Management-Lösungen dar. Ihr Nutzen ist dabei hauptsächlich in der Bereitstellung einer einheitlichen Datenbasis zu sehen, aus der in kurzer Zeit aktuelle Zahlen über Auftragslage, Bestandssituation und insbesondere buchhalterische Kennzahlen abzufragen sind. Bei der ganzheitlichen Planung und Optimierung der Netze bzw. bei der Unterstützung von aktiven über das Unternehmen hinausgehenden Alarming-Konzepten stoßen die gängigen Lösungen aber an ihre Grenzen.

Die Schwäche des in vielen PPS-Systemen bzw. in den Produktionsplanungsmodulen betriebswirtschaftlicher Softwarelösungen wie SAP ERP hinterlegten Planungskonzepts wie MRP II (vgl. Kapitel 5) liegt in der sequentiellen Bearbeitung der Funktionen innerhalb des Terminierungsprozesses. Die Systeme leiten in der ersten Stufe aus den gebuchten oder prognostizierten Aufträgen Materialanforderungen ab und generieren daraus Plan- bzw. Produktionsaufträge. In diesem Schritt geht der Kundenauftragsbezug verloren. Mit Hilfe im System hinterlegter statischer Durchlaufzeitmodelle wird dann über eine Rückwärtsrechnung ein Zeitschema für die Produktionsaufträge entworfen. In diesem Zeitplan wird die im Werk zur Verfügung stehende Kapazität in der Regel nicht berücksichtigt. Erst im nachfolgenden Schritt wird über das vorher generierte Zeitmodell bzw. die errechneten Bedarfsprofile mit den Profilen der zur Verfügung stehenden Kapazitäten verglichen. Bei knappen Kapazitäten ist es Zufall, wenn diese mit dem Bedarf übereinstimmen.

Völlig ungeeignet waren die MRP-Konzepte schon seit langem im Bereich der Prozessindustrie, wo der Fokus der Planung weniger in einer Terminierung komplexer Produkte lag, sondern vielmehr in der optimalen Organisation und Steuerung einfacher Artikel über komplexe und verzweigte Fertigungs- und Lagerstrukturen hinweg. Eine relativ große Anzahl von Endprodukten, welche aus ähnlichen Basisstoffen herzustellen sind, müssen so terminiert werden, dass der Kundenbedarf zu geringsten Kosten bereitgestellt wird.

Der Ausgangspunkt für eine derartige Planung der Logistikkette ist eine möglichst exakte Vorhersage der Kundenbedarfe. Ziel der SCM-Lösungen ist es, diese Primärbedarfe optimal über eine auch mehrstufige Distributionsstruktur an die produzierenden Einheiten weiterzugeben, wo sie dann in optimierten Losen gefertigt werden können.

Weiter werden auch Sekundärbedarfe wie Verpackungsmaterialien, die im Bereich der Konsumgüter den größten Engpass für die Fertigung bilden, exakt vorhergesagt.

Um die Schwächen herkömmlicher MRP II-Systeme bei der Planung der Logistikkette zu überwinden, wurden in vielen Planungsabteilungen eigene Lösungen auf Basis von Tabellenkalkulationsprogrammen aufgebaut. Diese stoßen aber, wenn die Komplexität des Netzwerkes der Logistikkette steigt, an ihre Grenzen. Zudem wird der Planer in den eigenentwickelten Lösungen nur unzureichend von Standardabläufen in der Planung entlastet, da keine Optimierungsverfahren hinterlegt sind. 90% der Kapazität der Planung wird dadurch von Standardabläufen gebunden. Für Ausnahmesituationen bleibt deshalb nur noch wenig Zeit.

Genau hier setzen die SCM-Softwareanbieter an. Die Philosophie der SCM-Ansätze zielt auf die Automatisierung der Standardabläufe. Der Planer bekommt so die Möglichkeit, sich um Ausnahmesituationen zu kümmern. Um ein Optimum für Kunden und das eigene Unternehmen zu finden, müssen verschiedene Szenarien gegeneinander gestellt werden. In der betrieblichen Praxis benötigt aber ein Abgleich der Kapazitäten über das Netz der Logistikkette bis zu drei Wochen. Auch bei Veränderungen der Bedarfsverläufe vergehen wieder ein bis zwei Wochen, bis die Kapazitäten an die veränderte Bedarfslage angepasst sind. Dies hat zur Folge, dass die Planung stets dem Markt nachläuft und die lange Reaktionszeit keine Flexibilität in den Plänen zulässt. Das Ziel muss aber vielmehr ein antizipatives Verhalten der Planung sein.

8.5.3   Supply-Chain-Management-Modellierung

Für die informationstechnische Unterstützung der Supply-Chain-Management-Prozesse ist zunächst die Modellierung der Lieferkette für die anschließende Abbildung in einem informationstechnischen System erforderlich (vgl. Scholz-Reiter 1999, S. 11). Zur Erhöhung der Kompatibilität der modellierten Prozesse der Unternehmen ist es notwendig, innerhalb der Supply Chain einheitlich zu modellieren. Um als Unternehmen in mehreren Lieferketten gleichzeitig agieren zu können, sollten auch über die Grenzen einer einzelnen Lieferkette hinaus ebenfalls einheitliche Richtlinien für die Modellierung angewandt werden. Zu diesem Zweck hat ein Zusammenschluss aus 70 unabhängigen Unternehmen zum Supply Chain Council ein Referenzmodell zur Darstellung von Supply-Chain-Management-Prozessen erarbeitet.

Das SCOR-Modell des Supply Chain Council

Das Supply-Chain-Operations-Reference-Modell (SCOR-Modell) vereint in sich drei wesentliche Funktionen. Zum einen beinhaltet es die Abbildung der realen Geschäftsprozesse und gleicht in dieser Funktion einem klassischen Prozessmodell. Zum anderen sind jedoch abweichend davon die Funktionen Benchmarking, die eine Standortbestimmung im Vergleich zu Konkurrenten auf Grundlage der Ergebnisse der im Supply Chain Council (SCC) zusammengeschlossenen Unternehmen ermöglicht, und Best-Practice-Analysen, mit deren Hilfe Managementprozesse optimiert werden können, implementiert (vgl. Stewart 1997, S. 62ff.). Ein weiterer Unterschied zu herkömmlichen Prozessmodellen stellt beim SCOR-Modell die nicht hierarchische Struktur der Modellierung dar.

Mit dem SCOR-Modell können Managementprozesse in standardisierter Form abgebildet werden. Weiterhin wird zur Hilfestellung bei der Modellierung ein Rahmenwerk für Beziehungen zwischen Standardprozessgruppen zur Verfügung gestellt. Vereinheitlichte Kennzahlen zur Bestimmung der Leistungsfähigkeit der Prozesse unterstützen das Benchmarking.

Aufbau des SCOR-Modells

Mit dem SCOR-Modell werden alle kundenbezogenen Prozesse modelliert. Ihre Darstellung beginnt mit dem Eingang eines Kundenauftrags und enden mit dem Erhalt der Zahlungsbestätigung des Kunden. Weiterhin werden alle realen Materialflüsse abgebildet. Darin eingeschlossen sind nicht nur die originär das Produkt betreffenden Materialflüsse, wie für Roh-, Hilfs-, und Betriebsstoffe, Halbzeuge und Zwischenprodukte, sondern auch die mobile Ausstattung, wie Maschinen, Werkzeuge, Lehren, Schablonen und Transporthilfsmittel. Einbezogen werden aber auch Marktanalyseaktivitäten, wie das Erfassen von Nachfragestatistiken. Abgrenzend dazu werden Marketing- und Vertriebsaktivitäten, Technologie-, Produkt- und Prozessentwicklungstätigkeiten sowie der postvertriebliche Service innerhalb dieses Modells nicht berücksichtigt.

Die Modellierung basiert auf den fünf grundlegenden Einzelprozessen Planen (Plan), Beschaffen (Source), Produzieren (Make), Liefern (Deliver) und Rückgabe (Return). Die Zusammenhänge zwischen den Ebenen und Prozessen innerhalb des SCOR-Modells werden in Abb. 8-8 verdeutlicht.

Der Managementprozess *Planen* erstreckt sich entlang der gesamten Logistikkette und beinhaltet unter anderem die Planung der Infrastruktur, der kurz-, mittel- und langfristigen Produktions- und Materialkapazitäten, Produkteinführungs- und -absetzungszeitpunkte und des Layouts der Lieferkette.

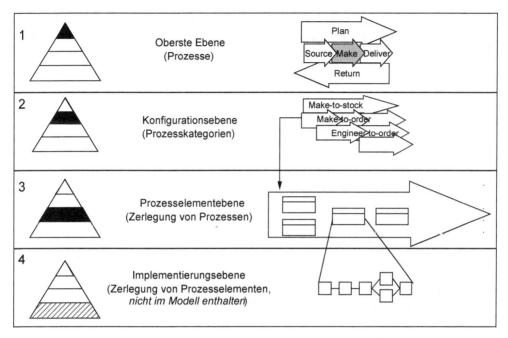

Abb. 8-8: Der Zusammenhang der grundlegenden Managementprozesse des SCOR-Modells innerhalb der Logistikkette

Das *Beschaffen* umfasst die Anlieferung, den Empfang, die Gütekontrolle, die Lagerung und die Ausgabe des Materials sowie die Steuerung der Beschaffungsinfrastruktur.

Das *Produzieren* beinhaltet die Bereitstellung des benötigten Materials, das Herstellen und Testen der Produkte, deren Freigabe, Verpackung und Zwischenlagerung sowie die Steuerung der Fertigungsinfrastruktur wie auch die Qualitätslenkung und die kurzfristige Kapazitätssteuerung.

Im Grundprozess *Liefern* werden unter anderem das Auftragsmanagement, die Fertigwarenlagerung und die Distribution der Fertigwaren berücksichtigt.

Die *Rückgabe* befasst sich mit der logistischen Behandlung von Altprodukten und -Materialien.

Die Modellierung der Prozesse erfolgt beim SCOR-Modell in drei Ebenen. Der Detaillierungsgrad innerhalb des Modells endet bei der Definition der Prozesselemente. Die Modellierung der Einzelbestandteile eines Prozesses erfolgt dann außerhalb dieses Modells mit Hilfe der klassischen hierarchischen Prozessmodelle. In diesem Sinn ist das SCOR-Modell ein Metamodell für die Verknüpfung der bereichs- oder unternehmensinternen Prozesse.

Innerhalb der ersten Ebene werden Rahmen und Inhalt des Modells determiniert sowie die Wettbewerbsziele abgesteckt. Auf der zweiten Ebene wird mit Hilfe von Standardprozesskategorien die Lieferkette konfiguriert, und die gewählten Strategien werden darin eingebettet. In der dritten Modellierungsebene werden die Prozesselemente definiert sowie eingehende und ausgehende Prozessinformationen, Bestimmungsgrößen der Leistungsfähigkeit, Zielgrößen und Möglichkeiten der Unterstützung durch vorhandene Informationssysteme zur Zielerreichung festgelegt.

Auf der vierten Ebene, die nicht Bestandteil des SCOR-Modells ist, werden unternehmens-spezifische Ausprägungen der Lieferketten praktiziert, um die in Ebene 1 definierten Wett-bewerbsvorteile zu erreichen und zugleich Anpassungen an veränderte Marktbedingungen vorzunehmen.

8.5.4   Von ERP zu SCM

Die Herausforderungen der Gestaltung und des Betreibens von unternehmensübergreifenden Lieferketten ist mit einer reinen Vernetzung klassischer ERP-Systeme, wie sie in Abb. 8-9 dargestellt ist, nicht zu bewältigen.

Diese klassischen Systemarchitekturen bringen u. a. folgende Probleme mit sich (vgl. Stommel 2004, S. 92):

- unterschiedliche Systemfunktionen
- unterschiedliche Kommunikationswege und Infrastrukturen
- Medienbrüche durch spezifische Verwendungen von EDI- und Faxnachrichten
- fehlende Standards für die auszutauschenden Informationen
- Inkompatibilitäten zwischen den unterschiedlichen Systemen
- lange Planungs- und Dispositionsläufe, die nicht zeitnah, sondern nur im Batchbetrieb angestoßen werden.

Tabelle 8-1 zeigt die Unterschiede zwischen ERP- und SCM-Systemen (vgl. Wannenwetsch 2005, S. 62).

SCM-Systeme sind daher kein Ersatz für ERP-Systeme, sondern eine unternehmensüber-greifende Ergänzung zur Steuerung von Lieferketten, wie in Abb. 8-10 dargestellt ist (vgl. Stommel 2004, S. 93).

SCM-Projekte verfolgen heute überwiegend den in Abb. 8-10 dargestellten zentralen Ansatz. Dabei werden zunächst große First-Tier-Lieferanten mit entsprechender Hardware- und Softwareausstattung in SCM-Systeme eingebunden. Nur in Einzelfällen partizipieren mittel-ständische Second-Tier-Lieferanten und Logistikdienstleister an den SCM-Potenzialen. Auch die unterschiedlichen bisher entwickelten SCM-Systeme sind miteinander nur teilweise kompatibel.

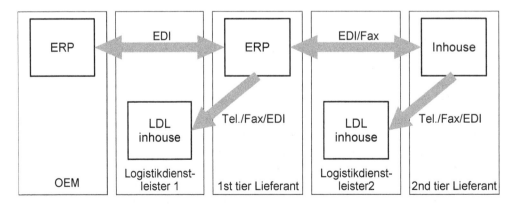

Abb. 8-9: Kommunikation in der Lieferkette ohne SCM (vgl. Stommel 2004, S. 92).

Lieferanten, die in verschiedene Supply Chains eingebunden sind, müssen daher häufig Lösungen verschiedener Softwareanbieter bedienen oder nutzen. Dies stellt eine erhebliche Akzeptanzbarriere dar. Daher werden Überlegungen angestellt, zukünftig Supply Chain Management über dezentrale Architekturansätze wie in Abb. 8-11 (vgl. Stommel 2004, S. 94) dargestellt, zu realisieren. Die Dezentralität ermöglicht eine individuelle Konfiguration und Ausgestaltung des SCM-Systems.

Ein Standardisierungsansatz für die Kommunikation in Liefernetzwerken wird durch ENX (European Network Exchange) vorangetrieben. Entwickelt von einem Konsortium von dreizehn namhaften Automobilherstellern und Zulieferern sowie vier nationalen Verbänden der Automobilindustrie wurde eine hochsichere und hochverfügbare Kommunikationsinfrastruktur entwickelt, mit der die in Abb. 8-11 dargestellten dezentralen SCM-Ansätze realisiert werden können.

Tabelle 8-1: Unterschiede zwischen ERP- und SCM-Systemen (vgl. Wannenwetsch 2005, S. 62)

	ERP	SCM
Fokus	Unternehmen	Lieferkette
Planungsart	sukzessiv/sequenziell	simultan
Frequenz	täglich/wöchentlich	ständig
Echtzeitanforderung	nein	ja
Dauer eines Planungsvorgangs	lang (h)	kurz (min)
Plancharakter	obsolet	bestmöglich machbar
Verfolgung von Änderungen	top-down	in beide Richtungen

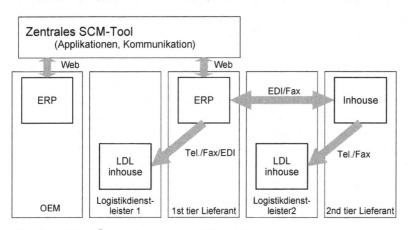

Abb. 8-10: SCM als Überbau (vgl. Stommel 2004, S. 93)

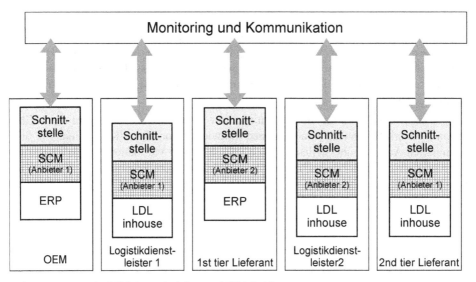

Abb. 8-11: Dezentraler SCM-Ansatz (vgl. Stommel 2004, S. 94)

8.6   Funktionen von Supply Chain Management-Systemen

Die Unternehmen benötigen zur antizipativen Planung einen dynamischen aber ganzheitlichen Überblick über alle Bereiche des Nachfrage- und Lieferprozesses in der Logistikkette. Damit können sie flexibel, über das Erkennen von Alternativen, auf die Konsequenzen von Veränderungen in den Rahmenbedingungen reagieren.

Aktuelle Supply-Chain-Architekturen bestehen aus mehreren sich gegenseitig ergänzenden und miteinander integrierten Modulen, die auf die spezifischen Planungsprobleme in der Logistikkette zugeschnitten sind (Abb. 8-12). Die verschiedenen Planungsmodule unterstützen dabei einerseits die zeitlichen Aspekte der Planung, durch Berücksichtigung mehrerer Planungshorizonte, andererseits die unterschiedlichen Planungsaufgaben entlang der Logistikkette.

Gleichzeitig müssen bei der Planung der Logistikkette auch die verschiedenen Anforderungen und Eigenheiten unterschiedlicher Branchen berücksichtigt werden. Wichtige Unterscheidungskriterien hierbei sind die Komplexität der Produkte und der Ort der Auftragsanbindung. So erfordert eine frühe Auftragsanbindung, z.B. an freie Kapazitäten in der Fertigung, einen anderen Funktionsumfang im Werkzeug, das den Verkauf unterstützt, als bei einer Fertigung auf Lager, wo Fremd- oder Eigenläger geplant werden müssen. Im zweiten Fall liegt die oberste Prämisse in der Verfügbarkeit der Produkte am Lager.

Andererseits haben die Ansätze zur Planung der Logistikkette branchenübergreifend das Ziel, die Komplexität konvergierender und divergierender Strukturen vorauszuplanen und auf der anderen Seite den Planer bei Ausnahmesituationen möglichst in Echtzeit (online) zu informieren und bei der Lösung der Probleme zu unterstützen. Die Funktionen von SCM-Software lassen sich in sieben Module unterteilen, die in den folgenden Abschnitten charakterisiert werden (vgl. Gronau 1999, S. 212).

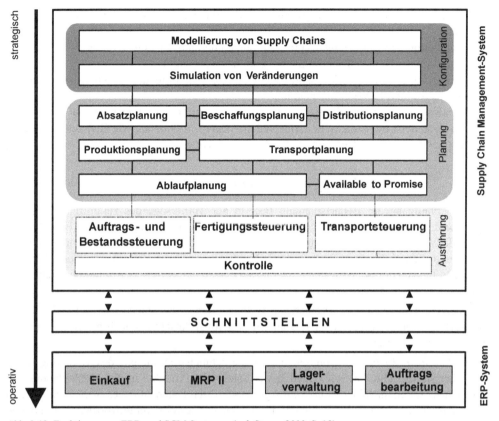

Abb. 8-12: Funktionen von ERP- und SCM-Systemen (vgl. Steven 2000, S. 18)

8.6.1 Strategische Planung

Supply Chain Design …
stellt einen strategisch aggregierten Planungsprozess dar, im Rahmen dessen ganzheitlich die Infrastruktur der Supply Chain über alle Funktionen (Lieferanten, Produktionsstätten, Läger, Vertriebszentren, Transportmodi, Produktionsprozesse) sowie die sich daraus ergebenden Güterströme für mehrere Jahre ermittelt werden, um die Kundenbedarfe zu decken und eine effektive sowie effiziente Erreichung der Sachziele des Supply Chain Managements sicherzustellen (vgl. Harrison 2001, S. 413).

Die heute am Markt verfügbaren SCM-Ansätze unterscheiden innerhalb der Module stark zwischen strategischen Untersuchungen der Struktur und der operativ taktischen Planung der Logistikketten. Für die strategischen Aspekte der Logistikkette werden separate Bausteine angeboten, die dazu dienen, außerhalb der operativ taktischen Planung finanzielle und logistische Analysen über das gesamte Netzwerk der Logistikkette hinweg durchzuführen.

Ziel dieser Instrumente ist dabei das Modellieren einer idealen Logistikkette in Abhängigkeit von den entstehenden Kosten. Typische Untersuchungsfelder sind hierbei:

- Analyse der Auswirkung langfristiger Veränderungen im Produktmix auf die Logistik-kette,
- Simulation und Bewertung von Investitionen innerhalb der Logistikkette,
- Variation der Kapazitäten von Lägern und Produktionslinien,
- Verlagerung von Produktionslinien auf andere Standorte und deren Auswirkung auf Transport- und Distributionsplanung,
- Analyse neuer Distributionsstrategien wie Konzentration von Lagern sowie
- Analyse der Logistikkette bei Hinzunahme neuer Großkunden wie Rahmenverträge be-züglich neuer Handelsmarken im Konsumgüterbereich.

8.6.2   Bedarfsplanung und Absatzprognose

Die Hauptaufgabe der Bedarfsplanung liegt in der Vorhersage des zukünftigen Absatzes. Wichtigste Anforderung ist es hierbei, die Vorhersage nicht nur aggregiert auf Produktebene zu treffen, sondern die Analyse auch gegliedert nach lokalen Gesichtspunkten und nach Pro-duktgruppen durchführen zu können. Viele Experten und Anwender sehen in dieser Funktion den Hauptnutzen der SCM-Systeme. Darauf zielt auch der in diesem Kapitel beispielhaft be-schriebene APO von SAP.

Bei der Voraussage, welche Produkte in welcher Menge zu welcher Zeit an welchem Ort nachgefragt werden, muss dabei sowohl ein Top-down-Ansatz als auch ein Bottom-up-An-satz unterstützt werden.

Beim *Top-down-Ansatz* sind von Seiten der Unternehmensführung und des Marketing Vorga-ben über strategische Geschäftsfelder bzw. strategische Produkte in die Absatzplanung auf-zunehmen. Im Sinne einer *bottom-up*-Aggregation der Daten muss es aber auch möglich sein, dezentrale Daten wie Kundeninformationen der jeweils verantwortlichen Kundenbe-treuer in die Vorhersage einfließen zu lassen

Kernfunktion der Bedarfsplanung ist das Modul zur Prognose. Die Prognose erfolgt bei den verfügbaren Produkten auf Basis von sogenannten Einheiten der Bedarfsprognose. Eine sol-che Einheit ist definiert durch ein Produkt, einen Kunden, ein Lager bzw. durch eine Kombi-nation dieser Elemente. Basierend auf diesen Einheiten wird nachfolgend die Gesamtprogno-se für die Artikel des Unternehmens generiert. In die Prognose gehen folgende Faktoren ein:

- Vergangenheitsdaten,
- Saisonalität,
- Promotionen/Aktionen,
- Trends im Gesamtmarkt und
- Substitutionen innerhalb sowie außerhalb des Unternehmens.

Auf Basis von Entwicklungstrends, die das Prognosewerkzeug aus den Eingangsdaten liefert, erfolgt sowohl die Ausrichtung der nachfolgenden Planungsstufen in der Logistikkette als auch die Steuerung des Unternehmens am Markt. So kann bei negativen Trends von Seiten des Marketing durch Werbe- oder Preismaßnahmen aktiv und vorausschauend gegengesteu-ert werden.

Ein weiterer wichtiger Punkt in der Verwendung des Prognosemoduls stellt die Analyse von Kausalfaktoren wie Wetter und Saisonalität dar. Mit Hilfe der Statistik werden so Zusam-menhänge zwischen Eingangsgrößen und dem Abverkauf besser erkannt.

Aus der Praxis:
So wurde beispielsweise in einem Projekt ermittelt, dass nicht die Außentemperatur die bestimmende Größe für die Höhe des Eisumsatzes ist, sondern ein viel stärkerer Zusammenhang zur Dauer des Sonnenscheins besteht (vgl. Pirron 1998, S. 67).

Des Weiteren hat der Vertrieb die Möglichkeit, die Auswirkungen von Aktionen auf den Markt zu analysieren und Schlüsse für zukünftige Planungen zu ziehen.

Im Bereich der Konsumgüter und bei High-Tech-Artikeln wie Computer-Hardware ist die Abbildung spezieller An- und Ablaufkurven innerhalb der Prognose bedeutend. Die Funktionalität darf sich nicht nur auf die Eingabe eines Referenzartikels beschränken, sondern sollte auch Faktoren wie die Erstbevorratung des gesamten Händlernetzes berücksichtigen.

Eine besondere Ausprägung weist die Bedarfsprognose im Handel auf. Sie wird hier als Collaborative Planning, Forecasting and Replenishment bezeichnet und im folgenden Abschnitt näher erläutert.

8.6.3   Collaborative Planning, Forecasting and Replenishment

Collaborative Planning, Forecasting and Replenishment (CPFR) ...
stellt ein Geschäftsmodell für mehrere Unternehmen einer SC dar, welches aufgrund von Vereinbarungen über Geschäftspraktiken und -bedingungen eine weitgehend automatisierte Bevorratung von Lagern übernimmt (vgl. auch im Folgenden Knolmayer 2000, S. 112–119).

Insbesondere soll CPFR den Peitscheneffekt vermindern. Es besteht die Chance, finanzielle Mittel einzusparen, wenn sich die Partner in der Lieferkette besser abstimmen (vgl. Cohen 2006, S. 79) und beispielsweise gewisse Planungsverfahren bzw. Datenbanken nicht mehrfach eingesetzt bzw. verwaltet werden. Die Kosten der Datenübertragung zwischen den am CPFR teilnehmenden Betrieben sinken allerdings durch das Internet und verlieren damit an Bedeutung.

Das Konzept wurde entwickelt, weil folgende Schwachstellen der Nachbevorratung in Liefernetzen auftraten:

- Viele Unternehmen generieren für verschiedene Zwecke unterschiedliche, unabhängig erstellte Bedarfsvorhersagen.
- Zahlreiche Vorhersagen erfolgen auf einem hohen Aggregationsniveau (z. B. Produktkategorien, Regionen) und für lange Teilperioden (z. B. Monate in einer Jahresplanung).
- Die Vorhersagegenauigkeit wird nicht häufig genug überprüft.
- Die Prognosen konzentrieren sich auf die Interaktion zwischen nur zwei Teilnehmern der SC und berücksichtigen mögliche Verzögerungen während des Lieferprozesses zu wenig.
- Lager und Verteilzentren werden oft so bevorratet, dass ein günstiger Produktionsplan zustande kommt; der Bedarfssog vom Endverbraucher her wird nicht ausreichend berücksichtigt.

Leitlinien von CPFR sind:

- Die Partner entwickeln einen Rahmenplan, in welchem den Teilnehmern Hauptaktivitäten („Core Process Activities") zugewiesen werden.
- Die kooperierenden Betriebe erarbeiten gemeinsam eine Vorhersage des Bedarfs der Endkunden. Diese Prognose ist Grundlage abzustimmender Pläne und Dispositionen („Shared Forecast"). Wegen der unterschiedlichen Anforderungen der teilnehmenden Betriebe muss die Vorhersage sehr detailliert erfolgen.
- Die Partner versuchen gemeinsam, unzweckmäßige Dispositionen im Materialfluss zu vermeiden. Beispielsweise führen kleine Bestellmengen von Handelsbetrieben dazu, dass die Produktionskapazitäten beim Hersteller nicht optimal genutzt werden können bzw. der Industriebetrieb Überkapazitäten bereithalten muss, um kurzfristigen Lieferwünschen seiner Kunden gerecht zu werden. Wenn der Handelsbetrieb größere Bestellmengen in Auftrag gibt, mag eine bessere Abstimmung mit dem Produktionsplan seines Lieferanten resultieren. In einem anderen Fall führt der Verzicht eines Handelbetriebs auf kurze Lieferzeiten möglicherweise dazu, dass der Produzent von Vorratsfertigung auf Kundenauftragsfertigung übergeht und damit Kapitalbindung und Unsicherheiten bei der Disposition seines Fertigerzeugnislagers reduziert.

Abb. 8-13 zeigt das CPFR-Prozessmodell. Die einzelnen Schritte beim Aufbau von CPFR werden im Folgenden beschrieben.

Schritt 1: Grundsatzvereinbarung

Hersteller, Händler und Distributoren entwickeln Regeln für die Zusammenarbeit. Die Partner bekunden ihre Erwartungen und definieren die notwendigen Ressourcen. Dazu gehören Vereinbarungen über die gemeinsame Nutzung von Informationen und Absprachen zu den Rechten und Pflichten der Partner (z.B. Vertraulichkeit, Bereitstellung von Ressourcen, Erfolgsverteilung) sowie zu den Kriterien und Metriken, mit denen Wirksamkeit und Erfolg des CPFR-Prozesses gemessen werden (z. B. Vorhersagegenauigkeit, Rentabilität der Investitionen, Lagerumschlag, maximale Lieferzeit, Liefertreue und Prozesskosten).

Schritt 2: Entwickeln eines gemeinsamen Geschäftsplans

In diesem Schritt tauschen Hersteller und Händler Informationen über die Unternehmensstrategien aus und entwickeln daraus eine gemeinsame Strategie. Daraus folgen gewisse Festlegungen z. B. hinsichtlich Mindestbestellmengen, Vervielfachungsfaktoren (insbesondere wegen der Verpackungseinheiten), Vorlaufzeiten und Bestellintervallen. Ziel dieses Schritts ist es, möglichst viele Normalfälle zu definieren und damit die Zahl der Ausnahmen zu minimieren.

Schritt 3: Erstellung der Verkaufsprognose

Diese Prognose wird auf der Basis der Point-of-Sales- (POS-)Daten sowie von Informationen über Sondereinflüsse und geplante Aktionen erstellt. Dabei können verschiedene Szenarien betrachtet werden, die sich hinsichtlich der Steuerung der Prozesskette unterscheiden.

Schritt 4: Identifikation von Ausnahmesituationen

In diesem Schritt werden jene Prognoseobjekte ermittelt, bei denen die Ist-Bedarfe über eine (in Schritt 1 parametrierte) Toleranzschwelle hinaus von der Vorhersage abweichen. Ursachen dafür liegen nicht nur in falschen Vorhersagen, sondern auch in Störeinflüssen, wie

z. B. einer durch Streik oder Maschinenausfall bedingten Reduktion einer Fertigungskapazität. Die Ausnahmesituation kann durch eine Alarmmeldung den zuständigen Mitarbeitern signalisiert werden.

Schritt 5: Zusammenarbeit zur Lösung des durch die Ausnahmesituation entstandenen Problems

In dieser Phase sind physische und elektronische Konferenzen vorgesehen. Allerdings werden auch gemeinsame Datenbanken genutzt, die z. B. über als neu erkannte Ereignisse informieren, welche starken Einfluss auf den Absatz besitzen. Das Resultat ist eine modifizierte Verbrauchsvorhersage.

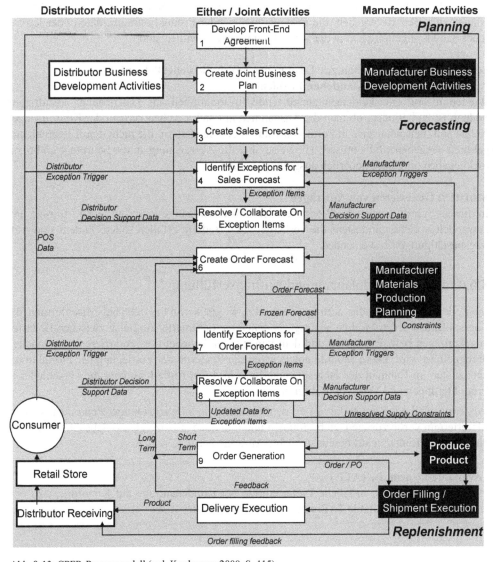

Abb. 8-13: CPFR-Prozessmodell (vgl. Knolmayer 2000, S. 115)

Schritt 6: Erstellen der Kundenauftragsvorhersage
Nun werden die Bedarfsprognosen und die Informationen über Lagerbestände (physische Bestände, offene Bestellungen, Unterwegs-Bestände) kombiniert, um die Auftragseingänge vorherzusagen. Hierbei sind die Vereinbarungen aus Schritt 1 beispielsweise zur Bemessung von Sicherheitsbeständen, Bestellmengen oder Vorlaufzeiten zu berücksichtigen. Resultat dieses Schritts ist eine zeitlich differenzierte Prognose von Auftragsmengen. Die Teilnehmer an der SC sollen die Gewissheit haben, dass sich innerhalb bestimmter Zeitfenster Dispositionen ihrer Partner nicht verändern („frozen time fence").

Schritt 7: Neuerliche Identifikation von Ausnahmesituationen
In diesem Vorgangsschritt wird festgelegt, welche Auftragseingänge gegen Politiken verstoßen, die Hersteller, Distributoren und Händler gemeinsam festgelegt haben. Beispielsweise können sich Bedarfe ergeben, die mangels genügender Produktionskapazitäten oder logistischer Schwierigkeiten nicht in der verfügbaren Zeit zu erfüllen sind.

Schritt 8: Zusammenarbeit zur Lösung des durch die neuerlich aufgetretene Ausnahmesituation entstandenen Problems
Wiederum sind entscheidungsunterstützende Informationen aus Datenbanken abzufragen. Sodann ist zu befinden, ob man die Ausnahmen auf sich beruhen lassen oder Konsequenzen ziehen soll, beispielsweise in Form von Käufen bei Herstellern, die nicht dem Liefernetz angehören. Gegebenenfalls müssen Hinweise über die Abweichung an die Schritte 4 und 6 zurückgegeben und diese neuerlich ausgeführt werden.

Schritt 9: Generieren von Aufträgen
In diesem Schritt werden die Prognosen der Auftragseingänge in verbindliche Aufträge umgewandelt, welche mindestens die vorhergesagten Bedarfe erfüllen sollen. Zudem sind Auftragsbestätigungen zu versenden.

8.6.4   Verbundplanung und Auftragserfüllung

Im Falle einer vollständig auftragsorientierten Logistikstruktur oder bei Mischformen der Logistikkette werden Module benötigt, in denen ein optimierter Abgleich zwischen Bedarfen aus Aufträgen bzw. Prognosen und dem kapazitiven Angebot der produzierenden Einheiten durchgeführt wird. Diese Module unterstützen die Planer in der Festlegung der Produktionskapazitäten im Rahmen der Jahresplanung bzw. in deren Aufteilung über die verschiedenen Produktgruppen und Vertriebsstrukturen.

Weitere Aufgabe dieser Module ist es, dem Verkäufer in möglichst kurzer Zeit einen genauen Liefertermin vorherzusagen, zu bestimmen und ihm auch aufzuzeigen, welche Auswirkungen eine aktuelle Buchung auf bereits gebuchte Aufträge hat.

Available-to-promise (ATP.) ...
Die Planungstechnik, mögliche Liefertermine bei Kundenanfrage auf Knopfdruck zu ermitteln, wird als Available To Promise (ATP) bezeichnet.

Um in Konfliktfällen entscheiden zu können, welches die für das Unternehmen günstigste Alternative darstellt, sollte ein ausreichend detailliertes Kostenmodell hinterlegt sein. Im Falle der Lagerfertigung sind die Anforderungen aus heutiger Sicht anders akzentuiert.

Dem Verkauf muss hier die Möglichkeit gegeben werden, Reichweitenszenarien durchspielen zu können. Dies wird durch die Bereitstellung der Funktionen Lagerbestands- und Verteilplanung an die planenden Bereiche im Vertrieb ermöglicht.

8.6.5   Distributionsplanung

Die Module der Lagerbestands- und Verteilplanung stellen das Bindeglied zwischen der Bedarfsvorhersage und den Modulen zur Kapazitäts- und Produktionsplanung dar. Die Aufgabe der Lagerbestandsplanung in einer mehrstufigen Lagerstruktur bestehend aus Zentrallager, Regionallagern bis hin zu mit geringen oder ohne jeglichen Bestand geführten Umschlagspunkten liegt in der durchgängigen Hilfestellung des Planers. Dabei gilt es, das richtige Produkt, am richtigen Ort zur richtigen Zeit am Lager vorrätig zu haben, um die Nachfrage befriedigen und die Bestände minimieren zu können.

Der Entwicklung des Marktes folgend muss in der Planung der Distributionsstruktur nicht nur die eigene Lagerkapazität betrachtet, sondern auch die Möglichkeit geschaffen werden, Kundenlager zu verwalten, so dass auch dort eine aktive Planung möglich wird. Der Weg geht dabei weg von der reinen elektronischen Übermittlung von Auftragsdaten hin zum aktiven Bestandsmanagement und zur Disposition im Kundenlager.

Diese Integration fremder Strukturen erfordert auf systemtechnischer Seite eine einfache Möglichkeit, Bestands- und Bewegungsdaten fremder Systeme schnell im Planungssystem integrieren zu können. Die Systeme müssen dabei Logistikkonzepte wie Efficient Consumer Response (ECR) und Vendor Managed Inventory (VMI) ermöglichen.

Das Continuous Replenishment Program (CRP) ist Bestandteil eines ganzheitlichen Konzepts für Efficient Consumer Response (ECR), das Mitte der achtziger Jahre durch die Unternehmensberatung Kurt Salmon Associates begründet wurde und aus den Komponenten Efficient Replenishment, Efficient Assortment, Efficient Promotion sowie Efficient Product Introductions besteht (vgl. Tappe 1999, S. 47f.). Efficient Consumer Response und Supply Chain Management sind nicht deckungsgleich, denn ECR ist auf die Konsumgüterbranche fokussiert, während SCM den branchenübergreifenden, konzeptionellen Ansatz bezeichnet. Dennoch gibt es eine große Schnittmenge, zu der CRP gehört. Das Continuous Replenishment Program als Technik des Efficient Replenishment zielt auf die integrierte, unternehmensübergreifende Optimierung der Warenbestandshaltung entlang der gesamten Wertschöpfungskette vom Rohstofflieferanten über den Hersteller und Handel bis zum Konsumenten.

Im CRP wird das traditionelle Bestellsystem (vom Handel generierte Bestellungen) abgelöst durch einen an der tatsächlichen und prognostizierten Nachfrage der Konsumenten orientierten, abgestimmten Prozess. Idealerweise bewirtschaftet der Hersteller das Distributionszentrum des Handels selbst und übernimmt die Bestandsverantwortung. Dies wird als Vendor managed Inventory (VMI) bezeichnet.

Ziel des CRP ist es, durch eine an der tatsächlichen Nachfrage orientierte, kontinuierliche Warenstromsteuerung allen Beteiligten der Wertschöpfungskette Vorteile zu verschaffen, um die traditionelle Konfrontation zwischen Herstellern und Handel durch eine Kooperation abzulösen, von der alle beteiligten Partner profitieren (Win-Win-Situation). Als wesentlicher

Vorteil wird die Transparenz über die gesamte Prozesskette genannt, die eine deutliche Reduzierung der Vorratshaltung über alle Lagerstufen bei gleichbleibender oder verbesserter Liefertermintreue ermöglicht. Ein großer Vorteil für den Hersteller besteht in der Verstetigung der Waren- und Produktionsströme, die die Produktionsplanung vereinfacht und teure, kurzfristige Kapazitätsanpassungen überflüssig macht. Außerdem wird die Etablierung von einheitlichen, effizienten Leistungskennzahlen über die gesamte Supply Chain ermöglicht (Supply Chain Performance Indicators).

Voraussetzung für CRP ist ein effizientes, entscheidungsunterstützendes Werkzeug, das über den klassischen Einsatz von Transaktionssystemen weit hinausgeht. Transaktionssysteme sind durch repetitive, einfache Aufgaben sowie Datenhaltung gekennzeichnet, während Decision-Support-Systeme simulative, komplexe und integrative Aufgabenstellungen lösen. Ohne ein solches Werkzeug wäre CRP nicht durchführbar.

Da sich die Struktur der Logistikkette häufig ändert, sollte die Modellierung der Strukturparameter in einem leicht erlernbaren Umfeld durchgeführt werden können. Auf der Seite des Vertriebs müssen die Systeme die Simulation und Berechnung von Versorgungsszenarien bieten. Weiter muss es möglich sein, Reichweitensimulationen auf Basis veränderter Bedarfsprognosen durchführen zu können wie etwa die Betrachtung von Schönwetterperioden im oben zitierten Beispiel des Absatzes von Eis. Ist für den Vertrieb die Planung in Verkaufseinheiten wichtig, so interessiert den Logistikplaner die Optimierung der Palettenplätze und die Minimierung der Wegstrecken im Netz. Dies erfordert vom System Flexibilität in der Umrechnung und Möglichkeit zur Definition der Produkte in verschiedenen Einheiten wie Stück, Paletten oder den Wert des Umlaufvermögens. Weitere wichtige Funktionen sind:

- Möglichkeiten, Regeln für Lagereingänge und Lagerabgänge zu definieren,
- Regeln für Sicherheitsbestände und Lagerkapazitäten,
- automatische Berechnung der Sicherheitsbestände auf Basis der durchschnittlichen Prognoseabweichung und die
- Verwaltung von Sekundärbedarfen und der zu berücksichtigenden Rahmenverträge/Kontrakte.

Im Modul zur Unterstützung der Verteilplanung werden Lieferungen und Bewegungen zwischen den verschiedenen Lagern kombiniert und optimiert. Wichtige Funktionen sind dabei die

- Automatische Versandplanung,
- Prioritäts- und regelgesteuerte Materialallokation und die Definition von Strategien bei Unter- bzw. Überversorgung sowie die
- zeitliche Verwaltung von Intransitbeständen.

8.6.6   Transportplanung

Auf Basis der Planungsvorgaben der Verteilplanung liegt die Aufgabe des Transportplanungsmoduls in der optimierten Abwicklung der Transporte. Dabei steht die kostenoptimale und termingerechte Lieferung der Produkte im Vordergrund.

Liegt der Planungshorizont der Bestands- und Verteilplanung im mittel- bis langfristigen Bereich, so ist die Transportplanung im kurzfristigen Horizont anzusiedeln. Hauptbestandteile dieser Module sind:

- Tourenplanung,
- Auswahl der Transportmittel,
- Auswahl der Spedition und Kapazitätsbetrachtungen.

8.6.7   Produktionsplanung

In den SCM-Modulen der Produktionsplanung wird unterschieden zwischen der übergreifenden Kapazitätsplanung und der lokalen Reihenfolgeplanung bzw. Feinplanung innerhalb eines Werkes oder einer einzelnen Anlagengruppe. In der übergreifenden Produktions- und Kapazitätsplanung sind sowohl Planungsprozesse der einstufigen Fertigung als auch komplexere Zusammenhänge einer mehrstufigen Fertigung abzubilden.

Die Aufgabe des Produktionsplanungsmoduls ist die Festlegung, welches Material bzw. welcher Auftrag zu welchem Zeitpunkt, an welcher Anlage und in welcher Menge zu fertigen ist. Dabei ist sicherzustellen, dass ausreichend Produktionskapazität und Rohstoffe zur Verfügung stehen, um die Produkte wie geplant fertigen zu können. Bei der Planung müssen Daten bezüglich Verteilstrategien der Produkte bei alternativen Ressourcen in mehreren Werken sowie Ressourcenstammdaten wie Kapazität und Schichtigkeit definiert und vom darunter liegenden ERP-System übernommen werden können. Aufgabe der Optimierung im System ist eine möglichst zeitgerechte Produktion der über die Distributionsstruktur ermittelten Bedarfe bei gleichzeitiger

- Optimierung der Auslastung von Ressourcen/Werken,
- Erkennung der Engpässe (Maschine, Material, Energie etc.) und ausreichender Vorproduktion,
- Berücksichtigung der Rahmenvertragsvorgaben im Bereich der Sekundärbedarfe und Kontrakte sowie
- Optimierung der Kosten in Bezug auf Lagerkosten und optimaler Losgröße.

In der mehrstufigen Fertigung kommt erschwerend hinzu, dass hier auch wandernde dynamische Engpässe im Produktionsnetz erkannt und berücksichtigt werden müssen.

8.6.8   Feinplanung

In den Modulen zur Feinplanung werden aus den Vorgaben der übergreifenden Planung, in der übergreifende logistische Parameter wie Kundentermin oder Kapazitäten der Anlage oder des Werkes berücksichtigt werden, produzierbare Auftragsreihenfolgen generiert. Bei der Definition der exakten Produktionsfolgen sind Regeln festzulegen für:

- die Zuordnung auf Basis der Anlagenstammdaten (Welcher Artikel kann auf welcher Ressource in welcher Zeit und zu welchen Kosten produziert werden?),
- Übergänge zwischen den einzelnen Losen, z.B. hell nach dunkel auf Basis einzelner Produktattribute,
- Rüstkosten an den jeweils einzelnen Anlagen.

Diese Regeln sollten von dem Planer selbst leicht zu modellieren und zu verändern sein. Da Reihenfolgeplanung meist erst sehr zeitnah zur Fertigung stattfindet – einen Tag bzw. eine Woche vor dem geplanten Produktionstermin –, ist eine zeitnahe Versorgung der Planungskomponente mit den Ist-Daten der Fertigung zu gewährleisten. Dies erfordert einen ereignisorientierten Datenaustausch mit ERP-Systemen, BDE-Systemen (Betriebsdatenerfassung) oder MDE-Systemen (Maschinendatenerfassung), so dass bei Ausfällen oder Stillständen in kürzester Zeit ein neuer Planungslauf angestoßen werden kann.

Die Planungsergebnisse selbst sollten dem Planer entweder in einer integrierten grafischen Benutzungsoberfläche oder innerhalb eines Fertigungsleitstands visualisiert werden. Dort müssen dann noch manuelle Umplanungen und die Freigabe der Programme erfolgen. Durch die zeitliche Nähe der Reihenfolgeplanung an die Produktion wird diese meist in den Werken selbst durchgeführt. Dort sind die anlagenbezogenen Regeln besser bekannt und können besser dezentral gewartet werden. Dieser dezentrale Planungsansatz erfordert eine enge Kommunikation mit dem übergeordneten System der Kapazitätsplanung und den Planern in der zentralen Logistik. Nur so lässt sich eine verwertbare weil realitätsnahe Feinplanung erreichen.

8.7   Supply Chain Management am Beispiel von SAP APO

Angesichts der oben beschriebenen Schwächen von MRP-II-Ansätzen in ERP-Systemen entwickelte die SAP AG eine auf ihr Hauptprodukt SAP ERP zugeschnittene Supply Chain Management-Initiative, deren wesentlicher Bestandteil der Advanced Planner and Optimizer (APO) darstellt. Die Architektur von APO ist in Abb. 8-14 dargestellt.

Die Darstellung in diesem Abschnitt basiert im Wesentlichen auf (Gronau 1999, S. 219–224).

Auf der Anwendungsebene besteht APO aus den Funktionen

- Globale Verfügbarkeitsprüfung (ATP),
- Nachfrageplanung,
- Planung des Zuliefernetzwerkes sowie
- Produktionsplanung und Feinterminierung.

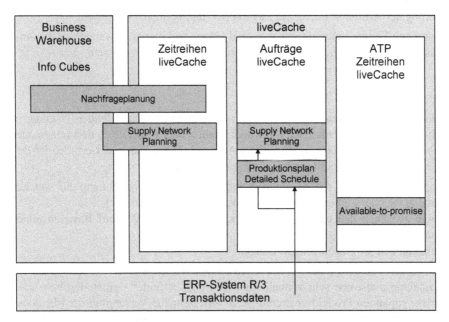

Abb. 8-14: Architektur von SAP APO (vgl. Dickersbach 2004, S. 14)

Eine grafische Visualisierung der Zuliefererkette zur Verfügung wird als Supply Chain Cockpit bezeichnet wird. Das Supply Chain Cockpit enthält einen Alarmmonitor, der über unzureichende Materialverfügbarkeit, Überschreitung von Fertigstellungsterminen und Verletzung von Reihenfolgeplanungen informiert.

Eine Livecache genannte Technologie soll helfen, die Performance der APO-Anwendungen zu steigern. Das Prinzip von Livecache besteht darin, sowohl die gerade ausgeführte Anwendungslogik als auch die dazu erforderlichen Daten im Hauptspeicher vorzuhalten, um so den zeitintensiven Transfer von der Festplatte in den Hauptspeicher zu vermeiden. Die Anwendung dieser Technologie setzt verfügbaren Hauptspeicher im Gigabyte-Bereich voraus.

Verknüpft ist APO zum einen mit dem SAP-spezifischen Data Warehouse (SAP-BW), zum anderen mit den operativen R/3-Systemen und anderen ERP-Systemen, die die benötigen Daten zu Aufträgen und Verfügbarkeiten liefern. APO wird als Komponente von SAP SCM ausgeliefert.

8.7.1 Globale Verfügbarkeitsprüfung

Die globale Verfügbarkeitsprüfung (ATP – Available to promise) als wesentliche Auskunftskomponente eines Supply Chain Management Systems ist in APO als regelbasierte Strategie zur Abstimmung von Angebot und Nachfrage realisiert. Dazu werden Verfügbarkeitsprüfungen und Kapazitätsüberprüfungen sowohl in Echtzeit als auch im Wege der simulativen Einlastung von geänderten Endkundenbedarfen durchgeführt. Um Performanceverluste zu vermeiden, werden aggregierte Kennzahlen der Zuliefererkette im Hauptspeicher gehalten und die Verfügbarkeitsprüfung gegen diese Werte durchgeführt.

Um eine Abstimmung von Angebot und Nachfrage zu erreichen, stehen die folgenden Methoden zur Verfügung:

- Eine Produktsubstitution kann erfolgen, wenn Baugruppen oder Fertigprodukte nicht lieferbar sind.
- Alternative Fertigungs- oder Auslieferungsstandorte können gewählt werden, wenn an den ursprünglich vorgesehenen Orten keine Verfügbarkeit gewährleistet werden kann. Diese Regel kann mit der Produktsubstitution kombiniert werden.
- Durch Allokation können kurzfristig zu liefernde Produkte oder Baugruppen bestimmten Kunden, Märkten oder Aufträgen zugeordnet werden. Diese festen Zuordnungen werden bei der globalen Verfügbarkeitsprüfung berücksichtigt.

8.7.2 Nachfrageplanung

Die Fähigkeit zu einer möglichst genauen Vorhersage der Nachfrage beeinflusst entscheidend die Qualität der weiteren Planungsschritte in der Zuliefererkette. Die Nachfrageplanung in APO stellt Vorhersage- und Planungswerkzeuge zur Verfügung, um Änderungen der Nachfrage frühzeitig erkennen und berücksichtigen zu können. Dazu kann das Kaufverhalten der Kunden modelliert werden, um ggf. zugrundeliegende Nachfragemuster erkennen zu können. Dabei können beliebige das Nachfrageverhalten bestimmende Faktoren wie soziodemographische Daten modelliert werden.

Die zur Durchführung von Nachfragevorhersagen benötigten Daten werden den operativen Systemen in Vertrieb und Marketing sowie anderen Planungssystemen entnommen. Die errechneten Nachfragemodelle können mit anderen Beteiligten der Zuliefererkette diskutiert und abgestimmt werden. Die Nachfrageplanungskomponente von APO ist mit dem Data Warehouse von SAP, dem Business Warehouse verknüpft und nutzt dessen OLAP-Fähigkeiten aus.

Funktionen der Nachfrageplanung sind:

- die in Echtzeit durchgeführte Abarbeitung der Zuliefererkette bei Festlegung von Nachfragegrößen, die zu Liefermengen und -terminen für alle Beteiligten der Zuliefererkette führt.
- die Möglichkeit zur besseren Auslastung von Anlagen durch Kapazitätsbedarfsvorhersagen über mittlere Zeiträume sowie
- die Erleichterung strategischer Planungen durch Langzeitprognosen.

Bei der Nachfrageplanung werden multidimensionale Datenstrukturen (z.B. nach Produkten, Märkten, Vertriebsbereichen etc.) genutzt, die zeitlich in flexible Kalenderperioden zerlegt werden können. Disaggregations- und Aggregationsfunktionen gestatten eine Darstellung des Datenmaterials auf unterschiedlichen Verdichtungsebenen. Weitere Funktionen der Nachfrageplanung gestatten die Beschreibung von Produktlebenszyklen, die Planung von Werbeaufwendungen sowie die Generierung von Neuproduktvorhersagemodellen auf der Basis der verfügbaren Daten vorhandener Produkte.

8.7.3   Planung des Zuliefernetzwerkes

Diese Funktion überprüft, ob und wie die zuvor modellierte Nachfrage in der Zuliefererkette abgedeckt werden kann. Dabei werden Einkauf, Fertigung, Vertrieb und Auslieferung berücksichtigt. Die Planungsfunktion des Zuliefernetzwerkes basiert auf einem Modell der Zuliefererkette, das mit einem grafischen Werkzeug erstellt wird. Elemente des grafischen Modells sind u.a. Zulieferer, Fabrikstandorte, Lagerorte und Auslieferungswege. Die benötigten Daten zu Beständen und Aufträgen werden den operativen Systemen an diesen Standorten entnommen. Das Produktionsmodell umfasst Stücklisten und Weiterleitungsinformationen, die den Weg von Baugruppen und Produkten beschreiben. Attribute dieser Modelle sind u.a. Herstellungskosten, Ressourcenverzehr, Materialfluss und Effektivität der Herstellung. Analog dazu umfasst ein Auslieferungsmodell Angaben zu Auslieferungsarten, Produkten, Kapazitäten nach Gewicht und Volumen, Flottengrößen und Kosten.

Innerhalb der Modelle werden Beziehungen und Abhängigkeiten modelliert, etwa maximale Produktions- oder Transportkapazitäten. Als Funktionen zur Abstimmung zwischen Nachfrage und Angebot werden u.a. angeboten:

- What-If-Analysen, die die Auswirkungen der Hinzunahme weiterer Lieferanten, Fabriken oder Vertriebsstandorte, die Veränderung von Kapazitäten oder die Hinzunahme neuer Produkte in Form von Simulationen berechnen. Diese Funktion steht auch in anderen APO-Modulen zur Verfügung.
- dynamische Synchronisationsfunktionen, die mit Hilfe der oben beschriebenen Vorgehensweisen versuchen, Angebot und Nachfrage in Übereinstimmung zu bringen,
- Vendor Managed Inventory, das eine Überprüfung der Lagerbestände des Handelspartners durch APO gestattet und so eine zum Lagerabgang zeitnahe Nachfüllstrategie ermöglicht,

- Ansätze für die kurzfristige Optimierung von Bestandsführung und Distribution, die die kurzfristige Nachfragesituation einschließlich Kundenaufträge, zur Verfügung stehender Transportmittel und Sicherheitsbestände berücksichtigen. Dabei können verschiedene Strategien wie nachfrageorientiert (basiert auf Kundenaufträgen), versorgungsorientiert (basiert auf Sicherheits- und Meldebeständen in den Lägern) oder eine Kombination dieser Strategien angewendet werden.

8.7.4 Produktionsplanung und Feinterminierung

Die in APO realisierte Produktions- und Feinplanung ermöglicht das rasche Umplanen bei Veränderungen in der Nachfragesituation. Eine aus dem Vertriebsmodul des ERP-Systems stammende Auftragsanfrage wird als Verfügbarkeitsprüfung an APO weitergeleitet. Die Produktions- und Feinplanungskomponente entscheidet über die Art der Behandlung dieser Anfrage (z.B. make-to-order) und ermittelt aus Kapazitäts- und Materialverfügbarkeiten einen Verfügbarkeitstermin. Dieser Termin wird an das Vertriebsmodul zurückgemeldet.

Wesentliche Funktionen der Produktions- und Feinplanung in APO sind:

- detaillierte Kapazitätsplanung bei simultaner Materialplanung, die in einem Durchlauf einen kapazitätsgerechten und von der Materialverfügbarkeit her erfüllbaren Produktionsplan erstellt. Materialien, die nicht innerhalb der erforderlichen Zeit beschafft oder gefertigt werden können, werden im Alarmmonitor angezeigt.
- Vorwärts- und Rückwärtsterminierung auf Basis der Stücklisten. Jeder Zweig der Stückliste wird bei jedem Auftrag durchlaufen. Die Berechnung beginnt mit dem Fälligkeitstermin des Auftrags und berechnet durch Rückwärtsterminierung die Anfangszeit für jedes Material auf der Basis der Standarddurchlaufzeiten. Eine Terminierung in die Vergangenheit wird dabei nicht vorgenommen, statt dessen wird ausgehend vom aktuellen Datum eine Vorwärtsterminierung durchgeführt. Wurde auf diesem Weg ein Material als rechtzeitig verfügbar erkannt, wird dieses Material dem zu prüfenden Auftrag zugeordnet. Die Terminierung wird weitergeführt, bis alle Zweige und Dispositionsebenen der Stückliste geplant sind. Dabei können auch Stücklisten, die mehrere Fertigungsstandorte beinhalten, einbezogen werden.
- Synchronisation und Propagierung von Änderungen in Stücklisten oder Rezepturen werden unmittelbar sichtbar gemacht und automatisch an andere Ebenen der Zuliefererkette weitergereicht. Eine Verzögerung in der Herstellung eines Zwischenmaterials verzögert somit auch die Herstellung des Endproduktes. Bei der diskreten Fertigung beeinflussen Änderungen der Detailpläne auch automatisch den Hauptproduktionsplan.

Zur interaktiven Feinplanung und Optimierung stehen Gantt-Diagramme der erzeugten Pläne zur Verfügung.

8.7.5 Logistics Execution System

Neben APO mit seinen oben beschriebenen Komponenten zählt SAP zu den Systemen zur effizienteren Steuerung der Logistikkette auch das Logistics Execution System LES, das eine erweiterte Lagerverwaltung und Transportsteuerung anbietet, eine Schnittstelle zum Data Warehouse-Konzept von SAP (Business Warehouse) aufweist und zumindest im Prinzip auch mit anderen ERP-Systemen eingesetzt werden kann. Die Hauptfunktionen des LES bestehen im Bereich der Lagerverwaltung in der

- Einbuchung von Gütern,
- Lagerplatzmanagement,
- Durchführung von Inventuren,
- Versand
- sowie zusätzlichen Funktionen, etwa für die Verwaltung von Gefahrgut.

Die Transportsteuerung weist eine Planungskomponente für Auslieferungen, eine Routing-funktion sowie die Möglichkeit der Kommunikation bzw. Verhandlung mit Service-Agenten auf. Der Status von Versandsendungen kann verfolgt werden (Tracking) und die von APO bekannte ATP-Komponente steht auch im LES zur Verfügung.

Weitere Funktionen unterstützen den Außenhandel und das Frachtkostenmanagement.

8.8   Hemmnisse des Supply Chain Management

Um die in diesem Kapitel erläuterten Nutzeneffekte des Supply Chain Management errei-chen zu können, sind einige Hindernisse und Gefahrenstellen zu überwinden (vgl. Knol-mayer 2000, S. 19):

- Wegen der Vielfalt der Abstimmungen in der SC können die Kosten des Wechsels von Partnern prohibitiv wirken. Die SC würde so ein relativ starres Gebilde, das Marktchan-cen, z.B. durch die Einbeziehung neuer, aggressiver Lieferanten, nicht flexibel genug ausnutzen kann.
- Kleinere und mittlere Unternehmen können von ihren größeren Geschäftspartnern in SC-Systeme gedrängt werden, deren systemtechnischen Anforderungen sie personell oder finanziell nicht gewachsen sind.
- Das Optimum im Liefernetz stimmt nicht für jeden Teilnehmer mit seinem individuellen Optimum überein. Vielmehr entstehen für einzelne Partner überproportionale SC-Gewinne, für andere aber unterproportionale Vorteile oder gar Schlechterstellungen. Die Quantifizierung und Zurechnung der Auswirkungen sowie die Festlegung der Aus-gleichsmechanismen bergen beachtliches Konfliktpotenzial.
- Bei der Disposition der Materialflüsse bestehen zahlreiche Wechselwirkungen, z.B. zwi-schen höheren Beständen und kürzeren Lieferzeiten, längeren Transportstrecken oder zusätzlichen Zwischenlagern. Es ist in jedem Einzelfall zu prüfen, ob diese Komplexität in rechnergestützten Dispositionssystemen, etwa in Gestalt von Regelwerken bzw. wis-sensbasierten Komponenten, abgebildet werden kann und ob der mit diesen Modellen verbundene Pflegeaufwand erträglich ist.
- Die Einführung eines klassischen ERP-Systems oder einer Lagerverwaltung ist ein in-nerbetriebliches Projekt, für das „nur" Instanzen zu koordinieren sind, die der gleichen Führungshierarchie angehören. Hingegen gilt es bei SCM, die Projektportfolios, -res-sourcen, -prioritäten und -ablaufpläne mehrerer selbständiger Unternehmen abzustim-men. Unwilligkeiten oder Verzögerungen in einem Betrieb können auf die Projektpläne der Partner ausstrahlen und im ungünstigsten Fall Kettenreaktionen auslösen.

- Die Entwicklung und Einführung von SCM-Standardsoftware ist als umfassendes Vorhaben mit allen Risiken hinsichtlich Einhaltung der Entwurfsziele, der Termine und Kosten behaftet. Zuweilen wird befürchtet, dass SCM in ähnlicher Weise an zu hohen Ansprüchen und der Komplexität der Umsetzung scheitern könnte.

Bretzke übt an den Konzepten und Modellen des Supply Chain Managements eine in mehreren Dimensionen fundamentale Kritik. Er nennt bereits den Begriff Supply Chain problematisch (vgl. Bretzke 2006). Eine Kette ist linear aufgebaut. Reale logistische Verknüpfungen zwischen Unternehmen entsprechen eher einem Netzwerk als einer Kette. Zudem handelt es sich bei logistischen Netzwerken keineswegs um vorgeformte Gebilde mit einer klar umrissenen Grenze zu ihrer Umwelt. Sie sind vielmehr überlappende, mehrseitig offene polyzentrische Netze und dies nicht als Schwachstelle, sondern als Folge durchdachter unternehmerischer Strategie. Dies macht die zentrale Beherrschung der Supply Chain schwierig, wenn nicht sogar unmöglich.

Bretzke hält Supply Chain Management zwar für eine Vision, allerdings würden organisatorische Konzepte zur Umsetzung dieser Vision weitgehend fehlen oder auf geringe Praxisrelevanz stoßen. So kann ein Unternehmen nicht Entscheidungen über seinen eigenen Eigentumsbereich hinaus vornehmen. Dies bleibt den anderen Unternehmen vorbehalten. Bretzke wählt das Beispiel der Zeolit-Produktion für Waschmittel, bei der es äußerst unwahrscheinlich ist, dass zwei große Nachfrager wie Henkel und Procter and Gamble sich auf eine für alle drei Seiten optimale Versorgung mit diesem Rohstoff einigen. Statt dessen wird eine wettbewerbliche Lösung über Preis oder Alternativprodukte gesucht werden.

Die vertikale Integration, die auch das SCOR-Modell suggeriert, kostet nach Ansicht von Bretzke Flexibilität und Skaleneffekte, die häufig die Wettbewerbsfähigkeit von Beteiligten der logistischen Netzwerke ausmachen. Von daher prophezeit er eine nur begrenzte Durchsetzungsfähigkeit des mit SCM verbundenen Capable-to-promise-Konzeptes (vgl. Bretzke 2006, S. 5).

Die Planungssicherheit, die mit diesen Lieferzusagen verbunden ist, kann nur erreicht werden, wenn Lieferanten die Kapazitäten auf der Basis dieser Anfragen tatsächlich reservieren, was sie jedoch in der Regel nicht tun werden, solange keine echten Bestellungen vorliegen. Unter anderem aus diesem Grund kann es keine stabilen Gesamtoptima in der logistischen Kette geben.

Für besonders wesentlich hält der Autor dieses Buches die von Bretzke vertretene These, dass lokale Entscheidungen bessere Ergebnisse liefern als eine netzwerkweite Zentralplanung. Komplexe Optimierungsalgorithmen können nicht erkennen, dass es durch Gespräche mit dem Betriebsrat durchaus möglich sein könnte, doch noch am Wochenende eine weitere Schicht einzulegen. Von daher werden einige der real durchaus nutzbaren Realisierungsoptionen in logistischen Netzwerken durch die Optimierungssoftware gar nicht erkannt und können daher auch nicht verwendet werden.

Von daher ist dem Konzept des Supply Chain Managements zwar eine gewisse Bedeutung bei der Abbildung und Steuerung logistischer Netzwerke zuzuordnen, er ist jedoch definitiv nicht der zukünftige Planungsansatz, auf dem dann statt eines Wettbewerbs zwischen Unternehmen ein Wettbewerb zwischen logistischen Ketten stattfinden wird.

9 Customer Relationship Management

Für viele Unternehmen hat sich der Stellenwert der Kundenbeziehung in den letzten Jahren nachhaltig verändert. Da Wettbewerbsfähigkeit häufig über die Beziehung zum Kunden definiert wird, ist den meisten Unternehmen die Bedeutung des Kundenwissens durchaus bewusst (vgl. Gronau 2001, S. 24). Schon immer war die Beziehung zum Kunden für ein Unternehmen existenzkritisch, jedoch hat sich dazu die Situation auf den eigenen Absatzmärkten stark gewandelt. Durch den intensiveren internationalen Wettbewerb steigt der Kostendruck, während die meisten Absatzmärkte gesättigt sind. Die Erwartungen der Kunden steigen, während ihre Loyalität tendenziell eher abnimmt. Diese Gründe erfordern einen neuen Umgang mit der Kundenorientierung im Sinne eines umfassenden Kundenbeziehungsmanagement (engl. Customer Relationship Management, CRM). ERP-Systeme bilden nur einen kleinen Teil der Kundenbeziehungen ab, nämlich diejenigen, bei denen ein Geld- oder Leistungsaustausch stattfindet. CRM setzt jedoch früher an, bevor der Interessent zum Kunden wird und hört später auf, wenn der Kunde das Produkt schon jahrelang einsetzt (Abb. 9-1).

Die Strategie der Kundenorientierung erfordert vom Unternehmen, den hohen Erwartungen der Kunden gerecht zu werden. Eine bedeutende und früher unterschätzte Rolle spielen dabei Geschäftsprozesse im Pre- und After-Sales-Bereich (Abb. 9-1). Diese werden zunehmend aufgebaut, um konventionelle Kernangebote mit zahlreichen begleitenden Dienstleistungen zu Gesamtlösungen zu erweitern. Unternehmen sehen diesen Weg als Chance, sich von den Wettbewerbern zu differenzieren und den Wert ihrer Produkte und Dienstleistungen für den Kunden zu steigern. Durch die dabei entstehenden zahlreichen Kontaktpunkte entwickelt sich ein umfangreicher und kontinuierlicher Austauschvorgang mit den Kunden, der auf der

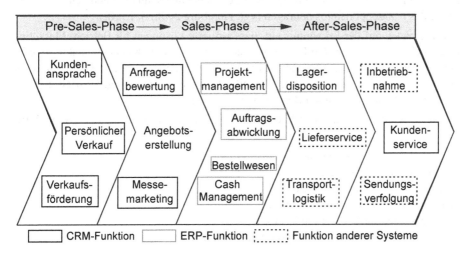

Abb. 9-1: Geschäftsprozesse im Pre- und After-Sales-Bereich (vgl. Flory 1995, S. 27)

Unternehmerseite einen hohen Abstimmungsbedarf auslöst, da mehrere Abteilungen für die einzelnen Elemente dieses komplexen Leistungsbündels verantwortlich sind. Um die Einzelleistungen nach außen trotzdem wie eine homogene Gesamtlösung zu präsentieren, ist eine Integration der beteiligten Funktionen Marketing, Vertrieb und Service erforderlich. Das beinhaltet gegebenenfalls eine Anpassung der betroffenen Unternehmensprozesse.

9.1   Definition und Aufgaben

Customer Relationship Management ...

stellt eine Managementphilosophie dar, die den Aufbau und die Pflege langfristiger und profitabler Kundenbeziehungen zum Ziel hat (vgl. Gronau/Eggert 2005, S. 56). Kennzeichnend ist dabei der zielgerichtete Einsatz spezialisierter Informationssysteme (CRM-Systeme), welche alle kundennahen Prozesse in Marketing, Verkauf und Service abbilden, die anfallenden Daten sammeln und integriert bereitstellen (vgl. Fink 2001).

Folglich ist CRM ein ganzheitlicher Ansatz zur Unternehmensführung, der den Kunden in das Zentrum der Geschäftsprozesse stellt. Im Wesentlichen verfolgt CRM das Ziel, die Kundenbeziehungen zu erfassen und bestmöglich auszunutzen, um damit die Dauer der Kundenbeziehung verlängern und ihre Wertigkeit erhöhen zu können.

Customer Relationship Management kann als Gesamtheit aller Interaktionen eines Unternehmens mit bestehenden und zukünftigen Kunden während des gesamten Kaufentscheidungsprozesses und Besitzzyklus angesehen werden. Mit CRM können alle Marketing-, Vertriebs- und Serviceaktivitäten eines Unternehmens gesteuert, koordiniert und synchronisiert werden. Langfristige Kundenbindung setzt voraus, dass allen Beteiligten die benötigten Kundeninformationen zur Verfügung stehen und dass alle Kontaktkanäle, z.B. Call Center, Sales Force Automation, Internet Frontend und persönlicher Kontakt synchronisiert sind (vgl. Göttgens 2003, S. 99f).

CRM umfasst die Planung, Durchführung, Kontrolle und Anpassung aller Unternehmensaktivitäten, die zu einer Erhöhung der Profitabilität der Kundenbeziehungen und damit zu einer Optimierung des Kundenportfolios beitragen (vgl. Homburg 2008, S. 232ff.).

CRM-Systeme bauen auf der Erkenntnis auf, dass isolierte Lösungen für Betrieb, Marketing und Service nicht den gewünschten Erfolg bringen. Durch separate Kundenkontakte in jeder Abteilung entstehen erhebliche Informationsverluste, die eine ganzheitliche Kundenorientierung blockieren. CRM hat daher die Aufgabe, alle Prozesse in Marketing, Vertrieb, Service und allen weiteren kundenrelevanten Bereichen zu verknüpfen.

Folgende Nutzeneffekte können durch CRM-Systeme erreicht werden (vgl. Swift 2001, S. 28):

- Geringere Kosten für die Gewinnung neuer Kunden
- Höhere Kunden-Profitabilität
- Bessere Kundenbindung und -treue
- Generierung kontinuierlicher Einnahmen
- Geringere Kosten für den Verkaufsprozess
- Konzentration auf zielführende Marketingmaßnahmen

Tab. 9-1: CRM-Anbieter (Auswahl)

System	Anbieter	URL
ACT!	Sage Software GmbH & Co. KG	www.sage.de
ADITO online	ADITO Software GmbH	www.adito.de
BRAIN FORCE CRM	BRAIN FORCE SOFTWARE GmbH	www.brainforce.com
CARMEN (HELVIS)und EVI Jet	CURSOR Software AG	www.cursor.de
CAS genesisWorld (Version 8.0)	CAS Software AG	www.cas.de
cobra Adress PLUS	cobra GmbH	www.cobra.de
combit Relationship Manager (cRM)	combit GmbH	www.combit.net
CRM-SUITE DIALOG	BDL GmbH	www.bdl.de
Dynamics CRM	Microsoft GmbH	www.microsoft.com
Epiphany	Infor AG	www.infor.com
Evidence XP CRM	Glaux Soft AG	www.glauxsoft.com
MX-Contact	msp systems GmbH	www.mspsystems.de
oPenCAS	oPen Software GmbH	www.opencas.de
Pisa Sales	Pisa GmbH	www.pisa.de
ProfitSystem 7 + ProfitSystemMobile7 (PDA-L.g)	merkarion GmbH	www.merkarion.de
Sage CRM	Sage Software GmbH & Co. KG	www.sage.de
Salesforce CRM	Salesforce	www.salesforce.com
SalesLogix	Sage Software GmbH & Co. KG	www.sage.de
SAP CRM	SAP AG	www.sap.de
Saratoga CRM/Apresta (Wireless Enabling Solution)	Saratoga Systems GmbH	www.saratogasystems.de
Siebel CRM Anwendungen	ORACLE Deutschland GmbH	www.oracle.com/de
SITEFORUM Enterprise	SITEFORUM Europe GmbH	www.siteforum.com
Sorry!	Rödl IT-Consulting GmbH	www.roedl.de/crm
Sugar Professional	SugarCRM, Inc.	www.sugarcrm.com
s@m	chors GmbH	www.chors.de
Trillium Software System	Trillium Software Germany GmbH	www.trilliumsoftware.de
update.seven	update software AG	www.update.com
YouAtNotes CRM	YouAtNotes GmbH	www.youatnotes.

Einen Überblick über Anbieter von CRM-Systemen zeigt Tab. 9-1. Deutlich wird, dass es neben Anbietern, die im ERP-Markt etabliert sind (wie SAP, Microsoft, Infor) auch eine große Zahl weiterer Anbieter mit zum Teil sehr überzeugenden Lösungen gibt.

Aufgabe der Anwendungssysteme für das Customer Relationship Management (CRM-Systeme) ist es, die zahlreichen Informationen über Interessenten und Kunden die an ganz verschiedenen Stellen des Unternehmens erfasst und genutzt werden, in einem einzelnen System zusammenzuführen.

9.2   Aufgaben von CRM-Systemen

Die Elemente des CRM-Modells lassen sich anhand ihrer Rolle in analytisches, operatives und kommunikatives CRM unterscheiden (vgl. Schumacher 2004, Nohr 2006, S. 31).

Das kommunikative CRM umfasst alle Aktivitäten und Werkzeuge zur Steuerung, Unterstützung und Koordination der Kommunikationskanäle zwischen Unternehmen und Kunden. Besondere Anforderungen bestehen hinsichtlich der Integration aller Kanäle zu einem Multi-Channel-Management, da nur so gegenüber dem Kunden ein koordinierter Auftritt mit konsistenter Kommunikation erfolgen kann. So kann auf eine Beschwerde eines Kunden in einem Kanal (z.B. Twitter) auf einem oder mehreren anderen Kanälen reagiert werden (z.B. E-Mail, Brief).

Operatives CRM umfasst alle Aufgaben und Anwendungen, die kundenorientierte Geschäftsprozesse (Marketing, Sales, Service) abbilden. Operative CRM-Anwendungen sind daher an Back-Office-Systeme, überwiegend ERP-Systeme, anzubinden.

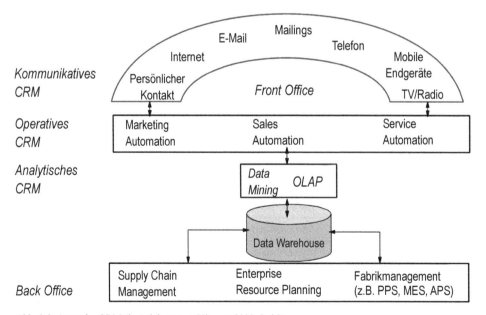

Abb. 9-2: Arten des CRM (in Anlehnung an Hippner 2003, S. 29)

Durch das analytische CRM werden die im Front-Office-System gewonnenen Daten gesammelt und analysiert. Die Daten werden in ein Customer Data Warehouse übertragen und durch Analysemethoden wie Online Analytical Processing (OLAP) und Data Mining ausgewertet. Die so erhaltenen Erkenntnisse dienen zur Entscheidungsunterstützung für das operative und kommunikative CRM, z.B. hinsichtlich einer Zielgruppenwahl oder einer Kampagnenplanung.

9.2.1 Kommunikatives CRM

Im Rahmen des kommunikativen CRM werden die häufig bisher separat organisierten Callcenter-Aktivitäten in einem Kundenservice-Center zusammengeführt.

Call Center

Call Center ermöglichen über Outbound-Funktionen die Kontaktaufnahme zum Kunden (z.B. für Telemarketing- bzw. Telesales-Aktivitäten) und über Inbound-Funktionen die Bearbeitung von kundeninitiierten Anfragen (z.B. Auftragserteilung, Reklamationen, Terminvereinbarungen, Problembehebung etc.). Eingehende Anrufe werden in eine Telekommunikationsanlage (TK-Anlage) vermittelt. Damit eine hohe Reaktionsfähigkeit und die effiziente Bearbeitung dieser Anrufe gewährleistet werden kann, verfügt eine TK-Anlage über Automatic Call Distribution (ACD). Darunter wird die automatische Weiterleitung und gleichmäßige Verteilung aller eingehenden Gespräche auf die einzelnen Service-Mitarbeiter verstanden.

Durch Computer Telephony Integration (CTI) wird die Verbindung von Computern mit der TK-Anlage gewährleistet. Damit kann die Anrufverarbeitung effizienter erfolgen und die Servicequalität wird gesteigert. Der Anrufer wird anhand seiner im System gespeicherten Telefonnummer direkt über das CTI-System identifiziert. Durch die Verbindung des Call Centers mit dem CRM-System werden dann alle für die Anrufbearbeitung relevanten Daten auf den Arbeitsplatz des Call-Center-Agenten überspielt.

Für die Ermittlung des geeignetsten Mitarbeiters oder um standardisierte Anfragen automatisch zu bearbeiten, kann die Call Center-Lösung mit einem Interactive Voice Reponse (IVR) System ausgestattet werden. Dabei wird der Anrufer von einer digitalisierten Audio-Aufzeichnung begrüßt und kann seinen Input entweder verbal oder über die Tastatur seines Telefons geben. So kann der Kunde bzw. sein Anliegen qualifiziert werden und der dafür zuständigen Mitarbeitergruppe zugeordnet werden – noch bevor der Kunde mit einem Call Center Agent in persönlichen Kontakt tritt (Thieme 1999, S. 86).

Die automatische Weiterleitung von Anrufen kann durch das sogenannte Skill Based Routing erfolgen. Anhand dieser Technologie werden Anrufe an Agents entsprechend deren Fähigkeiten weitergeleitet. Wichtig bei der Bearbeitung eines kundenbezogenen Geschäftsprozesses ist, dass dessen Status durch einen virtuellen Workflow-Manager kontrolliert wird bzw. kontinuierlich vom Call Center Agent verfolgt werden kann (Tracking). Dies soll garantieren, dass im Interesse des Kunden alle Wünsche so schnell wie möglich erfüllt werden und die Bearbeitungszeiten nicht unnötig in die Länge gezogen werden. Sobald vordefinierte Zeitlimits für die Bearbeitung einer Kundenanfrage überschritten werden, wird die Aufgabe automatisch an eine andere Stelle weitergeleitet (sog. Eskalation) oder der Call Center Agent wird benachrichtigt. Durch solche Systeme werden kürzere Reaktionszeiten und die Einhaltung hoher Service-Qualitätskriterien gesichert (vgl. Wiencke 1999, S. 144).

Kundenservice-Center

Kundenservice-Center stellen Weiterentwicklungen „klassischer" Call Center dar, die verstärkt in das CRM-Konzept eingebunden werden. Im Gegensatz zu den herkömmlichen Call Centern, deren Fokus eindeutig auf der Telefonie liegt, stellen Kundenservice-Center zusätzlich weitere Kommunikationskanäle zur Verfügung, wie z.B.

- Internet (Webseiten, Webformulare, Chats, Voice over IP sowie mobile Endgeräte),
- E-Mail,
- Fax und Post,
- SMS.

Das Kundenservice-Center integriert und koordiniert alle reaktiven Kunden- und Interessentenkontakte. Es dient innerhalb von CRM als zentrale Kommunikationsschnittstelle des Unternehmens mit Kunden und Interessenten (vgl. Deges 1999, S. 70). Es fungiert als zentrale Anlaufstelle aller direkten kundenbezogenen und kundenrelevanten Kontakte. Alle Bereiche, die Kundenkontakt haben, wie Kundenservice, Support, Beschwerdemanagement, Outbound-Sales, Marketingaktivitäten oder die Vertriebssteuerung, müssen mit dem Kundenservice-Center verbunden werden, um eine Informationstransparenz über alle organisatorischen Ebenen hinweg zu gewährleisten.

Für das CRM hat das Kundenservice-Center die Aufgabe, alle durch direkte Kundenkommunikation anfallenden Informationen und Daten zu sammeln, zu evaluieren und so zu bearbeiten, dass sie in die Kundendatenbank aufgenommen werden können (vgl. Göttgens 2003, S. 109).

9.2.2 Operatives CRM

Das operative CRM umfasst alle Vertriebs- und Marketingaufgaben, die im direkten Kontakt mit dem Kunden stehen (Front Office). Marketing-, Sales- und Service-Automation erstrecken sich auf den Dialog zwischen Kunden und Unternehmen sowie auf die dazu erforderlichen Geschäftsprozesse. Um dem Kunden verlässliche Aussagen z.B. über Liefertermin, Verfügbarkeit etc. machen zu können, muss das operative CRM an vorhandene ERP-Systeme sowie ggf. an Supply Chain Management-Lösungen angebunden werden.

Sales Automation

Der Vertrieb stellt die Schnittstelle zwischen Kunden und Unternehmen dar, welche die intensive Beziehung zum Kunden aufbauen kann. Durch den persönlichen Kontakt kennt der Vertrieb die Bedürfnisse, Anforderungen und Erwartungen der Kunden am genauesten und gelangt somit auch an wichtige Informationen über Wettbewerber und deren Vorgehen (vgl. Ackerschott 1997, S. 202). Aufgrund der persönlichen Kundenkenntnis ist im Vertrieb noch am ehesten eine Individualisierung und nicht nur eine Differenzierung der Kommunikation möglich. Heutige CRM-Systeme bilden alle Routine- und Administrationsaufgaben des Vertriebs ab, darunter z.B.

- Termin- und Routenplanung,
- Spesenabrechnungen,
- Besuchsberichterfassung,
- Unterstützung bei der Zielplanung und Budgetierung,
- automatische Wiedervorlage,

- Verkaufsübersichten und geographische Informationssysteme,
- Kundendatenverwaltung etc.

Diese Aufgaben können auch weitgehend von klassischen ERP-Systemen wahrgenommen werden.

Kontaktunterstützende Aufgaben

Herkömmliche Systeme des Computer-Aided-Selling (CAS) setzen ihren Schwerpunkt auf administrative Hilfe bei Verkaufsprozessen. Während des eigentlichen Verkaufsgesprächs kommt es jedoch in erster Linie darauf an, dem Kunden ein individuelles Verkaufserlebnis zu vermitteln. Hierbei kommen Interactive Selling Systeme (ISS) zum Tragen, welche sich als Ergänzung von CAS verstehen und speziell für die Unterstützung des Verkaufgesprächs entwickelt werden (Trix 1999, S. 34).

ISS umfassen elektronische Produktkataloge, Produktkonfiguratoren sowie die bereits angesprochenen Marketing-Enzyklopädien. Sie finden nicht nur im Vertriebsaußendienst, sondern auch in anderen Verkaufskanälen, wie dem Internet oder an Kiosk-Systemen ihren Einsatz. ISS geben dem Verkäufer alle Informationen zur Hand, die er zur Unterstützung seiner Argumentation beim Kunden benötigt (wie Preise, Lieferbedingungen, Vertragslaufzeiten usw.).

Die einfachste Darstellung solcher Informationen erfolgt durch elektronische Produktkataloge, welche die Inhalte eines herkömmlichen Katalogs auf einem elektronischen Speichermedium (CD-Rom, Produktdatenbank etc.) bereitstellen und durch Selektions- und Beratungsfunktionen ergänzt sind.

Besteht ein Produkt aus mehreren konfigurierbaren Komponenten (z.B. Auto oder PC), so kann bei der individuellen Zusammenstellung des Produkts der Produktkonfigurator zum Einsatz kommen. Dieser führt z.B. automatische Kompatibilitätsprüfungen durch und ermittelt anschließend den Angebotspreis der zusammengestellten Variante. Dabei kann ein solches System nicht nur aktuelle Sonderpreise berücksichtigen, sondern auch individuelle Konditionen, die z.B. zwischen Kunde und Key Account Manager ausgehandelt wurden.

Durch eine Anbindung an das ERP-System ist eine Online-Auftragserfassung möglich. So können noch vor Ort sowohl die Lieferfähigkeit und der Liefertermin abgerufen werden als auch Aufträge direkt in das Back Office System übertragen werden.

Service Automation

Der Servicebereich eines Unternehmens umfasst den Kundenservice im Außendienst sowie den Serviceinnendienst. Der Aufgabenbereich des Serviceinnendienstes liegt in der Annahme und Bearbeitung der von Kunden initiierten Kontakte. Dagegen wird der Außendienstmitarbeiter im Rahmen der Service Automation schwerpunktmäßig bei seinen administrativen Aufgaben unterstützt. Hierbei ähneln sich viele Aufgabenstellungen von Vertriebs- und Serviceaußendienst, so dass die entsprechenden Funktionen vom Sales Automation-System auch im Service genutzt werden können.

Analog zum Vertrieb wird der Serviceaußendienstmitarbeiter somit bei seinen Routine- und Administrationsaufgaben unterstützt, z.B. durch Funktionalitäten zum Kontaktmanagement, zur Angebotserstellung, Spesenverwaltung, Routenplanung etc. Einige Systeme gehen dabei sogar so weit, dass dem Außendienstmitarbeiter besuchsspezifisch vorgeschlagen wird, welche Werkzeuge und Ersatzteile beim einzelnen Kunden benötigt werden. Stellt sich vor Ort das Fehlen von Ersatzteilen heraus, kann der Servicemitarbeiter über entsprechende Schnittstellen zum ERP-System die Verfügbarkeit der Teile ermitteln und dem Kunden genaue Angaben für den nächsten Besuchstermin geben.

Im Rahmen der Besuchsnachbereitung erfasst der Servicemitarbeiter die vorgenommene Arbeit und ggf. erkannte Cross und Up Selling-Optionen. Ergänzend können entsprechende Kundenbewertungen und triggergeeignete Marketing- und Vertriebsmaßnahmen vorgeschlagen werden.

Wenden sich Kunden mit technischen Fragen an den Service (persönlich, telefonisch oder über das Internet), so kann dieser durch einen Help Desk unterstützt werden. Ein Help Desk ist ein wissensbasiertes Datenbanksystem, das für die Aufnahme von Störungsfällen, für die Beantwortung von Benutzerfragen und die Weiterleitung nicht beantwortbarer Fälle zuständig ist. Dabei werden von dem System Fragen vorgegeben, um das Problem möglichst detailliert zu beschreiben. Handelt es sich bei der Problemstellung um ein bereits bekanntes Problem, so können aus dem System unmittelbar Lösungsvorschläge ermittelt werden. Unbekannte oder sehr komplexe Probleme erfordern allerdings nach wie vor den Einsatz eines Spezialisten.

Der Aufgabenbereich des Serviceinnendiensts erstreckt sich nicht nur auf die After Sales-Phase, sondern auch auf die Sales-Phase. So wünscht sich der Kunde während der eigentlichen Auftragsdurchführung häufig aktuelle Statusinformationen. Er möchte sich möglichst zeitnah über den Stand der Auftragsbearbeitung bis hin zum Versandtermin erkundigen können. Können hier vom Servicemitarbeiter verlässliche Aussagen getroffen werden, so spiegelt dieses „Order Tracking" gut organisierte Abläufe im Unternehmen wider.

Durchführung von Kampagnen
Eine Aufgabe des Marketing ist es, Zielgruppen durch sogenannte Kampagnen anzusprechen und deren Kaufbereitschaft zu wecken. Eine Kampagne ist dabei die zielgerichtete und selektive Ansprache potenziell interessierter Kunden mit Hilfe automatisierter Prozesse. Im CRM werden die Abläufe von Kampagnen detailliert nach Art eines Entscheidungsbaumes mit einer „Was-wäre-wenn-Struktur" geplant, die elektronisch in Workflows hinterlegt sind (vgl. Günther 2006, S. 35).

Zeigt ein Kunde beispielsweise telefonisch oder per Mail Interesse an einem bestimmten Automodell oder einer Probefahrt, wird ihm zunächst in jedem Fall ein Prospekt zugeschickt. Innerhalb eines festgelegten zeitlichen Intervalls hakt ein Callcenter nach und bietet ihm die Probefahrt an. Bei einer positiven Reaktion ruft schließlich der Händler vor Ort selbst beim Kunden an, um den Termin zu vereinbaren. Möchte der Kunde aktuell keine Probefahrt, signalisiert aber Interesse für einen späteren Termin, erhält er später automatisch einen neuen Prospekt zugeschickt. Das CRM-System bietet den Service-Mitarbeitern nach festgelegten Intervallen Erinnerungen, wie zum Beispiel „Heute sind folgende zehn Kunden anzurufen, die vor 14 Tagen einen Prospekt bekommen haben".

Das Internet spielt bei solchen Kampagnen eine besonders wichtige Rolle. Die Umsetzung von CRM-Strategien im Internet lässt sich anhand der Elemente Registrierung, Interaktion, Profiling, Personalisierung und Response beschreiben. Abb. 9-3 zeigt den Kreislauf der Kundenbeziehung im Internet (vgl. Göttgens 2003, S. 111).

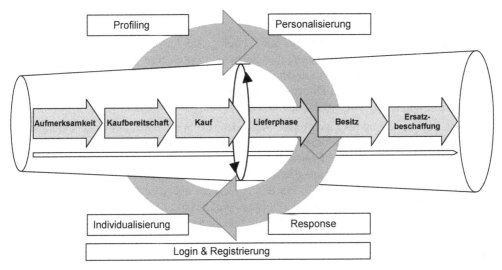

Abb. 9-3: Elemente der Kundenbeziehung im Internet (vgl. Göttgens 2003, S. 111)

Im Rahmen der Registrierung erfolgt eine Kundenidentifizierung auf individueller Basis. Bei einer instrumentellen Vorgehensweise werden bei der Registrierung wenige Daten wie z.B. Nutzername und Passwort erhoben. Die Gewinnung weiterer Variablen erfolgt durch die Interaktion mit dem Kunden und ist somit abhängig vom Dialog im Zeitverlauf.

Bei der Interaktion erfolgt die Kommunikation mit bestehenden und potentiellen Kunden auf individueller Basis bez. Inhalt, Transaktionen, Dialoge, Foren etc. Auf dieser Stufe wird durch jede Interaktion zwischen einem Nutzer und einer Website Kundenverhalten aufgezeichnet. Bei der Erfassung von Daten über den Benutzer existieren zwei Möglichkeiten. Bei reaktiven Verfahren füllt der Benutzer Fragebögen und Formulare aus, während nichtreaktive Verfahren Logfile-Analysen, Session-IDs, Click-Streams und Cookies auswerten.

Profiling ist die Generierung von individuellen Nutzer- und Kundenprofilen durch die gezielte Erfassung, Aufbereitung und Analyse von ausgewählten impliziten und expliziten Daten aus vielen Interaktionen. Ausgangspunkt ist das regelmäßige Feedback der Kunden und die Analyse des Benutzerverhaltens, um das Wissen über die Präferenzen, Wünsche und Bedürfnisse zu erweitern. Profilinhalte können entweder explizit erfragt oder aus bestehenden Datenbanken oder Applikationen übernommen werden oder implizit z.B. aus der Seitennutzung durch das System akquiriert werden.

Aufgabe der Personalisierung ist es, Kunden auf der Basis der gewonnenen Informationen in Abhängigkeit vom Kundenwert zu klassifizieren und diejenigen Kunden, die einen hohen Kundenwert aufweisen, an das Unternehmen zu binden. Um dies zu erreichen, werden die Inhalte von Webseiten auf die gewonnenen, individuellen Bedürfnisse zugeschnitten. Teilweise kann der Kunde diesen Zuschnitt auch selbst vornehmen.

Response beschreibt schließlich den Prozess, die individuell zugeschnittenen Inhalte und Services dem Kunden durch verschieden Kanäle anzubieten und zu vermitteln. Grundsätzlich wird angestrebt, durch die Analyse der Kundenprofile, die in den Phasen Interaktion und Personalisierung entstehen, neue Inhalte und Angebote zu erstellen (vgl. Göttgens 2003, S. 113).

9.2.3   Analytisches CRM

Unter analytischem CRM werden Business Intelligence-Anwendungen zusammengefasst, die Kundenbeziehungen messen, prognostizieren und optimieren (vgl. Neckel 2005, Nohr 2006, S. 31). Die Leistungen sowie der Wert einer Kundenbeziehung müssen in ihren geschäfts- und prozessrelevanten Dimensionen messbar sein, um eine Grundlage zur Analyse, Prognostizierung und Optimierung der Kundenbeziehungen zu erhalten.

Business Intelligence umfasst Verfahren, Methoden und Werkzeuge, um entscheidungs- und analyserelevante Daten aus unternehmensinternen und -externen Quellen zu integrieren und für Analysezwecke optimiert aufzubereiten (vgl. Nohr 2006, S. 31). Ein Data Warehouse bildet die Grundlage, um Daten in integrierter und harmonisierter Form für die Analyse mit Data Mining-Verfahren bereitzustellen. Für den Zweck des analytischen CRM wird ein Customer Data Warehouse gebildet, für das relevante strukturierte und semi- bzw. unstrukturierte Daten aus Vorsystemen extrahiert, transformiert und geladen werden. Abb. 9-4 zeigt, wie die im Data Warehouse vorhandenen mehrdimensionalen Daten für unterschiedliche Adressaten ausgewertet werden können.

Mit Data Mining (Abb. 9-5) wird der automatische oder semiautomatische Prozess bezeichnet, unbekannte, verständliche und potentiell nützliche Muster, Regeln und Abhängigkeiten in großen Datenmengen zu entdecken (vgl. Hippner 2006, S. 362ff.). Dabei kommen Methoden aus Statistik, Datenbanktechnologie, Neuronalen Netzen und Maschinellem Lernen zum Einsatz. Anwendungen im analytischen CRM sind u.A. die Kundensegmentierung oder die Analyse des Kaufverhaltens.

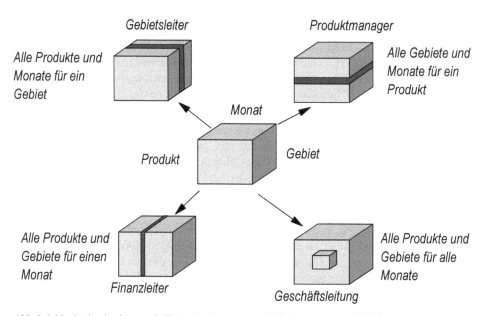

Abb. 9-4: Navigation in einem mehrdimensionalen Datenwürfel (vgl. Bager 1997, S. 284)

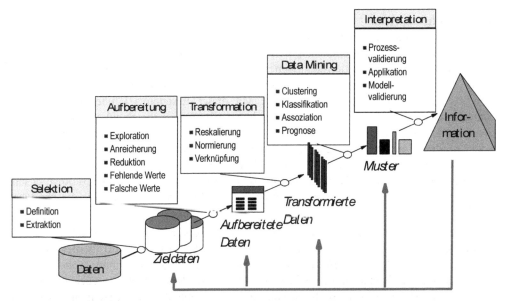

Abb. 9-5: Vorgehen beim Data Mining (vgl Fayyad 1996, Chamoni 2010)

Für die Entdeckung homogener Kundensegmente im Marketing, Vertrieb und Kundenservice werden Analysemethoden wie Clustering und Klassifikation angewendet. Beim Clustering werden Datensätze (Kundendaten) mit ähnlichen Eigenschaften ohne Vorgaben von Attributeigenschaften gruppiert, während durch Klassifikation Datensätze aufgrund von zuvor festgelegten Klassifikationsregeln zu Gruppen zusammengefasst werden. Ein Verfahren der Klassifikation sind Entscheidungsbäume, aus denen sich Wenn-Dann-Regeln ableiten lassen um Kunden zu klassifizieren (z.B. „wenn ein Kunde älter als 40 ist und ein Einkommen > 40.000 EUR hat, dann ist er kreditwürdig"). Entscheidungsbäume werden häufig bei der ABC-Analyse von Kundenprofilen eingesetzt.

Der Kundenumsatz kann durch exakt auf den Kunden zugeschnittene Angebote gesteigert werden. Diese werden durch Analysemethoden wie z.B. die Untersuchung auf Produktassoziationen (welche Produkte werden häufig zusammen gekauft?) oder die Prognose (Kaufwahrscheinlichkeit von Produkten durch bestimmte Kundensegmente) ermittelt. Mit den gewonnenen Informationen lassen sich Cross-Selling- und Up-Selling-Potenziale realisieren. Eine für den Handel wichtige Methode ist die Warenkorbanalyse. Dabei werden die Einkäufe von Kunden analysiert, um Rückschlüsse auf das Kaufverhalten zu ziehen (vgl. Nohr 2006, S. 32).

9.2.4   Beispiele für Auswertungen im CRM

In Abhängigkeit von den einzelnen Phasen, die ein Kunde während seiner Geschäftsbeziehung durchläuft, resultieren spezifische Aufgaben für das analytische CRM (vgl. auch im Hippner 2003, S. 33 ff.).

Interessentenanalysen

Auch wenn zu einem frühen Zeitpunkt einer möglichen Geschäftsbeziehung intern kaum auswertbare Informationen über die potenziellen Kunden vorliegen, kann Data Mining doch dazu beitragen, die Akquisitionskampagnen zu verbessern. So können z.B. bereits durchgeführte Kampagnen dahingehend analysiert werden, welche Kundengruppen überproportional häufig reagiert haben (Responseanalysen). Mit dieser Erkenntnis können bei folgenden Kampagnen gezielt die Kunden mit einer hohen Responsewahrscheinlichkeit kontaktiert werden und somit bei nahezu gleichbleibender Antwortquote die Kosten der Kampagnen gesenkt werden. Eine andere Möglichkeit, Kampagnen effizienter zu gestalten liegt in der vorgelagerten Analyse von aktiven Kunden (Zielgruppenselektion). Durch die Bildung von Kundensegmenten, die für das Unternehmen sehr profitabel sind, können die Akquisitionsanstrengungen dann auf solche potenziellen Neukunden beschränkt werden, die ein ähnliches Profil aufweisen.

Ergänzend bieten sich Untersuchungen an, die auf die optimale zeitliche Abfolge mehrerer Kontakte fokussieren. Ausgehend von Kauf- und Kontakthistorien wird hierbei für jeden Kunden die optimale (Folge-)Aktion und der optimale Zeitpunkt bestimmt, wobei alle dialogorientierten Werbemaßnahmen bei solchen integrierten Kontaktketten berücksichtigt werden können. Mit derartigen Analysen kann auch der optimale Abbruchzeitpunkt bestimmt werden, an dem die Kampagnen im Rahmen der Neukundengewinnung eingestellt werden. Wurden z.B. bereits mehrere Stufen der Kontaktkette durchlaufen, ohne dass ein Kunde auf die Kampagnen reagiert hat, kann mit einer bestimmten (und monetär bewertbaren) Wahrscheinlichkeit davon ausgegangen werden, dass der Kunde kein Interesse an einer Geschäftsbeziehung besitzt. Durch den Verzicht auf weitere Kontakte kann das Unternehmen somit u.U. erhebliche Mittel einsparen.

Kundenwertanalyse

Eine Analyse des Kundenwertes führt zu der Erstellung eines Rankings innerhalb der Kundenbasis anhand individueller Erfolgspotentiale. Die Beurteilung der Kunden anhand ihres Kundenwertes ermöglicht einem Unternehmen, profitable Segmente optimal auszuschöpfen, potenziell profitable Kunden durch eine Optimierung der Kundenbearbeitung in profitable Kunden umzuwandeln oder sich gegebenenfalls von diesen zu trennen (vgl. Boch 2000, S. 19ff.).

Zur Erhebung und Analyse der Daten greift die Kundenwertanalyse auf Daten zurück, die mit Hilfe eines Kundenservice-Centers gesammelt werden. Ergänzt werden diese Informationen durch externe Daten aus Aktionen wie Fragebogeninterviews, Fokusgruppen, zugekaufte Adressen und Merkmale. Die Kundenwertanalyse identifiziert anhand von soziodemographischen und psychographischen Daten homogene Segmente, die ein eindeutiges Kundenverhalten erwarten lassen. Die Erkenntnisse aus der Kundenwertanalyse werden in das CRM-System aufgenommen, damit diese Informationen jedem relevanten Nutzer in der Wertschöpfungskette zur Verfügung gestellt werden können (vgl. Papmehl 1998, S. 35). Auf diese Weise können gezielte One-to-One-Kommunikationsaktivitäten geplant werden. Neben diesen Effekten ermöglicht die Segmentierung der Kundenbasis anhand von Kundenwert und individuellen Kundenprofilen eine effektive Neukundenakquisition. Die Profile aussichtsreicher Kundengruppen dienen der Charakterisierung der Ansprüche potentieller Neukunden, anhand derer effektive Aktionen zur Neukundengewinnung durchgeführt werden (vgl.

Wehrmeister 2001, S. 35). Diesem Ansatz liegt die Annahme zugrunde, dass ähnliche Wünsche, Einstellungen und Ansprüche auch zu vergleichbarem Verhalten führen.

Kundenbindungsanalysen

Die Konzentration auf profitable Kunden stellt eine wesentliche Forderung des CRM-Konzepts dar. Grundlage hierfür ist eine Bewertung der Kunden hinsichtlich ihres zukünftigen Werts für das Unternehmen. Hierfür können z.B. Cross und Up Selling-Analysen durchgeführt werden, wobei „alte" Bestandskunden hinsichtlich ihres Produktnutzungsverhaltens analysiert werden. Die Ergebnisse können dann auf Neukunden bzw. auf Kunden, die noch keine intensive Beziehung zum Unternehmen pflegen, übertragen werden.

Auf diese Weise wird z.B. beim Cross Selling ermittelt, welche der Kunden, die Produkt A gekauft haben, auch für den Kauf von Produkt B in Frage kommen bzw. welche Kunden von Produkt A eine atypisch geringe Nutzung von Produkt B aufweisen. Bei einer hohen Cross Selling-Rate sollen diese Kunden dann gezielt angesprochen und auf das entsprechende Produkt hingewiesen werden. So lässt sich z.B. bei Versicherungen häufig beobachten, dass Kunden nicht nur eine, sondern häufig mehrere Versicherungen bei einem Unternehmen abschließen (z.B. Hausrat, Leben, Kfz etc.), also auch eine hohe Cross Selling-Rate aufweisen.

Beim Up Selling wird dagegen ermittelt, inwieweit die Möglichkeit besteht, einem Kunden ausgehend von seinem derzeitigen Produkt ein höherwertiges zu verkaufen.

Eine Möglichkeit, solche Cross und Up Selling-Analysen durchzuführen, bilden Warenkorbanalysen. Warenkörbe werden durch den gemeinsamen Kauf mehrerer Produkte im Rahmen eines Kaufakts gebildet. Unter Verwendung von Assoziationsanalysen wird dann z.B. untersucht, welche Produktkombinationen überdurchschnittlich häufig zusammen erworben werden (Hettich 2001). Als Erweiterung dieses Ansatzes können mit Sequenzanalysen zeitliche Strukturen im Kaufverhalten der Kunden aufgezeigt werden. Hierbei bezieht sich der Warenkorb nicht mehr nur auf die Produkte, die bei einem Kaufvorgang ausgewählt worden sind, sondern auf alle Produkte, die ein Kunde während seiner Geschäftsbeziehung erwirbt. Diese Analysen können z.B. ergeben, dass überdurchschnittlich viele Kunden nach Kauf von Produkt X auch Produkt Y und dann Produkt Z erwerben. Derartige Aussagen liefern wertvolle Hinweise für Cross und Up Selling-Kampagnen.

Generell stellen Kundenbewertungen die Grundlage für kundenspezifische Marketing-, Vertriebs- und Servicekonzepte dar. Wie auch im Interessentenmanagement werden solche Bewertungen im Kundenbindungsmanagement u.a. zur Zielgruppenselektion für Kampagnen herangezogen. Allerdings steht in dieser Phase verstärkt die Profitabilität des Kunden im Mittelpunkt, um die unternehmensseitige Intensität der Geschäftsbeziehung entsprechend auszugestalten. Ausgehend von der Profitabilität können so besonders „wertvollen" Kunden eigene Beziehungsmanager zugewiesen werden, die sich um alle Belange der Geschäftsbeziehungen intensiv sorgen, während für „einfache" Kunden die Mittel des Massenmarketings und des zentralen Vertriebs in Betracht gezogen werden sollten.

Rückgewinnungsanalysen

Betrachtet man das Verhalten des heutigen Kunden, so lässt sich eine hohe Bereitschaft erkennen, eingegangene Geschäftsbeziehungen zu einem Anbieter aufzulösen. Die betroffenen Unternehmen versuchen, sich dieser Entwicklung entgegenzustellen. Zum einen müssen verlorene Kunden mittels Einsatz hoher Werbe- und Verkaufsförderungskosten ersetzt werden, zum anderen steigt die Profitabilität der Kunden mit der Dauer der Kundenbeziehung.

Vor diesem Hintergrund kann das Data Mining im Rahmen des Rückgewinnungsmanagements dafür sorgen, möglichst frühzeitig „gefährdete", d.h. abwanderungswillige Kunden zu identifizieren, um so ex ante geeignete Maßnahmen zu initiieren, die auf den Fortbestand der Geschäftsbeziehung abzielen. Dazu können dem potentiellen Kündiger spezielle Sonderangebote, verbesserte Vertragbedingungen etc. angeboten werden. Die Identifizierung entsprechender Kunden erfolgt durch Stornoanalyse oder Kündigungsanalyse. Hierbei wird für jeden einzelnen Kunden prognostiziert, mit welcher Wahrscheinlichkeit er seine Geschäftsbeziehung in nächster Zeit aufkündigen wird.

9.3   Mobiles CRM

Aufgrund des engen Kundenkontaktes kommt ortsungebundenen Lösungen im CRM eine besondere Rolle zu. Anhand eines Beispiels aus dem Maschinen- und Anlagenbau wird nachfolgend der Ansatz des mobilen CRM beschrieben (vgl. auch im folgenden Engler 2006, S. 29ff.).Im Maschinen- und Anlagenbau steht der Verkauf von Neumaschinen und Ersatzteilen im Mittelpunkt der Vertriebsaktivitäten, wobei die Produktkonfiguration oft eine zentrale Rolle spielt. In mittelständischen Unternehmen basiert der Angebotsprozess oftmals auf Eigenentwicklungen, die nicht an das bestehende ERP-System angebunden werden können. Zum einen hat der Außendienst hier- durch nur begrenzten Zugriff auf Produktdaten, zum anderen entstehen durch die notwendige manuelle Dateneingabe ins ERP-System zusätzliche Arbeitsaufwände und Fehler. Durch Nutzung eines CRM-Systems mit einem mobilen Client kann ein durchgängiger Angebotsprozess mit automatischer Datenübernahme geschaffen werden, der sowohl für den Innen- als auch für den Außendienst verfügbar ist.

Da die Spezifikationsmöglichkeiten und damit die Konfigurationen der Maschinen und Anlagen oftmals sehr komplex sind, kann eine endgültige Bestellung nur in Zusammenarbeit mit dem Kunden erarbeitet werden. Eine mobile, flexible und individuelle Kundenbetreuung

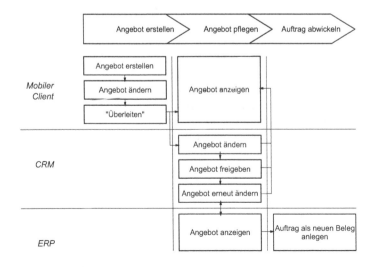

Abb. 9-6: Bearbeitung von Belegen mit mobilem CRM (vgl. Engler 2006, S. 30)

ist deshalb von größter Bedeutung. Gefragt ist hier eine Lösung, die dem Außendienst jederzeit den Zugriff auf alle relevanten Produktdaten sowie die Konfigurationen ermöglicht, und neu eingegebene Daten automatisch ins ERP-System überträgt.

Um dies zu erreichen, wird der Vertriebsprozess vom ersten Kundenkontakt bis zum Auftragseingang ins CRM verlegt und eine mobile CRM-Lösung genutzt. Mit Hilfe der auch offline bedienbaren Lösung kann der Vertriebsmitarbeiter direkt beim Kunden verbindliche Angebote erstellen, da alle benötigten Daten (Konfiguration, Preise, Zahlungs- und Lieferbedingungen) auf dem Notebook gespeichert und somit jederzeit abrufbar sind. Sobald eine Online-Verbindung besteht, werden die vor Ort erfassten Angebote und Aufträge über das CRM-System in das ERP-System überspielt und dort weiter verarbeitet. Außendienstmitarbeiter können auf diesem Weg ebenso produktiv arbeiten wie ihre Kollegen in der Zentrale.

Die Abfolge der Bearbeitung und das Zusammenspiel zwischen mobilem CRM, CRM und ERP-System zeigt Abb. 9-6.

Teil 5: Auswahl, Einführung und Betrieb von ERP-Systemen

Dieser Teil des Buches befasst sich mit ERP-Systemen aus der Perspektive des Informationsmanagements im Unternehmens, nicht aus der Perspektive des Nutzers.

10. Auswahl von ERP-Systemen

ERP-Systeme sind sehr unterschiedlich und der Markt ist äußerst intransparent. Daher wird eine geeignete Methode zur Auswahl eines neuen ERP-Systems vorgestellt.

11. Einführung von ERP-Systemen

Während die Auswahl noch als leichtgewichtiges Projekt anzusehen ist, beeinflusst eine ERP-Einführung alle Geschäftsprozesse im Unternehmen.

12. Betrieb von ERP-Systemen

Dieses Kapitel beschreibt, wie die Wartungsorganisation beim Betrieb komplexer ERP-Systeme zu gestalten ist und welche Prozessmodelle dazu existieren.

10 Auswahl von ERP-Systemen

Die Entscheidung für den Einsatz eines neuen oder den Ersatz eines vorhandenen ERP-Systems führt zu einer langfristigen Bindung an ein Produkt, dessen Technologie und dessen Anbieter. Um Fehler bei der Auswahl und Einführung zu vermeiden, wurden geeignete Vorgehensmodelle und Werkzeuge entwickelt, die in diesem Kapitel vorgestellt werden. Detaillierte Aussagen zu den Themen rund um die Auswahl von Standardsoftware, insbesondere ERP-Systemen, sind (Gronau 2012) zu entnehmen. In diesem Kapitel erfolgt lediglich eine stark verkürzter Darstellung.

10.1 Das Vorgehen bei der ERP-Auswahl

In diesem Abschnitt wird ein Vorgehensmodell der Auswahl von Standardsoftware erläutert. Als zweiter Abschnitt ist eine Beschreibung typischer Fehler in dieser Phase eingefügt, die es zu vermeiden gilt. Es folgt dann die Darstellung der einzelnen Aufgaben im Rahmen der Softwareauswahl.

Grob unterschieden werden können bei der Einführung betrieblicher Standardsoftware die Phase der Anbieter- bzw. Systemauswahl und die Phase der betrieblichen Einführung. Die Anforderungen an die Ausgestaltung der beiden Phasen unterscheiden sich so erheblich, dass eine Trennung der inhaltlichen Darstellung begründet erscheint.

So kommt es in der in diesem Kapitel beschriebenen Auswahlphase darauf an, Anforderungen zu definieren und aus dem verfügbaren und bekannten Marktangebot ein geeignetes Produkt auszuwählen. Hier werden neben Kenntnissen der bisherigen organisatorischen Abläufe insbesondere methodische Erfahrungen in der Identifikation und Beurteilung von Anbietern bzw. Produkten benötigt. Die Eingriffe in die betrieblichen Abläufe sind in der Auswahlphase

	Auswahl	Einführung
Kosten	gering	hoch
Beeinflussung betrieblicher Abläufe durch das Projekt	gering	hoch
Hinzunahme externen Knowhows	nicht unbedingt erforderlich	unbedingt erforderlich
erforderliche Kenntnisse	betriebliche Abläufe, Marktüberblick	betriebliche Abläufe, ausgewählte Software
Notwendigkeit des Projektmanagements	gering	hoch

Abb. 10-1: Differenzierung zwischen Anbieterauswahl und Einführung (vgl. Gronau 2012, S. 106)

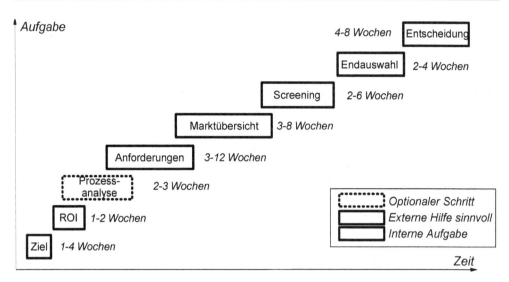

Abb. 10-2: Phasenmodell der Auswahl von ERP-Systemen (vgl. Gronau 2012, S. 107)

gering; die zeitliche Belastung der betroffenen Mitarbeiter beschränkt sich auf die Mitwirkung an der Formulierung der Anforderungen und die repräsentative Teilnahme an Anbieterpräsentationen.

In der im folgenden Kapitel beschriebenen Einführungsphase kommt dem Projektmanagement eine überragende Bedeutung zu. Daneben werden im Projektteam umfassende Kenntnisse über die einzuführende Software benötigt, die in der Regel nur durch Hinzunahme externen Wissens, etwa durch Consulting-Dienstleistungen, erlangt werden können. Die betrieblichen Prozesse werden sehr stark beeinflusst, da in der Regel die Softwareeinführung mit einer Veränderung der organisatorischen Abläufe einhergeht.

Das Phasenmodell der Auswahl ist in Abb. 10-2 dargestellt. Erfahrungen aus der Praxis zeigen, dass von der Zieldefinition bis zur Unterschrift unter den Vertrag nahezu in allen Fällen mindestens vier Monate vergehen. Je nach den unternehmensindividuellen Gegebenheiten kann die Auswahl auch wesentlich länger dauern. Stein berichtet bei der Suche nach einem System zur Produktionsplanung und -steuerung von Auswahldauern bis zu vier Jahren (vgl. Stein 1996, S. 33) und nennt eine durchschnittliche Dauer der Auswahlphase von siebzehn Monaten. Werden die speziellen Implikationen einer Einführung von PPS-Systemen außer Acht gelassen, kann als durchschnittlicher Zeitbedarf für die Auswahl einer einzuführenden Standardanwendungssoftware ein Zeitraum von etwa drei bis sieben Monaten angenommen werden.

10.2   Projektorganisation der Auswahlphase

Der Aufgabenumfang in der Auswahlphase kann von einem kleinen internen Team bewältigt werden, in kleinen Unternehmen auch von einer einzelnen Person. Externe Hilfestellung kann insbesondere bei der Herstellung von Markttransparenz genutzt werden, darauf wird weiter unten eingegangen. Die im Auswahlteam aktiven Mitarbeiter können diese Aufgabe zeitweilig wahrnehmen und müssen nur teilweise von ihren Linienaufgaben freigestellt werden. Weiterhin sollten typische Benutzer aus den Fachabteilungen als Interviewpartner bei der Aufstellung der Anforderungen einbezogen werden.

Bereits zu Beginn der Auswahlphase müssen folgende Merkmale der Projektorganisation festgelegt werden (vgl. Finger 1996, S. 77):

- Wer ist verantwortlich für das Projekt (Projektleitung)?
- Wer ist Mitglied des Projektteams?
- Wer kontrolliert den Projektablauf und entscheidet bei Problemfällen, die innerhalb des Projektteams nicht gelöst werden können?
- Wer wird auf welche Weise während des Projektes informiert?

10.2.1   Fehler bei der Anbieterauswahl

Für die Auswahl von PPS-Systemen führte Stein eine empirische Untersuchung durch, deren wesentliche Ergebnisse sich auch auf ERP-Systeme übertragen lassen (vgl. Stein 1996, S. 36ff.).

Wesentliche Fehler sind dabei:

- unartikulierte oder verschwommene Zielsetzungen, etwa der Wunsch nach Personalver-ringerung in der EDV- oder Fachabteilung (unartikuliert) oder der Wunsch nach höherer Wirtschaftlichkeit (verschwommen formuliert, wenn nicht erläutert wird, wie diese höhere Wirtschaftlichkeit erreicht werden soll).
- eine überzogene Erwartungshaltung, die hofft, durch den Einsatz einer neuen Standard-software alle bisher auftretenden Probleme lösen zu können, etwa unzureichende Daten-aktualität oder unbefriedigende organisatorische Abläufe.
- Wenn auf Analysen und Konzepte weitgehend verzichtet wird, stehen unter Umständen nicht ausreichend Kriterien zur verlässlichen Anbieterauswahl zur Verfügung. So ver-hindert eine Konzentration auf favorisierte Hardwareplattformen bzw. auf nach eigenen Angaben marktführende Anbieter die unbedingt erforderliche hohe Gewichtung funktio-naler Aspekte, die einen wesentlichen Einfluss – mehr als die zuvor genannten Kriterien – auf den Erfolg der Standardsoftwareeinführung ausüben. Wird im Vorfeld der Aus-wahlphase keine Wirtschaftlichkeitsbetrachtung gefordert, kann auch der zu planende Budgetrahmen nicht ausreichend begründet werden.
- Die Unsicherheit über den Erfolg der Softwareeinführung wird durch die lange Dauer des Auswahlprozesses und den damit verbundenen Wandel der ursprünglichen Annah-men ebenfalls erheblich gesteigert.

Weitere Fehlerquellen liegen weniger in Fehlentscheidungen während der Auswahlphase, sondern in Strukturcharakteristika des Unternehmens begründet (vgl. u.a. Paegert 1996, S. 6). Insbesondere kleine und mittlere Betriebe verfügen nicht über entsprechende Kapazitä-ten an Personal mit dem entsprechenden Know How. Interne Interessenkonflikte verhindern ein rasches Vorgehen, wenn keine Leitungsentscheidungen getroffen werden. Das For-schungsinstitut für Rationalisierung (FIR) in Aachen stellt folgende Fehler als schwerwie-gend heraus:

- Eine systematisch gewonnene Übersicht über das Marktangebot fehlt.
- Angaben der Anbieter über ihre Funktions- und Lösungskompetenz können nicht über-prüft werden.
- Es fehlt eine einheitliche Vergleichs- und Bewertungsgrundlage.

- Es wird zuerst die Hardware und danach erst die dazu passende Software ausgesucht.
- Es findet überhaupt kein Anbietervergleich statt, weil durch eine langjährige Zusammenarbeit mit einem bestimmten Anbieter in anderen Unternehmensbereichen die Entscheidung bereits getroffen wurde oder weil Softwarevorgaben aufgrund von Konzernentscheidungen ungeprüft übernommen wurden.

10.3   Die Notwendigkeit einer Vorstudie

Bei Standardsoftwareprojekten ist der Softwareanbieter zumeist bestrebt, vor Beginn der Installations- und Customizingleistungen eine Projektstudie anfertigen zu lassen. Insbesondere bei Unternehmen, die selten neue Standardsoftware einführen, stößt dies regelmäßig auf Unwillen, zumal der Anbieter für diese Projektstudie auch eine Vergütung erlangen will. Daher erscheint es sinnvoll, die Intention des Softwareanbieters an dieser Stelle zu erhellen. Der Anbieter bzw. die ihn repräsentierenden Beratungsmitarbeiter müssen im Rahmen der Einführung von Standardsoftware in kurzer Zeit möglichst viele Charakteristika, Abläufe und Objekte des Unternehmens kennenlernen, um die Passgenauigkeit der Standardsoftware bezogen auf die betrieblichen Abläufe zu erhöhen.

Auch wenn durch Eigenarbeiten oder Dritte bereits eine Vorstudie angefertigt wurde, besteht für den Softwareanbieter immer noch das Problem, sein Wissen über den konkreten Einsatzfall zu vertiefen. Daher ist es zumeist sinnvoll, einen gewissen Aufwand für eine Untersuchung durch den Softwareanbieter zu investieren, wenn dieser nach Abschluss der Vorarbeiten einen ausreichenden Überblick über die betrieblichen Abläufe und Objekte gewinnen konnte. Der Umfang der Vorstudie sollte vorab begrenzt werden. Typische Größenordnungen für kleine und mittlere Unternehmen sind fünf Personentage bzw. ein Fixum von ca. 5000 EUR. Vertraglich sollte festgelegt werden, dass der Softwareanbieter nach Abschluss der Vorstudie die zur erfolgreichen Durchführung des Projektes erforderlichen Kenntnisse über das Unternehmen und die von der Standardsoftwareeinführung betroffenen Abläufe aufweist.

10.4   Zieldefinition

Eine formale Zieldefinition zu Beginn des Software-Auswahlprozesses ist unerlässlich, um eine Orientierung bei Entscheidungen innerhalb der Projektlaufzeit zu haben und um nach Abschluss der Einführung ein Projektcontrolling auch hinsichtlich der Projektziele durchführen zu können.

Die Zieldefinition sollte die folgenden Punkte enthalten, aber einen Umfang von einer DIN A4-Seite nicht wesentlich überschreiten:

- Ausgangssituation,
- angestrebte organisatorische Verbesserungen,
- angestrebte technische Verbesserungen,
- Zieltermin,
- angestrebte Verbesserung der Wettbewerbsposition und
- voraussichtliches Budget.

In Abb. 10-3 ist ein Beispiel für eine solche Zieldefinition abgedruckt.

> **ERP-System bei der Hamburger Kernbaugesellschaft**
> Das derzeit eingesetzte kaufmännische Abrechnungssystem erfüllt in mehreren Punkten nicht mehr die in unserem Hause bestehenden Anforderungen. Ziel ist es, die bisher genutzte Individualentwicklung durch ein Standardsoftwaresystem abzulösen. Dieses soll den Zeitaufwand, der gegenwärtig für die Abrechnung von Baurechnungen, die Liquiditätsplanung und die Berichterstattung an die Unternehmensleitung benötigt wird, erheblich verkürzen. Zudem soll das System dem heutigen Stand der Technik entsprechen, was Datenbank, Mehrbenutzerbetrieb und Benutzungsoberfläche anbetrifft. Die bisher manuell ablaufenden Arbeitsvorgänge der Auftragsbearbeitung sind in das neue System zu integrieren.
> Mit Beginn des nächsten Wirtschaftsjahres soll das neue System produktiv zur Verfügung stehen. Für dieses Projekt steht im ersten Jahr ein Budget von 280.000 EUR, im zweiten Jahr ein Budget von 140.000 EUR zur Verfügung. Mit der Auswahl eines geeigneten Produktes wird eine Arbeitsgruppe unter der Leitung von Frau Dr. E. beauftragt.

Abb. 10-3: Beispiel für eine Zieldefinition

10.5   Durchführung einer ROI-Analyse

ERP-Systeme können dazu beitragen, die Auftragsabwicklungsprozesse effizienter und kostengünstiger zu gestalten und die Zeit vom Auftragseingang bis zur Auslieferung an den Kunden zu reduzieren. Investitionen in derartige Anwendungssysteme bedürfen heute allerdings des Nachweises ihrer Wirtschaftlichkeit. Notwendig im Rahmen der Auswahl ist eine effiziente Bewertung der Wirtschaftlichkeit eines neuen ERP-Systems, die bei vergleichsweise geringem Aufwand fundierte und belastbare Ergebnisse liefert (vgl. auch im folgenden Gronau 2012, S. 125ff.)

Auslöser des mitunter langwährenden Entscheidungsprozesses für ein neues ERP-System ist oft ein existierender wirtschaftlicher oder technischer Leistungsdruck, beispielsweise wenn die vorhandenen Informationssysteme nicht mehr in der Lage sind, die aktuellen Geschäftsprozesse adäquat abzubilden. Durch eine RoI-Analyse kann sowohl die absolute Vorteilhaftigkeit der Einführung eines ERP-Systems als auch die relative Vorteilhaftigkeit der einzelnen angebotenen ERP-Systeme beurteilt werden.

Daher wurde am Center for Enterprise Research der Universität Potsdam die Methode der toolgestützten RoI-Analyse entwickelt. Aufgrund ihrer branchenspezifischen Anpassbarkeit und dem wählbaren Abstraktionsniveau eignet sich die toolgestützte RoI-Analyse für Anwendungssysteme in Unternehmen beliebiger Branchen und Größen.

Das toolgestützte Vorgehen ermöglicht dabei die fundierte Wirtschaftlichkeitsbewertung für die Einführung branchenspezifischer ERP-Lösungen bei vergleichsweise geringem Aufwand.

Die Datenerhebung erfolgt dabei mittels Fragebogen. Für den Aufbau des Nutzenmodells werden im Rahmen der Erstellung des Analysetools die jeweils individuell relevanten ERP-Funktionen analysiert und vor dem Hintergrund potenzieller Einsatzszenarien hinsichtlich ihrer RoI-Relevanz bewertet. Die so identifizierten Nutzenpotenziale bilden die Grundlage für die Formulierung der verwendeten Indikatorfragen. Ziel dabei ist es, durch einen Katalog sehr spezifisch formulierter und auf die jeweilige ERP-Funktion und den entsprechenden

Anwendungsfall abgestimmte Fragestellungen, möglichst präzise Aussagen zu den realisierbaren Potenzialen zu generieren. Sowohl auf der Bereitstellungs- als auch auf der Verwendungsseite fokussiert die Nutzenerhebung in erster Linie auf direkt bzw. indirekt quantifizierbare Potenziale in Form von Zeiten und Kosten. Die Verwendung dieser beobachtbaren und fassbaren Größen begünstigt die Akzeptanz des Analyseansatzes beim Anwender entscheidend. Zudem lässt sich die Mehrzahl der klassischen Zielgrößen wie Durchlaufzeit oder Produktivität auf diese direkt messbaren Eingangsgrößen zurückführen. Nicht quantifizierbare Potenziale werden in der Analyse mittels qualitativer Bewertung berücksichtigt.

Die für die Wirtschaftlichkeitsbewertung der ERP-Einführung zu erhebenden Kosten umfassen im Sinne des Total Cost of Ownership Konzeptes neben den Investitionskosten auch die laufenden Kosten für den Betrieb des ERP-Systems über die geplante Nutzungsdauer. Dies beinhaltet unter anderem die Kosten für Support, Qualifizierung und Wartung für Software und Hardware.

Die Berücksichtigung der unternehmensspezifischen Gegebenheiten in der Analyse erfolgt durch eine entsprechende Parametrisierung des Analysemodells. Dazu sind lediglich einige einfache Eingaben zu Aufträgen, Personal sowie Maschinen und Anlagen erforderlich. Da nicht zwingend davon ausgegangen werden kann, dass beispielsweise zeitliche Einsparungen für Planung und Koordination zu einhundert Prozent in unternehmerische Wertschöpfung transformiert werden, ermöglichen hier spezielle Korrekturfaktoren eine entsprechende Justierung.

Ergebnis der toolgestützten RoI-Analyse ist ein Investitionsreport, der neben den mit der ERP-Einführung realisierbaren Ersparnissen vor allem die klassischen finanzwirtschaftlichen Kennzahlen wie RoI (Return on Investment), Kapitalwert, internen Zinsfuß und Amortisationsdauer für die Bewertung der Einführung eines neuen ERP-Systems ausweist. Sämtliche Auswertungen werden dabei sowohl für das Gesamtsystem als auch auf der Ebene der einzelnen ERP-Module zur Verfügung gestellt.

Anwendung der RoI-Analyse während der ERP-Auswahl
Die Nutzenermittlung durch RoI-Analyse kommt an mehreren Stellen des Auswahlprozesses zum Einsatz (vgl. Gronau 2012, S. 20). Bereits vor dem Start des Auswahlprojektes kann durch eine RoI-Analyse festgestellt werden, welche wirtschaftlichen Potenziale ein neues ERP-System bringt. Dazu werden anhand eines Prozessmodells Indikatorfragen an das Unternehmen gestellt, die typische durch ein neues ERP-System zu erreichende betriebswirtschaftliche Kosten- und Zeiteinsparungen umfassen. Spezialisierte Beratungen wie Potsdam Consulting verfügen über Fragenkataloge mit mehreren hundert Potenzialen für die meisten Branchen und Unternehmensgrößen.

Ein großes wirtschaftliches Potenzial bedeutet fast immer auf eine Funktion hin, die in der Auswahl mit besonderer Bedeutung berücksichtigt werden sollte. Ohne RoI-Analyse würde die wirtschaftliche Bewertung der benötigten ERP-Funktionen fehlen und damit ein wesentlicher Beitrag zur Reduzierung des Auswahlrisikos.

Alle mit einem wirtschaftlichen Potenzial versehenen Funktionen sollten in das Auswahlverfahren einbezogen werden. Später kann bei der Entscheidung über die verbliebenen Anbieter auch der je System zu erzielende RoI-Beitrag in die Entscheidung einbezogen werden. Dadurch ist es möglich, sich nicht nur einseitig an der Preisvorstellungen der Anbieter zu orientieren, sondern auch an den jeweiligen betriebswirtschaftlich bewerteten Vorteilen für das Unternehmen. Dadurch können sich auch Auswahlpräferenzen verschieben (Abb. 10-4).

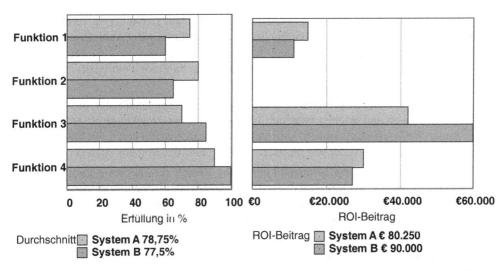

Abb. 10-4: Unterschied zwischen einer Systemauswahl nach Funktionen und einer Auswahl nach RoI-Beitrag (Prinzipdarstellung) (vgl. Gronau 2010a, S. 20)

Während System A einen höheren Prozentsatz der Gesamtfunktionalität erfüllt, bietet System B in Abb. 10-4 einen höheren betriebswirtschaftlichen Nutzen und sollte daher bei der Entscheidung vorgezogen werden.

10.6   Aufstellen des Projektbudgets

Bevor eine konkrete Auswahl eines Anbieters bzw. eines Standardsoftwareprogramms vorgenommen wird, ist es zweckmäßig, einen Kostenrahmen für das Projekt zu veranschlagen und von der Unternehmensleitung genehmigen zu lassen. Dieser Kostenrahmen umfasst folgende Positionen als Einmalaufwand:

- Kosten für die Software (Lizenzkosten),
- Kosten für Einführungsunterstützung, Beratung, Customizing etc.,
- Kosten für Programmanpassungen,
- Kosten für Schulungsmaßnahmen sowie
- Kosten für Hardware und weitere IT-Infrastruktur.

Im ersten Schritt werden zunächst nur die externen Kosten zusammengestellt. Als Faustregel kann dabei gelten, dass die Lizenzkosten in der Regel nicht mehr als ein Viertel der gesamten externen Kosten der Standardsoftwareeinführung ausmachen (vgl. Knolmayer 1997, dort sind es 22% oder Potthof 1998, S. 57, dort sind es 19%).

Zu den Lizenzkosten gehören auch die eventuell anfallenden Aufwendungen für neue Datenbanksoftware, Betriebssysteme oder andere benötigte Serversoftware.

Die Kosten der Einführungsunterstützung bilden den größten Block in einem Standardsoftwareprojekt, da in der Regel externe Berater hinzugezogen werden, deren Tagessatz sich meist deutlich über 750 EUR bewegt. In diese Kategorie gehören auch Aufwendungen zur Parametrisierung der Standardsoftware und zur Anpassung der zum Ausdruck vorgesehenen Schriftstücke wie Formulare, Berichte etc.

Die Kosten für Programmanpassungen umfassen die mit dem Hersteller zu vereinbarenden individuellen Anpassungen und Erweiterungen. Vor Durchführung der Anbieterauswahl kann dieser Kostenblock nur geschätzt werden; es wird empfohlen, von ca. 25% der einmaligen Lizenzkosten auszugehen. Allerdings kann je nach Ergebnis der Feinspezifikation dieser Aufwand auch erheblich ansteigen.

Die Kosten für Schulungsmaßnahmen hängen von der Komplexität der einzuführenden Standardsoftware ab und machen zwischen 10% und 20% des Projektbudgets aus. Falsch ist es, an dieser Stelle sparen zu wollen, weil sich durch unzureichend geschulte Mitarbeiter sowohl die Einführungszeit verlängert als auch die Akzeptanz des Systems stark verringert.

Je nach Ausstattung des Unternehmens können die Kosten für Hardware und weitere IT-Infrastruktur einen erheblichen Anteil der Projektkosten ausmachen. Typischerweise kann bestenfalls ein Teil der vorhandenen Hardware für das Standardsoftwareprojekt weiterverwendet werden. Weiterhin können Investitionen in folgenden Bereichen erforderlich werden:

- neue Elektrotechnik/Stromversorgung,
- Klimatechnik für den Serverraum,
- Brandschutz,
- Sicherheitstechnik zur Sicherstellung der Datensicherheit (Archivierungslösung und zum Schutz vor Missbrauch bzw. Diebstahl) sowie
- Netzwerktechnik (neue Verkabelung, neue Netzwerkkarten in den Arbeitsplatzrechnern, neue aktive Netzwerkkomponenten).

Nach der Zusammenstellung von Schätzgrößen für die einzelnen Positionen des Budgets sollte ein Risikozuschlag von mindestens 10% auf die ermittelte Projektsumme aufgeschlagen werden. Das so erhobene Projektbudget ist nach Genehmigung durch die Unternehmensleitung auch in die Unterlagen zur Anbieterauswahl aufzunehmen.

In Abb. 10-5 sind für drei ERP-Projekte zur Orientierung die tatsächlich verbrauchten Budgets angegeben.

Art des Projektes	SAP R/3-Einführung		Projektcontrolling-System		ERP-System	
Unternehmen	Anlagenservice GmbH		Entwicklungsträger GmbH		Blechbearbeitung GmbH	
Funktionalität	Anlagenwirtschaft, Controlling, Finanzwesen, Materialwirtschaft, Projektsystem, Vertrieb		Vertragsverwaltung, Rechnungserfassung, Controlling, Übergabe Finanzbuchhaltung		Einkauf, Materialwirtschaft, Vertrieb, Produktionsplanung, Finanzbuchhaltung	
Software (Anteil)	1,5 Mio EUR	19 %	65 T EUR	23 %	35 T EUR	30 %
Hardware (Anteil)	0,5 Mio EUR	6 %	40 T EUR	14 %	30 T EUR	26 %
Einführung und Anpassung (Anteil)	4,5 Mio EUR	56 %	150 T EUR	53 %	40 T EUR	35 %
Schulung	1,5 Mio EUR	19 %	30 T EUR	11 %	20 T EUR	9 %
Gesamtsumme	8 Mio EUR		285 T EUR		115 T EUR	

Abb. 10-5: Tatsächliche Budgets bei Standardsoftwareprojekten (vgl. Gronau 2001, S. 110)

10.7   Anforderungsspezifikation

Einen wesentlichen Baustein für die Auswahl eines Standardsoftwareanbieters stellt die Anforderungsspezifikation dar. Al Davis, Herausgeber der Zeitschrift IEEE Software, beschreibt Anforderungen als extern beobachtbare Charakteristika eines gewünschten Systems. In der Praxis reicht das Spektrum von einer völlig fehlenden Anforderungsspezifikation (die durch eine sogenannte Informatikstrategie ersetzt wird, die Lieferanten statt Anforderungen vorschreibt) bis hin zu großvolumigen Kriterienkatalogen, die in Einzelfällen mehr als 2000 Einzelpunkte umfassen können. Beide Extrempositionen sind nicht sinnvoll. Im Folgenden wird daher erläutert, wie im Fall einer Standardsoftwareauswahl und -einführung eine Anforderungsspezifikation aufgebaut sein soll und wie sie aufgestellt und bearbeitet wird.

10.7.1   Anforderungen an Anforderungsspezifikationen

Die entscheidende Unsicherheit bei der Auswahl einer Standardsoftware besteht darin, dass ungewiss ist, ob die Aussagen des Anbieters über den Funktionsumfang seines Programms bezogen auf die jeweils vorgesehenen konkreten Einsatzcharakteristika im Unternehmen zutreffend sind. Eine vollständige Beseitigung dieser Unsicherheit könnte nur durch eine testweise Einführung der Standardsoftware im Unternehmen erfolgen. Angesichts von fünf oder mehr nahezu gleichwertigen Anbietern scheidet diese Variante aufgrund des damit verbundenen Aufwands aus. Daher besteht eine wesentliche Anforderung in der Phase der Erstellung der Anforderungsspezifikation darin, eine grobe Auswahl der geeigneten Anbieter bzw. Systeme vorzubereiten. Um die Auswahlphase kurz gestalten zu können, darf die Anforerungsspezifikation nicht zu umfassend sein. Ein Beispiel für eine zu detaillierte Anforerungsspezifikation wäre die Frage nach der Anzahl der Stellen, mit denen Artikeloder Kundennummern im System abgebildet werden können. Hier ist davon auszugehen, dass bei Vorhandensein einer ausreichenden Zahl von Installationen solche grundsätzlichen Fragestellungen im Interesse der Kunden gelöst werden konnten.

Die Anforderungsspezifikation darf darüber hinaus in der Formulierung der einzelnen Anforderungen nicht zu detailliert sein, um eine Konzentration auf wesentliche Unterschiede zwischen den Anbietern bzw. Produkten zu ermöglichen. Stein (vgl. Stein 1996, S. 35) stellte in einer empirischen Untersuchung zur Auswahl von PPS-Systemen fest, dass mehr als die Hälfte der von ihm untersuchten Unternehmen ihre Auswahlentscheidung letztendlich von nur einem einzigen Kriterium abhängig machten!

Die Anforderungsspezifikation sollte sich auf wesentliche unverzichtbare funktionale und weitere Anforderungen konzentrieren. Diese sind branchen- (z.B. Dokumentationspflichten in der Luftfahrt) oder fertigungstypspezifisch (z.B. die Planung und Steuerung einer Prozessfertigung) und sollten daher entsprechend formuliert werden.

Die Anforderungen dienen als Basis für die Anbieterauswahl und sollten so formuliert sein, dass Missverständnisse bei der Beantwortung ausgeschlossen werden können. Es empfiehlt sich daher, als Antworten nur ja, nein und evtl. noch machbar mit Zusatzaufwand zuzulassen.

Wichtig ist, Anforderungen lösungsneutral zu formulieren. Die konkrete Realisierung sollte in der Formulierung der Anforderung noch nicht enthalten sein.

10.7.2   Gliederung der Anforderungsspezifikation

Die Anforderungsspezifikation sollte in folgende inhaltliche Abschnitte gegliedert werden:

- Technische Anforderungen,
- Anforderungen an die Benutzungsfreundlichkeit,
- Funktionale Anforderungen sowie
- Anforderungen an die Wandlungsfähigkeit des ERP-Systems.

Die technischen Anforderungen beschreiben die Eingliederung der Standardsoftware in die vorhandene bzw. geplante Informationssystemarchitektur des Unternehmens. Sie benennt wesentliche erforderliche Schnittstellen zu anderen Anwendungssystemen, mit denen die neu anzuschaffende Standardsoftware kommunizieren soll. Beispiele technischer Anforderungen sind im Anhang dargestellt.

Die Anforderungen an die Benutzungsfreundlichkeit sollen sicherstellen, dass eine Bedienung der Standardsoftware mit einem Minimum an Schulungsaufwand erfolgen kann. Einschlägige Hinweise dazu geben DIN 66234 und ISO 9241. Diese Aspekte bedürfen jedoch einer Überprüfung anhand der Software selbst und sollten daher bei der Formulierung der Anforderungsspezifikation nicht im Vordergrund stehen.

Die funktionalen Anforderungen sollen nach wesentlichen Geschäftsprozessen (Auftragsabwicklung, Produktentwicklung etc.) gegliedert sein, nicht aber nach Funktionsbereichen, da sonst die Gefahr besteht, sich an überholten funktionalen Organisationsformen im Unternehmen zu orientieren.

Die Anforderungen an die Wandlungsfähigkeit schließlich beziehen sich auf die Fähigkeit des einzusetzenden ERP-Systems, sich an veränderte organisatorische Bedingungen anzupassen (vgl. Gronau 2006). Diese Anforderungen beziehen sich auf die Systemarchitektur des Systems, die bestimmte Eigenschaften erfüllen muss. Während die Notwendigkeit, die Wandlungsfähigkeit von ERP-Systemen zu steigern, allgemein akzeptiert ist, besteht über den Weg zur Zielerreichung noch Forschungsbedarf (vgl. Gronau 2004, S. 25ff.).

10.7.3   Vorgehen bei der Aufstellung von Anforderungsspezifikationen

Das Vorgehen bei der Aufstellung von Anforderungsspezifikationen lässt sich durch die drei Arbeitsschritte Sammeln, Bewerten und Verdichten charakterisieren (vgl. Gronau 2012, S. 137).

Im ersten Arbeitsschritt werden Anforderungen gesammelt und nach Themengebieten, wie im vorigen Abschnitt beschrieben, gegliedert. Um zu Anforderungen zu gelangen, stehen u.a. folgende Möglichkeiten zur Verfügung:

- Durchführen von Interviews mit prozessbeteiligten Mitarbeitern und dem Management, um deren Wünsche, aber auch Schwachstellen der bisher genutzten DV-Lösung aufzunehmen.
- Übernahme und Bearbeitung von Checklisten aus Fachzeitschriften oder Fachbüchern bzw. von Beratern oder Softwareanbietern.

Bei der Formulierung der so gewonnenen Hinweise ist auf eine lösungsneutrale und nicht zu detaillierte Beschreibung zu achten. Herstellerpräferenzen sollten in diesem Arbeitsschritt unbedingt vermieden werden.

Im zweiten Arbeitsschritt, der Bewertung von Anforderungen, ist gemeinsam mit der Geschäftsleitung eine differenzierte Bewertung aller ermittelten Anforderungen nach Prioritäten vorzunehmen. Dabei sollten nur unverzichtbare Anforderungen mit einer A-Priorität versehen werden, wichtige, aber nicht unverzichtbare Anforderungen mit B-Priorität und weitere Anforderungen mit C-Priorität.

Nachdem eine Kategorisierung der Anforderungen erfolgt ist, muss der Anforderungskatalog von der Unternehmensleitung verabschiedet werden. Es wird dringendst empfohlen, sich im weiteren Verlauf des Auswahlprozesses auf die A-Anforderungen zu beschränken und so eine Verdichtung des Anforderungskataloges vorzunehmen. Diese Verdichtung hat den Vorteil, die Erfüllung dieser Kriterien durch das System des Anbieters leichter überprüfen zu können.

Die Bedeutung des so ermittelten und verabschiedeten Anforderungskataloges liegt nicht nur in der Hilfe bei der Durchführung des Auswahlprozesses. Vielmehr stellt die Anforderungsspezifikation auch eine wesentliche Bewertungsgrundlage für den Erfolg des Standardsoftware-Einführungsprojektes dar. Das dann realisierte Informationssystem muss sich daran messen lassen, inwieweit die zu Projektbeginn aufgestellten Anforderungen erfüllt werden.

Empfehlenswert ist es darüber hinaus, den Anforderungskatalog zum verbindlichen Vertragsbestandteil zu machen, um dem Anbieter von Standardsoftware keine Rückzugsmöglichkeiten auf die von ihm normalerweise zur Verfügung gestellte Funktionalität zu eröffnen.

10.8 Vorauswahl von Anbietern

Nach Abschluss und Verabschiedung der Spezifikationsphase ist es erforderlich, Anbieter von Standardsoftware für einen Vergleich des Funktions- und Leistungsumfangs auszuwählen. Dabei kommen Fachzeitschriften und Bücher, Messebesuche, WWW-Recherchen oder Übersichten von Dienstleistern infrage (vgl. Gronau 2012, S. 141).

Nutzung von Fachzeitschriften und Büchern
Einschlägige Fachzeitschriften sind in mehrerer Hinsicht nützliche Quellen für die Identifikation potentieller Anbieter von Standardsoftware. Anwenderberichte erläutern den Einsatz bestimmter Programme in einer konkreten Branche und an einem konkreten Beispiel. Sie können zumeist als Referenz verwendet werden, um das im Bericht genannte Unternehmen nach seinen Erfahrungen mit der Software und dem Anbieter zu befragen.

In technologieorientierten Berichten kann sich das Projektteam über den technischen Stand eines Softwareprogramms informieren. Die in solchen Beiträgen gemachten Aussagen stehen jedoch unter dem Vorbehalt einer Überprüfung durch unabhängige Dritte, wenn keine Referenzen angegeben werden. Manche in solchen Beiträgen beschriebene technische Neuerung existiert nur im Labor und benötigt noch längere Zeit, um im aktuellen Installationsrelease der Software zu erscheinen.

Anzeigen in Fachzeitschriften vermitteln aufgrund ihrer Größe und Aufmachung einen ersten Eindruck von der Marktpräsenz eines Anbieters.

Schließlich verfügen einige Fachzeitschriften über Anbieterverzeichnisse, in die sich Softwareanbieter nach den von Redaktionen zusammengestellten Kriterien eintragen lassen können. Dabei ist allerdings zu berücksichtigen, dass solche Anbieterverzeichnisse häufig kostenpflichtig sind und daher nicht alle Anbieter umfassen. Andererseits besteht aufgrund der

Kostenpflicht bei den Anbietern das Interesse, ihre Angaben stets zu aktualisieren, was bei kostenlosen Marktspiegeln o.Ä. nicht immer erfolgt. Für Teilgebiete stehen auch Marktübersichten in Büchern zur Verfügung. Der Vorteil von ausführlichen Marktübersichten in Büchern besteht darin, dass aufgrund der dort abgedruckten Merkmalserfüllungen eine Vorselektion relevanter Anbieter erfolgen kann. Ein Nachteil besteht in der geringen Aktualität der Angaben.

Es empfiehlt sich, zunächst über Suchmaschinen eine Eingrenzung des Angebotes nach Branche und Funktionsumfang vorzunehmen. Anbieter von Katalogen über Softwarelösungen sind z.B. SoftGuide (www.softguide.de) oder das Informationszentrum Managementsoftware (www.managementsoftware.de). Zu beachten ist bei solchen Zusammenstellungen, dass bei Angeboten, bei denen die Anbieter für ihren Eintrag (oder zumindest einen Teil des Eintrags) zahlen müssen, nicht alle relevanten Anbieter enthalten sind. In diesem Fall ist der Kauf weiterer Informationsquellen wie Buch oder CD ROM erforderlich.

10.9   Anbieterbefragung

Ziel der Anbieterbefragung ist es, aus einer Gruppe von vorausgewählten Anbietern von Standardsoftware eine verbleibende Restgruppe von ca. drei Systemen zu selektieren und deren Leistungsspektrum zu überprüfen.

An die Anbieterbefragung sind folgende Anforderungen zu stellen:

- Sie sollte schriftlich erfolgen, um die Antworten der Anbieter dokumentieren zu können. Es sollte auch darauf hingewiesen werden, dass bei einem eventuellen Vertragsabschluss die gemachten Angaben als verbindlich angesehen werden.
- Um qualifizierte Antworten zu erhalten, ist der Umfang der Befragung in Grenzen zu halten. Es wird dringend empfohlen, sich auf die mit Priorität A bewerteten Fragestellungen der Anforderungsspezifikation zu konzentrieren.
- Es ist auf die Vergleichbarkeit der Anbieterantworten zu achten. Bei den funktionalen Anforderungen sollten nur die Antwortmöglichkeiten im Standard vorhanden, mit Zusatzaufwand realisierbar und nicht vorgesehen enthalten sein. Erfahrungen der Praxis zeigen, dass eine verbale Antwort häufig keine klare Aussage über die Erfüllung der geforderten Funktion enthält und ein mühsamer manueller Abgleich der Anbieter mit eventuell notwendigem Nachhaken erfolgen muss.
- Die Zeitspanne für die Antworten sollte je nach Umfang angemessen gewählt sein und vier Wochen nicht überschreiten.
- Ein Ansprechpartner des Projektteams sollte für telefonische Auskünfte zur Verfügung stehen; ein Hinweis darauf sollte den Anfrageunterlagen beiliegen.

Inhalt der Anbieterbefragung

Um dem Anbieter eine Einschätzung der Situation im Unternehmen zu bieten, sollte eine Kurzbeschreibung des Unternehmens den einzelnen Fragekomplexen vorangestellt sein. Die Angaben zum Unternehmen sollten neben allgemeinen Angaben wie Branchenzugehörigkeit, Zahl der Mitarbeiter im Unternehmen sowie gegenwärtig genutzte Hardware-/Betriebssystemkombination auch eine grobe Zielvorstellung über den Einsatzzeitpunkt des Systems enthalten.

Wesentlich ist darüber hinaus eine knappe Beschreibung der wichtigsten Geschäftsprozesse, die durch die neue Standardsoftware abgebildet werden sollen. Zudem sollte dem Anbieter ein Richtangebot abverlangt werden.

Auswertung der Anbieterangaben

Die eintreffenden Anbieterangaben werden in diesem Arbeitsschritt ausgewertet, einander in einer Entscheidungsvorlage gegenübergestellt und mit den Projektzielen verglichen. Anbieter, die aufgrund ihrer Antworten erkennbar nicht in die engere Wahl gelangen, müssen nicht detailliert betrachtet werden. Hier ist eine kurze Begründung für das Ausscheiden des Anbieters ausreichend.

Um eine vergleichende Gegenüberstellung von Standardsoftwaresystemen vornehmen zu können, ist eine tabellarische Darstellung mit ca. fünf bis sechs Systemen auf einer Seite zu erstellen. Diese ermöglicht einen schnellen Vergleich der infrage kommenden Alternativen. Auf der Basis dieser Tabelle wird eine Entscheidung über die max. drei Systeme getroffen, die einer Endauswahl unterzogen werden sollen. Bei der Entscheidung sollten folgende Kriterien herangezogen werden (vgl. Gronau 2012, S. 152):

- Systeme, die wesentliche funktionale Nachteile aufweisen, sollten nicht mit in die Endauswahl aufgenommen werden.
- Bei etwa gleichem Funktionsumfang sollten die Systeme herangezogen werden, deren Anschaffungskosten am niedrigsten liegen.
- Bei mehreren dann noch zur Verfügung stehenden Alternativen sollte die räumliche Nähe oder die Zahl der Installationen in vergleichbaren Unternehmen als Entscheidungskriterium herangezogen werden.
- Schließlich ermöglichen die angegebenen Schulungskosten einen Hinweis auf die Komplexität des Systems und damit auf den Anlernaufwand, der zur Beherrschung der Standardsoftware erforderlich ist.
- Weiterhin können Vorlieben für Hardware-/Betriebssystemkombinationen an dieser Stelle in die Entscheidung einbezogen werden

Die getroffene Entscheidung sollte von der Unternehmens- bzw. Projektoberleitung genehmigt und auch an die an der Anbieterauswahl beteiligten Unternehmen weitergeleitet werden.

10.10 Anbieterpräsentation

Nachdem durch die Anbietervorauswahl der Kreis der infrage kommenden Anbieter eingeengt wurde, ist es sinnvoll, mit den verbliebenen Systemen zu Anbieterpräsentationen überzugehen. Der Kerngedanke der Anbieterpräsentation besteht darin, die Anbieter mit unternehmensspezifischen Stammdaten und Prozessen zu konfrontieren und die Abbildung dieser Daten und Prozesse in einer unternehmensinternen Präsentation partizipativ zu diskutieren.

Wird auf diese Konfrontation mit unternehmensspezifischen Daten und Prozessen verzichtet, besteht die Gefahr, dass der Vertriebsmitarbeiter des Anbieters eine Standard-Folienpräsentation zeigt und ein Standardsystem vorführt. Das Ziel der Anbieterpräsentation ist es jedoch, den Grad an Passgenauigkeit zwischen individuellen Anforderungen und der Standardsoftware herauszufinden.

Vorbereitung der Anbieterpräsentation

Zur Vorbereitung der Anbieterpräsentation müssen Unterlagen zusammengestellt werden, die dem Anbieter rechtzeitig zugehen müssen, damit er sie in seine Darstellung einarbeiten kann. Es ist daher sinnvoll, mindestens zwei Wochen vor dem geplanten Präsentationstermin u.a. folgende Unterlagen zu übersenden (vgl. Gronau 2012, S. 154):

- eine kurze Darstellung des Unternehmens sowie der wichtigsten durch die neue Standardsoftware abzubildenden Prozesse,
- eine Darstellung von Stammdaten zu Produkten, Prozessen, Projekten, Artikeln, Mitarbeitern, Dokumenten etc., die der Anbieter in sein Standardsoftwareprodukt vor der Präsentation einpflegen soll, sowie
- ein konkreter Leitfaden für die Präsentation, der den Mitarbeiter des Anbieters genau instruiert, welche Funktionen gezeigt werden sollen.

Die Anbieterpräsentationen sollten unter Beteiligung aller von der Systemeinführung betroffenen Unternehmensbereiche erfolgen. Es ist je Anbieter von einem Mindestzeitaufwand von einem halben Tag auszugehen. Da die Anbieter für die Teilnahme an der Präsentation kein Honorar verlangen, sollte die Dauer eines Tages nicht überschritten werden.

Bewertung der Anbieterpräsentationen

Zur Bewertung durch jeden Teilnehmer sollte ein Bewertungsbogen erstellt werden. Muster finden sich etwa in (Gronau 2012). Dieser Bewertungsbogen ist von jedem internen Teilnehmer auszufüllen und wird durch den Moderator nach Abschluss aller Anbieterpräsentationen ausgewertet. Die im Fragebogen enthaltenen Angaben sollten je nach Projektspezifika wie im Folgenden beschrieben zusammengestellt werden.

Zum Bereich der Technologie existieren weitere Bewertungskriterien für die Architektur wandlungsfähiger Informationssysteme, die im Auswahlprozess zu berücksichtigen sind. Eine breite Anwenderbefragung zu diesen Punkten ist jedoch nicht erforderlich; diese Fragen können mit dem Vertreter des Anbieters geklärt werden.

Wichtig ist der Eindruck von der Software, den die zukünftigen Benutzer haben. Eine subjektive Einschätzung ist ausdrücklich erwünscht, um eventuelle Vorbehalte der Benutzer gegen das neue System ermitteln zu können.

Im Bereich der Prozesse sollte der Grad an Abbildung der genannten Prozesse durch das System bewertet werden. Die gemachten Einträge beziehen sich auf die als wesentlich ermittelten und im Leitfaden zur Präsentation enthaltenen Prozesse. Schließlich sollte eine Bewertung des Anbieters und dessen Präsentation erfolgen.

Auswertung der Anbieterpräsentation

Zur Auswertung der Anbieterpräsentationen ist eine vergleichende Gegenüberstellung der verschiedenen Systeme anzufertigen, die folgende Merkmale enthalten sollten:

- Technologie,
- Ergonomie, Erlernbarkeit und Benutzerführung,
- Performance und Parametrisierbarkeit,
- Zusammenfassendes Urteil über die Funktionalität,
- Detaillierter Vergleich der in der Präsentation besprochenen Prozesse sowie
- Qualität der Präsentation als zusammenfassendes Urteil

Die Bewertung der Teilnehmer der Präsentationen sollte als summarische bzw. detaillierte Information in die Einzeldarstellungen eingehen. Zudem ist ein Vergleich der Angebote der Anbieter vorzunehmen. Die Angebote sollten darüber hinaus verbal zusammenfassend bewertet werden. Aus den zuvor gemachten Angaben kann dann eine Empfehlung für das weitere Vorgehen abgeleitet werden und nach Überprüfung der Servicequalität des Anbieters (vgl. Gronau 2012, S. 159) ein Hersteller bzw. Vertriebspartner zur Aufnahme von Vertragsverhandlungen empfohlen werden.

10.11   Vertragsverhandlungen

Verträge über Softwareprojekte sind juristische Abbildungen des Projektgeschehens (vgl. auch im Folgenden Bartsch 2000, S. 3ff.). Im Vertrag sind sowohl das zukünftige abgestimmte Verhalten beider Vertragsparteien als auch die korrekte Strukturierung und Abbildung der aktuellen Willensübereinkunft zu regeln.

Die von den Softwareanbietern erstellten Allgemeinen Vertragsbedingungen sind als Grundlage eines Vertrags über ein Softwareprojekt nur bedingt geeignet. Sie enthalten zumeist Klauseln, die einseitig den Interessen des Anbieters dienen und teilweise rechtlich unwirksam sind, so dass dann in diesem Punkt keine vertragliche Regelung besteht.

Ein Werkvertrag kann über Software nur abgeschlossen werden, wenn die Sollbeschaffenheit des Werkes bei Vertragsabschluss vollumfänglich beschrieben werden kann. Dies ist auch bei Standardsoftware häufig nicht der Fall, da die Sollbeschaffenheit auch von der Ausgestaltung und Organisation der betrieblichen Prozesse abhängt. Daher ist es empfehlenswert, einen Vertrag mit einer gewissen Offenheit zur detaillierten Ausgestaltung der Leistung abzuschließen. Solche Verträge werden als Projektverträge bezeichnet. Sie enthalten zumeist vier Gruppen von vertraglichen Regelungen:

- die Leistungsbeschreibung und alle hier einzuordnenden Regelungen,
- die Vergütung,
- die Organisations- und Verfahrensregeln während des Projektes sowie
- die rechtlichen Regeln, die Situationen außerhalb des Projektes oder des korrekten Projektablaufs enthalten.

Ein Projektvertrag kann erst dann abgeschlossen werden, wenn das Leistungsziel in Umrissen feststeht. Solange dies nicht der Fall ist, ist es sinnvoll, zuvor einen Vertrag über die Erstellung einer Projektstudie, eines Pflichtenheftes oder einer Anforderungsspezifkation abzuschließen.

Grundsätzlich besteht der Unterschied zwischen Pflichtenheft und Leistungsbeschreibung darin, dass in einem Pflichtenheft die Anforderungen des Auftraggebers, in einer Leistungsbeschreibung hingegen die Zusicherungen des Auftragnehmers enthalten sind (vgl. Groh 2000, S. 7).

11   Einführung von ERP-Systemen

Dieser Abschnitt beschreibt die einzelnen Aufgaben, die im Verlauf des Einführungsprozesses zu erfüllen sind. Dabei wird das in Abb. 11-1 dargestellte Vorgehensmodell verfolgt.

Das generelle Vorgehen kann wie folgt charakterisiert werden:

Zunächst wird die Projektorganisation überprüft, da nunmehr auch der Softwareanbieter sowie möglicherweise weitere Dienstleister (z.B. Consultants) in die Projektarbeit eingebunden werden müssen.

Die sich anschließende Phase der Feinspezifikation wird als Workshopphase bezeichnet, da dies die typische Arbeitsform zur gemeinsamen Erarbeitung von Detaillösungen für die abzubildenden Geschäftsprozesse darstellt. Je nach Umfang des Einführungsprojektes kann diese Phase auch erheblich umfangreicher sein als nur die Zeitdauer einiger Workshops.

In der dann folgenden Prototyp-Phase wird ein weitgehend an die Festlegungen der Feinspezifikation angepasstes ERP-System beim Anwender installiert. Ziel dieses Arbeitsschrittes ist der Test der vorgenommenen Einstellungen.

Anschließend wird ein Probebetrieb aufgenommen, der sich durch die Integration von Echtdaten von der vorhergehenden Phase unterscheidet. Verläuft der Pilotbetrieb erfolgreich, so wird anschließend der Produktivbetrieb aufgenommen, bei dem erstmals alle Mitarbeiter, die an den durch das ERP-System abgebildeten Prozessen beteiligt sind, mit dem neuen System arbeiten.

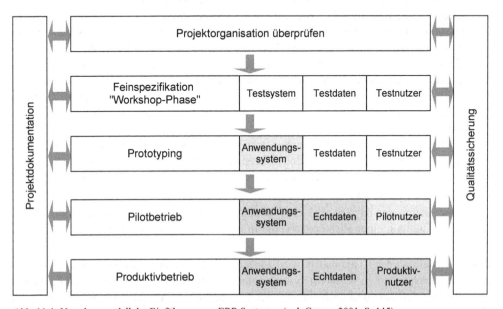

Abb. 11-1: Vorgehensmodell der Einführung von ERP-Systemen (vgl. Gronau 2001, S. 145)

Vorgehen, Methoden und Probleme der einzelnen Phasenschritte werden in den folgenden Abschnitten kurz angesprochen; eine ausführliche Darstellung ist (Gronau 2001) zu entnehmen.

11.1 Maßnahmen zur Projektvorbereitung

Zur Vorbereitung der ERP-Einführung sind eine Risikoanalyse vorzunehmen und eine Projektdurchführungsstrategie zu erarbeiten.

11.1.1 Risikoanalyse

In der Vorbereitungsphase eines Projektes bietet sich eine systematische Abschätzung möglicher Risiken an, um im späteren – wesentlich zeitkritischeren – Verlauf des Projektes auf Überraschungen durch Risiken besser eingestellt zu sein. Dabei werden folgende Risiken unterschieden:

- Organisatorische Risiken beziehen sich auf die mit der Softwareeinführung einhergehenden Regelungen zur Aufbau- bzw. Ablauforganisation. Das Fehlen eines Mitarbeiters, der für die inhaltliche Administration eines neuen Informationssystems benötigt wird, stellt z.B. ein organisatorisches Risiko dar.
- Technische Risiken liegen vor, wenn auf noch nicht erprobte und für den konkreten Anwendungsfall als geeignet erkannte Techniken gesetzt wird. So kann ein technisches Risiko z.B. dadurch entstehen, dass eine zu große Datenmenge mit einem dafür technisch kaum geeigneten System bewältigt werden soll.
- Terminliche Risiken beziehen sich auf die Gefahr, dass ein planerisch festgelegter Zielerreichungstermin überschritten wird. So stellt die Notwendigkeit einer Individualanpassung eines Standardsoftwaresystems ein terminliches Risiko dar.
- Kapazitive Risiken entstehen dann, wenn der abzuarbeitende Arbeitsumfang und die dafür zur Verfügung stehenden personellen Ressourcen auseinanderklaffen. Kapazitive Risiken entstehen dann, wenn das zur Verfügung stehende Personal über die gesamte Projektlaufzeit zu mehr als 80% mit geplanten Tätigkeiten belegt ist, da für ungeplante Aufgaben und persönliche Verteilzeiten nicht mehr ausreichend Spielraum verbleibt.
- Kosten-/Nutzen-Risiken liegen vor, wenn der Erfolg eines Projektes zweifelhaft ist, ohne dass Möglichkeiten zur Beeinflussung der mit dem Projekt verbundenen Kosten bestehen.
- Psychologische Risiken entstehen aus dem Verhalten und aus der Einstellung der Benutzer des Systems. So kann mangelnde Akzeptanz der Benutzer die mit dem Produktivstart verbundenen Erwartungen nahezu vollständig torpedieren, wenn das notwendige Maß an Aufgeschlossenheit fehlt.

Zur Einschätzung der Risiken und zur Planung der notwendigen Abhilfemaßnahmen bietet sich die Aufstellung einer Risikomatrix, die in Abb. 11-2 gezeigt wird, an (vgl. Litke 1995, S. 155).

Bei der Erstellung der Risikomatrix wird zunächst eine generelle Zuordnung von projektbezogenen Subsystemen zu Risikoarten vorgenommen. Im Anschluss daran werden die möglichen Risiken definiert und nach ihrer Bedeutung gewichtet. Als nächster Schritt folgt eine Definition von Maßnahmen zur Milderung oder Beseitigung der Risiken, die mit Fertigstel-

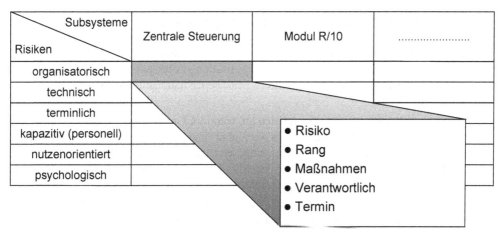

Abb. 11-2: Risikomatrix (vgl. Litke 1995, S. 155)

lungsterminen versehen werden. In das laufende Projektinformationswesen ist auch die Berichterstattung über die Maßnahmen zur Risikoabwehr einzubeziehen.

11.1.2 Projektdurchführungsstrategie

Die Erfahrung zeigt, dass es zu Projektbeginn bei Standardsoftware-Projekten häufig zu Problemen kommt, die den Start des Projektes behindern oder verzögern. Solche Probleme sind z.B.:

- Der Anfangstermin des Projektes wird nach hinten verschoben, der Endtermin (Produktivstart) bleibt jedoch bestehen. Die zur Verfügung stehende Zeitspanne verringert sich.
- Es bilden sich – offen oder verdeckt – Fronten gegen das Projekt.
- Es werden Zweifel an der fachlichen oder persönlichen Kompetenz des Projektleiters geübt.
- Mit dem Verweis auf andere, negativ verlaufene Projekte wird ein mögliches Scheitern dieses Projektes antizipiert.
- Es kommt zu Spekulationen bzw. zur Bildung von Gerüchten bezüglich der Auswirkungen des Projektes. Zum Beispiel wird der Verlust von Arbeitsplätzen befürchtet.
- Es existiert eine zu hohe Erwartungshaltung an die mit dem Projekt verbundenen Ergebnisse.

Um die Auswirkungen solcher Probleme zu begrenzen, wird empfohlen, eine Projektdurchführungsstrategie (vgl. Litke 1993 und Litke 1995, S. 191) zu planen und entsprechende Maßnahmen umzusetzen. Begründet werden kann die Notwendigkeit einer Projektdurchführungsstrategie mit der von Herbert A. Simon so bezeichneten begrenzten Rationalität des Menschen, die dazu führt, dass nicht immer das Verhalten eingenommen wird, das rational das vernünftigste wäre.

Die Projektdurchführungsstrategie umfasst insbesondere die Punkte Situationsanalyse, Betroffenheitsanalyse und Beteiligungsplanung. Diese sind ausführlich in (Gronau 2001) dargestellt. Zudem sind zu diesem Zeitpunkt innerhalb des Softwareeinführungsprojektes die anzuwendenden Planungs- und Dokumentationsmethoden festzulegen.

11.2   Überprüfung der Projektorganisation

Während in der Auswahlphase eine nebenamtliche Betreuung des Standardsoftware-Projektes ausreichte, muss nun die Projektorganisation professionalisiert werden. Je nach Größe des Unternehmens sind dazu mehrere Mitarbeiter hauptamtlich für die Mitarbeit im Projektteam abzustellen.

Der Einsatz externer Dienstleister bietet sich an, wenn im Unternehmen selbst die notwendigen Kompetenzen oder Kapazitäten nicht verfügbar sind. Externe Dienstleister können als Berater, Projektleiter oder Projektsteuerer eingesetzt werden. Als Projektleiter vertreten sie das Unternehmen nach innen (gegenüber den Mitarbeitern) und nach außen (gegenüber dem Software-Lieferanten und ggf. weiteren Zulieferern).

Unabhängig von der zeitlichen Freistellung von Mitarbeitern ist in jedem Fall ein internes Projektteam zu bilden, das mindestens aus folgenden Mitgliedern besteht:

*   Vertreter der von der Systemeinführung betroffenen Fachabteilungen,
*   Projektdokumentation
*   Qualitätssicherung
*   Vertreter der IT-Abteilung und
*   Vertreter der Unternehmensleitung.

11.3   Feinspezifikation

Aufgabe dieser Phase ist es, die Parameter des einzuführenden Standardsoftwaresystems und die organisatorischen Abläufe so weit aneinander anzugleichen, dass ein effizienter Produktivbetrieb aufgenommen werden kann. Die Aufgabe unterteilt sich dabei in folgende Bereiche:

*   Abbildung der Organisationsstruktur im System,
*   Einstellen der Geschäftsprozessparameter und
*   Prototyping.

Wenn das einzuführende ERP-System über ein Referenzmodell verfügt, wird dieses insbesondere bei der Feinspezifikation mit herangezogen. Das Vorgehen wird in einem späteren Abschnitt erläutert.

11.3.1   Einführung neuer Nummernsysteme

Eng verbunden mit der Übertragung der Stammdaten ist die zumeist erforderliche Umstellung oder Neueinführung von Nummernsystemen für Kunden, Artikel oder Teile. Während Kundennummern aufsteigend vergeben werden können, sind bei der Nummerierung von Produkten, Baugruppen oder Teilen weitergehende Überlegungen notwendig, da die Sachnummernsysteme in praktisch jeder Abteilung des Unternehmens benötigt werden. Es wird empfohlen, Klassifikationen und Merkmale nicht in der Artikelnummer, sondern in eigens dafür vorzusehenden Datenfeldern des Artikels und dann weitgehend natürlichsprachlich vorzunehmen. Ein Ansatz dazu ist bei (Hesser 1992) beschrieben.

11.3.2 Einstellen der Geschäftsprozessparameter

Zu den in diesem Arbeitsschritt notwendigen Einstellungen gehören u.a. (vgl. Appelrath 2000, S. 100):

- Währungen, Betriebskalender mit Feiertagen, landesspezifische Einstellungen.
- Festlegung der von den einzelnen Unternehmensbereichen genutzten oder geplanten Nummernkreise für Artikel, Kunden, Lieferanten, Organisationseinheiten, Belege etc.
- Festlegungen zum Aufbau und zur Pflege von Stammdatenstrukturen.
- Eingabe der im System verwendeten Maßeinheiten und der Umrechnungsvorschriften zwischen Maßeinheiten. So wird bei der Blechbearbeitung Stahlblech nach Tonnen eingekauft, aber in der Fertigung nach Millimetern angefordert und verarbeitet.
- Festlegung der einzusetzenden Kontenrahmen für Kostenrechnung, Controlling und Buchhaltung sowie die Zuordnung der Konten zu den Positionen der Bilanz bzw. der Gewinn- und Verlustrechnung.

Ebenfalls in den Aufgabenbereich gehören die Festlegung von Schnittstellenspezifikationen zu anderen Anwendungssystemen und die organisatorische Einbettung dieser Schnittstellen (z.B. wer überspielt die Rechnungsdaten in das Baucontrollingsystem?).

Abb. 11-3 zeigt die Systematik der einzustellenden Parameter einer Standardsoftware (vgl. Arnold 1996, S. 22). Der Umfang der einzustellenden Parameter bewegt sich zwischen einigen Dutzend bei funktionsspezifischer Software über einige 100 bei kleineren ERP-Systemen bis hin zu mehreren 1000 bei unternehmensweit eingesetzten Systemen wie SAP R/3.

Dittrich und andere stellten bei der Parameterfestlegung folgende Gattungen von Konfigurationsfehlern fest (vgl. Dittrich 2009, S. 15ff.):

- Eine aufgabenwidrige Parameterverwendung liegt vor, wenn ein bestimmtes Konfigurationsziel mit der falschen Stellgröße verfolgt wird. So ist z.B. bei der Einstellung von Dispositionsparametern zwischen dem nur auf die Mindestbestellgröße wirkenden Parameter minimale Losgröße und dem auf alle Bestellmengen wirkenden Rundungswert zu unterscheiden, der alle Bestellmengen auf ein Vielfaches seines Betrages aufrundet.

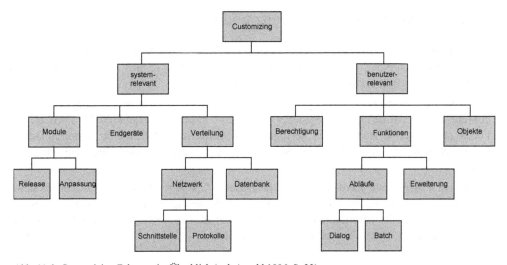

Abb. 11-3: Customizing-Faktoren im Überblick (vgl. Arnold 1996, S. 22)

- Nichtbeachtung wirksamer Parameter, z.B. Verzicht auf das Setzen eines Sicherheitsbestandes.
- Zwangsweises Außerkraftsetzen von Parameterwirkungen, etwa durch Wahl des Losgrößenverfahrens „Feste Bestellmenge" mit der Folge, dass der oben beschriebene Rundungswert durch das Losgrößenverfahren ignoriert wird und stattdessen ein oder mehrere Lose mit der „festen" Menge erzeugt werden.

Während des Projektablaufs sind über die inhaltlichen Fehler bei der Parametereinstellung hinaus folgende Probleme zu erkennen:

- Hoher Termindruck insbesondere bei „Big-Bang-Projekten", die alle Module gleichzeitig in Betrieb nehmen, führt zu Zeitmangel bei der Parametereinstellung und damit auch zu mangelnder Sorgfalt. Statt individuell ermittelter passender Parameterwerte werden Initialwerte oder Defaultwerte belassen, deren Auswirkungen nicht überprüft werden.
- Fehlendes Controlling des betriebswirtschaftlichen Erfolges des neuen Systems, insbesondere des Einflusses auf wirtschaftliche Größen wie Kapitalbindung oder Dispositionsmängel und deren Auswirkungen.
- Die ungeprüfte Parameterübernahme aus Altsystemen kann dann zu Problemen führen, wenn unterschiedliche, auf diesen Parametern basierte Verfahren genutzt werden. In diesem Fall ist die Parameterübernahme nicht sinnvoll.
- Auch bei der Parameterübernahme aus ähnlichen Unternehmen ist zu berücksichtigen, ob der mit der jeweiligen Parametereinstellung intendierte Zweck nicht ein anderer ist.

Aus der Praxis:
So wird ein Druckereimaschinenhersteller, der pro Jahr nur ein Dutzend Druckmaschinen fertigt und dabei Stahlbleche disponiert, andere Parametereinstellungen verwenden als ein Blechverarbeiter, der Losgrößen > 200 Stück produziert und ebenfalls Bleche disponiert. Zudem besteht keine Gewähr, dass die übernommenen Parameter im anderen Unternehmen befriedigende Ergebnisse erzielten.

11.4   Nutzung von Referenzmodellen

Einige ERP-Systeme stellen Referenzmodelle zur Verfügung, die den Einführungsprozess wesentlich erleichtern. Dies wird im folgenden Text am Beispiel des Referenzmodells von SAP ERP (Abb. 10-8) erläutert (vgl. Gronau 2001, S. 157).

Das SAP ERP-Referenzmodell (vgl. auch im Folgenden Gronau 1999, S. 285ff.) stellt die gesamte Funktionalität des ERP-Systems und deren Umsetzung in konkrete Kernprozesse in Form von grafischen Modellen zur Verfügung. Das Referenzmodell kann in mehreren Detaillierungsebenen und aus den verschiedenen Unternehmenssichten betrachtet und analysiert werden:

- In der Prozesssicht werden dynamische Aspekte des betrieblichen Informationssystems dargestellt. Ziel ist es, die zeitlich-logischen Abhängigkeiten von Funktionen zu beschreiben. In der Informationsflusssicht werden die zu- sowie abfließenden Informationsströme der einzelnen Funktionen dargestellt.

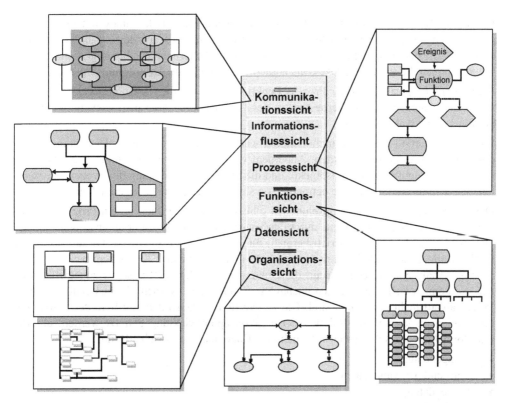

Abb. 11-4: Sichten des Referenzmodells von SAP ERP

- Das Datenmodell der SAP stellt die unternehmensrelevanten Informationsobjekte und deren Beziehungen zueinander in Form eines strukturierten Entity-Relationship-Modells, der Datensicht, dar. Das SAP-Datenmodell enthält verschiedene Detaillierungsstufen.

- In der Funktionssicht werden betriebswirtschaftliche Funktionen in einer statischen, hierarchischen Struktur dargestellt. Diese Sichtweise soll Funktionsgruppen und den wechselseitigen Zugriff auf die betriebswirtschaftlichen Funktionen des Systems transparent erscheinen lassen.

- Die Organisationssicht beinhaltet Beispiele für typische Strukturen von betriebswirtschaftlichen Organisationen, die dann mit der unternehmensspezifischen Organisation verglichen werden. Notwendige Anpassungen des Systems SAP ERP erfolgen im Rahmen des Customizing.

Das Referenzmodell (Abb. 11-4) dient dazu, die Geschäftsprozesse aus einer evtl. bestehenden Dokumentation des Istzustandes den potentiellen Sollprozessen zuzuordnen und somit eine Auswahl aus dem Gesamtleistungsspektrum des ERP-Systems vorzunehmen. Neue, im ERP-Standardsystem nicht enthaltene Prozesse können in eine sogenannte Prozessauswahlmatrix aufgenommen, bestehende nach Bedarf modifiziert werden.

Die ausgewählten Prozesse des SAP ERP-Referenzmodells werden analysiert und in Soll-prozesse umgewandelt. Untersucht wird, ob der Referenzprozess mindestens die Funktionali-tät besitzt, die der entsprechende Geschäftsprozess des Unternehmens benötigt. Fehlen Funk-tionen, können diese im Sollprozess als zusätzliche funktionale Anforderung ergänzt werden.

Ferner wird festgestellt, ob der Prozess Funktionen besitzt, die im Ist-Zustand bisher nicht vorhanden waren, aber zur Verbesserung des Geschäftsprozesses beitragen und somit zu-künftig genutzt werden sollen.

Sollten bestimmte Funktionen nicht benötigt werden, dann können sie in der Dokumentation des Sollprozesses entfernt werden. Außerdem werden die zur Bearbeitung eines Prozesses notwendigen Input-Informationsobjekte und die nach der Bearbeitung des Prozesses erzeug-ten Output-Informationsobjekte betrachtet, ob sie alle relevanten Daten enthalten.

Die Abbildung von Organisationseinheiten gibt Aufschluss darüber, ob ein Prozess z.B. auf Werks- oder Buchungskreisebene durchführbar ist. Des Weiteren ist erkennbar, welche SAP-Organisationseinheit (z.B. Vertriebsbereich) für den Prozess zuständig ist. Diese Information wird vor allem für die Abbildung der Unternehmensstruktur im ERP-System benötigt. Wäh-rend der Analyse kann jederzeit auf die Dokumentation des ERP-Systems zugegriffen wer-den. So können auch Detailfragen nachgelesen und geklärt werden, die aus dem grafischen Prozessablauf nicht ersichtlich sind. Die zur Verfügung stehenden Attribute der Funktionen und Ereignisse können im Rahmen der Sollkonzeptentwicklung genutzt werden, um De-tailinformationen des Prozesses aufzunehmen. Dabei handelt es sich z.B. um

- Mengendaten,
- Zeit- und Aufwandsdaten,
- Kostendaten,
- die Bearbeitungsart (online, automatisch etc.) und den
- qualitativen Funktionserfüllungsgrad (gut, mittel, schlecht).

Im nächsten Schritt wird überprüft, ob die Informationsflussbeziehungen des Referenzmo-dells alle wesentlichen Informationsobjekte zwischen den Funktionsbereichen übergeben. Sollten Informationsobjekte fehlen, die nicht im Referenzmodell hinterlegt sind oder evtl. zusätzlich manuell ausgetauscht werden, können diese ergänzt werden.

Die optimierte modellhafte Gestaltung der Soll-Geschäftsprozesse sowie der Informations-flüsse des Unternehmens auf Basis des ERP-Systems bilden die Grundlage der zukünftigen Ablauforganisation.

Zur Komplettierung des Sollkonzepts muss schließlich die Aufbauorganisation des Unter-nehmens überprüft und gegebenenfalls an die verbesserten bzw. neu gestalteten Geschäfts-prozesse angepasst werden. Hierbei gilt es in erster Linie, den Wechsel von Organisations-einheiten innerhalb eines Geschäftsprozesses möglichst zu vermeiden. Hilfestellung bei der Anpassung der Organisationsstruktur bieten auch die Auswertungen über die Zuordnung der Funktions-/Organisationseinheit. Das Ergebnis gibt Aufschluss über die funktionalen Zu-ständigkeiten einer Organisationseinheit über das Gesamtmodell aller Prozesse hinweg. Auf dieser Basis kann eine sinnvolle Um- bzw. Neugruppierung der Prozesse zu den Organisa-tionseinheiten vorgenommen werden (vgl. Meinhardt 1995).

11.5   Prototyp-Phase

Ziel dieser Phase ist es, die zuvor eingestellten Parameter des Standardsoftwaresystems unter realitätsnahen Bedingungen zu testen. Dazu ist als vorbereitender Schritt die Übernahme der Stammdaten aus den Altsystemen erforderlich.

Übernahme der Stammdaten
Je nach Vorliegen der bisher genutzten Stammdaten sind unterschiedliche Möglichkeiten einer Altdatenübernahme zu unterscheiden (vgl. Abb. 10-9). Liegen die Daten in Form von proprietären Datenstrukturen vor, ist es zumeist nicht möglich eine entsprechende Exportroutine zur Verfügung zu stellen, die alle Daten unter Beachtung der vorgesehenen Relationen des in der neuen Standardsoftware verwendeten Datenmodells exportiert. Daher besteht nur die Möglichkeit, Stammdatenlisten in ASCII-Dateien zu übertragen.

Wenn auch diese Möglichkeit nicht zur Verfügung steht, müssen die Daten einzeln ausgedruckt und manuell in das neue System übertragen werden. Der Nachteil des großen Aufwandes ist jedoch mit zwei erheblichen Vorteilen verbunden:

Zum einen kann bei der Neuerfassung zwischen zu übertragenden und nicht zu übertragenden Daten entschieden werden. Artikel, die nicht mehr im Programm sind oder Kunden, die seit mehreren Jahren nichts mehr bestellt haben oder deren Firma nicht mehr existiert, werden nur so identifiziert.

Zum anderen sind bei der manuellen Neueingabe alle Gültigkeitsüberprüfungen des neuen Systems aktiv. Ungültige inländische Postleitzahlen (weil vierstellig) oder falsche Verknüpfungen zwischen Firma und Ansprechpartner werden unter Umständen bei einem automatischen Import in die entsprechende Tabelle nicht erkannt.

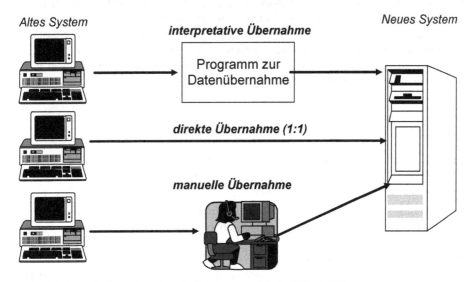

Abb. 11-5: Arten der Datenübernahme (in Anlehnung an Schmitz 1999, S. 357)

Parametertest

Zur Prototypphase gehört die Überprüfung, ob die eingestellten Berechtigungen korrekt die gewollte organisatorische Aufgabenverteilung wiedergibt. Alle Ausdrucke des Systems, sowohl die intern verwendeten Belege und Berichte als auch die im Geschäftsverkehr verwendeten Briefe müssen auf formale und inhaltliche Richtigkeit überprüft werden.

Zumeist ergibt sich in der Prototyp-Phase auch die Notwendigkeit weiterer Berichte. Über deren Realisierung sollte zügig entschieden werden, um einen geplanten Produktivstarttermin nicht zu gefährden.

Ein weiteres Ziel der Prototyp-Phase liegt darin, weitere Mitarbeiter an die Bedienung des Systems heranzuführen. Hierzu sind entsprechende Schulungen vorzubereiten und durchzuführen.

Wichtig ist, dass die Schulungen nicht nur aus Folienvorträgen bestehen, sondern den Schwerpunkt auf die direkte Vermittlung von Kenntnissen am neuen Standardsoftwaresystem legen. Dies kann erreicht werden, indem einzelne Abschnitte der Geschäftsprozesse, die das neue System unterstützen sollen, mit Beispieldaten direkt am System geübt werden. Daher sollte jedem Teilnehmer der Schulung ein eigener Rechner mit installierter Standardsoftware zur Verfügung stehen. Die Schulungen sind zeitnah zum Produktivstart durchzuführen, damit der erreichte Kenntnisstand nicht wieder in Vergessenheit gerät. Regelmäßige Wiederholungen unter allmählicher Erweiterung des Stoffs sind empfehlenswert.

Spätestens in der Prototyp-Phase sind auch Lasttests der Software durchzuführen, um zu erkennen, ob die zu Beginn gewählte Dimension der Hardware ausreichend war. In großen ERP-Programmen wie etwa SAP R/3 stellen sich Performance-Probleme häufig erst bei Lastbetrieb heraus. Daher ist es außerordentlich empfehlenswert, diese Lasttests bereits in der Prototyp-Phase durchzuführen. Im Produktivbetrieb des neuen Systems gefährdet eine unzureichende Performance unter Umständen die mit der Einführung der neuen Standardsoftware verbundenen Ziele. Wenn z.B. Änderungen des Auftragsnetzwerks (Net Change) nicht schnell genug durchgeführt werden können, ist eine genaue Lieferfähigkeitszusage nicht mehr möglich. Wenn nicht alle pro Tag eintreffenden Bestellungen am selben Tag bearbeitet werden können, ist ebenfalls die Konkurrenzfähigkeit des Unternehmens nicht mehr sichergestellt, da sich die Auslieferung bestellter Aufträge verzögert.

11.6   Umstellungsstrategien

Nachdem in der vorangegangenen Phase die für den reibungslosen Betrieb der Standardsoftware erforderlichen Parameter eingestellt wurden, muss sich das neue System nun in einem begrenzten Probebetrieb in der Praxis bewähren.

Je nach Umstellungsstrategie stehen für diesen begrenzten Probebetrieb verschiedene Optionen zur Auswahl (vgl. auch Stein 1996, S. 49 und Grobbel 1998, S. 140):

Aufteilung nach Geschäftsobjekten

Bei der Aufteilung nach Geschäftsobjekten wird ein ausgewählter Teil der Kunden, Artikel, Projekte etc. mit dem neuen System bearbeitet, während die übrigen Geschäftsobjekte weiterhin mit dem alten System bearbeitet werden. Vorteil dieser Aufteilung ist die Möglichkeit, die vorgenommenen Einstellungen am realen Geschäftsobjekt testen zu können. Nachteilig bei dieser Variante ist jedoch, dass zur Sicherstellung der Datenintegrität im bisher verwendeten System Doppeleingaben erfolgen müssen. Daher kann der Zeitraum einer Aufteilung nach Geschäftsobjekten mit einer parallelen Bedienung beider Systeme wegen der daraus resultierenden höheren Belastung der Mitarbeiter nur kurz, d.h. im Wochenbereich sein. Das in dieser kurzen Zeit durchzuführende Testprogramm muss daher sorgfältig geplant werden.

Aufteilung nach Funktionen

Bei der Aufteilung nach Funktionen oder Programmmodulen werden nach und nach fertig angepasste Module des neuen Systems in den Produktivbetrieb überführt. Für jedes Modul oder jeden Funktionsblock findet somit eine stichtagsbezogene Ablösung der alten Systemfunktionalität durch ein Modul des neuen Standardsoftwaresystems statt. Dieses Vorgehen setzt die Aufteilbarkeit des Funktionsumfangs zwischen alten und neuen Systemen voraus. Je nach Integrationsgrad sind aber unter Umständen zahlreiche Schnittstellen des abgelösten alten Systems zu anderen Altsystemen für das neue System zu schaffen, solange die verbliebenen Altsysteme noch weiter betrieben werden. Zudem ist angesichts der hohen Integrationsdichte umfassender Standardsoftwarelösungen eine Herauslösung einzelner Module zumindest schwierig.

Nachteilig ist darüber hinaus, dass der Zeitraum der Umstellung sehr lang wird und die betroffenen Funktionen mit beiden Systemen arbeiten müssen. Auch der zweifache Ressourcenbedarf wird meist als nachteilig an dieser Lösung angesehen. In der Praxis kommt als Problem hinzu, dass bestimmte betriebswirtschaftliche Aufgaben, etwa das Anlegen eines neuen Projektes, Auftrages oder Kunden wahlweise im alten oder im neuen System vorgenommen werden können, wenn diese Möglichkeit nicht im alten System ausdrücklich gesperrt werden kann (und dies auch tatsächlich durchgeführt wurde). Durch Fehlbedienungen dieser Art entsteht zusätzlicher Aufwand bei der Datenintegration und -konsolidierung im neuen System.

Vollständige Ablösung des alten Systems

Bei der als „Big Bang" bezeichneten vollständigen Ablösung eines oder mehrerer Altsysteme durch das neue Standardsoftwaresystem werden zu einem Stichtag alle Geschäftsprozesse auf das neue System umgestellt. Diese Lösung vermeidet die Implementierung nur vorübergehender Schnittstellen zu Altsystemen und verkürzt den Zeitraum der Umstellung erheblich. Sie eröffnet jedoch ein hohes Risiko, weil u. U. bei Problemen kein mit aktuellsten Daten versehenes Altsystem mehr zur Verfügung steht und die betroffenen Geschäftsprozesse unmittelbar beeinträchtigt werden. Der „Big Bang" stellt daher höchste Anforderungen an die Qualität der vorbereitenden Maßnahmen.

12   Betrieb von ERP-Systemen

Aufgrund ihrer hohen Komplexität bergen ERP-Systeme im täglichen Betrieb eine Reihe von Risiken. Daher ist es erstaunlich, dass die Schwerpunkte der wissenschaftlichen Literatur bisher vor allem in der Beschreibung sowie der Auswahl und Einführung von ERP-Systemen lagen (vgl. auch im folgenden Schmid 2008, S. 25ff.) Der Betrieb komplexer ERP-Systeme wurde dagegen nur sehr vereinzelt und in Ausschnitten betrachtet (z.B. Oswald 2006, Linnartz 2004, Mißbach 2003, Scherer 2003) Dies ist besonders im Hinblick auf die hohen Kosten innerhalb der ERP-Betriebsphase bemerkenswert, welche die Einführungskosten im gesamten Lebenszyklus oft um ein Vielfaches übersteigen können (vgl. Mißbach 2003, S. 15).

Komplexe Prozesse im laufenden Systembetrieb machen es daher notwendig, die Serviceabläufe innerhalb der IT-Abteilungen zu strukturieren, zu standardisieren und ggf. auch zu harmonisieren (vgl. Schmid 2008, S. 27). Viele im Support tätige Unternehmen sehen eine Herausforderung darin, sich von einem technologieorientierten Anwendungsentwickler und Infrastrukturbetreiber zu einem kundenorientierten IT-Dienstleister weiterzuentwickeln (vgl. Hochstein 2004, S. 382).

Das IT-Servicemanagement leistet im Betrieb komplexer ERP-Systeme bei der Durchführung service- und kundenorientierter Dienstleistungen einen erheblichen Beitrag zur qualitativen Leistungserbringung sowie zur Vermeidung und Verkürzung von Ausfallzeiten. Es adressiert folgende operative Problemstellungen und organisatorische Herausforderungen innerhalb der ERP-Betriebsphase (vgl. Schmid 2008, S. 28):

- Wie lassen sich IT-Dienstleistungen planen und steuern?
- Mit welchen Methoden und Techniken können Störungen oder Ausfälle effizient behoben oder überbrückt werden?
- Wie können die Organisationsstrukturen der Serviceabteilungen bestmöglich gestaltet werden?
- Wie lässt sich die Erbringung von IT-Leistungen bzw. die Erfüllung von Leistungsverpflichtungen messen?

12.1   ITIL als Service-Referenzmodell

Als de-facto-Standard im IT-Servicemanagement hat sich der ITIL (IT Infrastructure Library) Best Practice Ansatz in den letzten Jahren flächendeckend etablieren können (vgl. u.a. Hochstein 2004, S. 382). Dieser wurde Ende der 80er Jahre von der britischen Regierung initiiert, um den zweckmäßigen und wirtschaftlichen Einsatz von IT-Mitteln in Ministerien und weiteren regierungszugehörigen Organisationen sicherzustellen (vgl. Kemper 2004, S. 24). Der ITIL-Ansatz wurde im BS 15000 zum Standard weiterentwickelt und liegt mittlerweile als international anerkannter Standard in der ISO 20000 vor (vgl. Schmid 2008, S. 33).

12.1.1   Das ITIL-Referenzmodell (Version 2)

ITIL beschreibt Umsetzungsmöglichkeiten für die wesentlichen Prozesse im Rahmen des IT-Servicemanagements und schließt dabei auch Aspekte wie Planung, Controlling und Personalmanagement ein (vgl. auch im folgenden Schmid 2008, S. 34–37). Abb. 12-1 zeigt einen Überblick zum Aufbau des ITIL-Referenzmodells.

Abb. 12-1: ITIL-Referenzmodell (Version 2) (vgl. OGC 2005, S. 4)

Servicemanagement nach Vorgaben der IT Infrastructure Library in der zweiten Version setzt sich aus den Kernbereichen Service Support und Service Delivery zusammen (vgl. OGC 2005, S. 4). Weitere Abschnitte ergänzen das Gesamtkonzept und bilden ein zusammenhängendes Rahmenwerk (vgl. auch im folgenden Schmid 2008, S. 35).

Der Service Support zielt auf die Sicherstellung des reibungslosen und fehlerfreien IT-Betriebs und enthält folgende Bereiche:

*   Incident Management: Das Incident Management umfasst den gesamten organisatorischen und technischen Prozess der Reaktion auf erkannte oder vermutete Ereignisse und Vorfälle. Das Spektrum der Incident Management Vorfälle reicht von technischen Problemen und Schwachstellen bis hin zu Angriffen auf die IT-Infrastruktur.
*   Problem Management: Während das Incident Management reaktiv agiert, wirkt das Problem Management dem Auftreten von Problemen proaktiv entgegen. Dabei sollen die Auswirkungen schwerwiegender Störungen und Problemen minimiert, Ursachen geklärt und Maßnahmen zur Vermeidung von wiederholten Störungen eingeleitet werden.
*   Configuration Management: Innerhalb des Configuration Managements wird ein logisches Modell der IT-Infrastruktur und Dienstleistungen bereitgestellt. Es deckt dabei die Bereiche Hardware, Software sowie damit verbundene Dokumentationen ab und beschreibt auch Versionen, Einzelkomponenten und Beziehungen.
*   Change Management: Im Change Management werden Änderungen an der IT-Infrastruktur und ihren Komponenten dokumentiert und gesteuert, um störende Auswirkungen auf den laufenden Betrieb so gering wie möglich zu halten.
*   Release Management: Release Management begleitet die Planung, den Aufbau, die Konfiguration und die Testphase der Hard- und Software. Weitere Aktivitäten beinhalten die Ablaufplanung und die Vorbereitung auf den Release anhand definierter Richtlinien.

- Service Desk: Der Service Desk stellt die zentrale Schnittstelle zwischen dem Service-anbieter und den Anwendern dar. Störfälle und Serviceanfragen können an den Service Desk gerichtet werden, welcher dann die nachfolgenden Supporteinheiten koordiniert. Im Unterschied zu den oben beschriebenen ITIL Service Support Bereichen ist der Service Desk kein Prozess, sondern eine Einrichtung.

Die einzelnen Bereiche des Service Support sind eng miteinander verbunden. So werden zum Beispiel über die Schnittstelle zwischen Anwender und IT-Support, den Service Desk, bestimmte Störungen kommuniziert und im Rahmen des Incident Managements kurzfristig behoben. Komplexere Störungen werden im Kontext des Problem Managements untersucht und erfordern gegebenenfalls Änderungen an Hard- oder Softwarekomponenten, welche mittels Change Management umgesetzt werden.

Neben dem Service Support gilt der Bereich Service Delivery als Kernbestandteil der ITIL Infrastructure Library. Darin enthalten sind Best Practice Prozesse zur Planung und Leistungserbringung der Services beim Kunden:

- Capacity Management: Zielsetzung des Kapazitätsmanagements ist die wirtschaftliche und termingerechte Bereitstellung erforderlicher Ressourcen zur Erfüllung der gestellten Unternehmensanforderungen.
- Financial Management for IT-Services: Aufgabe des Financial Managements ist der effiziente Einsatz von IT-Ressourcen und der dafür benötigten finanziellen Mittel. Ziel ist die schnellstmögliche Realisierung des Return on Investment (RoI) IT-basierter Investitionen. Das Financial Management kontrolliert die Leistungserbringung des IT-Bereichs nach ökonomischen Gesichtspunkten, identifiziert aktuelle Kosten- und Nutzen-Relationen und stellt finanzielle Informationen zur Entscheidungsfindung zur Verfügung.
- Availability Management: Das Availability Management strebt die Bereitstellung eines kosteneffektiven Verfügbarkeitsniveaus nach definierten Vorgaben für IT-Dienstleistungen an und wird basierend auf den Dienstleistungsvereinbarungen (Service Level Agreements) durchgeführt.
- Service Level Management: Das Service Level Management ist für die Standardisierung und Überwachung der IT-Dienstleistungen verantwortlich. Hier werden die Kundenanforderungen in Dienstleistungen umgesetzt, die Services geplant und vertraglich vereinbart. Der Prozess überwacht zudem die Einhaltung der abgestimmten Dienstgütevereinbarungen.
- IT Service Continuity Management: Ziel des IT Service Continuity Managements ist die Aufrechterhaltung des Geschäftsbetriebs im Anschluss an eine Störung in Zusammenhang mit der benötigten IT-Technik und Steuereinrichtungen (einschließlich Service Desk und technischer Support).

Über den zentralen Bereich des Servicemanagements hinaus diskutiert die IT Infrastructure Library weitere damit eng zusammenhängende Themen. Dazu gehört „Planning to implement Service Management", worin die konzeptionellen Zusammenhänge einzelner Bereiche im IT-Servicemanagement sowie das Vorgehen zur Einführung und Verbesserung des IT-Servicemanagements in Unternehmen beschrieben werden. Das Kernziel von „The Business Perspective" ist die Entwicklung einer gemeinsamen Basis zwischen dem Kunden (Business) und dem IT-Serviceanbieter (Provider). Dabei soll dem Kunden ein Verständnis für die IT-Dienstleistungen, und deren Management vermittelt werden. Zugleich wird über die Planung, Implementierung und Nutzung qualitativ hochwertiger IT-Services informiert sowie die

Grundlage für deren Umsetzung und der Erzielung verbesserter Geschäftsprozesse gelegt. Das „ICT Infrastructure Management" reicht von der Identifizierung der Geschäftsanforderungen bis zur Prüfung, fortdauernden Unterstützung und Wartung der IT-Prozesse. Das Applikationsmanagement hingegen beschreibt den Lebenszyklus einer IT-Anwendung von der Entwicklung über die Einführung, den produktiven Betrieb und die Außerbetriebnahme sowie gegebenenfalls die Einführung einer Nachfolgelösung „Security Management" befasst sich mit der strukturellen Integration der IT-Sicherheit aus der Sicht des Dienstleistungsanbieters und bildet u.a. ein Bindeglied zum ISO-Standard 17799.

12.1.2 ITIL Version 3

Um den veränderten Anforderungen der IT-Welt weiterhin gerecht werden zu können, liegt die IT Infrastructure Library seit dem Sommer 2007 in der neuen Version ITIL Refresh vor (vgl. auch im folgenden Schmid 2008, S. 37ff.). Diese löst das ITIL 2 Referenzmodell ab und konzentriert sich nun auf insgesamt fünf neu strukturierte Kernelemente. Dabei hat sich der Fokus des Servicemanagements nach ITIL erweitert. Anstatt Servicemanagement lediglich als Instrument zur Erfüllung von Kundenanforderungen anzusehen, wird es in der neuen Version als Gesamtheit organisatorischer Fähigkeiten betrachtet, welche dem Kunden in Form von Dienstleistungen zur Verfügung gestellt werden und einen direkten Wertschöpfungsbeitrag leisten (vgl. Buchsein 2007, S. 12).

ITIL Refresh setzt sich aus den fünf folgenden Kernelementen zusammen (vgl. Buchsein 2007, S. 16ff., Abb. 11-2):

- Service Strategies: Service Strategy steht im Zentrum des ITIL Lebenszyklus und befasst sich mit der Zusammenführung von Geschäfts- und Servicemanagementstrategien innerhalb einer Unternehmung. Ausgangspunkte liegen in der Identifizierung, Auswahl und Priorisierung von Geschäftschancen und Marktplätzen. Mit der Analyse von Marktentwicklungen sowie der Definition von Zielen und Erwartungen wird die Grundlage zur Konzeption entsprechender Serviceleistungen gelegt (vgl. OGC 2007a).
- Service Design: Kernpunkte dieses Bereichs sind Anforderungen, Design und Evaluation von Dienstleistungen unter der Berücksichtigung von Technologien und Prozessen. Ausgehend von den strategischen Zielen (vgl. Service Strategies) wird in dieser Phase ein kunden- und zielorientiertes Dienstleistungsportfolio entwickelt (vgl. OGC 2007b).
- Service Transition: Diese Phase umfasst insbesondere das Management von Änderungen samt deren Risiken und Qualitätssicherung. Dies dient u.a. der Planung, dem Entwurf, dem Testing und der Implementierung von Releases beim Kunden. Des Weiteren ist in dieser Phase des ITIL-Lebenszyklus eine Integration von Instrumenten des Wissensmanagements angedacht (vgl. OGC 2007c).
  Service Operations: In den Bereich Service Operations fließen die zentralen Aspekte der zweiten Version aus den Bereichen Service Support und Delivery ein. Als Ziel wird ein stabiler Servicebetrieb angestrebt. Neu in dieser Phase ist die Integration von Technologien zur Selbsthilfe (vgl. OGC 2007d).
- Continual Service Improvement: Als zentrales Anliegen wird in dieser Phase eine kontinuierliche Verbesserung der bestehenden Dienstleistungsprozesse und -qualität angestrebt. Dieser Bedarf resultiert insbesondere aus sich ständig verändernden Anforderungen aus den Geschäftsprozessen (vgl. OGC 2007e).

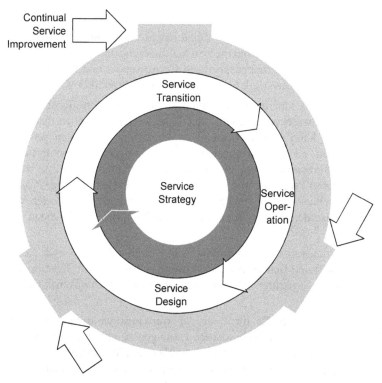

Abb. 11-2: ITIL Version 3

Im Gegensatz zu ITIL 2 liegt der Schwerpunkt der aktuellen Revisionen nicht auf einer reinen Prozessorientierung – stattdessen erweitert sich der ITIL Servicemanagementfokus vielmehr zu einem Netzwerk von Servicemanagementprozessen im gesamten Lebenszyklus eines dynamischen Dienstleistungsportfolios (vgl. Schmid 2008, S. 39). Es wird erwartet, dass
die Umstellung bereits nach ITIL (Version 2) implementierter Prozesse auf das dritte ITIL-
Modell kontinuierlich erfolgt, aber nicht kurzfristig realisierbar ist. Unternehmen, die jedoch
aktuell vor der Umsetzung ihrer Prozesse nach ITIL stehen, werden sicherlich die dritte Version als Basis heranziehen (vgl. Buchsein 2007, S. 27).

12.2 Die Organisation der Wartung für ERP-Systeme

Ziel der Wartungsorganisation ist die Sicherstellung eines dauerhaften, effizienten und störungsfreien Betriebs innerhalb der gesamten Laufzeit des ERP-Systems (vgl. im gesamten
Abschnitt Schmid 2008, S. 87ff.).

Die Wartungsorganisation umfasst die in Abschnitt 11.1 dargestellten Prozesse des IT-Servicemanagement, der Qualifizierung, des Projektmanagements, der internen Kommunikation
und Dokumentation. Schwerpunkt bilden dabei die Serviceprozesse zum ERP-Betrieb, wie
sie z.B. im ITIL-Prozessmodell abgebildet werden (vgl. OGC 2007d) und die Abläufe zur
Mitarbeiterqualifizierung. Der Begriff Qualifizierung umfasst alle Aktivitäten, die der Erhal-
tung, Erweiterung und Anpassung beruflicher Kenntnisse, Fertigkeiten und Fähigkeiten die-

nen (vgl. Becker 2005, S. 185). Als negative Folgen unzureichend qualifizierter Anwender können unvorhergesehene Betreuungskosten sowie Zeitaufwand zum manuellen Ausgleich unzureichender Datenqualität entstehen. Fachgerechte Qualifizierung muss daher systematisch geplant sowie individuell und zielgruppenspezifisch für Anwender und Mitarbeiter im Servicemanagement durchgeführt werden (vgl. Flato 2006, S. 14, Becker 2005, S. 194).

Aufgaben des Projektmanagements innerhalb der Wartungsorganisation betreffen beispielsweise die Einführung neuer Softwarekomponenten oder Releasewechsel. Neben diesen direkt ERP-bezogenen Projekten kann aber auch die Restrukturierung von Teilen der Wartungsorganisation betroffen sein, z.B. die Neuausrichtung der Servicemanagementprozesse anhand eines bestimmten Referenzmodells. Die in den Projekten enthaltenen Prozesse stehen im direkten Bezug zu den Phasen Projektdefinition, Projektauftrag, Projektplanung, Projektdurchführung und Projektabschluss. So beinhaltet die Phase Projektplanung in der Wartungsorganisation beispielsweise den Prozess zur Zusammenstellung des ausführenden Projektteams.

Die Kommunikation der Wartungsorganisation umfasst alle Kommunikationswege, die genutzt werden, um den störungsfreien Betrieb der ERP-Lösung sicherzustellen. Kommunikation kann anhand klar definierter Strukturen oder aber ungeplant zwischen einzelnen Organisationsmitgliedern erfolgen.

Dokumentationsprozesse stellen die fünfte innerhalb der Wartungsorganisation enthaltene Prozessgruppe dar. Dokumentiert werden insbesondere Lösungen zu aufgetretenen Anwendungsproblemen innerhalb einer Fallbasis. Diese bilden die Basis zur Wiederverwendung bereits erarbeiteter Lösungsszenarien. Dabei besteht das Dilemma zwischen qualitativ hochwertigen und umfangreichen Dokumentationen und den gegebenen Zeitrestriktionen.

12.2.1   Rollen der Wartungsorganisation

Innerhalb der Wartungsorganisation können die einzelnen Mitglieder verschiedene Rollen ausüben. Dabei muss zunächst zwischen den drei übergeordneten Organisationseinheiten unterschieden werden, denen die Mitglieder der Wartungsorganisation zugeordnet werden können: ERP-Anwenderunternehmen, ERP-Dienstleister und ERP-Anbieterunternehmen (Tab. 12-1).

Auf Anwenderseite finden sich zunächst die eigentlichen Systemnutzer, die das ERP-System zur Bewältigung der täglichen Arbeitsaufgaben einsetzen. Zur Betreuung der Systemnutzer werden häufig so genannte Key-User eingesetzt, welche durch erweiterte Systemkenntnisse den Umgang mit dem ERP-System begleiten. Key User sind erster Ansprechpartner für ERP-Nutzer bezüglich anwendungsgebundener Fragen und Probleme (vgl. Linnartz 2004, S. 108, Boudreau 2005, S. 9). Daneben gibt es Systemadministratoren mit erweiterten Nutzungsrechten, die für die Verwaltung des ERP-Systems verantwortlich sind. Sie werden für die Installation, Konfiguration und Pflege von Softwarekomponenten eingesetzt. Die strategische Ausrichtung sowie die operativen Einsatzbereiche des ERP-Systems werden durch das Management bestimmt. Dazu kann neben dem IT-Leiter auch die Geschäftsführung des Anwenderunternehmens gehören.

Kleine Unternehmen betreiben in der Regel das eingesetzte ERP-System eigenständig. Zur Reduktion von Kosten oder zur verstärkten Konzentration auf die Kernkompetenzen wird der Betrieb komplexer ERP-Lösungen bei mittelständischen oder großen Unternehmen oftmals auch an externe IT-Dienstleister ausgegliedert (vgl. Schmidt 2009). Die Verlagerung der

Leistungserbringung in größerem Umfang an ein anderes Unternehmen wird Outsourcing genannt (vgl. Eggert 2007, S. 16).

Im Kernprozess Servicemanagement können dabei zunächst Generalist und Spezialist als sich ergänzende Rollen identifiziert werden. Generalisten mit einer breiten Wissensbasis bearbeiten Problemmeldungen vorwiegend im Service Desk. Spezialisten sind dagegen eher auf höheren Wartungsebenen zu finden. Sie bearbeiten spezielle Anwenderfragen, welche durch die Kompetenzen der Generalisten nicht mehr abgedeckt werden können. Daneben gibt es Prozessmanager in den einzelnen Servicebereichen (z.B. Incident Management, Problem Management, etc.) sowie individuelle Kundenbetreuer. Des Weiteren begleiten speziell geschulte Consultants individuelle Kundenprojekte, wie beispielsweise die Auswahl einer neuen ERP-Komponente. Eine im Auftrag des Kunden zusammengestellte Projektgruppe kann zudem durch Entwickler ergänzt werden, welche z.B. für die Erstellung von gewünschter Zusatzfunktionalität eingesetzt werden. Außerhalb der Servicemanagementprozesse können weitere Dienstleistungsunternehmen für andere Prozessgruppen der Wartungsorganisation ausgewählt werden. Dazu gehören beispielsweise Anbieter systembezogener Anwenderschulungen.

Die Aufgaben zur Sicherstellung eines störungsfreien Systembetriebs können neben externen Dienstleistungsunternehmen auch direkt vom ERP-Hersteller übernommen werden. Grundsätzlich weist dieser in der Wartungsorganisation jedoch die gleichen Rollen auf wie der IT-Serviceprovider.

Tab. 12-1: Übersicht zu den Rollen der Wartungsorganisation (vgl. Schmid 2008, S. 90)

Rollenbezeichnung	Aufgaben
Anwender	Bearbeitung der wertschöpfenden Aufgaben des Unternehmens auf Basis des ERP-Systems
Systemnutzer	Betreuung des Systemnutzers durch erweiterte Kenntnisse zur ERP-Lösung
Key User	Bearbeitung der wertschöpfenden Aufgaben des Unternehmens auf Basis des ERP-Systems
Systemadministrator	Installation, Konfiguration und Pflege der Softwarekomponenten
Management	Festlegung der strategischen IT-Ausrichtung Bestimmung der operativen Einsatzbereiche des ERP-Systems
IT-Dienstleister und ERP-Anbieter	
Generalist	Lösung von Anwenderproblemen im Service Desk
Spezialist	Lösung komplexer Anwendungsprobleme auf Basis von Spezialwissen
Prozessmanager	Betreuung spezieller Servicebereiche
Kundenbetreuer	Individuelle Betreuung von Anwenderunternehmen (Einzelkunden oder Kundengruppen)
Consultant	Abwicklung individueller Kundenprojekte
Entwickler	Programmtechnische Umsetzung von Kundenanforderungen Programmtechnische Weiterentwicklung des Systems

12.2.2   Technische Strukturen der Wartungsorganisation

Zentrales technisches Element einer Wartungsorganisation ist das ERP-System selbst mit der dazugehörigen Hardware- und Softwareinfrastruktur beim anwendenden Unternehmen. Des Weiteren werden Werkzeuge zur Abwicklung der Wartungsaufträge, sogenannte Ticketing-Systeme innerhalb der Wartungsorganisation eingesetzt. Darin erfolgt das Speichern und Verwalten von Störungsmeldungen (Incidents) sowie aller ausgeführten Tätigkeiten in einer Datenbank (vgl. Schmid 2008, S. 91).

Das Ticketingsystem ermöglicht die strukturierte Ablage aller Informationen zur Störungsmeldung im System. Zu den typischen Grundinformationen einer Meldung gehören beispielsweise die Ticket-ID, die Anwenderdaten, der aktuelle Status, die Fehlerbeschreibung sowie ein Zeitstempel. Im klassischen Fall werden Störungen vom Anwender telefonisch oder auf elektronischem Weg an den Service Desk gemeldet. Dort werden alle relevanten Informationen erfasst und für die Weiterverarbeitung vorbereitet.

Die Fehlerdiagnose und der Lösungsreport können durch die Support-Mitarbeiter innerhalb einer Lösungsdatenbank im Trouble Ticketing System hinterlegt werden. Dabei wird die Basis für eine mögliche Wiederverwendung und eine Adaption der Lösung auf gleichartige Probleme gelegt. Auf dieser Grundlage kann jeder Mitarbeiter bei neu eingehenden Störungsmeldungen auf ähnliche oder bereits gelöste Fälle aus dem Ticketingsystem zurückgreifen. Durch die strukturierte Ablage aller störungsbezogenen Informationen im Ticketingsystem kann ein umfassendes Abbild des ERP-Systems im Hinblick auf vorhandene Schwachstellen aufgezeigt werden. Anhand der Identifizierung besonders häufig auftretender Fehler können vorbeugende Maßnahmen eingeleitet werden. Dabei erstreckt sich die Bandbreite möglicher Maßnahmen von Änderungen der Konfiguration oder gezielten Bedienungshinweisen bis hin zum kompletten Austausch von Gerätegruppen oder dem Update einer Software.

Neben der ERP-Lösung und dem Ticketingsystem können weitere technische Hilfssysteme in der Wartungsorganisation zum Einsatz kommen. Durch den hohen Grad der Wissensintensität sind in diesem Zusammenhang an erster Stelle Wissensmanagementsysteme zu nennen. Diese enthalten Funktionen zum strukturierten und kontextbezogenen Umgang mit explizitem Wissen (vgl. Gronau 2009, S. 143). Generell gilt jedoch, dass der Markt für Wissensmanagementlösungen bezüglich des enthaltenen Funktions- und Leistungsumfangs sehr heterogen ist (vgl. Bahrs 2009, S. 19). Für die Wartungsorganisation sind einige der in Wissensmanagementsystemen abgebildeten Aufgabenklassen besonders relevant. Bedeutsam sind Systeme zur Wissensbewahrung (z.B. Experience Base mit Best Practices und Lessons Learned), zur Wissensidentifikation und Wissensnutzung (z.B. Discovery-Systeme wie Yellow Pages) sowie Systeme zur Wissensteilung (z.B. Communication-Lösungen mit elektronischen Knowledge Communities). Im weitesten Sinne können auch Dokumentenmanagementlösungen zu den Wissensmanagementsystemen zugeordnet werden (vgl. Bahrs 2009, S. 163), da Dokumente wichtige Speicher für Informationen darstellen. Innerhalb der Wartungsorganisation werden solche Lösungen zur Ablage von relevanten Dokumenten genutzt und damit einer zukünftigen Wiederverwendung zugänglich gemacht.

12.2.3 Service Level Agreements

Service Level Agreements stellen kennzahlenbasierte Absprachen eines Dienstleistungsanbieters mit seinen Kunden bezüglich der zu gewährleistenden Servicequalität dar. (vgl. Krcmar 2009). Der Grad der Leistungsqualität wird anhand der Definition der Leistung, der Darstellbarkeit der Leistung als Kennzahl, der Messmethode, dem Ersteller sowie Empfänger der Leistung als auch anhand der Erstellungsfrequenz und des Leistungsniveaus beschrieben (vgl. Lewandowski 2000, S. 227. Reaktionszeiten bei Fehlern (z.B. in Minuten, Stunden, Tagen), Stillstandszeit (z.B. für Hardware-Wartung und Updates), Release-Wechsel (z.B. in Tagen), Wiederanlaufzeiten (z.B. vom Katastrophenfall bis zum erneuten Systemstart) können Beispiele für servicebezogene Kennzahlen sein (vgl. Heinrich 2005, S. 548ff.). Grundsätzlich werden drei Arten von Service Level Agreements unterschieden (vgl. Burr 2003, S. 34, Krcmar 2009, S. 386f.):

- Ergebnisbezogene Dienstgütevereinbarungen: Anforderungen an die Qualität der zu erbringenden Leistungen werden festgelegt und über Kennzahlen (z.B. Indexwert einer Kundenzufriedenheitsbefragung) abgebildet.
- Prozessbezogene Dienstgütevereinbarungen: Anforderungen an den Leistungserstellungsprozess werden definiert und durch Kennzahlen (z.B. Reaktionszeiten) abgebildet.
- Potenzialbezogene Dienstgütevereinbarungen: Anforderungen an die im Leistungsprozess eingesetzten Inputfaktoren werden definiert (z.B. Sprachkenntnisse bei den Mitarbeitern des Service Desk).

Erwartete Vorteile von Service Level Agreements liegen in einer hohen Kostentransparenz der erbrachten Leistungen sowie in der Sicherstellung einer durchgängigen Servicequalität. Die Übertragung der Wartungsaufgaben an einen externen Dienstleister ermöglicht Anwenderunternehmen eine Fokussierung auf ihre Kernkompetenzen. Allerding kann dadurch die eigene Handlungsfähigkeit eingeschränkt werden, Geschäftsprozesswissen verlorengehen und neue Abhängigkeiten entstehen (vgl. Gründer 2004, S. 177ff., Asendorf 2005, S. 30ff.).

12.3 Implikationen für das Management

Die Wartungsorganisation steht vor permanenten Herausforderungen, welche beispielsweise durch neue Technologien (z.B. webbasierte Realisierung des ERP-Systems) entstehen können (vgl. im gesamten Abschnitt Schmid 2008, S. 78ff.). Gleichzeitig werden die IT-Verantwortlichen zunehmend in die Verantwortung genommen, einen messbaren Mehrwert und eine hohe Produktivität für das Unternehmen zu generieren. Dieses Ziel kann jedoch nur mit Hilfe effizient gestalteter Serviceprozesse und qualifizierter Mitarbeiter erreicht werden.

Die Identifikation von unternehmensinternen Wissensträgern, welche immer wieder von Mitarbeitern bei der Lösung von Anwendungsproblemen befragt werden, stellt einen wichtigen Schritt zur schnellen Lösungsfindung dar. Benutzerhandbücher sind häufig in der Handhabung zu umständlich. Das Gleiche gilt auch bei der Lösungssuche im Intranet, da Lösungen hier nur schwer und mit großer Zeitintensität gefunden werden können. Daher müssen den Anwendern einfach gestaltete und leicht zugängliche Unterlagen zur Verfügung gestellt werden, welche die wichtigsten Fragen prozessbezogen gegliedert beantworten können. Bei elektronischen Medien sind in diesem Zusammenhang effiziente Suchmechanismen, hohe Performance, intuitive Anwendbarkeit sowie qualitativ hochwertige Lösungsvorschläge von großer Bedeutung.

Letzteres kann beispielsweise durch ein Redaktionssystem verbessert werden, in dem erfolgreiche Lösungen anwendergerecht für eine wiederholte Nutzung aufbereitet werden.

In Zusammenarbeit mit den Dienstleistungsunternehmen sollten in die Service Level Agreements (Dienstgütevereinbarungen) unternehmensspezifisch ausgerichteten Key Performance Indicators (z.B. in den Bereichen Antwortzeiten, Verfügbarkeit etc.) aufgenommen werden, d.h. festgelegte Leistungsparameter, die überprüfbar sein müssen (vgl. Gründer 2004, S. 177). Opportunitätskosten können durch Unproduktivität in Folge von Anwendungsproblemen entstehen.

Fachgerechte und prozessorientierte Qualifizierung trägt in diesem Zusammenhang dazu bei, die Produktivität der Nutzer kontinuierlich zu steigern. Auch aus Sicht des Dienstleistungsunternehmens ist ein systematischer Qualifizierungsprozess die Basis für eine hohe Mitarbeiterkompetenz und eine hohe Servicequalität. Zielgerecht strukturierte Serviceabläufe und klare Verantwortlichkeiten verkürzen die Antwortzeiten im Service Desk. Ein erfolgreicher Servicebetrieb ist maßgeblich von qualifizierten Mitarbeitern abhängig. Diese sollten daher bei der Auswahl künftiger Weiterbildungsmaßnahmen zur Erhöhung der Prozessorientierung im Bereich Qualifizierung beteiligt werden. Klassische Class-Room Schulungen können beispielsweise durch weniger kostenintensive Training-on-the-Job-Maßnahmen abgelöst werden. Dabei werden Schulungen in der gewohnten Arbeitsumgebung durchgeführt und tatsächlich anfallende Geschäftsvorfälle bewältigt. Trainings in dieser Form sind besser in die täglichen Abläufe integrierbar und erfordern keine längeren Abwesenheitszeiten.

Fachgerechte Qualifizierung sollte proaktiv durchgeführt und nachfrageorientiert am betrieblichen Bedarf ausgerichtet werden (vgl. Becker 2005, S. 204). Dies wirkt sich durch Zeiteinsparungen, gesteigerte Produktivität sowie verbesserte Arbeitsqualität und Leistungsfähigkeit der Mitarbeiter aus (vgl. Kapp 2001, S. 256, Kübel 2005, S. 14ff.).

Ein durchdachtes und systematisches Qualifizierungskonzept umfasst auch den konsequenten Aufbau einer organisationalen Wissensbasis. Zur Sicherstellung des reibungslosen ERP-Betriebs muss den Mitarbeitern die Möglichkeit zum Wissensaustausch gegeben werden. Dies kann auf formeller Weise innerhalb von Workshops oder auch informell geschehen. Die dafür benötigen Freiräume sollten zur Verfügung gestellt und der damit verbundene Wissensaustausch gefördert werden.

Im Zusammenhang mit der Implementierung eines serviceorientierten Referenzmodells kann Unternehmen generell empfohlen werden, Anforderungen an die neuen Prozesse klar herauszuarbeiten sowie Ziele zu definieren, um keine unrealisierbaren Erwartungen zu wecken. Der Qualifizierungsaufwand kann dabei durchaus wirtschaftlich gerechtfertigt sein. Dabei sollten sowohl Potenziale zur Zeitersparnis erfasst werden (z.B. Lösungszeiten), als auch direkt monetär bewertbare Potenziale. Neben den unmittelbar quantifizierbaren Potenzialen sollten aber auch qualitative Potenzialbereiche berücksichtigt werden. Dazu gehört beispielsweise die Erhöhung der Kundenzufriedenheit aufgrund verkürzter Antwortzeiten.

Im Bereich Servicemanagement findet ITIL als de facto Standard eine große Akzeptanz. Weiterführende Konzepte sind z.B. die wissensbasierte Erweiterung der ITIL-Prozesse aufgrund der hohen Wissensintensität der Serviceabläufe (vgl. Gronau/Schmid 2006) oder die Kombination verschiedener serviceorientierter Referenzmodelle (z.B. ITIL und CobiT (vgl. ITGI 2005, ISAC 2006). Da das Servicemanagement vorwiegend wissensintensive Abläufe (vgl. Remus 2002, Gronau 2009) beinhaltet, sollten die Referenzprozesse um Aspekte der Wissensflüsse erweitert werden. So kann beispielsweise durch gezielten Dokumentationen Wissensverlusten entgegengetreten werden, welche beispielsweise aufgrund von Abgängen bestimmter Wissensträger im Servicemanagement entstehen (vgl. Gronau/Schmid 2006).

Literatur

Abts 2002
Abts, D.; Mülder, W.: Grundkurs Wirtschaftsinformatik. Eine kompakte und praxisorientierte Einführung. 4. Auflage Braunschweig Wiesbaden 2002

Ackerschott 1997
Ackerschott, H.: Strategische Vertriebssteuerung – Instrumente zur Absatzförderung und Kundenbindung. Wiesbaden 1997

Alard 2000
Alard, R., Hieber, R.: Lösungen für unternehmensübergreifende Kooperationen – Supply Chain Management und Business-to-Business Commerce. PPS Management 5 (2000) 2, S. 10–14

Ament 2003
Ament, C., Goch, G.: Qualitätsregelung als Konzept zur dezentralen Steuerung der Fertigung in der Prozesskette. Industrie Management 19 (2003) 2, S. 9–13

Andresen 2005
Andresen, K., Gronau, N., Schmid, S.: Ableitung von IT-Strategien durch Bestimmung der notwendigen Wandlungsfähigkeit von Informationssystemarchitekturen, in: Proceedings 7. Internationale Tagung Wirtschaftsinformatik 2005 (WI 2005)

Andresen 2005a
Andresen, K.; Gronau, N.: An Approach to Increase Adaptability in ERP Systems. In (Mehdi Khosrow-Pour Hrsg.): Managing Modern Organizations with Information Technology: Proceedings of the 2005 Information Recources Management Association International Conference, San Diego, CA, USA, May 15–18 2005, Idea Group Publishing, 2005; S. 883–885

Andresen 2006
Andresen, K., Lämmer, A., Gronau, N.: Vorgehensmodell zur Ermittlung der Wandlungsfähigkeit von ERP-Systemen. In Nösekabel et al: Tagungsband zur MKWI 2006, Gito-Verlag, Berlin 2006

Appelrath 2000
Appelrath, H.-J., Ritter, J.: R/3-Einführung. Methoden und Werkzeuge. Berlin Heidelberg New York 2000

Arnold 1996
Arnold, B.: Customizing – Erfolgsfaktor für PPS. Standardsoftware-Lösungen der Marktführer. München 1996

Asendorf 2005
Asendorf, S.: Outsourcing Alternativen für die IT. ERP Management, 1 (2005) 2, S. 30–33

AWF 1985
Ausschuß für wirtschaftliche Fertigung e.V. (AWF) (Hrsg.): AWF-Empfehlung Integrierter EDV-Einsatz in der Produktion – CIM – Computer Integrated Manufacturing – Begriffe, Definitionen, Funktionszuordnung, Eschborn 1985

Bager 1997
Bager, J., Becker, J., Munz, R.: Data Warehouse – Zentrale Sammelstelle für Informationen. c't Heft 3 (1997), S. 284

Bahrs 2009

Bahrs, J., Vladova, G. u.a.: Anwendungen und Systeme für das Wissensmanagement. 3. Auflage Berlin 2009

Bartsch 2000

Bartsch, M.: Qualitätssicherung für Software durch Vertragsgestaltung und Vertragsmanagement. Informatik Spektrum 23 (2000) 1, S. 3–10

Bauer 2002

Bauer, J.: Produktionscontrolling mit SAP-Systemen. Wiesbaden 2002

Baumann 2008

Baumann, H.; Niklaus, C.: Open-Source-ERP-Systeme: Kommerzielle oder Open-Source-Software? KMU-Magazin Nr. 8, Oktober 2008, S. 74–78

Baumgarten 2001

Baumgarten, H., Walter, S.: Trends und Strategien in der Logistik 2000+. 2. Auflage Berlin 2001

Baumgarten 2002

Baumgarten, H., Darkow, I.-L.: Konzepte im Supply Chain Management. In: Busch, A., Dangelmaier, W.: Integriertes Supply Chain Management, S. 89–108

Becker 2005

Becker, M.: Personalentwicklung. Bildung, Förderung und Organisationsentwicklung in Theorie und Praxis. 4. Aufl. Stuttgart 2005

Beckmann 2002

Beckmann, H.: Potenziale des Collaborative Planning. In: Hossner, R. (Hrsg.): Jahrbuch der Logistik 2002. Düsseldorf 2002, S. 179–181

Bloech 2004

Bloech, J. u.a.: Einführung in die Produktion. 5. Auflage Berlin Heidelberg New York 2004

Blohm 1987

Blohm, H.; Beer, T.; Seidenberg, U.; Silber, H.: Produktionswirtschaft. Berlin 1987

BMF 2013

GOBS. http://www.bundesfinanzministerium.de/Content/DE/Downloads/BMF_Schreiben/ Weitere_Steuerthemen/Betriebspruefung/015.pdf?__blob=publicationFile&v=3 (Letzter Abruf am 29.12.2013)

BMF 2001

GdPdU. http://www.bundesfinanzministerium.de/Content/DE/Downloads/BMF_Schreiben/ Weitere_Steuerthemen/Abgabenordnung/Datenzugriff_GDPdU/ 002_GDPdU_a.pdf?__blob=publicationFile&v=6 (Letzter Abruf 29.12.2013)

Boch 2000

Boch, V.; Österle, H.: Customer Relationship Management in der Praxis. Wege zu kundenzentrierten Lösungen. Berlin 2000

Bond 2000

Bond, B.: ERP Is Dead – Long Live ERP II http://www.sunlike.com/internet/ONLINEERP/images/ Long%20live%20ERPII%20By%20Gartner%20Group.pdf (Letzter Zugriff 29.12.2013)

Born/Diercks, 2003

Born, A./Diercks, J.: Abgeschirmt. IX, Ausgabe 11/2003

Boudreau 2005

Boudreau, M.-C.; Robey, D.: Enacting Integrated Information Technology: A Human Agency Perspective. Organization Science, 16 (2005) 1, S. 3–18

BPEL 2009
http://www.oasis-open.org/home/index.php, letzter Zugriff 16. Spetember 2009.

BPMI 2009
http://www.bpmi.org, letzter Zugriff 16. Spetember 2009

BPOM 2009
http://bmi.omg.org, , letzter Zugriff 16. Spetember 2009.

Bretzke 2006
Bretzke, W.-R.: Supply Chain Management. Sieben Thesen zur zukünftigen Entwicklung logistischer Netzwerke. Supply Chain Management III/2006, S. 7–12

Brinkmann 2000
Brinkmann, S., Zeilinger, A.: Finanzwesen mit SAP R/3. 2. Auflage Bonn 2000

Bröckermann 2003
Bröckermann, R.: Personalwirtschaft. Lehr- und Übungsbuch für Human Resource Management. 3. Auflage Stuttgart 2003

Brunthaler 2002
Brunthaler, S., Wefelmeier, T.: Durchgängige Prozesse zwischen Standardsoftware und Lagerverwaltung. PPS Management 7 (2002) 1, S. 71–73

Buchsein 2007
Buchsein, R., Victor, F., Günther, H., Machmeier, V.: IT Management mit ITIL V3. Wiesbaden 2007

Buck-Emden 1995
Buck-Emden, R.; Galimow, J.: Die Client/Server-Technologie des SAP-Systems R/3. Basis für betriebliche Standardanwendungen. 2. Auflage Bonn 1995

Bullinger 1989
Bullinger, H.-J. u.a.: Künstliche Intelligenz in Konstruktion und Arbeitsplanung. Landsberg/Lech 1989

Bürgel 2000
Bürgel, L. u.a.: Controlling. Ein Instrument zur ergebnisorientierten Unternehmenssteuerung und langfristigen Existenzsicherung. 4. Auflage Berlin 2000

Burr 2003
Burr, W.: Service-Level-Agreements: Arten, Funktionen und strategische Bedeutung. In: M. G. Bernhard, H. Mann, W. Lewandowski, J. Schrey (Hrsg.): Praxishandbuch Service-Level-Management: die IT als Dienstleistung organisieren. Düsseldorf 2003, S. 33–44

Busch 2004
Busch, A., Dangelmaier, W. (Hrsg.): Integriertes Supply Chain Management. 2. Auflage Wiesbaden 2004

Buse 1997
Buse, H.P.: Wandelbarkeit von Produktionsnetzen. Auswirkungen auf die Gestaltung des interorganisationalen Logistiksystems. In: Dangelmaier, W. (Hrsg.): Vision Logistik – Vision wandelbarer Produktionsnetze. Paderborn 2002, S. 71–140

Chamoni 2010
Chamoni, P.: Data Mining. In: Kurbel, K. u.a. (Hrsg.): Enzyklopädie der Wirtschaftsinformatik. http://www.oldenbourg.de:8080/wi-enzyklopaedie/lexikon/daten-wissen/Business-Intelligence/Analytische-Informationssysteme--Methoden-der-/Data-Mining, letzter Zugriff am 4. Februar 2010

Corsten 2001
Corsten, H., Gössinger, R.: Advanced Planning Systems – Anspruch und Wirklichkeit. PPS Management 6 (2001) 2, S. 32–39

Corsten 2004
Corsten, D., Gabriel, C.: Supply Chain Management erfolgreich umsetzen. 2. Auflage Heidelberg 2004

Corsten 2004a
Corsten, H.: Produktionswirtschaft. 10. Aufl. München 2004

Cronjäger 1990
Cronjäger, L. (Band-Hrsg.): Bausteine für die Fabrik der Zukunft. In: Bey, I. (Hrsg.): CIM-Fachmann. Berlin Heidelberg New York 1990

Davenport 2010
Davenport, T.: The new World of Business Analytics.
http://www.sas.com/resources/asset/IIA_NewWorldofBusinessAnalytics_March2010.pdf

Deges 1999
Deges, F.: Einsatz interaktiver Medien im Unternehmen. Stuttgart 1999

Devlin 1988
Devlin, B.A., Murphy, P.P.: An Architecture for a Business and Information System. IBM Systems Journal, 27 (1988) 1, S. 26–32

Dickersbach 2004
Dickersbach, J.: Supply Chain Management with APO. Heidelberg 2004

Dittrich 2009
Dittrich, J., Mertens, P., Hau, M., Hufgard, A.: Dispositionsparameter in der Produktionsplanung mit SAP. Einstellungshinweise, Wirkungen, Nebenwirkungen. 5. Auflage Braunschweig Wiesbaden 2009

Dolmetsch 2000
Dolmetsch, R.: E-Procurement – Sparpotential im Einkauf. Bonn 2000

Dostal 2005
Dostal, W. et al. : Service-orientierte Architekturen mit Web Services. Elsevier (München), 2005

Eggert 2006
Eggert, S.: Business Intelligence. Das aktuelle Stichwort. ERP Management 3/2006, S. 19

Eggert 2007
Eggert, S.: Marktrecherche zu Funktionen und Trends von Personalinformationssystemen. ERP Management 3. Jg. Heft 1, S. 49–58

Eggert 2007a
Eggert, S.: Outsourcing. ERP Management, 3 (2007) 3, S. 16

Eicker 1997
Eicker, S., Jung, R., Nietsch, M., Winter, R.: Development of Data Warehouses for Production Controlling Systems. In: Kocaoglu, D.F.; Anderson, T.R. (Hrsg.): Innovation in Technology Management – The Key to Global Leadership, Proceedings PICMET '97; Portland State University 1997, S. 725–728

Ellerbrock 1995
Ellerbrock, K.; Kühn, M.: Kanban/Just-in-time und Serienplanung im System R/3. SAP-info (1995) 3

Engler 2006
Engler, B.: Mobiler Vertrieb im Maschinen- und Anlagenbau mit mySAP CRM. PPS Management 11 (2006) Heft 2, S. 29–31

Erl 2005
Erl, T.: Service-Oriented Architecture : Concepts, Technology, and Design. Pearson Education, 2005

Eversheim 2000
Eversheim, W.: Qualitätsmanagement für Dienstleister. Grundlagen, Selbstanalyse, Umsetzungshilfen. 2. Aufl. Berlin Heidelberg New York 2000

Eversheim 2002
Eversheim, W.: Organisation in der Produktionsvorbereitung. Arbeitsvorbereitung. Berlin u.a. 2002

Fayyad 1996
Fayyad, U.M.; Piatetsky-Shapiro, G.; Smyth, P.: From data mining to knowledge discovery: An overview. In: Fayyad, U.M.; Piatetsky-Shapiro, G.; Smyth, P.; Uthurusamy, R. (Hrsg.): Advances in knowledge discovery and data mining. Menlo Park et al. : AAAI Press, 1996, S. 1–34

Felser 1999
Felser, W. u.a.: Strategische Auswahl von SCM-Systemen. PPS Management 4 (1999) 4, S. 10–16

Finger 1996
Finger, J.: Managementaufgabe PPS-Einführung. Düsseldorf 1996

Fink 2001
Fink, A., Schneidereit, G., Voß, S.: Grundlagen der Wirtschaftsinformatik. Heidelberg 2001

Flato 2006
Flato, E., Reinbold-Scheible, S.: Personalentwicklung. Mitarbeiter qualifizieren, motivieren und fördern. Landsberg 2006

Flory 1995
Flory, M.: Computergestützter Vertrieb von Investitionsgütern. Wiesbaden 1995

Friedl 2002
Friedl, G., Hilz, Ch., Burkhard, P.: Controlling mit SAP R/3. 2. Auflage Braunschweig Wiesbaden 2002

Gadatsch 2005
Gadatsch, A., Frick, D.: SAP-gestütztes Rechnungswesen. 2. Auflage Braunschweig Wiesbaden 2005

Gell-Mann 1998
Gell-Mann, M.: Das Quark und der Jaguar – Vom Einfachen zum Komplexen. München 1998

Gläßner 1993
Gläßner, J.: Controlling beschaffungslogistischer Abläufe. In: Wiendahl, H.-P. (Hrsg.): Neue Wege der PPS. Innovative Konzepte, Praxislösungen und Forschungsansätze zur durchgängigen Steuerung und Überwachung einer kundenorientierten Produktion. IFA-Kolloquium 1993, Tagungsband München 1993

Goldman 1995
Goldman, S. L., Nagel, R. N., Preiss, K.: Agile competitors and virtual organizations: strategies for enriching the customer; New York 1995

Gomez 2006
Gomez, J. M. u. a.: Einführung in SAP Business Information Warehouse, Berlin, Heidelberg, New York 2006

Göttgens 2003
Göttgens, O.; Schmidt, A.: Customer Relationship Management – Konzeption aus Kundensicht. In: Teichmann, R. (Hrsg.): Customer und Shareholder Relationship Management. Erfolgreiche Kunden- und Aktionärsbindung in der Praxis. Berlin Heidelberg New York 2003

Grobbel 1998
Grobbel, R., Langemann, T.: Leitfaden PPS-Systeme. Auswahl und Einführung in der Möbelindustrie. Heinz-Nixdorf-Institut-Verlagsschriftenreihe, Bd. 39. Paderborn 1998

Groh 2000
Groh, K.: Leistungsbeschreibung und Abnahme von IT-Anwendungssystemen. München 2000

Gronau 1989
Gronau, N.; Klotz, M.: Funktionale Anforderungen an eine rechnergestützte Instandhaltung. CIM Management 4/1989, S. 70–76

Gronau 1992
Gronau, N.: Rechnergestütztes Produktionsmangement. PPS-Systeme sind keine Managementinformationssysteme. Zeitschrift für Fortschrittliche Betriebsführung und Industrial Engineering 41 (1992) 4, S. 160–163

Gronau 1994
Gronau, N.: Führungsinformationssysteme für das Management der Produktion. München Wien 1994

Gronau 1997
Gronau, N.: Data-Warehouse-Systeme in der industriellen Nutzung. Industrie Management 13 (1997) 3, S. 23–33

Gronau 1999
Gronau, N.: Management von Produktion und Logistik mit SAP R/3. 3. Auflage München 1999

Gronau 2001
Gronau, N.: Betriebliche Standardsoftware – Auswahl und Einführung. München Wien 2001

Gronau 2001a
Gronau, N.: E-Commerce-Funktionen in PPS- bzw. ERP-Systemen. Zeitschrift für Betriebswirtschaft, ZfB-Ergänzungsheft 3/2001, S. 39–51

Gronau 2001b
Gronau, N., Weber, E.: Marktüberblick Lagerverwaltungssysteme. PPS Management 6 (2001) 3, S. 46–58

Gronau 2002
Gronau, N.; Weber, E.: Optimierung von Lagerbewegungen durch Integration von SCM-Informationen. PPS Management 7 (2002) 3, S. 18–22

Gronau 2003
Gronau, N., Weber, E.: Optimierung von Lagerbewegungen durch Integration von SCM-Informationen. In: Wildemann, H. (Hrsg.): Moderne Produktionskonzepte für Güter- und Dienstleistungsproduktionen. München 2003, S. 373–386

Gronau 2004
Gronau, N., Wildemann, H., Zäh, M.: Entwicklung und Betrieb wandlungsfähiger Auftragsabwicklungssysteme. Industrie Management 20 (2004) 2, S. 25–30

Gronau 2005
Gronau, N.: Ermittlung der Zukunftsfähigkeit unternehmensweiter Anwendungssysteme. ERP Management, Heft 2, Jahrgang 2005, S. 26–29

Gronau 2006
Gronau, N.: Wandlungsfähige Informationssystemarchitekturen – Nachhaltigkeit bei organisatorischem Wandel. 2. Auflage GITO-Verlag (Berlin), 2006

Gronau 2006a
Gronau, N.; Fröming, J.; Schmid, S.: Softwaregestütztes Staffing zur kompetenzorientierten Zusammenstellung von Projektteams. In: Gronau, N.; Fröming, J.; Schmid, S.: Kompetenzmanagement in der Praxis, Schulung, Staffing und Anreizsysteme. Berlin 2006, S. 179–195

Gronau / Schmid 2006
Gronau, N.; Schmid, S.: Knowledge-based extension of ITIL process models in ERP service support. In: Proceedings of the 12th Americas Conference on Information Systems (AMCIS). Acapulco, Mexico 2006

Gronau 2007
Gronau, N.; Lämmer, A.; Andresen, K.: Entwicklung wandlungsfähiger Auftragsabwicklungssysteme. In: Gronau, N.; Lämmer, A.; Andresen, K. (Hrsg.): Wandlungsfähige ERP-Systeme, 2. Aufl. GITO-Verlag, Berlin, 2007, S. 45–66

Gronau 2009
Gronau, N. u.a.: Wissen prozessorientiert managen. Methode und Werkzeuge für die Nutzung des Wettbewerbsfaktors Wissen in Unternehmen. München 2009

Gronau 2009a
Gronau, N.: Auswahl von MES. Vorgehen und Praxiserfahrungen. Productivity Management 14. Jg. (2009), Ausgabe 3, S. 30–31

Gronau 2010a
Gronau, N.: ERP-Auswahl mittels RoI-Analyse – Risikoreduzierung und Nutzensteigerung. ERP Management. 6. Jahrgang 2010, Ausgabe 3, S. 17–20

Gronau 2012
Gronau, N.: Handbuch der ERP-Auswahl. GITO Berlin 2012

Gronau/Eggert 2005
Gronau, N., Eggert, S.: IT-Unterstützung im Customer Relationship Management. ERP Management 1 (2005) Heft 1, S. 56–63

Gründer 2004
Gründer, T., Lessmann, A.: Service Level Agreements. In: Gründer, T. (Hrsg.): IT-Outsourcing in der Praxis. Strategien, Projektmanagement, Wirtschaftlichkeit. Berlin 2004

Grupp 1997
Grupp, B.: Materialwirtschaft mit EDV im Mittel- und Kleinbetrieb. 5. Auflage Renningen 1997

Gümbel 2004
Gümbel, H.: Semiramis – The Native Next-Generation Business Software, 4.5. Vers., A White Paper, 2004

Günther 2006
Günter, C., Deckl. A.: Kundenbeziehungsmanagement. ERP Management 2 (2006), Heft 4, S. 34–37

Hahn 1998
Hahn, A.: Integrationsumgebung für verteilte objektorientierte Ingenieursysteme. Paderborn 1998

Hahn 1999
Hahn, D; Taylor, B: Strategische Unternehmensplanung – strategische Unternehmensführung. 8. Auflage Wiesbaden 1999

Hahn 2003
Hahn, A.; Benger, A.; Kern, E-M.: Peer-to-Peer Process Integration in Virtual Engineering Organizations. In (Camarinha-Matos, J.; Afsarmanesh, H. Hrsg.): Processes and Foundations for Virtual Organizations, Kluwer Academic Publishers, 2003

Hansen 2001
Hansen, H.R.: Wirtschaftsinformatik I – Grundlagen betrieblicher Informationsverarbeitung. 8. Auflage Stuttgart 2001

Harrison 2001
Harrison, T.P.: Global Supply Chain Design. Information Systems Frontiers 4 (2001) Heft 4, S. 413–416

Heinrich 2005
Heinrich, L. J., Lehner, F.: Informationsmanagement. 8. Aufl. München 2005

Hermann 2008

Hermann, C.: Daten für volle Schubkraft. Integrierter QS-Prozess vom Wareneingang bis zur Auslieferung. QZ Qualität und Zuverlässigkeit 53. Jg. 2008, Heft 12, S. 32–34

Hesser 1992

Hesser, W.; Düsterbeck, B.: Perspektiven für eine CIM-orientierte Schlüsselung und Identifizierung, CIM Management 8 (1992) 6, S. 42–49

Hettersheim 2008

Hettersheim, D.: Im Prozess der Qualität. PPS Management 13. Jg. (2008) Heft 2, S. 45–47

Hettich 2001

Hettich, S., Hippner, H.: Assoziationsanalyse. In: Hippner, H. u.a. (Hrsg.): Handbuch Data Mining im Marketing – Knowledge Discovery in Marketing Databases. Wiesbaden 2001, S. 427–463

Hilti 1990

Hilti, M.: CIM und Instrumente zur wirtschaftlichen Steuerung und Überwachung der Fertigung. In: Bleicher, G.; Dräger, R.S. (Hrsg): Unternehmerisches Handeln – Wege, Konzepte und Instrumente. Festschrift für Hans Siegwart. Bern 1990

Hippner 2003

Hippner, H., Wilde, K.: Customer Relationship Management – Strategie und Realisierung. In: Teichmann, R. (Hrsg.): Customer und Shareholder Relationship Management. Berlin Heidelberg New York 2003

Hippner 2006

Hippner, H.: Komponenten und Potenziale eines analytischen Customer Relationship Management. In: Chamoni, P., Gluchowski, P. (Hrsg.): Analytische Informationssysteme. 3. Aufl. Berlin 2006, S. 362–384

Hochstein 2004

Hochstein, A., Zarnekow, R., Brenner, W.: ITIL als Common-Practice-Referenzmodell für das IT-Service-Management. Formale Beurteilung und Implikationen für die Praxis. In: Wirtschaftsinformatik, 46 (2004) 5, S. 382–389

Hoitsch 1990

Hoitsch, H.-J.: Aufgaben und Instrumente des Produktionscontrollings. WiSt (1990) 12, S. 605–613

Hoitsch 1992

Hoitsch, H.-J.: Produktionscontrolling im CIM-Konzept. CIM MANAGEMENT 8 (1992) 1, S. 18–25

Homburg 2008

Homburg, C.; Schäfer, H., Schneider, J.:Sales Excellence. Vertriebsmanagement mit System. 5. Aufl. Wiesbaden 2008

Hüllenkremer 1990

Hüllenkremer, M.: Rechnerunterstützte Arbeitsplanerstellung im CIM-Konzept. In: Krallmann, H.; Gronau, N.; Scholz-Reiter, B. (Hrsg): CIM. Expertenwissen für die Praxis. München Wien 1990

Inmon 1992

Inmon, W.H.: Building the Data Warehouse. Boston 1992

ISAC 2006

O. V.: CobiT 4.1. ISACA, Rolling Meadows, USA 2006

ITGI 2005

O. V.: Aligning COBIT, ITIL and ISO 17799 for Business Benefit – A Management Briefing from ITGI and OGC. IT Governance Institute, Office of Government Commerce, Rolling Meadows, USA; Norwich, UK 2005

Kaib, 2002
Kaib, M.: Enterprise Application Integration. Wiesbaden 2002

Kamiske 1996
Kamiske, G. (Hrsg.): Rentabel durch TQM. Berlin Heidelberg New York 1996

Kapp 2001
Kapp, K. M., Latham, W. F., Ford-Latham, H. N.: Integrated Learning for ERP Success. A Learning Requirements Planning Approach. Boca Raton, Florida 2001

Kemper 2004
Kemper, H.-G., Hadijicharalambous, E., Paschke, J.: IT Servicemanagement in deutschen Unternehmen – Ergebnisse einer empirischen Studie zu ITIL. In: A. Meier, T. Myrach (Hrsg.). IT Servicemanagement. Heidelberg 2004, S. S. 22–31

Kernler 1993
Kernler, H.: PPS der 3. Generation. Grundlagen, Methoden, Anregungen. Heidelberg 1993

Klenger 2002
Klenger, F., Falk-Kalms, E.: Kostenstellenrechnung mit SAP R/3. 3. Auflage Braunschweig Wiesbaden 2002

Knolmayer 1997
Knolmayer, G. u.a.: Erfahrungen mit der Einführung von SAP R/3 in Schweizer Unternehmungen. Studie der Abteilung Information Engineering des Instituts für Wirtschaftsinformatik der Universität Bern. 2. Auflage Bern 1997

Knolmayer 2000
Knolmayer, G., Mertens, P., Zeier, A.: Supply Chain Management auf Basis von SAP-Systemen. Berlin Heidelberg New York 2000

Kohler 2009
Global Supply Chain Design – Konzeption eines Optimierungsmodells für die Gestaltung globaler Wertschöpfungssysteme. In: Bogaschewski, R. u.a.: Supply Management Research. Wiesbaden 2009, S. 153–193

Konradin 2009
Konradin: Einsatz von ERP-Lösungen in der Industrie, Techreport ERP-Studie. Konradin Mediengruppe, 2009

Krcmar 2009
Krcmar, H.: Informationsmanagement. 5. Aufl. Berlin Heidelberg New York 2009

Kübel 2005
Kübel, A.: ERP-Schulung: Kosten senken – Nachhaltigkeit erhöhen. ERP Management, 1 (2005), S. 14–17

Kurbel 2011
Kurbel, K.: Enterprise Resource Planning und Supply Chain Management in der Industrie. 7. Auflage München 2011

Lackes 2013
Lackes, R., Siepermann, M.: MRP: http://wirtschaftslexikon.gabler.de/Archiv/78143/mrp-v7.html (Letzter Abruf 28.12.2013)

Lewandowski 2000
Lewandowski, W., Mann, H.: Erfolgreiches Outsourcing – Eine gute Prozesssteuerung ist die halbe Miete. In: M. G. Bernhard, W. Lewandowski, H. Mann (Hrsg.): Service-Level-Management in der IT. Düsseldorf 2000, S. 215–234

Lindemann 2007

Lindemann, M. u.a.: Marktübersicht: Planung und Steuerung in der Serienfertigung. PPS Management 12. Jahrgang 2007, S. 30–39

Linnartz 2004

Linnartz, W., Heck, G., Kohlhoff, B., Schmidt, B.: Application Management Services und Support. Erlangen 2004

Litke 1993

Litke, H.: Projektmanagement. Methoden, Techniken, Verhaltensweisen. 2. Auflage München Wien 1993

Litke 1995

Litke, H.: Projektmanagement. Methoden, Techniken, Verhaltensweisen. 3. Auflage München Wien 1995

Luczak 1999

Luczak, H., Eversheim, W. (Hrsg.): Produktionsplanung und -steuerung. Grundlagen, Gestaltung und Konzepte. 2. Auflage Berlin Heidelberg New York 1999

Luczak 2005

Luczak, H., Meyer, M.: Zukünftige Herausforderungen in der PPS serienproduzierender Unternehmen. PPS Management 10. Jahrgang (2005), Ausgabe 2, S. 59–62

Mann 2002

Mann, S., Borusan, A., Ehrig, H., Große-Rhode, M., Mackenthun, R., Sünbül, A., Weber, H.: Towards a Component Concept for Contiunuos Software Engineering. Institut Software- und Systemtechnik Frauenhofer Gesellschaft. Bericht 55/00, Oktober 2000.

Männel 1996

Männel, W.: Netzwerke in der Zulieferindustrie. Konzepte, Gestaltungsmerkmale, Betriebswirtschaftliche Wirkungen. Wiesbaden 1996

Marczinksi 2008

Marczinski, G.: Einsatzgebiete von ERP-, APS- und MES-Lösungen. ERP Management 4. Jg. 2008, Heft 4, S. 62–64

Matyas 2002

Matyas, K.: Ganzheitliche Optimierung durch individuelle Instandhaltungsstrategien. Industrie Management 18 (2002) 2, S. 13–16

McNurlin 2001

McNurlin, B.; Sprague, R.: Information Systems Management in Practice. 5. Auflage Upper Saddle River, New Jersey 2002.

Meinhardt 1995

Meinhardt, S.; Teufel, T.: Business Reengineering im Rahmen einer Prozeßorientierten Einführung der SAP-Standardsoftware R/3. In: Brenner, W.; Keller, G. (Hrsg.): Business Reengineering mit Standardsoftware. Frankfurt 1995.

Merkel 1986

Merkel, H.: Von PPS- zu MRP II-orientierten Systemen. CIM Management 2 (1986) 4, S. 35–41

Mertens 1994

Mertens, P.: Prognoserechnung. 5. Aufl. Berlin Heidelberg New York 1995

Mertens 2007

Mertens, Peter: Integrierte Informationsverarbeitung 1 – Operative Systeme in der Industrie. 16. Auflage Wiesbaden 2007

Mertens 2008
Mertens, P., Meier, M. C.: Integrierte Informationsverarbeitung 2. Planungs- und Kontrollsysteme in der Industrie.10. Aufl. Wiesbaden 2008

Meyer 2000
Meyer, H., Steven. M.: Kommunikation und Koordination in virtuellen Fabriken. PPS Management 5 (2000) 4, S. 29–35

Mißbach 2003
Mißbach, M., Sosnitzka, R., Stelzel, J., Wilhelm, M.: SAP-Systembetrieb. Bonn 2003

Mülder 2002
Mülder, W.; Hohoff, U.; Kaneko, H.: Personalinformationssysteme. In: Stelzer-Rothe, T. (Hrsg.): Personalmanagement für den Mittelstand. Heidelberg 2002, S. 255–288

Müller 2004
Müller, W.: Integriertes Projektmanagement in ERP-Systemen. PPS Management 9. Jg. (2004) Heft 1, S. 25–28

Müller 2005
Müller, W.: Fremdvergabe in der Einzelfertigung. PPS Management 10. Jg. (2005) Heft 2, S. 11–14

Neckel 2005
Neckel, P., Knobloch, B.: Customer Relationship Analytics – Praktische Anwendung des Data Mining im CRM. Heidelberg 2005

Nickerson 2001
Nickerson, Robert C.: Business and Information Systems. 2. Auflage Upper Saddle River, New Jersey 2001

Nohr 2006
Nohr, H. u.a.: Analytisches CRM in Verbundgruppen des Handels. ERP Management 2 (2006) Heft 4. S. 30–33

OGC 2005
O. V.: Best Practice for planning to implement Service Management. Office of Government Commerce, London 2005

OCG 2007a
O. V.: Service Strategy. Office of Government Commerce, London 2007

OCG 2007b
O. V.: Service Design. Office of Government Commerce, London 2007

OCG 2007c
O. V.: Service Transition. Office of Government Commerce, London 2007

OCG 2007d
O. V.: Service Operations. Office of Government Commerce, London 2007

OCG 2007e
O. V.: Continual Service Improvement. Office of Government Commerce, London 2007

Oechsler 2000
Oechsler, W.A.: Personal und Arbeit: Grundlagen des Human Resource Management und der Arbeitgeber-Arbeitnehmer-Beziehungen. 7. Auflage München Wien 2000

Olfert 2001
Olfert, K., Steinbuch, P.: Personalwirtschaft. 9. Auflage Ludwigshafen 2001

Oswald 2006
Oswald, G.: SAP Service and Support. Bonn 2006

Paegert 1996
Paegert, C. u.a.: Bapsy4: Prozeßorientierte Bewertung und Auswahl von Standard-PPS-Systemen. Sonderdruck 2/96 des Forschungsinstituts für Rationalisierung e.V. an der RWTH Aachen 1996

Papmehl 1998
Papmehl, A.: Absolute Customer Care – wie Topunternehmen Kunden als Partner gewinnen. Wien 1998

Paul 1991
Paul, G.: CIM-Basiswissen für die Betriebspraxis – Für Unternehmer und Führungskräfte. Braunschweig Wiesbaden 1991

Peroz 1998
Peroz, M. u.a.: Geschäftsprozesse im Internet mit SAP R/3. Chance zur Neugestaltung betriebswirtschaftlicher Informationswege. Bonn u.a. 1998

Picot 2003
Picot, A., Reichwald, R., Wiegand, R. T.: Die Grenzenlose Unternehmung – Information, Organisation und Management. 4. Auflage, Wiesbaden 2003.

Pirron 1998
Pirron, O. u.a.: Supply Chain Management. Werkzeuge der Zukunft. Logistik heute (1998) 11, S. 60–69

Pohl 2002
Pohl, K.: Produktionsmanagement mit SAP R/3. Berlin Heidelberg New York 2002

Potthof 1998
Potthoff I.: Kosten und Nutzen der Informationsverarbeitung. Wiesbaden 1998

Preißler 1985
Preißler, P.: Controlling – Lehrbuch und Intensivkurs. München Wien 1985

Quantz 2003
Quantz, J., Wichmann, T.: E-Business-Standards in Deutschland, Bestandsaufnahme, Probleme, Perspektiven, Berlecon Research GmbH, Berlin, April 2003

Rau 2002
Rau, C. u.a.: Der Web Application Server. E/3 (2002) 1)2, S. 14–18

Reichmann 2001
Reichmann, T.: Controlling mit Kennzahlen und Managementberichten. 6. Auflage München 2001

Remus 2002
Remus, U.: Prozessorientiertes Wissensmanagement – Konzepte und Modellierung. Dissertation, St. Gallen 2002

Rieger 1990
Rieger, B.: Executive Information Systems (EIS): Rechnergestützte Aufbereitung von Führungsinformationen. In: Krallmann, H. (Hrsg.): Innovative Anwendungen der Informations- und Kommunikationstechnologien in den 90er Jahren. München Wien 1990

Saaty 2001
Saaty, Thomas L., Vargas, Luis G.: Models, Methods, Concepts & Applications of the Analytic Hierarchy Process. Kluwer Academic Publishers, Massachusetts, 2001

Scheer 1997
Scheer, A.-W.: Wirtschaftsinformatik. Referenzmodelle für industrielle Geschäftsprozesse. 7. Auflage Berlin Heidelberg New York 1997

Scherer 2003
Scherer, E., Schaffner, D.: SAP Training. Konzeption, Planung, Realisierung. Walldorf 2003

Schertler 1985
Schertler, W.: Unternehmungsorganisation – Lehrbuch der Organisation und strategische Unternehmensführung; 2. Auflage, München Wien 1985

Schmid 2008
Schmid, S.: Wissensbasierte Konzeption der Wartungsorganisation im Betrieb komplexer ERP-Systeme. Dissertation Universität Potsdam 2008

Schmidt 2009
Schmidt, B.: Wettbewerbsvorteile im SAP-Outsourcing durch Wissensmanagement – Methoden zur effizienten Gestaltung des Übergangs ins Application Management. Berlin 2009

Schmitz 1999
Schmitz, R.: Einführung von PPS-Systemen. In: Luczak, H.; Eversheim, W. (Hrsg.): Produktionsplanung und -steuerung, Grundlagen, Gestaltung und Konzepte. 2. Auflage Berlin Heidelberg 1999

Schmolke 1998
Schmolke, S., Deitermann, M.: Industrielles Rechnungswesen IKR. 26. Auflage Darmstadt 1998

Schneeweiß 2002
Schneeweiß, C.: Einführung in die Produktionswirtschaft. 8. Auflage Berlin Heidelberg New York 2002

Scholz 2000
Scholz, C.: Personalmanagement: Informationsorientierte und verhaltenstheoretische Grundlagen; 5. Auflage München 2000

Scholz-Reiter 1999
Scholz-Reiter, B., Jakobza, J.: Suppply Chain Management – Überblick und Konzeption. HMD 207/1999, S. 7–15

Schönherr 2005
Schönherr, M.: Enterprise Application Integration (EAI und Middleware). Grundlagen, Architekturen und Auswahlkriterien. ERP Management 1/2005, Heft 1, S. 25–29

Schönsleben 2002
Schönsleben, P.: Integrales Logistikmanagement. Berlin Heidelberg New York 2002

Schönsleben 2003
Schönsleben, P. u.a.: Verstärkung des Bullwhip-Effekts durch konstante Plan-Durchlaufzeiten. Wie Lieferketten mit einer Bestandsregelung Nachfrageschwankungen in den Griff bekommen. PPS Management 8 (2003) 1, S. 41–45

Schreyögg 2003
Schreyögg, G.: Organisation – Grundlagen moderner Organisationsgestaltung. 4. Auflage, Wiesbaden 2003.

Schumacher 2004
Schumacher, J.; Meyer, M.: Customer Relationship Management strukturiert dargestellt. Prozesse, Systeme, Technologien. Berlin 2004

Seifert 2003
Seifert, D.: Collaborative Planning, Forecasting and Replenishment. Supply Chain Management I/2003, S. 41–47

Shaw 1996
Shaw, M., Garlan, D.: Software Architecture – Perspectives on an emerging discipline. Prentice-Hall, New Jersey 1996

Sneed 2005
Sneed, H.M.; Hasitschka, M.; Teichmann, M.-T.: Software-Produktmanagement – Wartung und Weiterentwicklung bestehender Anwendungssysteme. dpunkt (Heidelberg) 2005

Sneed 2006
Sneed, M. H.: Wrapping Legacy Software for Reuse in a SOA. In (Lehner, F.; Nösekabel, H.; Kleinschmidt, P. Hrsg.): Multikonferenz Wirtschaftsinformatik 2006, GITO-Verlag Berlin, 2006

Spath 2001
Spath, D. u.a.: PPS in segmentierten Strukturen: Überflüssig oder unerlässlich? PPS Management 6 (2001) 3, S. 10–14

Speck 2003
Speck, P., Wagner, D.: Personalmanagement im Wandel: Vom Dienstleister zum Business Partner. Wiesbaden 2003

Stache 2002
Stache, U.: Methoden zur Optimierung von Beständen. Teil 1 – Universelle Verfahren der Bestandsoptimierung. PPS Management 7 (2002) 2, S. 62–66

Staehle 1999
Staehle, W. H.: Management. 8. Auflage München 1999

Stahlknecht 2002
Stahlknecht, P.; Hasenkamp, U.: Einführung in die Wirtschaftsinformatik. 10. Auflage Berlin Heidelberg 2002

Stein 1996
Stein, T.: PPS-Systeme und organisatorische Veränderungen. Ein Vorgehensmodell zum wirtschaftlichen Systemeinsatz. Berlin Heidelberg New York 1996

Steven 2000
Steven, M., Kürger, R., Tengler, S.: Informationssysteme für das Supply Chain Management. PPS Management 5 (2000) 2, S. 15–21

Stevens 1989
Stevens, G.: Integrating the Supply Chain. International Journal of Physical Distribution & Materials Management 19 (1989) 8, S. 3–8

Stewart 1997
Stewart, G.: Supply Chain Operations Reference Model (SCOR). In: Logistics information management, 10. Jg., 1997, Heft 2, S. 62–67

Stommel 2004
Stommel, H.: Dezentrale Informationssysteme im Supply Network. In: Baumgarten, H., u. a. (Hrsg.): Supply Chain Steuerung und Services. Logistikdienstleister managen globale Netzwerke – Best practises. Berlin, Heidelberg, New York 2004, S. 91–100

Supply Chain Council
Supply Chain Council: SCOR Overview-Overview of the SCOR Model V6.0. http//www.supply-chain.org, Pittsburgh (letzter Abruf 10.2.2010)

Swift 2001
Swift, R.: Accelerating Customer Relationships, Prentice Hall, Upper Saddle River NJ 2001, S. 28

Tappe 1999
Tappe, D., Mussäus, K.: Efficient Consumer Response als Baustein im Supply Chain Management. HMD 207/1999, S. 47–57

Teich 2005
Teich, T.: Materialbedarfsplanung. Online-Lehreinheit FH Zwickau. http://www.fh-zwickau.de/wiwi/teich/download/skripte/SAP/Baustein1/le09/b1le09_00.html (letzter Abruf 28.9.2009)

Thieme 1999
Thieme, K.-H., Steffen, W.: Call Center – der professionelle Dialog mit dem Kunden. Landsberg/Lech 1999

Thomen 2000
Thomen, J. P.: Managementorientierte Betriebswirtschaftslehre. 6. Aufl. Zürich 2000

Trecek 2000
Trcek, S.: eBusiness Software mit Enterprise Java Beans. PPS Management 5. Jahrgang (2000), Ausgabe 1, S. 56–59

Trix 1999
Trix, P.: Interactive Selling-Systeme – Die neue Dimension des Verkaufens. CAS-Report, Special der Zeitschrift salesprofi 1999, S. 32–35

Van der Hay 2000
Van der Hay, D.: One Customer, one view. Intelligent Enterprises Magazin, Heft 4/2000

Vorndorn 2006
Vorndorn, F. u.a.: MySAP ERP Geschäftsprozesse, Funktionalität, Upgrade, Strategie. Bonn 2006

Wall 1996
Wall, F.: Organisation und betriebliche Informationssysteme – Elemente einer Konstruktionslehre; Wiesbaden 1996 (zugl. Habilitation, Universität Hamburg, 1996)

Wannenwetsch 2005
Wannenwetsch, H., Vernetztes Supply Chain Management. SCM-Integration über die gesamte Wertschöpfungskette. Berlin, Heidelberg, New York 2005

Warnecke 1984
Warnecke, H.J.: Der Produktionsbetrieb. Eine Industriebetriebslehre für Ingenieure. Berlin u.a. 1984

Warnecke 1993
Warnecke, H.-J.: Revolution der Unternehmenskultur. Das Fraktale Unternehmen. 2. Auflage Berlin Heidelberg New York 1993

Weber 2000
Weber, J., Dehler, M., Wertz, B.: Supply Chain Management und Logistik. Wirtschaftswissenschaftliches Studium 5 (2000), S. 264–269

Wehrmeister 2001
Wehrmeister, D.: Customer Relationship Management. Kunden gewinnen und an das Unternehmen binden. Köln 2001

Weidenhaun 2003
Weidenhaun, J., Niehsen, F.: ERP-Lösungen für die Nahrungsmittel- und Prozessindustrie. PPS Management 8. Jg. (2003) Heft 4, S. 36–39

Wenzel 2001
Wenzel, P.: Rechnungswesen mit SAP R/3. Braunschweig Wiesbaden 2001

Wiencke 1999
Wiencke, W., Kroke, D.: Call Center Praxis – Den telefonischen Kundenservice erfolgreich organisieren. 2. Aufl. Düsseldorf 1999

Wiese 2009

Wiese, C.: Business Software: Kundenbedürfnisse und Benutzerfreundlichkeit im Mittelpunkt. ERP Management 6. Jg. 2009, Heft 1, S. 62–63

Wight 1984

Wight, O.: Manufacturing Resource Planning: MRP II – Unlocking America's Productivity Potential. Revised Edition. New York et. al. 1984

Wildemann 1988

Wildemann, H.: Die modulare Fabrik – Kundennahe Produktion durch Fertigungssegmentierung. 5. Auflage München 1998

Wildemann 1997

Wildemann, H.: Koordination von Unternehmensnetzwerken. Zeitschrift für Betriebswirtschaft 67 (1997), S. 417–439

Wildemann 2001

Wildemann, H.: Systemorientiertes Controlling schlanker Produktionsstrukturen. 4. Auflage München 2001

Wischnewski 1999

Wischnewski, Erik: Modernes Projektmanagement. 6. Auflage Wiesbaden 1999

Womack 1997

Womack, J.P., Jones, D.T.: Auf dem Weg zum perfekten Unternehmen. Frankfurt 1997

Wrede 1999

Wrede, P.v. u.a.: Was leisten Supply Chain Management-Systeme? FIR+IAW Mitteilungen (1999) 1, S. 8

Yilmaz 2006

Yilmaz, Y.: Business Intelligence – Management von Informationsintensiven Prozessen. ERP Management 3/2006, S. 35–37

Zahn 1996

Zahn, E., Schmid, U.: Produktionswirtschaft I: Grundlagen und operatives Produktionsmanagement. Stuttgart 1996

Zäpfel 1996

Zäpfel, G.: Supply Chain Controlling: interaktive und dynamische Regelung der Material- und Warenflüsse. Wien 1996.

Abkürzungsverzeichnis

AnBu	Anlagenbuchhaltung
API	Application Programming Interface
BANF	Bestellanforderung
CAD	Computer Aided Design
CAP	Computer Aided Planning
CORBA	Common Object-Oriented Request Broker Architecture
CRM	Customer Relationship Management
CTI	Computer Telephony Integration
DCOM	Distributed Communication Model
EAI	Enterprise Application Integration
EDI	Electronic Data Interchange
EDIFACT	Electronic Data Interchange For Administration, Commerce and Transport
FiBu	Finanzbuchhaltung
HTML	Hypertext Markup Language
JCA	Java Enterprise Edition Connector Architecture
JDBC	Java Database Connector
JSF	Java Server Faces
KEP	Kleingut-, Express-, Paketdienst
KMAT	Konfigurierbares Material
KMDL	Knowledge Modeling and Description Language
KoRe	Kostenrechnung
KPI	Key Performance Indicator
OMG	Object Management Group
PLM	Product Lifecycle Management
RFP	Request for Proposal
RFQ	Request for Quotation
RPC	Remote Procedure Call
SOAP	Simple Object Access Protocol
XML	Extensible Markup Language

Glossar

Arbeitsplan
Ein Arbeitsplan ist ein Dokument, welches den Arbeitsvorgang eines Arbeitsplatzes spezifiziert. Dabei wird jeder Arbeitsschritt detailliert, indem genaue Angaben zum verwendeten Input-Material sowie der Tätigkeitsbeschreibung inklusive Angabe der zu verwendenden Maschinen, Werkzeuge, Messmittel, Hilfsmittel und -stoffe aufgeführt sind. Zudem werden häufig organisatorische Angaben wie Rüst- oder Stückzeiten und Fertigungskostenstelle gemacht. Oftmals existieren darüber hinaus Hinweise auf mögliche Fehlerquellen und sachgemäßes Handling. Zur Verdeutlichung werden dafür auch Photographien und Skizzen verwendet. In der Regel werden Arbeitspläne durch die Arbeitsvorbereitung in enger Abstimmung mit der betroffenen Abteilung erstellt. Sie können in Papierform am Arbeitsplatz oder in elektronischer Form zur weiteren Verwendung vorliegen.

Beistellung
Im Prozess der Fremdfertigung werden Artikel, die dem Fremdfertiger für die Durchführung der Dienstleistung bereitgestellt werden, als Beistellung bezeichnet. Im Produktionsprozess müssen hierfür Lieferscheine erstellt und der Logistikprozess angestoßen werden. Das ERP-System verwaltet die Zwischenprodukte in einem, dem Dienstleister zugeordnet, Sperrlager, um die Mengen, die sich bei den Fremdfertigern befinden, zu verwalten.

Content Management System
Content Management Systeme verwalten schwach strukturierte Informationsobjekte wie Textbausteine, Bilder bis hin zu Dokumenten. Sie stellen Funktionen für die Erstellung, Speicherung, Änderung, Versionsverwaltung, Koordination von Zugriffsrechten, Zusammenstellung, Statusverwaltung, Freigabe, Publikation und Archivierung bereit. Wesentliches Merkmal der Systeme ist die Trennung von Inhalten und Layout. Die Inhalte können daher unterschiedlich formatiert und aufbereitet in verschiedenen Medien genutzt werden. Die Annotation durch Metadaten verbessert die strukturierte Ablage der Inhalte und den Zugang über oft integrierte Suchmaschinen. Die Systeme bilden Teil-Prozesse der Bearbeitung entlang des Content Lebenszyklus (z.B. termingesteuerte Archivierung) und entlang der Geschäftsprozesse (z.B.automatische Verteilung von gescannter Eingangspost) durch integrierte Workflows ab.

Dummy-Artikel
Ein sogenannter Dummyartikel wird in ERP-Systemen als fiktiver Artikel angelegt und innerhalb von Testszenarien verwendet bzw. gebucht. Beim Test von Geschäftsprozessen können Lagerbestände und Belege entstehen in denen der Dummyartikel auftritt. Um diese Lagerbestände zu unterscheiden wird der Artikel, im ERP-System, besonders gekennzeichnet oder auf spezielle von der Inventur ausgeschlossene Lager gebucht. Innerhalb von Testszena-

rien, die das Rechnungswesen beeinflussen müssen reale und fiktive Buchungen unterschieden werden. Hierzu werden analog zu Dummyartikeln Dummykostenstellen angelegt.

Faktura

Die Faktura bezeichnet den Beleg zu einem fälligen Entgelt aufgrund eines Kaufvertrags, Auftrags oder Bestellabrufs und wird als Oberbegriff für Rechnungen, Gutschriften, Lastschriften oder Stornobelege zusammengefasst. Eine Faktura wird in einem ERP-System für die Erstellung eines solchen Belegs angelegt und enthält Positionen wie Empfängeranschrift, Zeichen und Datum der Bestellung, Zeichen des Auftrags, Nummer und Datum der Rechnung sowie Bezeichnung der Leistung bzw. der Ware (inkl. Mengenbezeichnung), Positionsnummern, Einzel-, Gesamt- und Endpreise sowie Zahlungsbedingungen.

First Tier

Als First Tier bezeichnet man den Zulieferer, der komplette Baugruppen oder Module in einen Fertigungsprozess in der Regel direkt an Endproduzenten (OEM) liefert. Der Begriff wird vorrangig durch die Automobilzulieferindustrie geprägt und bezeichnet die Gruppe der Zulieferer, die die Fähigkeit besitzen, komplexe Baugruppen und Fahrzeugmodule in den Fertigungsprozess beim OEM einzusteuern.

Fremdfertigung

Ist die Durchführung einzelner Prozessschritte (Herstellung ganzer Teile oder auch bestimmte Bearbeitungsvorgänge) innerhalb der Produktionsabläufe eines Unternehmens aus technologischer, wirtschaftlicher oder einer anderen Sicht nicht möglich oder sinnvoll (Kriterien dafür sind beispielsweise Kosten, Qualität, Absatzwirkungen, Sicherung der Materialversorgung, Abhängigkeit vom externen Unternehmen), so besteht die Möglichkeit, diese an externe Unternehmen zur Bearbeitung auszulagern (Fremdfertigung). Im Anschluss erfolgt eine Wiedereingliederung der betreffenden Teile in die eigene Produktion. Verschiedene ERP-Systeme bilden eine Fremdfertigung komplett von der Auftragsvergabe über die Prozessverwaltung (einschließlich der Erstellung von Stücklisten und Arbeitsplänen) und der Lagerung bis hin zum Waren- und Rechnungseingang ab.

Interoperabilität

Interoperabilität beschreibt die Fähigkeit zweier Systeme, eine gegebene Aufgabe mit einem gemeinsamen Satz an Regeln zu erfüllen. Bezogen auf Software-Systeme ist Interoperabilität Voraussetzung für den Austausch von Informationen zwischen zwei oder mehreren unabhängigen, gegebenenfalls auch heterogenen Systemen und ermöglicht erst die jeweilige Nutzung der ausgetauschten Informationen. Als elementar erweist sich in diesem Zusammenhang eine Interoperabilität auf semantischer Ebene, da diese Voraussetzung für eine korrekte Interpretation der ausgetauschten Informationen ist.

IT-Governance

IT-Governance umfasst die Planung, Überwachung und Steuerung der IT sowie der damit verbundenen Prozesse und kann der Corporate Governance im Unternehmen untergeordnet werden. Durch eine konsequente Umsetzung von IT-Governance im Unternehmen soll erreicht werden, dass durch eine wirtschaftliche Nutzung von IT-Ressourcen und unter Berücksichtigung weiterer Faktoren wie z.B. Einschätzung von Risiken, Vermeidung von Schaden im Unternehmen und gegen Externe, Vertrags- oder Gesetzesverletzungen, ein Mehrwert für das Unternehmen generiert und die IT konsequent auf die Unternehmensziele ausgerichtet wird.

Konsignationslager

In einem Konsignationslager wird durch einen Zulieferer (Konsignaten) ein bestimmter Warenbestand in der Nähe oder sogar im Unternehmen des Kunden (Konsignator) bereitgehalten, um diesem eine möglichst zeitnahe Verfügbarkeit zu gewährleisten. Die Verfügungsmacht und das zivilrechtliche Eigentum über den eingelagerten Warenbestand verbleiben beim Zulieferer, bis eine Entnahme der Waren aus dem Lager erfolgt (Lieferung gem. §3 Abs. 1 UStG). Mögliche Vorteile für den Konsignator können die Reduzierung von Beständen und gleichzeitig optimale Fertigungs- und Transportlosgrößen sein. Konsignation ist ein relativ häufig auftretender Prozess und gehört meist zur Funktionalität eines ERP-Systems, das dann die erforderlichen Warenbewegungen und entsprechende Bestände abbildet.

Mandant

Ein Mandant ist eine in sich abgeschlossene Einheit innerhalb eines Anwendungssystems (z.B. ERP-Systems), die einen handelsrechtlich, datentechnisch und organisatorisch abgegrenzten Bereich darstellt. Diese in sich abgeschlossene Datenhaltung bietet die Möglichkeit, mehrere Tochtergesellschaften oder Kunden auf einem System mit eigenen Daten (z.B. für Kontenrahmen, Buchungen, Jahresabschluss) zu betreiben.

Als mandantenfähig werden Anwendungssysteme bezeichnet, die mehrere Mandanten verwalten können. Hierbei kann das System mandantenübergreifende und mandantenspezifische Daten unterscheiden und verwalten.

Middleware

Als Middleware werden die Komponenten einer IT-Architektur bezeichnet, die als Vermittler den Datenaustausch zwischen den einzelnen, ansonsten entkoppelten Anwendungen ermöglichen und damit die Integration vorhandener Anwendungssysteme realisieren. Sie kann als eine zentrale Verteilungsplattform verstanden werden, mit der der gesamte Datenverkehr auf der Basis von Meldungsaustausch oder Service-Anfragen über wohldefinierte Standardschnittstellen abgewickelt wird. Die progressiv ansteigende Komplexität des historischen Point-to-Point-Ansatzes bei steigender Anzahl der beteiligten Systeme wird durch die Nutzung des Middleware-Ansatzes vermieden.

Pipe

Pipes dienen zum Datenaustausch von Prozessen. Hierzu wird ein unidirektionaler Datenstrom eingerichtet, das heißt, die Ausgabe von Prozess A wird als Eingabe an Prozess B weitergeleitet. Somit können durch die Verkettung von verschieden Kommandos komplexe Aufgaben gelöst werden. Beispielsweise erzeugt Prozess A als Ausgabe eine Liste aller Dateien im aktuellen Verzeichnis, die direkt von Prozess B als Eingabe übernommen wird, der über das Zählen der Zeilen die Anzahl der Dateien ermittelt und ausgibt. Pipes sind in allen relevanten Betriebssystemen realisiert. Vor allem in UNIX-System dieser Mechanismus auf der Ebene der Kommandozeile und innerhalb Skripten genutzt.

Plausibilitätsprüfung

Plausibilitätsprüfungen werden angewendet, um sicherzustellen, dass Anforderungen die an einen bestimmten Sachverhalt gestellt werden, auch korrekt umgesetzt werden. In der Softwaretechnik werden Plausibilitätsprüfungen insbesondere zur Überprüfung der Datenqualität eingesetzt. Die Datensätze werden daraufhin überprüft ob sie in dem vorgegebenen Wertebereich oder der Wertemenge liegen.

Remote Procedure Call (RPC)

Remote Procedure Calls ermöglichen den Aufruf von Funktionen, die durch andere Prozesse zur Verfügung gestellt werden. Diese Form der Interprozesskommunikation (IPC) folgt dem Client-Server-Prinzip, das heißt, ein Prozess auf Rechner A kann die Funktion eines anderen Prozesses auf Rechner B nutzen. Somit wird ein transparenter Zugriff auf lokale und entfernte Ressourcen möglich. Deshalb werden RPCs häufig im Bereich der verteilten Systeme eingesetzt. Beispiele sind CORBA und JavaRMI.

Sachmerkmal-Leiste (Schreibweise nach DIN)

Ein Sachmerkmal ist eine bestimmende Eigenschaft (z. B. Farbe, Form, Größe, Werkstoff) eines Gegenstandes, welches dem Unterscheiden einzelner Ausprägungen in einer Gegenstandsgruppe (z. B. Produkte, Erzeugnisse, Zeichnungen, Maschinen oder Arbeitsplätze) dient und unabhängig von dem Umfeld (z. B. Herstellungskosten, Bezeichnung oder Hersteller) ist. Bei einer Änderung des Sachmerkmals entsteht ein neues Produkt. In einer Sachmerkmal-Leiste werden mehrere Sachmerkmale ähnlicher Gegenstände zusammengefasst. Sie dienen der Dokumentation von Gegenständen und ermöglichen einen schnellen Zugriff auf die einzelnen Gegenstände. Zudem dienen sie bei der Produktionsplanung der Generierung von Stücklisten und Arbeitsplänen. Der Begriff ist in DIN 4000ff näher spezifiziert.

Second Tier

Ein Zulieferer, der Einzelteile oder Bauteile zu einem Fertigungsprozess liefert. Der Begriff wird vorrangig durch die Automobilzulieferindustrie geprägt und bezeichnet die Gruppe der „konventionellen" Zulieferer, die nicht die Fähigkeit haben, komplexe Baugruppen oder vorgefertigte Fahrzeugmodule in den Produktionsprozess einzusteuern. Der Second Tier beliefert den First Tier mit fest definierten Bauelementen.

Stückliste

Eine Stückliste ist ein formal aufgebautes Verzeichnis für einen Gegenstand, welches alle zugehörigen Gegenstände unter der Angabe von dessen Bezeichnung, Menge und Einheit enthält. Eine häufige Form ist die Materialstückliste. Diese gibt an, welche Teile oder Baugruppen in welcher Menge zur Herstellung eines Produktes benötigt werden. Die Stückliste dient als Grundlage für die Materialbedarfsermittlung in produzierenden Unternehmen. Auf Basis der Information über die Anzahl zu produzierender Produkte wird ermittelt, welche Teile und Baugruppen in welcher Häufigkeit benötigt werden. Daraus werden im Anschluss Lagerentnahmen bzw. Bestellungen generiert.

Zeugnispflicht für Material

Die Zeugnispflicht für Materialien wird vom Auftraggeber gefordert, um eine lükkenlose Rückverfolgbarkeit der Produktfertigung bis hin zum eingesetzten Material zu gewährleisten. Der Zulieferer übernimmt hierbei die Aufgabe die Qualität der Materialien durch Zeugnisse zu quittieren. Diese Zeugnisse basieren auf regelmäßigen Produktaudits beim Lieferanten und gewährleisten somit einen definierten Qualitätsstandard.

Index